姓氏是一种文化，它联系着我们的历史和血脉，
通过它可以寻访生命之源，打开久郁心中的结。

中国的百家姓

主　编：　王大良
副主编：　徐建华　魏志强

百花文艺出版社
BAIHUA LITERATURE AND
ART PUBLISHING HOUSE

图书在版编目(CIP)数据

中国的百家姓/王大良主编. —天津：百花文艺出版社，2003（2012.6重印）
ISBN 7-5306-3802-5

Ⅰ.中… Ⅱ.王… Ⅲ.姓氏—基本知识—中国
Ⅳ.K810.2

中国版本图书馆CIP数据核字(2003)第105925号

百花文艺出版社出版发行
地址:天津市和平区西康路35号
邮编:300051
e-mail:bhpubl@public.tpt.tj.cn
http://www.bhpubl.com.cn
发行部电话:(022)23332651 邮购部电话:(022)23332478
全国新华书店经销
天津泰宇印务有限公司印刷
*
开本850×1168毫米 1/32 印张14.5 插页2 字数325千字
2004年1月第1版 2012年6月第12次印刷
印数：51201-59200册 定价：23.00元

前言：
中国人面临姓氏问题

“赵钱孙李，周吴郑王，冯陈褚卫，蒋沈韩杨”，是人们耳熟能详的《百家姓》中开头的几句，它已经成为我国姓氏的通称。由于姓氏人人都有，并且天天都在使用，它实际上是我们生活中的一个重要组成部分。然而，如果要问我国究竟有多少姓氏？它们究竟是怎么来的？每个姓氏中究竟隐含多少文化内容？它在现在的使用情况以及今后的发展趋势如何？等等，要回答这些问题并不是一件轻而易举的事情。为了更为系统地解答上述问题，全方位展示中华民族五千年来的姓氏起源与演化过程，以及通过姓氏变迁这个窗口来纵览我们民族辉煌灿烂而瑰丽神奇的文化发展史，我们在中央电视台大型特别节目《百家姓》电视片的基础上编写了这本书。

说到百家姓，其实是一个非常古老的话题，它在中华民族长达数千年的历史上一直是以人类社会中彼此区别的符号或血缘所出的标志出现或存在的。早在原始社会时期，随着人口的增多和人际交往的日渐密切，为了把某一群人与另一群人区分开来，便出现了某一群人共有的标志，亦即我们现在所说的“姓”；在一群人中间，为了把彼此区分开来，也出现了只属于个人的标志，这也就是我们现在所说的“名”。在社会交往中，无论哪一群人，在自己内部只用“名”便可以彼此区分，若与另一群人交往，仅仅称“名”便不足以表明自己的身份，他只有把自己所在人群的标志“姓”与自己的标志“名”结合在一起，才能充分表达自己。这种一群人的标志和自己的标志的结合，便是人类最早的姓名。后来，伴随人类社会的发展，姓名又被赋予了许多新的内容，形成厚重的姓名文化。到今天，我国已经使用过一万多个姓氏，它们都在我们的日常生活中发挥着无可替代的作用。然而，在社会飞速发展的今天，即使这些从我们老祖宗那里传下来并使用了数千年的姓氏，也越来越面临着新的问题，不由我们不重视。

问题之一是人们对姓氏的认识正在逐渐发生变化，与古人相比已有很大的不同。在古人看来，姓氏的最基本功能是区分血统、辨别婚姻，它可以“统其祖考之所自出，别其子孙之所自分”，“别其姓族，分其类，使相从”，避免因同姓结婚而造成“其生不蕃”的遗传问题，保证人口质量。而今天随着人们取名随意性的增强以及人口流动的频繁、通婚范围的扩大，对姓氏的认识也发生了较大变化，大多数人只把它当做一种区分彼此的符号，而不再过分看重它的血缘意义。甚至还有人认为，现代社会中姓氏的作用只是把一个人与另一个人区分开来，因此一个人可以只有姓，或者只有名，或者根本不必去区分名或姓，只把它当做一个可以区别于别人的符号就可以了。也就是说，现代人所重视的是姓氏的区分个体功能，而传统的区分血统、辨别婚姻的作用正在逐步减弱。但尽管如此，我们也应看到，姓氏除为个人所用外，仍是社会上处理血统、婚姻、财产继承等问题时所要考虑的一个基本依据，如果把它的作用看得过于简单也未必可取。比如如果无视姓氏依然具有的上述功能，不尊重数千年来形成的某些传统，一味强调它的符号性，或者随意制造新的姓氏，势必在某种程度上引起血缘关系的模糊，甚至造成婚姻遗传上的某些潜在危机，在某些地方的通婚圈仍然相对较小的情况下尤其如此。因此，对于人们这种观念上的变化，我们还要做具体的分析，并不能一味地加以盲从。

问题之二是随着人口数量的不断膨胀，各姓人口的悬殊变得越来越明显，甚至还有逐步加大的趋势，其结果可能是大姓人口越来越多，小姓越来越少甚至被淘汰。根据一些专家的研究，我国今天所使用的姓氏仅有3000多个，其中经常使用的只有500个左右，而将近90%的人只使用100多个姓氏。仅就北京市的情况看，全市1000多万人所使用的姓氏只不过2225个，而其中超过1/3的人只使用王、李、张、刘4个姓氏。在这4个姓氏中，王姓人口占北京市总人口的10.6%，李姓和张姓各占9.6%，刘姓占7.7%。也就是说，目前北京市姓这4个姓氏的人已经超过了400万，其他800多万人姓另外的2221个姓氏，其中也不乏某一个或几个、几十个人只姓一个姓氏的情况。这种姓氏上的人口数量悬殊，用姓氏学的术语说是大姓与小姓之别，之所以如此当然有许多具体的原因，但所形成的这种结果无疑对姓氏的发展将产生重要影响，并且还会把这种影响持续下去。由此而言，目前所存在的大小姓之间的差别，并不只是一种暂时的现象，它折射了姓氏发展的某些客观规律，姓氏在数量上的减少和人口向大姓的逐渐倾斜显然是一个值得我们深思的问题。

问题之三是大姓的同姓名现象突出。我国是一个同名率很高的国家，随着大小姓距离的逐步加大和取名随意性的增强，同名率问题还会进一步严重。这种现象，被一些专家称为“同名成灾”。而若从姓氏的角度看,也与某些大姓的人口较多不无关系。姓氏本来就是表示一个人血统所出的家族标记,除被个人使用以外,在一定范围内还带有普遍性。目前我国常见的500多个姓氏,人口自数万到数千万不等,实际上也构成了一个个规模不等的同姓群体。在各个群体中,人们不仅使用共同的姓氏,而且也用相同的习惯在有限的汉字中选取名字,形成“姓氏+名字”的固定形式,使之成为自己专有的标志,形成姓名专有性这一突出特点。这种姓名的专有性,也就是仅为个人所有的专利,是姓名的最本质特征。一旦违背了这一特征,姓名失去了专有意义,就会造成同姓名现象,不仅会给使用者本人带来麻烦,严重时还要引发社会问题。近年我国不少新闻媒体报道某省有多少个刘淑珍、某市有多少个王小妹,一些专家也提出我国已“同名成灾”,等等,都是与姓名的专有性有关的问题。以北京市为例,仅在人口最多的王、李、张、刘4大姓中,就有上万个叫王涛的人,而叫张颖、张力的人都超过4000个,叫王军、王红、李明、李杰、张华、张亮、刘勇、刘刚的人也都在1000人以上。更有趣的是,仅在1969年一年中,北京人就为129个新生儿取名刘伟。同姓名问题不仅给当事人自己带来麻烦,而且还在户籍管理、社会治安、邮电通讯、银行储蓄、医疗保险等方面引起相应的问题,已经越来越引起人们的重视。

有问题就需要改革。针对目前在姓氏上出现的上述问题,特别是最令人关注的同姓名现象,一些专家也提出了解决办法。比如用父姓加母姓的方式制造复姓,以减少同姓名的机会,便是相关对策之一。但也有人对此提出异议,认为如果采取这种办法,在第一代人时还比较容易解决,到了第二代以后,就有可能对4个或4个以上的姓氏进行选择,难免使人无所适从。另外,也有人提出让孩子姓母姓。但如果母姓是大姓而父姓是小姓，反而可能带来大姓人口更多的后果，并不能真正解决问题。

看来，面对古老的姓氏所出现的新问题，确实需要认真对待，以便拿出切实可行的对策，直到使之最终得到解决。为此，我们在《百家姓》电视片的基础上再编写这一本书，便是想为解决上述问题贡献我们的绵薄之力。

本书的编写，基本依15集电视片《百家姓》的排列顺序，以当时的工作本为底本，由原来的撰稿专家分工合作，将其适当调整、增补、充实而成。所增加的部分除本前言外，还有话题二、三以及三个附录等，特此说明。

目录

话题一：

说姓氏，话炎黄

在我们这个世界上，无论你我他，人人都有姓名，并且天天都在使用。然而，如果要问姓氏是怎么来的？各个姓氏中究竟包含多少知识？要回答这些问题，并不是一件轻而易举的事情。在本话题中，我们将带您穿越几千年的历史长河，去寻访那姓氏诞生的最初源头。

一、关于"百家姓"概念的解说

所谓的"百家姓"，实际上是我国姓氏的总称，并不是说只有100个姓氏。根据研究界的通常说法，我国历史上曾出现过一万多个姓氏，其中的一些还一直使用到今天。早在1978年，有关部门曾对北京等七大城市的姓氏使用情况做过一个调查，发现北京市共有姓氏2225个，上海市有1640个，广州市有1802个，沈阳市有1270个，武汉市有1574个，重庆市有1245个，成都市有1631个。把这些城市的姓氏放在一起统计，共有2694个。1984年，中国文字改革委员会汉字处对全国1982年人口普查资料进行分省区抽样调查，共抽查174900人，得到姓氏737个。两年后，中国科学院遗传研究所也对这些普查资料进行抽样调查，共抽查537429个汉族人，共发现姓氏1066个。至1989年，国家语言文字工作委员会汉字处又利用1982年的人口普查资料，对全国六大方言区570822人进行统计,得到姓氏1086个。上述3次抽样调查所得姓氏合在一起,共有1436个。若把这个结果与前述各大城市统计数字合在一起,并剔除其中的重复姓氏,则姓氏总数大约有3000多个。当然，这一数字所反映的仅是我国目前姓氏使用的一般情况,由于其依据主要是抽样,而被抽查的人口比例又并非很大,相信会有一些姓氏因为没有被抽样而遗漏下来。至于十分准确的姓氏使用数字,只有在以后进行人口普查时,对其进行专项统计后才能得出。

如果对我国目前百家姓使用情况做进一步考察,就会发现,尽管目前所知姓氏有3000多个，但经常使用的大约有500个,而将近90%的人只使用100个姓氏。这些年来,社会上流传着一些百家大姓排名的说法，所指的主要是现在人口最多的100个姓氏,与我们在这里所说的百家姓并不是同一个概念。因为,这100个姓氏只是百家姓中很少的一部分,而我们所说的是包括这100个姓氏在内的所有姓氏，其中不仅有现在仍在使用的3000多个姓氏,而且还有现在已经不再使用的历史姓氏。换句话说,只要是我们已经使用或正在使用的姓氏,都在这一范围之内,它们都是我们所说的百家姓。

与上述情况相同，在目前社会上一部分人中还有另外一种误解,即认为那个以“赵钱孙李,周吴郑王”开头的《百家姓》就是我国的全部百家姓,或者就是我国百家姓的总称,或者它所包含的是100个姓氏。其实,这个《百家姓》是在宋代编写的,所反映的只是宋代部分姓氏的使用情况,共收录姓氏438个,其中单姓408个,复姓30个,而当时的姓氏数量大约是2000个。宋代以后,各朝也都有自己的百家姓和自己的姓氏使用数量，情况也与我们目前差不多。因此,我们在这里所说的百家姓也不是这个以“赵钱孙李,周吴郑王”开头的宋代《百家姓》,仅仅是借用了它的“百家姓”名义,去指我国古今所有的姓氏及其相关的姓氏文化。关于这点,也是我们要首先说明的。

二、也说姓与氏

百家姓作为与我们每个人都密切相关的标志符号，在生活中我们离不开它。因此,我们也应该了解它的最初意义和作用。

关于百家姓中的“姓”,含义到底是什么?古往今来,不少硕儒名宿都给它下过定义。如《左传·隐公元年》说:“天子建德,因生以赐姓,胙之土而名之字。”《说文解字》也说:“姓,人所生也。古之神圣,母感天而生子,故称天子。从女从生,生亦声。”《春秋·传》:“天子因生以赐姓。”《绎史》引《三坟》:“男女媾精,以女生为姓。”上述意思是说,姓的含义最早与女性生子这一现象有关,无数个女性繁衍后代,其后子又生子,孙又生孙,为了把从同一个老祖母传下来的人加以区别,这样便产生了姓。

在上古时期,“姓”字还有不同写法,比如写做“生”、“眚”等,从一个方面反映了它的历史发展轨迹。早在商周时期,就已经有了刻在甲骨或其他物品上的“姓”字,在保留这一时期古文字的《甲骨学文字编》和《说文古籀补》等书中,我们都可以看到它的踪影。到后来的春秋战国时期,被写做“生”的“姓”字又开始出现,《尚书·舜典》中所谓“帝厘下土,方设居方,别生分类”,其中的“生”就是“姓”。所以,唐人孔颖达解释说:“生,姓也。别其姓族,分其类,使相从。”此后,姓字又由“生”演化为由“生”、“自”两部分组成的“眚”,其中“生”也就是“姓”,“自”则是“鼻”字的本字，古时有“初”、“始”之义。如《方言》释“鼻”说：“梁益之间，谓鼻为初。”《尔雅·释诂》也说：“初，始也。”这里把“生”、“自”合为一字，共同表示“姓”字的含义，与“女”、“生”二字所组成的“姓”字含义基本相同。

另外，从文字产生和演变的历史看，“姓”字的产生和发展应该略晚于语言，“上古结绳而治，后世圣人易之以书契”，但也并不是说后世造“姓”是凭空捏造，而极有可能是依其词义来创造。在最早出现“姓”字的商代卜辞里，已经像今天这样由“女”、“生”两部分组成，是一个典型的形声兼会意字。从形声字的角度看，“女”旁显然是表示它与女性有关，“生”字则有出生繁殖之义。从会意字的角度看，显然是在说“女之所生即为姓”。因此，在后来的《说文解字》中便指出，“姓，人所生也……从女，从生。生亦声”，明确表明了它所具有的“人所生”这一特定内涵。这里的“人”当然是指女性，由于人类的发展史中曾经历过“知母而不知父”的母系氏族社会，既然不知父，也就不可能依从父姓，而只能依从母姓了。正因如此，我国最古老的姓氏都从“女”旁，如姬、姜、姚、妫等都是这样。

由于我国早期姓氏都来源于古老的传说，我们对它们的认识也不应脱离当时的实际环境。在我国早期姓氏产生的时候，人类还处在原始社会时期，较多地表现出了动物的特征，“未有夫妇匹配之合，兽处群居”，“男女杂游，不媒不聘”，婚姻关系还很混乱，并为此留下了惨痛教训，直到很久以后才认识到“男女同姓，其生不蕃”的道理，相继排除了群婚、兄妹婚和近亲通婚的婚姻关系，而代之以在氏族之外的通婚习俗。尤其是在这种氏族之外的婚姻关系发生时，为了便于氏族与氏族之间的区别，各氏族开始为自己确立一个标记，或者用动物、植物、生活用品、居住环境的名称等作为本氏族的称号，这种称号有时也被称为图腾或徽号。在这种情况下，使用共同标记的人都是同一个氏族的成员，都出自同一个母系祖先，有着密切的血亲关系，从而也排除了婚姻关系。因此，氏族的标记、图腾、徽记和名称，实际上是最早一些姓氏产生的直接源头。

也就是说，我国早期的姓氏脱胎于母系氏族社会各部落的代号，以后才慢慢演变为家族的标志。生活在远古时期的原始人由于血缘关系不同，要分成一个个部落；各个部落为了相互区别，也会拥有各自的名称，这种名称无疑就是姓的雏形。但那时还不曾出现文字，部落的名称只能靠口头传下来。只有在经历了无数世代以后，开始有了文字记载，人们才能把这些最早的姓氏(部落名称)记录下来。

我国在夏代以前，曾有许多部落或部落联盟活动在广袤的中原地区。这些部落各有不同的始祖，他们是各部落的开创者，被后人奉为神圣，当做半人半神的英雄。如我国传说时期的黄帝、炎帝、虞舜等人，曾为各自的部落做出过突出贡献，不仅被本部落的人当做神明看待，而且名字也被用来当做部落的代称，这些代称无疑都是最原始的姓。后来，各个部落又进一步分衍为许多支族，这些支族同样以与本支族有关的人或物命名，这些名称显然也就是最早的氏。

总之，我国目前仍在使用的姓氏是人类社会发展到一定阶段的产物，它的出现实际是要解决人类近亲结婚问题，是人类发展史上的一次突进、一次飞跃，对中华民族的繁衍生息、优生优育、发展壮大等都有重要作用。

谈到姓，很容易使人想到氏。我们常把按姓名笔画多少排列的人名称为“以姓氏笔画为序”，这里姓氏并称，表示同一个概念。但在上古时期，姓与氏所指完全不同，其中姓表示一个人的血统来源，氏则是姓的分支和发展。《通鉴·外纪》说："姓者，统其祖考之所自出；氏者，别其子孙之所自分。"段玉裁《说文解字注》："姓者，统于上者也；氏者，别于下者也。"就是说，一个人的姓是指他本人的血统来源，氏则是指他子孙的血统来源。当时严格进行这种区分的作用，其一在于严格男女之别，如三代之时"男子称氏，妇人称姓"；其二是为了区别贵贱，出身低贱的人根本就不知道自己的血统所出，也就没有氏；其三是为了更好地挑选婚姻之家。我国自古就有"同姓不婚"的习俗，如果同姓相婚，不仅有悖人伦，而且还会引起"其生不蕃"的严重后果。直到春秋战国，由于礼崩乐坏和战乱的影响，姓与氏之间的界限慢慢变得模糊不清，出现了姓氏走向统一的势头。至秦朝统一天下以后，"废封建，虽公族亦无议贵之律，匹夫编户，知有氏不知有姓久矣"。从此，人们有时称姓，有时称氏，有时姓氏并称，完全没有了以前的界限。于是，姓氏便开始合而为一，进而发展演变到今天。

春秋战国和秦汉之际的姓氏由分立而走向统一，还有一个重要意义，也就是结束了过去那种不断变迁演化的局面，使每个宗族从此有了固定的姓氏。由于姓氏被固定下来，子孙可以永久使用，便于形成一脉相传的家族，血统源流的线索也从此变得更为清晰起来。以至后人在探讨自己的家族历史时，很容易据此找到血缘所出。

三、百家姓与"赵钱孙李"百、家、姓

提到百家姓，很容易让人想到宋代《百家姓》中开头的几个姓氏："赵钱孙李，周吴郑王"。这些姓氏，无论是古代还是现在都

是常见姓氏，全国也有不少人以它们为姓，甚至还有人把它们当做百家姓的代称，与它们有关的故事或传说也经常可以见到。在有关故事中，有些还与它们所表示的姓氏无关。比如一个关于“赵钱孙李”的传说是说，从前在苏州一带有一个教书先生，有次正因一个姓李的有钱人生气，又碰巧有学生让他讲“赵钱孙李”是什么意思，他便没好气地讲道：“这赵吗，就是咱苏州话中所说的精赵，意思是放肆。钱就是铜钱的钱字，孙就是小猢狲的孙字，李就是张三李四的李字。”学生问：“这几个字要是倒着连在一起讲，能讲通吗？”老师说：“当然能讲通。也就是：姓李的小猢狲，有了几个臭铜钱就精赵起来了。”显然，在这样的故事里，“赵钱孙李”的含义已经溢出了它的姓氏本身之外，成为民间的一种文化象征了。

此外，还有一个与“赵钱孙李”有关的谜语，说“天下第一家，出门先用它，人人说它小，三月开白花”，谜底也是赵钱孙李。

由上可见，本来是姓氏的“赵钱孙李”而不再被当做姓氏，也不再是姓氏的代称，仅仅被当做调侃的对象对待，反映了我国民俗文化内容的广泛和语言文化的丰富。但另一方面，还有一种与此不同的情况，就是“百家姓”三个字既是我国姓氏的总称，但它们同时又都是姓氏。

首先，关于“百”这个姓氏，相传是春秋时期秦国名人百里奚的后代。百里奚曾经是虞国的贵族，在虞国被晋国灭亡后沦为战俘，成为一个叫晋伯的人的家奴。后来，晋伯因事出使秦国，他也跟随，并在一次偶然的机会里见到秦国的君主秦穆公，深受赏识，被用五张羊皮换了自由身，留在秦国辅佐秦穆公，后来官至大夫，人称五羊大夫。他的后代为了纪念他，便有人姓百，或者姓百里。据史书记载，先秦思想家列御寇有个叫百丰的学生，汉代有个官吏叫百政，明代有担任千户官职的百恭、百通，都是在历史上知名的百姓人。另外，唐代的高丽人中有人姓百，现在的北京一带仍然有人以百为姓，说明百作为姓氏，从古到今都有人使用。

像“百”一样，从古到今也都有人姓“家”，但家姓的来源另有传说。相传，家姓是周幽王太宰家伯的后代，历史上曾先后有人知名于今西安、河北、四川等地，在汉代还有一个叫家君的人发明了弹棋游戏，献给当时的汉成帝，被赏赐许多财物。另一位叫家进的人知名于宋代，曾考中进士。他的祖籍在今四川峨眉山一带，那里也是历史上家姓人最为集中的地方。而在当代，人口普查中在上海发现了姓家的人。所以说，家姓也是一个从古到今都有人使用的姓氏。

至于“姓”姓，则比较罕见。它主要出自春秋时期的蔡国。据有关姓氏书记载，蔡国公爵的后代中有人名叫公孙姓，公孙姓的后代在后来便有人姓姓。历史上，姓姓的人还有代表人物：汉代的大商人姓伟，祖籍在现在的山东淄博一带，家产5000万；又有宋代县令姓益恭、明代贡士姓秉恭等人。至于当代，在浙江上虞、山西大同、河北蔚县等地也有姓这一姓氏的人。

综合上述可以看出，我们常说的“赵钱孙李”百家姓，在某些特殊的情况下，是姓氏的可以不再是姓氏，是姓氏代称的可以变成真正的姓氏，我们的百家姓文化就是这样奇妙！

四、百家姓与炎黄二帝

从上述所举关于百家姓的几个例子中，我们不难发现它们各有渊源，各有传说，彼此之间几乎没有联系。那么，它们真的没有联系吗？

事实上并不是这样。按照我国的传统观点，姓与姓之间不仅有联系，而且还有共同的渊源，这一渊源就是我们中华民族共同的人文始祖炎黄二帝。当然，关于炎黄二帝与姓氏来源的关系，其实是说来话长了，并不是三言两语就能说清的。

首先，炎黄二帝其实都是传说时代的英雄人物，远古两大部落集团的领袖，他们所领导的部落集团及其后代在中华大地上长期居于主导地位，构成了中华民族的主体。现在的中国人都自诩为炎黄子孙、龙的传人，共认他们是中华人文初祖。其实，除他们以外，历代还相传上古时有女娲氏、燧人氏、伏羲氏、蚩尤氏、少昊金天氏、颛顼高阳氏、帝喾高辛氏、帝尧陶唐氏、帝舜有虞氏等氏族首领，他们实际上也都是中华民族的祖先。但由于种种原因，他们都没有像炎黄二帝那样获得广泛认同，人们仍然自称是炎黄子孙。如今，如果提到炎黄二帝，人们想到的是我们整个中华民族5000年的文明历史，他们实际上都已成为我们中华民族的象征，同时也都被以不同形式加以纪念。如在河南郑州市黄河南岸的黄河游览区，就坐落着炎黄二帝的大型塑像。塑像依山而建，高106米，分别用红色和黄色花岗岩建造。塑像表面犹如自然风化的效果，内部建有展厅，分天象、渔猎、农牧、百草、石器、陶器、冶炼、兵器、科技、文化等展馆，系统展现了他们二人开拓中华民族历史的光辉历程。同样，在上海，一个资料说也在筹建炎黄文化城，其主体建筑炎黄站立金像高55米，二人交臂携手，组成“人”字结构，托起苍穹。其中炎帝手持五谷穗，黄帝手握图书宝卷，共同凝视着神州大地。当朝霞满天、天地交融之时，他们金光万丈，神采飞扬，给民族以希望与力量；当晚霞西陲、万家灯火之时，他们又流光溢彩，祥瑞蔼蔼，给民族以振奋与护佑。另外，在河南新郑市，作为炎黄二帝中黄帝的故里，也扩建了面积达30000平方米的黄帝故里景区，成为中国旅游优先发展项目。根据当地的总体规划，拟建拜祖殿、业绩厅、起居长廊、生活厅、婚礼厅、大型粮坛等。再者，在浙江奉化市溪口镇，也拟建一座以他们为主的始祖城。这些与他们有关的纪念地或景点的建设，一方面是对他们丰功伟绩的肯定，同时对唤醒广大炎黄子孙的爱国意识，增强中华民族的凝聚力，促进祖国统一，维护民族团结都有一定意义。

正是由于炎黄二帝获得了我们中华民族的广泛认同，他们也都很自然地被当做我国众多姓氏的缔造者，几乎所有的姓氏相传也都与他们有关。我们今天都习惯把他们当做中华人文始祖，还说他们都是有名有姓的人，其中炎帝姓姜，黄帝姓姬。其实，在炎黄二帝以前，也有许多部落氏族存在，为了区别各自之间的血缘关系，产生了许多姓氏，最后都被他们统一起来，并逐渐融合为一体，形成华夏族群。这一族群，实际上也就是中华民族的前身。

在我国早期的一部史学著作《国语·晋语》中，还记载了一段关于炎黄二帝得姓的传说："昔少典娶于有蟜氏，生黄帝、炎帝。黄帝以姬水成，炎帝以姜水成。成而异德，故黄帝为姬，炎帝为姜。"这一段话的意思是说，过去少典与有蟜氏的女子结婚，生下了黄帝和炎帝。黄帝居住在姬水边，炎帝居住在姜水旁。因为在不同的环境中长大，养成了不同的习惯，因此也姓了不同的姓氏，其中黄帝姓姬，炎帝姓姜。其实，这段资料所反映的实际上是我国早期姓氏的一些情况，炎帝与黄帝分别是由同一祖族分裂出来的胞族，而姬、姜则是我国早期的两个著名姓氏。

关于炎黄二帝得姓的传说，还有另外一些说法。其中之一是说他们的姓氏并不像今天大多数人那样由父亲传下来，也不是自己得姓,而是直接来源于母亲。这种观点的主要依据是他们生活在“知母不知父”的原始社会,无法从父亲那里获得姓氏,只能与自己的母亲联系起来。因此,无论是炎帝还是黄帝,在传说中都被认为是“天之子”,亦即充满神秘色彩的苍天的儿子,而不是现实社会中某一个具体男子的后代。至于他们的母亲,则要显得具体得多。其中炎帝的母亲是“有蟜氏之女,名女登,游于华阳,有神龙首感女登于常羊,生炎帝”。黄帝的母亲名叫附宝,她“见大电绕北枢,星光照郊野,感而孕,二十五月而生帝于寿丘”。可见,二人都是“母感天而生”,或者说是天人交媾而生的贵子。对于这种“天子感生”的传说,如果抛开其中的神秘色彩和后人捏造的超人光环,实际上是当时“知母而不知父”婚姻特点的真实反映。它从一个特殊的角度启发我们,“姓”最早产生于原始社会的母系氏族阶段，尽管在炎黄二帝时的中华大地可能已进入父系氏族社会,但其初始获姓仍有从母姓的原始遗风。

五、炎帝后代中的百家姓

我们以上谈到炎黄二帝的姓氏和与他们有关的姓氏来源,除此之外,他们与我国现在的百家姓也有直接关系。关于这点,由于情况较为复杂,我们不妨分别来看。

首先,来看看炎帝。

前面已经提到,《国语·晋语》记载了炎黄二帝得姓的传说,其中所说炎帝居住的姜水,一般认为是现在陕西岐山、武功一带的姜水流域,那里是炎帝的发祥地,并且以水名为姓,姓姜。后来,炎帝的后代又分出祝融、共工、夸父、蚩尤等几支,活动范围从姜水流域扩展到今天的河南、山西、山东、河北、湖北、安徽等地。据《世本》记载，仅姜姓一支就占据16个地方，有列（烈）山氏、缙云氏、三乌氏、封父氏、共工氏及其分支申、许、齐、高、姜、吕、赖、龚、谢、于、丁、贺、卢、乐、纪、向、黄、焦等247个氏，每一个氏又发展为姓，共247个姓。另据一些学者考证，古代所谓“四夷”多是炎帝的后代，我国许多少数民族都属炎帝族系。

在上述与炎帝有关的姓氏中，姜姓和吕姓有一个共同的著名例子，出自历史小说《封神演义》。其中有一个半神半人式的人物姜子牙，在另外一些书里又把他叫做吕尚。也就是说，他的姓氏有两个：一个是姜，另一个是吕。这究竟是怎么一回事呢？其实，姜子牙是历史上一个著名人物，据传说是炎帝的后代，姓姜又姓吕。相传，炎帝的后代中有个叫伯夷的人，大约生活在夏禹时，因帮助治水有功，被任命为主管四夷的官，分封在吕，也就是在今天的河南南阳一带。从此以后，炎帝的后代中除有人姓姜外，又有人姓吕，姜子牙便是他的后代之一。

除姜姓和吕姓外，由炎帝而来的其他姓氏在来源上也与吕姓有近似之处。像吕姓这样的姓氏来源情况，用姓氏学的话说是以封地的名称为姓，这类的姓氏在由炎帝而来的姓氏中也是很多的，著名的就有许、焦、崔、高、谢、沈等姓。在这些姓氏中，许姓人的祖先最早居住在现在的河南许昌一带，焦姓人居住在安徽亳州，崔姓在山东济南，高姓在山东禹城，谢姓在河南唐河，沈姓在山西临汾，都是各有各的发源地，各有各的传说，但最终的源头都能与炎帝联系起来。所以说，他们都是炎帝的子孙。

在由炎帝而来的姓氏中，还有一些由于其他原因而来的姓氏。比如，现在的百家姓中有共、洪、龚等姓，相传都来自炎帝的后代共工。共工在黄帝时担任治水的官职，他的后代为了纪念他,有人把他的名字当做姓氏,姓共;又有人把他的名字和从事的职业合在一起,姓洪。另外,相传他有个儿子叫句龙,句龙的后代中有人把他的名字和姓氏合在一起,姓龚,于是又有了龚姓。像共姓、洪姓、龚姓这样得姓的情况,虽然都与共工有关,但最早都可以追溯到炎帝,加上姓氏的来源都与人名有关,因此用姓氏学的行话说,都属于由人名而来的姓氏。

在与炎帝有关的姓氏中,还有一种情况,是由人的称号而来的,属于这种情况的代表性姓氏是丁姓。相传,丁姓人最早的祖先是炎帝,直接得姓祖先是姜子牙的儿子及。他在周成王和周康王时都在朝中担任重要官职,年老去世时被赏赐一个称号,叫做“丁”,意思是说他当官勤勤恳恳,做事兢兢业业,对主上忠心耿耿。后来,他的后代为了纪念他,便把他的这个称号当做姓氏,从而有了丁姓。

在与炎帝有关的姓氏中,当然还有其他一些类型的姓氏。但无论是哪一种类型的姓氏,都有一个共同的地方,也就是都自称是炎帝的后代,把他当做了血缘先祖。由于这样的姓氏很多,与由黄帝而来的姓氏一起共同构成了我国百家姓的主体,因此,我们现在常说都是炎黄子孙,仅从姓氏的来源上便可以得到证明。

总之,炎黄二帝,炎黄子孙,从根本上说是有个祖先叫炎帝,他是我们中华民族的一个主要缔造者,也是百家姓中的人文共祖之一。

六、黄帝后代中的百家姓

我们中华民族的共同祖先,除了炎帝还有黄帝。与炎帝后代中的姓氏相比,相传是黄帝后代的姓氏更多,大约占全部姓氏总数的百分之九十以上。之所以如此，根据一些专家的研究，大约是与黄帝后代人丁兴旺有直接关系。首先，从炎帝与黄帝的直接后代看，炎帝仅传姜姓一系，而黄帝相传有25个儿子，后来发展为25宗，分为十二个姓：姬、酉、祁、己、滕、箴、任、荀、僖、姞、儇、依。可见，在他们直系子孙的数量上，黄帝就比炎帝多了许多倍。其次，中国历史上传说时期的英雄人物，如少昊、颛顼、帝喾、尧、舜、禹等人，以及夏、商、周三代的开创者，相传都属于黄帝族系，是黄帝的后代，而没有一人出自炎帝族系，从而在数量上更胜炎帝一筹。此外，从他们二人本身的情况看，炎帝相传仅有"姜"一个姓氏，而黄帝的姓氏则有三个。其中除在上面已经提到的"姬"姓外，又有"公孙"、"熊"两个姓氏。正是在这些多种原因的共同影响下，黄帝的作用远远超过炎帝，他被更多的人当做血缘先祖也就不足为奇了。

在黄帝后代的发展中，根据《世本》一书的统计，从传说时代到先秦时期，曾经有101个方国自称是他的后代。后来，这101个方国又进一步分化出510个氏。加上由颛顼、帝喾、尧、舜、禹等人而来的方国和氏，在总数上大约有800多个。除了其中重复和被淘汰的一小部分，绝大部分直到今天仍然被当做姓氏使用。当然，其中的一些是复姓，另外一些是单姓，在性质上都属于我国古老姓氏的组成部分，并且是最为重要的组成部分。

由黄帝直接发展而来的姓氏，还有一些是现在常见的大姓，如张、王、李、赵、陈、刘、黄、周、吴、杨等都是。当然，由于各个姓氏的具体情况不同，与黄帝的关系也不完全一样。比如张姓，相传它出自黄帝的儿子挥，因为发明了弓箭，担任弓长的职务，进而由"弓"、"长"两个字组成一个"张"字，于是便有了张姓。王姓的直接得姓祖先是周灵王太子晋，而周灵王相传是黄帝的后代，因此,王姓也是一个出自黄帝的姓氏。再如赵姓,也有一个关于它与黄帝的传说。这个传说是说西周穆王时,黄帝的孙子颛顼的后代有一个名叫造父的人是周穆王的马车夫,有驾御千里马的本事。周穆王在瑶池幽会西王母流连忘返,东方的徐偃王乘机作乱,周穆王听说后急忙赶回来,乘坐的便是他驾的马车,一日千里,及时平定了这次叛乱。事后,周穆王认为他劳苦功高,便把他分封在赵城,他的后代在后来便姓了赵。所以,赵姓人也是黄帝子孙。

在与黄帝有关的姓氏中,还应提到一个黄姓。其实,黄姓与黄帝也有直接关系。关于黄姓的来源,还有一个动人的传说。相传,在很久以前的今山东曲阜一带有一个叫皇娥的姑娘,常常白天乘船远游,夜里挑灯纺织。一次出游的时候遇见了年轻英俊的黄帝,两心相悦,便结为百年之好,一年后又生下了黄姓的远祖少昊。后来,从少昊数传到大廉,在夏禹时被分封在黄,建黄国,成为黄国的开国君主。他的后代在后来便以黄为姓,从而成为黄姓人。

除上述以外,与黄帝有关的姓氏还有很多。比如在尧舜的时候,黄帝有个后代叫伯益,是个著名大臣,曾被任命为虞政,掌管火种,训练鸟兽,开垦荒地,又曾协助大禹治水。在治好水患以后,帝舜论功行赏,还把自己的女儿嫁给他,并赐他姓嬴。到战国的时候,他的后代赵奢被分封为马服君,赵奢的后代后来便把他封地名的第一个字当做姓氏,这样便有了马姓。

当然,除了上述这些姓氏以外,有些姓氏与黄帝的关系可能较为复杂一些,其中李姓便具有代表性。相传,李姓是黄帝的孙子颛顼的后代,直接受姓始祖是在帝尧时担任大法官的皋陶。皋陶相传是颛顼的孙子,由于当时把大法官叫做大理,他的后代为了纪念他，后来便把他所从事的职业作为姓氏，姓理。到商朝末年的时候，他的一个叫理征的后代仍然担任大法官，因为执法公正得罪了商纣王，被商纣王杀害。理征的夫人契和氏带着儿子利正逃命，在逃难途中饥渴难忍，只好采摘李树上的果子充饥，从而才保住了性命。后来，为了纪念这种救命的李子，便改姓李，从此才有了李姓。可见，李姓虽然历经坎坷，但最早仍与黄帝有关，是他的后代，这也是不容置疑的。

总之，综合上述这些得姓传说，我们可以发现它们都与黄帝有密切关系。其实，谈到姓氏的来源，每个姓都有说不完的话，又岂止是它们呢。

七、百家姓与中华民族凝聚力

炎帝和黄帝，是我们中华民族的共同祖先。他们作为中华民族的缔造者，不仅是我们的血缘先祖，而且也都有不可磨灭的丰功伟绩，值得我们加以缅怀和景仰。我们在这里谈百家姓，谈炎帝和黄帝，归根结底，都是在说与他们二人之间割不断的血肉联系。同时，我们今天都说是炎黄子孙，实际上是一种对他们二人的认同。对于这种认同，如果我们从更深层次上去挖掘原因，实际上也是中华民族凝聚力的一种表现。那么，我们究竟应该怎样从姓氏角度去看待这种凝聚力和认同感呢？

关于中华民族凝聚力，一般认为是千百年来形成的以汉族为主体、各少数民族共同建构的一种民族向心力，也是中华民族赖以生存和发展的内在动力，以及与世界其他民族的一个重要区别。正如英国著名史学家汤因比所说的那样："就中国人来说，几千年来，比世界任何民族都成功地把几亿民众，从政治文化上团结起来。他们显示出这种在政治、文化上统一的本领,具有无与伦比的成功经验。”同时,在中华民族凝聚力这一广泛的概念之下,还包含许多具体因素,其中之一即文化上的凝聚力,包括与血缘关系有关的共同心理、血缘认同等。尤其是这种血缘关系,它在早期是氏族部落成员之间相互联系的纽带,以后又成为宗族、宗法关系的基础,以及统治者宣扬“亲亲”、敬宗追祖观念的根据,对形成心理上的凝聚力和血缘上的认同都具有不容忽视的作用,并对中国传统社会产生了深远影响。我国自古及今影响深远的炎黄子孙说,实际上是中华民族传统习惯中对炎黄二帝认同的一种表现。

中华民族传统习惯中对炎黄二帝的认同,已有不少学者进行过较为深入的研究,在传统文献中也有较多记载。如仅在《史记》一书中,便有多处记载早期一些王朝的建立者血统来源与炎黄二帝有关,其中称夏朝开国始祖夏禹是“黄帝之玄孙而帝颛顼之孙也”,商朝始祖契的生母“为帝喾次妃”,而帝喾“黄帝之曾孙也”。周朝始祖后稷,母“为帝喾元妃”。据此,可知至少该书的作者司马迁或该书撰写时的汉代人认为夏商周三代是黄帝之后,已经把他当做了血源先祖。同样,该书还认为春秋战国时期的许多国君也是黄帝之后,如楚国“之先祖,出自帝颛顼高阳。高阳者,黄帝之孙”,秦国“之先,帝颛顼之苗裔”,赵国“赵氏之先,与秦同祖”,陈国“虞帝舜之后也”,无不与黄帝有关。至于对炎帝,书中也说齐国是“炎帝之裔,伯夷之后”。这些把有关国家的建立者称作出自炎黄二帝之后的说法,实际上都是对他们的认同,并在此后越来越深入人心,即使是一些出身少数民族的统治者也自称是他们的后代,表现了更多的认同性。如十六国时期由匈奴人建立的大夏便被认为是夏禹之后,“其先夏后氏之苗裔也”，其国君赫连勃勃也曾公开宣称“朕大禹之后”。同样，前燕的建立者出自鲜卑慕容部，也被记载为“其先有熊氏之苗裔”，而“黄帝号有熊”。后秦的建立者出自羌族，被认为是“舜后，轩辕之苗裔也”，而“黄帝名曰轩辕”。又如南北朝时期的北魏由鲜卑拓拔部建立，被认为是黄帝之子昌意之后。北周的建立者出自鲜卑宇文部，被认为“其先出自炎帝神农氏”，亦即是炎帝之后。诸如此类的事例还有很多，一些学者也曾进行过系统考察，我们不必详加列举。所应指出的是，这种建立在历史传说基础之上的对炎黄二帝的认同现象，归根结底仍是中华民族凝聚力的一种表现。

当然，在我们考察百家姓、炎黄二帝和中华民族凝聚力问题的时候，也可以发现其中所具有的认同是建立在一种民俗传说的基础上，有时与事实之间可能有一定距离。但这并不是问题的关键，重要的是在这种认同之上所体现出来的向心力、凝聚力和号召力，这一点也是最为不容忽视的。关于这点，正像一首诗中所说的那样：“千条江河归大海，千枝万叶一条根”，这种江河与大海、枝叶与根的关系，也是各个姓氏与炎黄二帝关系的一种形象说明，所反映的便是一种凝聚力。

这些年来，随着我国改革开放政策的推行，有越来越多的人在关注姓氏、炎黄二帝和中华民族凝聚力的研究。通过这种研究，不仅可以帮助我们更好地理解凝聚力形成的基础和动力，更好地把握凝聚力发展的途径和保障，也更有益于今天团结和调动炎黄子孙振兴中华，唤起海外华人“血浓于水”、“敦宗睦族”的赤子之情，促进和推动祖国的统一大业。

所以，通过了解百家姓知识，了解中华民族的姓氏文化，我们更加能够借以增强民族凝聚力和民族自豪感、认同感。它可以让我们进一步确信：炎黄二帝是我们中华民族的共同祖先，国内外的炎黄子孙一脉相承。无论你我他，同姓一家亲，我们都有一个共同的根，就是炎黄二帝，我们都是炎黄子孙。

话题二：传统百家姓

提起百家姓，人们很容易想到那个以“赵钱孙李，周吴郑王”开头的《百家姓》，它早已因为妇孺皆知而成为百家姓的代名词。然而，如果我们说这只是我国“百家姓”中的一种，除此以外还有很多很多“百家姓”，你是否感到惊奇？在本话题里，我们将使你领略我国传统百家姓的丰富内容。

一、宋代以前的百家姓

我们在以上提到的百家姓，其实是宋朝人编写的《百家姓》，所反映的是宋代的情况。在宋代以前当然也有“百家姓”，只是它们与宋代的《百家姓》相比影响略小而已，但在当时却都有重要作用。正如我们在上一个话题里所指出的那样，我国姓氏的起源其实很早，它产生于人类的传说时代。后来有了文字，人们又把它们记录下来，成为最早的一些姓氏。如在商代甲骨文里，有“帚秦”、“帚楚”、“帚杞”、“帚周”、“帚庞”等字，其中“帚”即后来的“妇”字，“帚秦”等即“妇秦”，指来自“秦”等部族的妇人。上述“秦”、“楚”、“杞”、“周”、“庞”等字，都被认为是我国早期姓氏中的一些。

商周以后，由于人口的增加和社会的发展，我国的姓氏渐渐多了起来。与此相适应的，还出现了专门研究姓氏的学者。如在春秋时，众仲、胥臣、行人子羽等都是姓氏学名家，他们“皆能探讨本源，自炎、黄而下，如指诸掌”，取得了令人瞩目的成就。稍后，我国又出现了一本专门研究姓氏源流的著作——《世本》。作者在这本书中“记黄帝以来，讫春秋帝王公卿诸侯大夫谱系”，包括帝系、传谱、氏姓篇等，被认为是我国最早的一本姓氏书籍。在这本书中收录了秦朝统一以前的18姓875氏，这一数字大约是当时姓氏数量的总和。当然，由于当时姓氏的含义还不像后来那样，它们是不是当时使用姓氏的全部或包括着某些被废弃的姓氏，今天大多已不得而知。但尽管如此，有一点是可以肯定的，这些姓氏中的某些姓氏尽管没有留传下来，但仍有许多使用至今，成为今天姓氏的一个重要组成部分。

先秦以后，秦朝和汉代都是我国姓氏制度确立的重要时期。当时不仅完成了姓氏含义从先秦向沿袭至今的过渡，而且还出现了一批研究姓氏的名家和姓氏著作。如西汉史游编著的《急就章》、东汉王符的《潜夫论》、应劭的《风俗通》等，都有专门论述姓氏的篇章。尤其是史游所编的《急就章》，又称《急就篇》，作为一种按韵编定的儿童识字课本，收录了当时常见的姓氏，不仅被认为是当时的百家姓，也被认为是我国最早的一种能够与宋代《百家姓》比美的百家姓。其作者史游的身世已不可详考，但有人根据他曾在西汉元帝时（公元前48—前33）任黄门令的经历，推断他是西汉中叶以后的人。由他编写的《急就篇》原貌已不得而知，传本有几种，其中通行的一种为2016字，开头几句是“急就奇觚与众异，罗列诸物名姓字。分别部居不杂厕，用日约少诚快意，勉力务之必有喜”，显然是一段开场白，接下来就是用三言诗形式编订的“汉代百家姓”，原文是这样的：

宋延年	郑子方	卫益寿	史步昌
周千秋	赵孺卿	爰(袁)展世	高辟兵
邓万岁	秦眇房	郝利亲	冯汉疆
戴护郡	景君明	董奉德	桓贤良
任逢时	侯仲郎	田广国	荣惠常
乌承禄	令狐横	朱交便	孔何伤
师猛虎	石敢当	所不侵	龙未央
伊婴齐	翟国庆	毕稚季	昭小兄
柳尧舜	药禹汤	淳于登	费通光
柘恩舒	路正阳	霍圣宫	颜文章
莞财历	遍吕张	鲁贺熹	灌宜王
程忠信	吴仲皇	许终古	贾友仓
陈元始	韩魏唐	掖容调	柏杜阳
曹富贵	李尹桑	萧彭祖	屈宗谈
樊爱君	崔孝襄	姚得赐	燕楚严
薛胜客	聂求将	邗(于)南弟	过说长
祝恭敬	审无妨	庞赏赣	蘩士梁
成博好	范建羌	阎驩喜	宁可忘
苟真夫	茅涉臧	田细儿	谢内黄
柴桂林	温直衡	奚骄叔	邴(丙)胜箱
雍宏敞	刘若芳	毛遗羽	马牛羊
尚次倩	丘则刚	阳宾上	翠鸳鸯
庶霸遂	万段卿	冷幼功	武初昌
褚回池	兰伟房	减罢军	桥窦阳
原辅福	宣弃奴	殷满息	充中屠

夏修侠	公孙都	慈仁他	郭破胡
虞荀偃	宪义渠	蔡游威	左地余
谭平定	孟伯徐	葛成轲	敦锜苏
耿潘扈	（缺）	痛无忌	向夷吾
阁并诉	竺练朝	续曾配	遗失余
姓名讫			

由上可见，这种百家姓与后来以“赵钱孙李”开头的《百家姓》不同，是以三个字为一句编排的，因此也被人称为“姓名三字经”。其中所收姓氏有200个，除公孙、淳于、令狐三个复姓外，其他都是当时常见的单字姓氏，如方、房、常、王、张、文、章、牛、羊、汤、梁、臧、胡、余、徐、苏、扈等，有些至今仍然是大姓。当然，由于它的编排采用了韵律诗的形式，在编写的过程中为了照顾韵律，有时也不能不避弃一些难写难读无法入韵的姓氏。同时，考虑到姓氏在政治上的影响，有时也要对某些敏感的姓氏加以回避。比如，我们无论在《急就章》还是在《潜夫论》、《风俗通》中，都找不到当时的皇族姓氏“刘”，这显然不是三位作者的遗漏，而是由于有政治的原因在内。另外，还有一些能够在其他书中发现的当时姓氏，如申屠、欧阳、东方、上官、端木等，也都没有被列入。因此，《急就章》尽管向我们提供了汉代姓氏的使用情况，但所提供的并不是全部，除此以外还有遗漏，它所收录的姓氏并不完备。

两汉以后，我国的姓氏数量不断增加，一些新的姓氏和由少数民族改姓而来的姓氏大量涌现，大大丰富了我国姓氏的数量。在这一过程中，魏晋南北朝是一个重要时期。当时社会上特别重视姓氏，不同朝代、不同地区的人都有各自的代表姓氏。如东晋南朝人尚“侨姓”，其中以王、谢、袁、萧最为尊贵；江东地区尚“吴姓”,以顾、陆、朱、张、虞、魏、孔、贺为大;中原地区尚“郡姓”,以崔、卢、李、郑、王为大;关陇地区也尚“郡姓”,以韦、裴、柳、薛、杨、杜、皇甫为大。即使是出自边荒异域少数民族的北魏王朝,也受内地人的影响尚“虏姓”,把元、长孙、宇文、于、陆、源、窦等姓推举到尊贵的地位。尤其是被称为“虏姓”的少数民族姓氏,是在公元496年的改姓运动中改来的,在此之前多是三字或四字姓,复杂且难记,到这时随着汉化程度的加深,原来的姓氏越来越不利于民族间的融合,于是由皇帝出面强行改姓。据《魏书·官氏志》和《通志·氏族略》记载,在这次运动中,总计有144个姓氏被改为汉姓,其中皇姓拓跋被改为元,贵族姓丘穆陵改为穆,普六茹改为杨,步六孤改为陆,是历史上规模最大的一次少数民族改姓汉姓之举。这些被改姓的人后来都融入了汉族之中,他们的姓氏也成为汉族姓氏中的一部分。到宋代人编《百家姓》时,由这次改姓而来的许多姓氏都被收录了进去。如今,如果仅仅从姓氏上看,我们已经无法区分它们的族属了。正因如此,《隋书·经籍志》评价当时的情况说:“后魏迁洛,有八氏十姓,咸出帝族。又有三十六族,则诸国之从魏者;九十二姓,世为部落大人者,并为河南洛阳人。其中国士人,则第其门阀,有四海大姓、郡姓、州姓、县姓。及周太祖入关,诸姓子孙有功者,并令为其宗长,修撰谱录,纪录所承。又以关内诸州,为其本望。”

在姓氏数量增加的同时,魏晋南北朝时期的社会上还出现了一大批研究姓氏学的名家,他们编写了许多影响深远的姓氏学著作。如东晋人贾弼编写的《姓氏簿状》,“该究精悉,当世莫比”。他的后人从此还继承了这一学问,形成家学。南齐人王俭和梁朝人王僧孺等也都是当时研究姓氏的名家。他们的名声远布,成就很大,后人还因此把当时的姓氏学称为“贾王之学”。同样,同一时期的北朝也有自己的姓氏学及其名家。这一切都说明,无论魏晋南北朝时期的姓氏还是姓氏学研究与以前相比都有很大发展,是我国历史上的一个重要时期。

魏晋南北朝以后,隋唐时期的姓氏在以前基础上又有所发展。根据一个资料统计,这一时期的姓氏数量与以前相比又有所增加。唐代初年编修《大唐氏族志》时,收录的姓氏是293个,到唐代中叶人林宝编写《元和姓纂》时,收入的姓氏数量达到了1233个。这些还都是当时能够见到的数字。根据近人的一项研究成果表明,到这一时期结束以前,所能见到的姓氏实际上已经达到2000个左右,与前一个时期相比大约增加400个。

具体到隋唐时期我国姓氏的实际情况,也有一些特征经常被人提起。比如,随着姓氏数量在这一时期的增加,与姓氏有关的书籍的编写也引起了新的重视,并且有许多有分量的姓氏书籍被编写出来,服务于当时的社会并对后世产生了一定影响。其中如在唐朝初年,唐太宗曾敕撰《大唐氏族志》100卷,后在武则天时又完成了《姓系录》200卷。至唐代中叶,太常博士林宝编写了《元和姓纂》一书,征引前代文献颇为繁富,对各姓的得姓受氏之源及诸家谱系都有涉及,特别详述了当时各著名姓氏的家族源流,是一部具有重要意义的集大成之作。该书还对后世的姓氏学研究发生了重大影响,如宋代人编写的被称为我国古代姓氏学双璧的《古今姓氏书辩证》和《通志·氏族略》,无不征引该书内容和模仿其体例。当然,也有一个必须承认的事实是,到了唐末五代时期,由于社会动荡造成了时局的变化,致使"谱牒废绝,士大夫不讲,而世人不载","取士不问家世,婚姻不问阀阅,故其书散佚,而其学不传"。从此以后,"宗谱遂为私家撰述,于是有合族之谱,有分支之谱",姓氏学随之走向衰落。

由上可见，我国姓氏在宋代以前就经历了一个漫长的发展和演变过程。在这一过程中，许多古老的姓氏被废止、绝灭，同时又有许多新姓氏诞生出来，进而成为宋代《百家姓》产生的基础。对于它们长达几千年的发展演变线索，我们尽管无法用三言两语加以说清，但以上的一鳞半爪也足以使我们发现我国早期姓氏的某些基本特征。

二、宋代百家姓

了解了我国百家姓在宋代以前的发展演变情况，让我们再来看看宋代百家姓。我们在本话题开始时提到的那个以“赵钱孙李，周吴郑王”开头的《百家姓》，其实就是宋代的百家姓，其中所反映的也是宋代的情况。

以“赵钱孙李，周吴郑王”开头的《百家姓》，一般认为是由北宋初年钱塘（今浙江杭州）一带的一位士大夫编写的。它在最初时共收录姓氏438个，其中单姓408个，复姓30个。后来不断经过增补，成为一种包括504个姓氏的蒙学读物。现在较流行的一种版本原文是：

赵钱孙李	周吴郑王	冯陈褚卫	蒋沈韩杨
朱秦尤许	何吕施张	孔曹严华	金魏陶姜
戚谢邹喻	柏水窦章	云苏潘葛	奚范彭郎
鲁韦昌马	苗凤花方	俞任袁柳	酆鲍史唐
费廉岑薛	雷贺倪汤	滕殷罗毕	郝邬安常
乐于时傅	皮卡齐康	伍余元卜	顾孟平黄
和穆萧尹	姚邵堪汪	祁毛禹狄	米贝明臧

计伏成戴	谈宋茅庞	熊纪舒屈	项祝董梁
杜阮蓝闵	席季麻强	贾路娄危	江童颜郭
梅盛林刁	钟徐邱骆	高夏蔡田	樊胡凌霍
虞万支柯	昝管卢莫	经房裘缪	干解应宗
丁宣贲邓	郁单杭洪	包诸左石	崔吉钮龚
程嵇邢滑	裴陆荣翁	荀羊於惠	甄魏家封
芮羿储靳	汲邴糜松	井段富巫	乌焦巴弓
牧隗山谷	车侯宓蓬	全郗班仰	秋仲伊宫
宁仇栾暴	甘钭厉戎	祖武符刘	景詹束龙
叶幸司韶	郜黎蓟薄	印宿白怀	蒲台从鄂
索咸籍赖	卓蔺屠蒙	池乔阴郁	胥能苍双
闻莘党翟	谭贡劳逄	姬申扶堵	冉宰郦雍
郤璩桑桂	濮牛寿通	边扈燕冀	郏浦尚农
温别庄晏	柴瞿阎充	慕连茹习	宦艾鱼容
向古易慎	戈廖庚终	暨居衡步	都耿满弘
匡国文寇	广禄阙东	殴殳沃利	蔚越夔隆
师巩厍聂	晁勾敖融	冷訾辛阚	那简饶空
曾毋沙乜	养鞠须丰	巢关蒯相	查后荆红
游竺权逯	盖後桓公	万俟司马	上官欧阳
夏侯诸葛	闻人东方	赫连皇甫	尉迟公羊
澹台公冶	宗政濮阳	淳于单于	太叔申屠
公孙仲孙	轩辕令狐	钟离宇文	长孙慕容
鲜于闾丘	司徒司空	亓官司寇	仉督子车
颛孙端木	巫马公西	漆雕乐正	壤驷公良
拓拔夹谷	宰父谷粱	晋楚闫法	汝鄢涂钦
段干百里	东郭南门	呼延归海	羊舌微生

岳帅缑亢　况后有琴　梁丘左丘　东门西门
商牟佘佴　伯赏南宫　墨哈谯笪　年爱阳佟
第五言福　百家姓终

由上可见，这个《百家姓》采用的是四言体例，与汉代三字经式的"百家姓"有所不同，虽然内容没有文理，但沿袭了句句押韵的风格，让人读来朗朗上口，便于学习和记忆，因此能够广为流传，在面世后很快成为蒙学教材，与《三字经》、《千字文》一样家喻户晓，至今仍是妇孺皆知。

另外，在上述《百家姓》中，还包含许多相关的知识。比如，它虽然名为百家，实际上不止百家。同时，它的排列次序也很有讲究，尤其是前几个姓氏更是如此。据南宋学者王明清考证，该书前几个姓氏的排列是以政治地位为准则的：它以"赵"姓开头，是因为当时的皇帝姓赵；接着的"钱"姓，是五代十国中吴越国王的姓氏，钱塘一带除了推奉赵姓皇帝外，还要接受钱姓王朝的直接领导；"孙"是当时吴越国王钱俶正妃的姓氏；"李"是南唐国王的姓氏。至于以下的"周吴郑王"等姓，有些是皇太后的姓氏，有些是皇后、皇妃的姓氏，其身份之尊贵，也非一般姓氏可比。此外，它还有一些难解之谜。比如，它最早出现于何时？究竟是何人所作？何年成书？等等，其实至今还没有统一的答案。根据明、清以来许多学者考证，这个《百家姓》很可能在宋代以前就有底本，那位钱塘士大夫只不过是在此基础上进一步编辑加工罢了。但经他加工后的《百家姓》很快就得到流传，到南宋时已经流传很广。关于这点，南宋初年著名词人陆游的一首诗中曾经提及。他在《秋日郊居》诗三首中第三首"儿童冬学闹比邻，据案愚儒却自珍。授罢村书闭门睡，终年不著面看人"的自注中写道："农家十月，乃遣子弟入学，谓之冬学。所读《杂字》、《百家姓》之类，谓之村书。”这里所提到的《百家姓》，一般认为就是上述《百家姓》，这也是关于它的最早记载。我们也由此可见，它在宋代就已经很普及了。此后，元代还专门把它刻版印刷，并在汉字以外用蒙古字进行注音，使两两对照，从而加速了它在少数民族地区的传播。同时，一些模仿它而来的少数民族版本或改编本也相继出现。其中少数民族版本有《蒙古字母百家姓》、《女真字母百家姓》，改编本有明代末年黄周星编写的《百家姓新笺》、清代以康熙皇帝名义编写的《御制百家姓》，以及咸丰年间(1851—1861)丁晏改编的《百家姓三编》等。这些后来的“百家姓”当然都有独到之处，在编排上也颇费一番功夫，但影响没有一个能赶上它，足见它的作用和价值了。

当然，宋代的“百家姓”也并不仅仅只有上述一个，除此之外还有一些相关的情况值得我们提起。比如，当时的一些大姓及其分布特点就因保存至今以及能够为我们所用的资料较为充分而使我们得到更多的了解。其中如王、李、张、赵、刘等姓在当时都已经成为人口众多的大姓，拥有了颇为广泛的影响。尽管这种影响可能并不始于宋代，如刘姓和王姓在姓氏制度形成初期就是大姓，经两汉时期的充分发展以后更是如此，李姓在唐代因是国姓而人口迅速增加，从而跃至著名大姓的行列，等等，都是不容否认的事实，但宋代仍是它们的一个重要发展时期。所以，根据一些专家的研究，我国现在的姓氏人口比例及其分布格局在当时就已经奠定，当时大姓中的前100个也与当代的情况差不多。尤其是排在前7位的姓氏，宋代是王、李、张、赵、刘、陈、杨，当代是李、王、张、刘、陈、杨、赵，姓氏完全一样，所不同的只是顺序上的差别。同样，包括上述7大姓在内的前18大姓，即王、李、张、赵、刘、陈、杨、吴、黄、朱、孙、郭、胡、吕、高、宋、徐、程，所占人口比例都在1%以上。这种格局，也与当代的情况非常近似，说明当时已经奠定了我国姓氏的分布格局，以致至今还在发挥着影响。

宋代时，关于姓氏学研究也出现了一些新的成果，其中如《古今姓氏书辩证》一书，是南宋著名学者邓名世和他儿子“相继积数十年之力”编写而成的。该书所收姓氏以先秦时期所见为主，以韵分部，吸收了东汉以来各种姓氏书的精华，并把北宋钱明逸所编《熙宁姓纂》和官修《宋百官公卿谱》互为参核，考订伪舛，证辩详明，自成一家。此外，当时人郑樵所编《通志·氏族略》一书，系统考察了所见姓氏的来源和演变，提出了不少精辟见解。

根据宋代百家姓及其在姓氏研究中的特殊地位，一些学者把它称为我国姓氏研究的黄金时代，当时的著名姓氏学家和姓氏著作除以上所述者外，还有邵思《姓解》3卷、王应麟《姓氏急就篇》2卷等。其中所收录的姓氏数量，《通志·氏族略》是2255个，《姓解》是2568个，都远远高于上述《百家姓》400多个的规模。究其原因，上述《百家姓》中的400多个姓氏是正在使用的，所反映的重点在于这些姓氏的使用情况；而《通志·氏族略》和《姓解》等作为研究性著作，反映的是有史以来的情况，其中包含有相当一部分已经被废弃的姓氏，所以在它们之间才会有如此悬殊的差别。

三、元明时期的百家姓

以宋代《百家姓》的诞生为标志，至元明时期，我国的百家姓实际上进入了后期阶段，并表现出许多与此前不同的特点。

首先，从数量上看，元明时期的百家姓又有所发展，数量又有进一步增加。根据当时人陈士元所著《姓觿》一书所记，当时所见姓氏是3625个；另一位当时人王圻撰《续文献通考》，收录姓氏4657个。对于这些姓氏，尽管我们无法确知是否都是当时使用的，但至少有相当一部分都在当时使用。根据后人的研究成果和参考我们将要在以下提及的《皇明千家姓》，大致可以断定明代姓氏的数量有2200多个。由此再逆推元代的情况，姓氏数量应略少于此，但应高于唐宋时期的数字。

其次，从当时的实际情况看，无论是这一时期的元朝还是明朝，都有自己的代表性姓氏，同时各姓氏也都有不同程度的发展。其中在元朝时，张、王、刘、李、赵等姓仍以人口众多著称，甚至还因此而一度引起统治者的某种戒惕。对此，《元史·顺帝纪》中专门记载了这样一则故事：蒙古族出身的宰相伯颜十分轻视汉人，于至元三年（1337）上书顺帝，“请杀张、王、刘、李、赵五姓汉人”。他仇视汉人可能是因为汉族人口太多的缘故，要杀的五姓汉人显然也是当时人口最多的。他这一荒唐的请求尽管没有得到顺帝的批准，但也在一定程度上反映了这些姓氏在社会上拥有广泛影响、人口众多、分布广泛的事实。又如明朝，根据近人李济在《中国民族的形成》一书中对当时各姓人物的统计，当时人口较多的大姓有10个，依次是王、陈、张、刘、郭、吴、杨、李、胡、朱。这种情况如果与宋代相比，我们可以发现是有稳定性的，他们早在宋代时就是大姓，只不过因研究方法的不同或统计手段的差异而在排列顺序上略有变化而已。

此外，在宋代《百家姓》的影响下，元朝、明朝也都相应编纂了自己的“百家姓”。在这些“百家姓”中，值得一提的是明朝初年由翰林院编修吴沈等人根据当时户部所藏的户口册编成的《皇明千家姓》，共收录姓氏1968个，在数量上超过宋代《百家姓》的4

倍多，编排形式仍是四字一句，以韵相排。其开头几句是“朱奉天运，富有万方，圣神文武，道合陶唐”，同样是把当朝皇帝的姓氏放在首位。其余的部分原文是：

学弘周孔　统绍禹汤　荡平胡狄　混一封疆
爰革夷习　树立典常　尊崇仁义　劝勉农桑
刈锄强暴　显用善良　具备礼乐　和畅阴阳
胥集贡献　恩普蛮荒　敦复太古　智高百王
御镇海宇　胤世茂康　本支绵衍　子孙延长
锡胙繁多　纪载篇籍　别生列类　兆姓殷植
尧舜虞商　皋夔契稷　鲁齐燕冀　陈郑徐戚
秦晋魏韩　曹滕莒郦　蔡卫楚郕　吴郯邓息
匽邹邢薛　苟范栾郤　费郧祁邵　并蓟凉益
申谭许虢　郜倪鄅密　蒋祭单凡　岐鄘芮毕
郰留扈解　邯邴戏郅　鄢盖䃰郫　巫黔僪屈
戴郇滑顿　沈樊沮漆　姒芈姬姜　姚妫嬴姞
闽盈兖豫　鄅郢巴邛　妘鄟郈潞　鄫郐邶鄘
邺谯饶六　郝邬查庸　瑕阚邽叶　相亳巂㲪
番禺督亢　聊摄新丰　郎濮洼绞　啟宛焦蒙
郃郲卢廖　郏雒邗酆　邳蕲杭鄂　鄚郓隋戎
刘李赵宋　元史萧冯　马杨贺吉　苏谢祈龚
吕召咸穆　袁窦褚彤　颜曾冉闵　瞿若求雍
蘧洩蘧向　聃偓钱众　骞闇参孝　桓霸僖从
何哙陵勃　汲邴彭翁　班鼋贾董　兒恽褒充
伍余眭孟　铫隽庞躬　郗甯蓝郄　卞纥任钟
裨疏隗剧　迟靳牢矗　苌嘾逢蒍　晁党崔童

欧倪索翟	裴聂潘佟	谈敖左颉	娄麴凌通
嵇阮便散	轲况罕逢	储容昌盛	都庾满共
旷意开纳	怀抱实洪	性质昭朗	重省勤功
施政行化	钦慎始终	布张法度	裔越会同
英贤奋附	风虎云龙	山岳乔秀	华霍恒嵩
江汉淮济	浩荡朝宗	幅员修广	南北西东
时朔先後	春夏秋冬	辰芒雷虹	烟蔼霜空
夙昔昕夕	寒冻温融	桃梅枣栗	竹柏梧桐
槐柳榆杏	椒桂菊松	棠梨橘柘	根蘖柯丛
芝兰蒿艾	苻蓼刍蓬	樛木苞栩	枝蔓花莆
稻穰牟米	麻粟苗种	菅蒯蒲莽	荆棘莱枞
牛羊犀象	彪豹狼熊	麋骓骊骆	虬犴乌鸿
鱼鳖鲂鲍	蚁蛭螋蚤	貂鼯蛇虺	螳蜷蛸虫
蟒蝮触啮	敛缩潜踪	狐貉彘罷	狸犨枭鹄
蚶蟜鳈禽	裒聊豁谷	拳毛翠羽	双飞独宿
翼娇鳞游	骐腾驹牧	顾尾奔屯	纷云遂畜
林岑菅垒	沙浦池渊	城郭关市	畴陇坎泉
陉苑壤隰	巷陌桥阡	乡邻州党	衢陆丘园
路涂泥淖	野圃坑原	淦汜洙澧	汝洛瀛滇
涡隈浑浊	井渫冷涓	淡卤乾湿	溲潇涳瀼
汪洋灌沐	洗濯淹连	浮波激浪	泛委寻源
宫室府库	楼柱栋梁	（以下略）	

从以上所引的部分原文可见，这种“百家姓”的特点是颇为鲜明的，它既不同于汉代“百家姓”的三字一句，也不像宋代《百家姓》那样毫无文义，而是在吸取上述两种“百家姓”优点的基础上编

写而成的，既有文义又是四字一句。另外，受宋代《百家姓》的影响，它也是把复姓放在最后，但是把出自不同时期、不同民族的复姓进行了大致分类，当然也显得更有条理，显示了编写者更强的文化功底。

除上述以外，元明时期的姓氏研究也有自己的特点。其中在早期，因受政治的影响曾出现过一些曲折，其原因在于宋亡以后，由于元朝统治者推行民族歧视政策，以汉族姓氏为主体的姓氏学研究也陷入停滞状态。直到明代建国以后，姓氏学的研究才得到恢复和发展。当时编撰的姓氏学著作和所达到的水平，以凌迪知《万姓统谱》和陈士元《姓觿》为代表。此外，还有一些专门研究稀姓的著作，如杨慎的《希姓录》、刘文相的《希姓存参》、夏树芳的《奇姓通》等。这些书籍，在我国姓氏学史上也都有一定的位置。

四、明代以后的百家姓

明代以后以至当代以前，是我国传统百家姓的最后一个发展时期。根据一些学者的研究，清代也有五大姓，即陈、李、张、黄、何。另外，在清朝初年，康熙皇帝还亲自审订了一种“百家姓”，后来定名为《御制百家姓》，其中开头几句是“孔师阙党，孟席齐梁，高山詹仰，邹鲁荣昌，冉季宗政，游夏文章”。接下去的原文是：

盖郗颜闵　殳卻苏张　余宗伊傅　何贾孙庞
轩辕皇甫　夏侯殷汤　莘苗祁尹　华封祝唐
宁俞明濮　桓侯胥匡　卓许司马　施贲范郎
赫连万俟　钟离濮阳　燕向王谢　鱼勾严姜

夔宣韶乐　禹贡万方　郑卫滕薛　秦穆宋庄
衡茅诸葛　滑嵇东方　黄巢屠暴　石家富强
程赖刁钭　广任安常　尉迟靳寇　宇文焦房
池边那柳　东堵扶桑　郭汲童马　武牧狄羊
逄蒙段羿　养弓杭杨　扈敖阮籍　昝鞠杜康
查支裴郁　洪水湛汪　耿慕元白　尤尚欧阳
温公纪古　左史公羊　刘巫井宿　项毕乌江
萧姬聂凤　徐毋阚曹　吕伏丁董　申屠袁晁
单于冷薄　巩都沃饶　长孙仲孙　利後瞿劳
闻人卢骆　幕容樊乔　皮韦索束　戎戚干戈
蒋钟逯竹　陶宓林柯　钮厍公冶　步舒澹台
邓钱郦印　路米曾柴　时沈郁李　连茹红梅
邴刑邬郝　鄂郜酆郈　班荆管鲍　全赵蔺廉
冯崔暨相　充国成田　臧仲居蔡　淳于单谈
雷应空谷　韩危蓝关　益贺伍窦　戴郏双甘
平包陆计　褚习阴符　上官权幸　司农司徒
仓松尉柏　丰艾融蒲　凌云厉冀　蓟熊令狐
翟罗莫顾　宦禄欧娄　景从诸晏　霍隆于周
岑邱沙浦　麻葛毛裘　蒯通能卜　龚喻储牛
花盛姚魏　桂弘蓬官　宰须慎简　庚倪司空
糜费甄别　奚訾荀龙　潘车廖满　闻惠怀容
卞和隗璩　秋胡乜金　黎阎辛鞠　虞芮屈申
仇咸吴越　吉缪朱陈　寿翁彭祖　太叔公孙
邵雍解易　贝叶谭经　终于栾巴　姓终百家

我们从以上的引文中不难看出，这种“百家姓”也有自己的特点。

比如它没有把清朝的皇姓放在首位，而是以汉人的“孔”姓开头，显然是有深刻原因的：其中一是因为当时的国姓爱新觉罗是四个字，不便编排；其二则是因为当时的民族矛盾还很突出，消除这种矛盾和安定社会秩序还是当务之急。也正因如此，这个“百家姓”为了收揽汉族人心，没有像宋、明两朝那样“尊国姓”，而是改以孔子的“孔”姓开头，同样有鲜明的政治色彩。另外，这种“百家姓”在编排时还注意了姓与姓之间的文义，在某些方面类似明代的“千家姓”，也应该算是它的一个特点。同时，它还打乱了过去的“百家姓”中把单姓和复姓分别编排的习惯，而是把它们编在一起，做出了相应的尝试。只是由于读起来有些艰涩冗长，不如宋代《百家姓》那样朗朗上口，从而也影响了它的流传，遇到了与明代“千家姓”一样的命运。另外，这种“百家姓”所收姓氏的数量也很有限，不少大姓都没有被收录进去，这无疑也是它的一个重要缺陷。

关于清代的“百家姓”，还有一种值得一提，也是像上述“百家姓”一样四字为句、按韵排列的，但在文义上远远过之，姓与姓之间的关联性大为增加，让人读了也不再那么枯燥乏味。这种“百家姓”是由江西南昌府新建县的一位名叫熊峻运的人编写的，编写的时间是在雍正年间，其中开头的几句是：

雍王家国，万古隆昌。江山席巩，诸夏平康。
文习孔孟，武乜孙庞。伏农黄后，陶姚禹汤。
周公封鲁，管仲相桓。通乌公冶，明经公羊。

我们由上不难看出，这种“百家姓”与明代的“千家姓”相比有近似之处，都是想通过它表达相关的意思。其中前六句说的仍是这种“百家姓”编纂的时代背景，由于当时是在清朝雍正年间，因此他便以年号雍字居首，并说当时是一种歌舞升平景象，具有全篇的总序性质。接下去的几句追述了我国早期的几位英雄人物的业绩及其基本历史事实，涉及到我们现在常说的三皇五帝中的伏羲、神农、黄帝和陶唐氏(尧)、姚重华(舜)、夏禹、商汤，以及先秦著名政治家周公、管仲，著名文化名人公冶长（相传通晓鸟语)、公羊高(以明达儒经《春秋》见长)等人，使原本毫无意义的百家姓具有了生命活力。至于在这开头的几句之后，也时常有不少精彩之处，其中如“应时花穆，元梅逯杨。松柏冷盛，蒲柳秋焦”，用意显然是要借以写景；“司马慕蔺，诸葛扶刘”，分别是在向人述说当年司马相如崇慕蔺相如和诸葛亮忠心耿耿辅佐刘备的故事；如此等等，足见编写者的一片用心。除此之外，这种“百家姓”还在相关的姓氏下加入了注释文字，体例基本是先简介得姓渊源，再以对联形式阐述该姓历史名人事迹。其中如在王姓条目下，注释文字是“手植庭槐，伫应三公佳兆；才称珠树，雄居四杰先班”，所说的分别是王姓中著名的一支“三槐王氏”开基祖宋代名人王祐和唐代著名诗人王勃的事迹。又如蔡姓的注释文字是“造玉板而永资文士，作胡笳而获配才郎”，分别是指汉代蔡姓名人蔡伦造纸和才女蔡文姬的故事，与以前的“百家姓”相比更为新颖别致。

另外，清代及其后随着考据学的兴起，对姓氏的考证也成为许多学者从事的工作。如黄本骥的《姓氏解纷》、张澍的“姓氏五书”(《姓氏寻源》、《姓氏辩误》、《姓韵》、《辽金元三史姓名录》、《古今姓氏书目考证》)、易本烺的《姓觿刊误》、陈廷炜的《姓氏考略》等，都是这一时期的代表著作。此外，这一时期还重视对姓氏的总体研究，出现了卷帙浩繁的《明伦汇编·氏族典》，被认为是自先秦以来姓氏学的集大成之作。再者，清代学者还在对少数民族姓氏的统计、研究方面取得了较大突破。这类研究的成果，至今还保留在《续通志·氏族略》、《通志·氏族略补遗》、《清朝通志·氏族略》等书中。

另外，清代学者还开辟了妇女姓氏研究的新领域。在这一领域中，高有复的《名媛氏族谱》、萧智汉的《历代名媛列女姓谱》等都是有影响的著作。

到了清代后期和当代以前，随着西方文化影响的不断深入，我国传统的百家姓也受到影响并出现一些新的特点。由于它们大多与当代百家姓息息相关，我们将在下一个话题里加以探讨。

话题三：当代百家姓

根据姓氏学界通常的说法，我国历史上曾出现过一万多个姓氏，其中的3000多个还一直使用到今天。那么，这3000多个姓氏在今天的使用情况究竟怎样？它们是否有与传统百家姓不同的特点？我国现在是否有像宋代那样的《百家姓》？对于这些问题，我们将在本话题中一一进行回答。

一、百家姓·百家大姓·地方大姓

从本质上看，我国的百家姓实际上是人类的群体遗传标志，是每个人血统所出的家族印记。在历史发展到当代以后，我国的百家姓无论是在数量上还是在含义上都与过去有所不同。尽管由于这样或那样的原因，我国目前的百家姓使用情况还没有完全为人所知，但也不容否认，随着近现代科学技术的发展，使我们对百家姓的了解与古人相比深入得多，而在人口和姓氏的统计手段上更取得了长足进步。也正因为如此，一些研究者利用当代科学技术对有关人口统计资料进行研究，得出了当代姓氏使用情况的相关数字和各主要姓氏的人口数量。据前些年国外出版的《吉尼斯纪录》一书记载，我国的姓氏以张姓人口最多，约占全国总人口的9.7%或12.1%，共有7400万人左右。另外，在1984年，中国文字改革委员会在北京召开了姓氏、人名用字分析统计成果鉴定会,向外界公布了使用计算机对姓氏用字进行分析研究的成果,结论是王姓人口最多。同时,在一些人口普查和姓氏研究工作开展得较好的地区,也有地方性的姓氏使用情况。如在上海市,就有两种关于当地百家姓使用情况的统计结果。其中的一种是约有87.24%的人使用的姓氏在当地的前100个大姓中。这100个大姓是:

张王陈李徐朱周吴刘沈
杨黄陆孙顾赵胡金曹钱
许马唐郑蒋蔡姚潘高丁
俞石施何叶林袁夏戴谢
宋倪严董郭冯范韩薛陶
汪邵方卢姜汤龚秦罗毛
葛章吕傅程江余任邱季
梁殷杜史庄盛魏萧凌华
洪苏崔翁侯钟虞郁奚邹
田包孟于乔童彭谈应邓

同样,在北京市,根据1982年人口统计资料的抽样分析统计,绝大部分人所使用的姓氏也都包括在前100大姓之内,这100大姓依次是:

王张刘李杨赵陈马孙高
周吴宋徐韩田朱郭贾邢
于郑黄崔谢胡冯董曹吕
许白姚姜金魏何孟梁邓

杜阎常林付史范任罗蔡
叶肖唐程沈东季秦郝丁
关齐武曾侯蒋康潘夏陆
袁谭龚樊方苏薛葛彭石
段尹安殷戴牛孔纪汪靳
顾卢焦柳邱岳佟乔霍寇

又如陕西省，也有人口最多的100个大姓，它们是：

王张李刘陈杨高赵马路
郭贺曹孙贾任周薛胡牛
徐朱吴白黄韩程罗何蒋
宋唐冯许韦郑田井杜崔
姚常姜魏肖袁谭尤邹郝
梁吕董米焦万段丁雷谢
阎苏樊侯乔尚孟于党石
史康冉叶范秦付蒲阎慕
林曾彭武蔡杭覃凌柳沈
解余詹方金顾邓葛霍柴

再如辽宁省，人口最多的前100个大姓是：

王李张刘孙陈赵杨于郭
高徐马林姜周任崔宋黄
杜吴侯曲韩吕董石谢朱
郑丁齐史曹毕秦邹梁付

贾房龚唐冯胡许官尹田
阎金裴肖夏邵魏潘鲁薛
范孔丛罗苏袁蔡常程佟
苗谭郝何邱姚彭孟葛战
邓翟隋纪毛单邢安贺迟
股栾滕白初蒋卢方左耿

广东省人口最多的前100个大姓是：

李陈佘梁吴王黄麦叶周
邓袁胡何林郑张杨刘董
冯卢黎余赖郭蔡苏钟邱
廖赵谢谭潘罗徐朱许曾
温姚谈符关伍莫苻江柯
马曹陆彭唐程龙欧肖杜
范高简颜方孙萧庞严邹
薛邝丘汤洪魏区施岑崔
韩雷史覃章戴傅古任沈
芦吕文霍劳骆冼甘全宋

福建省人口最多的前100个大姓是：

陈林吕黄叶吴张曾王李
杨刘郑蔡洪方苏许何庄
周郭谢徐柯朱江傅施肖
邱戴程高汪阮邵孙魏纪

白翁颜梁杜卢马潘赵沈

邓胡骆钟丁龚廖罗余赖

姚范章蒋付卓唐严曹金

康雷薛董陆石萧俞连毛

宋韩彭任辜倪甘史童包

车池贺欧钱温褚冯芦谭

除上述省市以外，同样的情况在海峡对岸的台湾省也有所见。根据1978年的统计，当地的绝大多数人也使用前100个大姓。这100个大姓依次是：

陈林黄张李王吴刘蔡杨

许郑谢郭洪邱曾廖赖徐

周叶苏庄江吕何罗高萧

纪欧程连古汪汤江田康

潘朱简钟彭游詹胡施沈

范宋方邓杜傅侯曹温薛

余赵卢梁颜柯孙魏翁戴

丁马蒋唐卓蓝冯姚石董

邹白涂尤巫韩龚严袁钟

黎金阮陆倪夏童邵柳钱

上述各地的姓氏使用情况，尽管还只是当代我国姓氏使用情况的一鳞半爪，但也多少反映了我国当代百家姓使用情况的信息。更为重要的是，由于我国近年来已经逐渐习惯把百家姓说成是100个大姓，而我们如果按照这一思路推断下去，上述各地的百家大姓也就是各自的百家姓了。从这点去看，在人们的习惯上，传统的百家姓概念已经逐渐被当代的100个大姓所取代，这或许应该算是我国姓氏界在近年来出现的显著变化之一。

二、关于全国百家姓的抽样调查

谈到我国当代百家姓，特别是我们全国目前的姓氏使用情况，由于人口过于众多和统计手段相对滞后，至今还没有十分确切的统计资料公诸于世，仅有一些抽样调查结果供人们引述。在这些抽样调查资料中，有些是有一定影响的，甚至还常被人们加以引用。其中如中国科学院的一种抽样调查资料称，目前我国占汉族总人口4%以上的姓氏共有5个，即李、王、张、刘、陈，其中李姓人口超过8700万，王姓人超过8000万，张姓人超过7800万，刘姓人超过6000万，陈姓人超过5000万。5大姓合在一起，人口共有3.5亿多。至于包括上述5姓在内的100个大姓，总人口约占汉族人口总数的87%，亦即9亿多人。这100个大姓是：

李王张刘陈杨赵黄周吴
徐孙胡朱高林何郭马罗
梁宋郑谢韩唐冯于董萧
程曹袁邓许傅沈曾彭吕
苏卢蒋蔡贾丁魏薛叶阎
余潘杜戴夏钟汪田任姜
范方石姚谭廖邹熊金陆
郝孔白崔康毛邱秦江史
顾侯邵孟龙万段雷钱汤

尹黎易常武乔贺赖龚文

除上述以外，我国还有另外一种关于百家姓的抽样调查资料，是前述中国文字改革委员会在1984年得出的研究成果。他们对1982年全国人口普查资料中17.5万人的姓氏使用情况进行了分析统计，发现前100个大姓的人口数量占被调查总数的88.01%，但其排列顺序与上述不同。即：

王陈李张刘杨黄吴林周
叶赵吕徐孙朱高马梁郭
何郑胡蔡曾余邓沈谢唐
许罗袁冯宋苏曹陆麦董
于韩任蒋顾钟方杜丁姚
潘姜谭邱肖金贾田崔程
余魏薛戴范卢洪侯夏白
贺钱庄邹汪史路石彭龚
秦廖黎施付赖江邵毛邢
倪阎严常康牛万陶孟葛

以上两种抽样调查结果，是我国目前仅见的关于当代百家姓的全国性统计资料，其中所存在的差异主要是所用的资料和研究方式、方法不同使然。其中，中科院的研究者所得出成果的研究依据是把1982年全国人口普查的0.05%随机抽样资料和台湾1969年的有关资料进行综合研究，然后才得出上述结论。其中关于0.05%的随机抽样资料，亦即全国54万多人的抽样资料，是按省、县、乡、村四个层次进行随机抽样而得出的。在这种抽样中，每个省以累计人数等距抽出15%的县级单位，然后以同样方法在有关县中抽出10%的乡级单位，以及在有关乡中抽出396个居民点，最后得出了上述结论。而中国文字改革委员会的研究依据是先把全国分成六大方言区，然后在六大区中各抽出一个省市，即北京、上海、辽宁、陕西、四川、广东，并各抽出2.5万人，以及在南方方言区中增加一个福建省，然后进行综合研究，在方法上显然与上述不同，从而才会有姓氏排列顺序的不同。此外，与以上两种情况近似，国家语言文字工作委员会又在1989年对1982年全国人口普查资料中57万多人的姓氏使用情况进行了分析统计，并且得出了另外一种研究成果。只可惜由于一些特殊原因，这一成果至今还没有对外公布。不过，尽管如此，他们还是把上述研究成果与前述两种抽样调查资料进行了比较，并把这三种资料综合在一起，进一步得出了一种综合性的抽样调查结果，还在随后公布了相关的研究成果。从他们所公布的有关成果中，前100大姓的人口数量占被调查总数的86.1%，但其排列顺序又有所变化，即：

王李张刘陈杨周黄赵吴

孙徐林胡朱郭梁马高何

郑罗宋谢叶韩任潘唐于

冯董吕邓许曹曾袁程田

彭钟蔡魏沈卢余杜蒋汪

丁方苏贾姜姚陆戴傅夏

廖萧石范金谭邹崔薛邱

史江侯邵肖熊康秦雷孟

白毛阎郝钱段俞洪顾贺

龚庞尹万龙赖孔武邢颜

综合来看上述这些关于当代100大姓的统计资料，我们可以发现在它们之间尽管存在着某些不同，但也有大致相同的特征，亦即所依据的都是1982年的人口普查资料，然后才进行了不同形式的抽样调查。但事实上从那以后，我国分别在1990年和2000年进行了两次人口普查，人口也增加了两亿多，各姓人口和排列顺序当然会有一些新变化。只可惜还没有以最近两次人口普查为基础进行的姓氏数量和排列顺序的研究成果公布，所以直到目前为止，我们所知道的关于我国当代百家姓的材料，仍是包括上述成果在内的一些根据1982年人口普查资料抽样调查所得出的研究成果。

三、百家姓分布的地区差异

从目前已知的统计资料看，我国各省市自治区所使用的姓氏都在1000个以上，但在姓氏的分布方面，南方和北方的差异很明显。在北方，李、王、张、刘是大姓，人称“李王张刘遍神州”。仅在北京一地，王姓人口就占全市人口的10.6%，李姓和张姓各占9.6%，刘姓占7.7%。四个姓的人口加起来，大约占北京市总人口的三分之一以上。也就是说，目前北京市姓这四个姓氏的人已经超过了400万。然而在南方，人数最多的三个姓氏则是陈、李、张。可见，我国当代的大姓还是各具特色的。

又如上海市，据有关部门对上海市区和上海县625万人的统计，张、王、陈三姓人口最多，分别占人口总数的6.46%、6.4%和5.83%。除这三大姓外，位居前10个的还有李、徐、朱、周、吴、刘、沈，七姓人口各占人口总数的3.6%至2.43%不等。此外，人口数量占总人口1%以上的姓氏共有19个，除上述10个外，另有杨、黄、陆、孙、顾、赵、胡、金、曹。19姓人口加起来,占全部人口的49.41%以上。

再如台湾省,根据1978年的人口普查结果,全省1700万人使用姓氏1694个,其中位居前10个的依次是陈、林、黄、张、李、王、吴、刘、蔡、杨,10大姓占总人口的一半以上。尤其是陈姓,另据1938年和1958年两次抽样调查统计,其人口数量都占全省人口总数的12%以上。

另外,从全国来看,据一些专家对我国1982年人口普查抽样资料的分析研究,参考1969年的台湾人口普查资料,发现李、王、张三姓人口最多,分别占人口总数的7.9%、7.5%和7.1%。此外,另有16个姓氏的人口超过人口总数的1%,它们依次是刘、陈、杨、赵、黄、周、吴、徐、孙、胡、朱、高、林、何、郭、马。这19姓的人口之和超过了总人口的一半以上,占人口总数的55.6%。至于占全国87%的人口,基本只使用100个姓氏,90%左右的人使用120个姓氏,96%的人使用200个姓氏,98%以上的人使用300个姓氏,99%的人使用500个姓氏。这些统计结果,都在一定程度上反映了我国目前姓氏使用的实际情况。

至于我国大姓的地方特色,还有一个抽样调查资料,是关于大姓在各地分布的。如仅以人数最多的前10个姓氏为例,在我们上面提到的几种抽样调查资料中,全国的十大姓分别是李王张刘陈杨赵黄周吴,或者是王陈李张刘杨黄吴林周,或者是王李张刘陈杨周黄赵吴,基本上大同小异,然而在各地,不同地方的十大姓则差异明显。仍以上述提到的北京、上海、辽宁、陕西、福建、广东、台湾等七个省、市为例,它们的十大姓分别是:

北京:王张刘李杨,赵陈马孙高;

上海:张王陈李徐,朱周吴刘沈;

辽宁:王李张刘孙,陈赵杨于郭;

陕西:王张李刘陈,杨高赵马郭;

福建:陈林吕黄叶,吴张曾王李;

广东:李陈余梁吴,王黄罗叶周;

台湾:陈林黄张李,王吴刘蔡杨。

我们如果把这些十大姓进行对照，便可以看出它们与全国十大姓的差别,这种差别正是百家姓地方特色的一种反映。

大姓的地方特色,有时还反映在其他方面。比如福建和台湾的情况比较接近,两省都流传着一些关于大姓的俗语,如“陈林半天下,黄郑排满街”,或者“陈林满街流,黄郑遍地走”,意思都是说当地的四大姓是陈林黄郑,这便是这两个省的地方特色。同样,在上海市,张、王、陈三姓人口最多,这也是上海的特色。另外,即使是同一些姓氏,由于所在地区不同,所表现出的特点也不一样。为此,一些学者曾把我国以长江为界分作南北两大区,并把其姓氏的使用情况进行比较,结果发现在浙江、江西、福建、广东、广西、海南、湖南、贵州和云南等九省区的南方区,大姓的人口多寡和排列顺序与北方区有明显的不同。如仍以上述抽样调查资料为例,南方区的三大姓依次是陈、李、张，所占人口比例分别是7.1%、6.9%和4.8%;而北方区则以王、李、张为三大姓,所占比例则是8.6%、8.4%和8.0%。由此可见,南北三大姓中只有李、张两姓一致,其第一大姓各不相同。不仅如此,即使是南北相同的李姓,在地区分布上仍不平衡，南方区的比例也仅占北方区的二分之一。同样,张姓虽在南北两区中均列第三位,但北方区的比例是南方区的两倍。这种地区分布上的不平衡,当然在其他姓氏中也有反映。如陈姓是南方区的第一大姓,也是广东省的第一大姓,其仅在广东省的人口比例即达10.5%；而在北方的黑龙江省，比例只有2.6%，仅是广东省的三分之一。又如，北方区的赵、孙、马、刘等姓比例显著高于南方区，而南方区的林、黄、朱、吴等姓则高于北方区。至于两大区的各个省中，姓氏分布也有自己的特点，或者拥有仅有本省区才最为集中的特殊姓氏。诸如此类的情况如广东的梁、罗、赖姓，福建的陈、林、郑姓，山东的孔姓，江苏的徐、朱姓，浙江的毛、沈姓，广东的黄、韦、覃姓，云南的李、徐、杨姓，四川的何、邓姓，甘肃的高、马姓，以及河南的程姓、河北的张姓、山西的郭姓、内蒙古的王姓、安徽的汪姓、江西的胡姓、湖南的谭姓、陕西的赵姓、贵州的吴姓，等等，莫不如此。在这些姓氏中较为特殊的只有一个周姓，无论在南方还是北方的分布都较为均衡。

另外，一些专家根据各地对语言的使用情况不同，把全国划分为七大方言区，即北方、吴、赣、湘、客家、闽、粤方言区，进而对各方言区的姓氏情况进行研究，从而得出了另一种研究结果。在这些方言区中，由于北方方言区范围较广，又被分作北方、西北、西南和江淮四个次方言区。各方言区被抽查的姓氏共有1055个，其中较常见姓氏的分布规律是北方方言区中北方、西北和西南三个次方言区基本相似，都以李、王、张、刘、杨等姓人口最多；吴方言区与江淮次方言区相似，都以王、张、陈、李四姓人口最多；赣、湘两方言区比较相似，都以李姓为第一；粤、闽、客家方言区则以陈姓占第一位。我们如果把这种研究结果与按南北两大区划分而得出的结论进行比较，便会发现它们基本接近，也说明我国当代百家姓的分布的确有一定的规律可循。

除上述以外，一些专家在研究姓氏分布规律的同时，还发现那些历史悠久的地区与发展较晚的地区的姓氏使用情况相比要相对复杂一些。如陕西是我国文明的发源地之一，北京自辽代以来就一直是国都所在地，因此，两地人的姓氏数量就相对较多，而发展较晚的广东、福建等省则相对较少。同时，他们还认为各地大姓都有地区特点，有些特点还有较大差异。比如，王、张、李、刘四个大姓在北京、辽宁、陕西、四川都居前四位，而福建则是陈姓最多，林姓次之，两姓人占全省人口的近30%，与当地“陈林半天下”的俗说相合。另外，他们还在研究中发现各地大姓的人口在分布上也有不同，有些地区的大姓人口较为集中，有些地区则较为分散。以各地覆盖率占50%左右的姓氏为例，在北京有10个，它们依次是王、张、刘、李、杨、赵、陈、马、孙、高；在陕西则有12个，它们依次是王、张、李、刘、陈、杨、高、赵、马、路、郭、贺；在辽宁有8个，即王、李、张、刘、孙、陈、赵、杨；在四川有14个，即李、张、王、刘、杨、陈、黄、周、罗、吴、蔡、曾、唐、何；在上海有15个，即陈、张、王、徐、朱、沈、李、陆、顾、周、吴、黄、孙、杨、高；在广东有9个，即李、陈、佘、梁、吴、王、黄、麦、叶；在福建有5个，即陈、林、吕、黄、叶。不仅如此，他们还注意到了某些影响较小姓氏的地方分布特点，指出有些姓氏从全国范围来看可能是罕见的，但在某一地区却可能比较集中。像北京的邢、东、靳、庚、郄、双，陕西的路、党、慕、郗、权、鱼、思，辽宁的曲、栾、初、矫、逯，四川的代、兰、熊、易、景、卿、阳、补、先，上海的奚、储、忻、火，广东的佘、麦、黎、苻、区、怖、招、越、佃，福建的洪、水等姓，都有较为突出的地方特色，进一步印证了我国当代姓氏分布的不平衡性。

我国当代百家姓不仅有上述突出特点，而且在其他方面也有某些特征。其中，随着人们对一些主要姓氏的了解越来越多，以及社会的进步和人口的不断增加，各姓氏的人口大致数量逐渐为人所知，从而使人们能够借以根据人口数量的变化跟踪全国姓氏排列顺序的变化情况，进而发现各姓的人口并不是同步发展的，其中有些姓氏可能发展较快，而其他的一些可能较慢，进而影响着其在全国姓氏中的排名顺序，存在着一定程度的升降规律。当然，这种按人口多少把全国姓氏进行排名究竟有多大意义还可以进一步研究，但它至少向我们揭开了过去不为人知的百家姓的某些内部秘密。比如，根据近年的研究结果表明，在以人口多少为标准的当代百家姓排名中，由于人口的发展变化不同，各姓的排列顺序的确不是一成不变的。如王姓在1984年中国文字改革委员会所做的统计中是第一大姓，但到1986年中国科学院统计时则退居第二位，而在1990年所发布的一种调查结果中，王姓又跃居第一位。此外如张姓，在近年所做的各种统计中均居第三位，但也有人指出，张姓的人口增长速度要高于其他姓氏，因此，在将来或许要超过王、李二姓，跃居百家姓第一位。甚至有人指出，由于我国当代各姓人口的悬殊十分明显，在目前的人口政策下还可能使这种悬殊进一步加大，其结果可能是大姓人口越来越多，小姓越来越少甚至被淘汰。比如，我国目前尽管使用着3000多个姓氏，但经常使用的姓氏很集中，大约只有500个左右，便突出反映了这种特点。同时，一些大姓在分布上可以遍及全国，但影响较小的姓氏仍然仅仅分布在某一地区、某一乡镇。如在湖南省桃源县有璩姓，辽宁沈阳有皓姓，浙江余姚有众姓，陕西彬县有叱干姓，江苏武进有莳姓，这些姓氏在其他地方都很难见到。又如在湖南澧水流域的慈利、大庸、澧县等地，生活着16000余名庹姓人，在其他地区也很少能见到这一姓氏。这种分布状况及其可能带来的姓氏和人口发展后果，也同样值得我们注意。

由上可见，尽管我国当代百家姓在分布上具有一定的规律性，但地区之间的不平衡性也非常明显，而造成这种分布状况的原因也是多方面的，如历史的、政治的、经济的、文化的、民族的原因等都不容忽视。由于我国疆域辽阔，几千年来又一直处于相对封闭的自然状态下，同一个姓氏往往在一个地区繁衍生息，进而形成某一地区某一姓氏特别多的局面，姓氏分布不平衡的状况也一直延续至今。尤其是一些仅在某些地区分布的特色大姓，形成原因更具地方色彩。如在西北地区有很多人姓马，他们既有汉族也有回族等少数民族，而当地一向是汉族马姓的传统居住地，马姓的一个著名郡望就在陕西扶风，曾经出过马援、马超、马谡、马融等著名人物。至于少数民族马姓，在西北人数较多的原因主要与当地流行伊斯兰教有关，回、维吾尔、哈萨克、撒拉、东乡、乌孜别克、塔吉克等民族都信奉这一宗教。由于这一宗教创始人穆罕默德名字的首字汉译与汉姓“马”相近，所以他的信徒多姓马姓，俗话所说的“十个回回九个马”也是指回族姓马的人多。正是由于有以上这些具体原因，才会在当地形成马姓人较多的特点。另外如韦姓，在广西人数较多，则是由于历史的原因。相传，当地韦姓人主要是汉代名将韩信的后代。在他被刘邦杀害后，对他有知遇之恩的萧何为了给他保留香火，把他的一个后代偷偷送给南越王赵佗抚养，从此在南方生息繁衍。后来，韩信的这个后代为了避免引起别人的猜疑，便把“韩”字右半边“韦”当做姓氏，从而成为韦姓人，并且迁到广西，成为当地韦姓人的祖先。再如河南的特色大姓程姓，据说与宋代的当地名人程颢、程颐有关。他们的子孙由于出自名门，家大业大，形成了地方势力，从而才能子孙繁衍、享誉一方，发展成为地方大姓。

四、关于当代的500大姓

如上所述，我国当代尽管使用着3000多个姓氏，但被大多数人使用的并非很多，无论是1个大姓，还是3个、5个、10个、100个、500个大姓都是实情。在这些具有代表性的姓氏中，我们在以上对100个以内的姓氏已经探讨很多，但它们所代表的人口数量只有80%多，用以说明当代姓氏的总体情况尚嫌不足。因此，鉴于我国自宋代以来在谈论百家姓时大约都提到500个左右的实际情况，以及我国99%的人在目前只使用500个左右姓氏的基本事实，我们再对当代的500大姓做进一步的考察。

我国目前关于常见的500个姓氏的统计资料，所能见到的只有两种，并且都是根据全国1982年的人口普查资料经抽样调查后得出的。其中之一是前述中国文字改革委员会所作的抽样调查，其500个姓氏除前100个姓氏已见前述外，第101—500个姓氏即：

尹雷盛樊齐傅柯龙曲郝
关纪温乔汤殷代段兰韦
毕裴章颜阮俞翁孔凌武
文季熊安鲁祝房尤伍焦
井柳米向骆莫童谈芦苗
耿官虞柴易奚霍申尚佟
符庞岳辛聂翟左单蒲包
牟解穆漆欧游景闵谷卞
东费屠詹储党从鲍隋艾
车卫覃苻华宁冉萧戚项
简靳舒邝梅成税席郁喻
褚甘蒙滕闫寇战慕师鄢
栾古杭干屈管茅祁司迟

连沙卓宗瞿甄查高边梁
荣惠初邬刁卜辜区缪劳
宿由窦卿丘阳岑娄应侯
封全富庚吉冷柏巩饶补
郗鞠强蓝姬荆乐权帅苑
满桑檀先仲蔺忻胥晏苟
祖竺敖池仇官居冼楼支
藏廉麻诸但凤皮浦闻巫
修衣狄苟楚桂鹿都呼冀
匡明时伦木南钮戎蹇涂
裘嵇郜怖花敬栗羊印原
招豆盖哈娇郎练鱼越扈
芮阙佃厉平客山云占阚
晁泮班贝公蔚伊邸濮栩
臧火计门茹思燕禹逯步
慈索夷玉淤弓贯赫经励
侍粟腾宣种恽邴薄布伏
广果来利列朴庆潭乌香
扬元源苟菅雒奕眭郑巢
鄂藩丰戈过和晋亢况赁
仁树双水同涂伟毋相须
要雍展折蒯昌冠国海句
库么柬延银逄戢恣郃者
负巴达奉黑衡宏戒勘科
麋秘母寿位信业依阴粘
职智弭羿睢邛缴杩昝博

材菜畅钞朝崇从恩鸿缴

另一种关于前500个姓氏的统计资料是由国家语言文字工作委员会综合三种资料而得出的，除前述100个姓氏外，接下去的第101—500个是：

汤章梅常阮黎倪施乔樊
严齐陶温易兰文闫芦牛
安向管殷霍翟余葛伍辛
练申付曲焦代鲁季覃毕
麦耿舒尚聂庄项盛童祝
柴柳单岳阳骆纪欧左尤
凌韦景詹莫路宁关丛翁
容柯鲍薄苗牟谷悲初屈
成包游司祁靳甘席瞿欧阳
卜褚解时费班华全房涂
卓饶应卫丘隋米闵郎喻
冉官甄宣穆谈帅车母查
戚符缪娄亢滕位奚边卞
桂苟柏井冀邬吉敖池简
蔺连艾蓝窦封古迟姬刁
商栾强冷植郁臧晋党虞
佟苑畅屠蒙占辜匡廉巩
麻晏帅鄢泮燕岑官仲揭
仇邸宗荆涂盖原昌茅扬
荣沙郜丕邝鞠未劳来诸

计乐花冼尉木丰寇栗干
楼满桑湛谌储皮楚胥明
平腾厉励竺闻刚宇支都
折杭南战嵇展靡衣国门
崇裘薄束宿藏东相逯伊
修粟漆阙禹银台和祖惠
伦候慕戈富伏僧习云狄
危先雍蔚索居浦税阚谯
於芮濮基寿卿酆苻保郸
渠琚寐元由豆扈仁呼娇
巢敬巴权茆鱼凡戎淡区
幸海弓阴住晁印汝历么
羊乌贡妙盘苟鹿粱令狐郃
随雒贝录茹种罡缠农菅
潭佐赫字双油綦美利钮
信勾火圣颉从靖福开公
那智况补虎才布邦亓仉
旷药逢造普鲜五仝扆暴
但庚降昝奕锺问招贵山
巨厚恽上官过达邴咸洛忻

另外，我们在此前提到的中国科学院的研究成果，目前只公布了前300个姓氏的排名顺序，尽管与500个姓氏相比还有距离，但仍然可以作为我们分析时的参考，因此也有必要再次提及。这300个姓氏除前100个已见前述外，接下去的第101—300个姓氏即：

庞樊兰殷施陶洪翟安颜
倪严牛温芦季俞章鲁葛
伍韦申尤毕聂丛焦向柳
邢路岳齐尚梅莫庄辛管
祝左涂谷祁时舒耿牟卜
路詹关苗凌费纪靳盛童
欧甄项曲成游阳裴席卫
查屈鲍位覃霍翁隋植甘
景薄单包司柏宁柯阮桂
闵欧阳解强柴华车冉房边
辜吉饶刁瞿戚丘古米池
滕晋苑邬臧畅宫采缪苟
全褚廉埔娄盖符奚木穆
党燕郎邸冀谈姬屠连郜
晏栾郁商蒙计喻揭窦迟
宇敖糜鄢冷卓花仇艾蓝
都巩嵇井练仲乐虞卞封
竺冼原官衣楚佟栗匡宗
应台巫鞠僧桑荆谌银扬
明沙薄伏岑习胥保和蔺

由上述三种姓氏排列情况可见，根据同一种人口普查资料进行抽样调查，由于所用方法不同可以得出不同的结论。同时我们也可以看出，中国文字改革委员会调查结果中第55位肖姓与第198位萧姓、第85位付姓与106位傅姓，中国科学院的调查结果中第77位邱姓与第207位丘姓，两两之间都有可能是因为写法的不同而把同一个姓氏一分为二。同样,国家语言文字工作委员会的综合性调查结果中排在第59位的傅姓与排在第133位的付姓、第62位萧姓与第75位肖姓、以及第70位邱姓与第205位丘姓,也有几乎类似的情况。

不过,客观地说,目前仅见的几种关于我国姓氏使用情况的抽样调查资料,尽管存在着某种程度的不足之处,或者尚不足以完全反映我国姓氏使用情况的实情,但作为对姓氏使用频率进行科学研究的大胆尝试,其相对准确性还是应当得到肯定的。加以与前500大姓有关两种成果尽管排列顺序有别,但姓氏名称大同小异,正说明其所具有的科学价值。更为可贵的是他们都统计出前500大姓的使用人口数量占被调查总数的99%以上,说明500大姓在中国人口中的确具有普遍意义。

由上可见,在有关我国当代百家姓的研究成果中,仅排列在前500位的姓氏就有其显著特点,其中最具启发意义的特点又是有关研究者利用不同的方法而得出了基本相同的结论。这一特点无疑也在启示我们,关于我国的当代百家姓,尽管目前还没有十分确切的统计资料,但利用现有的抽样调查结果仍可说明一些问题。

五、当代“百家姓”新编

综合上述可知,我国的百家姓无论是古代还是当代都有其特点,然而就其影响力而言,古代“百家姓”以宋代的《百家姓》影响最大,当代“百家姓”则以国家语言文字工作委员会的综合性研究结果较具价值。当然,在上述两种存在较大差异的“百家姓”之间,尽管在许多方面都缺乏共同性可言,但并没有妨碍它们造成自己的影响或广为人知。这一点似乎已在昭示我们,两种“百家姓”在影响力这方面形成了共同点，我们有必要参照古代“百家姓”的编排方式，创立当代“百家姓”的排列体系。而在事实上，目前所见的有关当代“百家姓”的排列方式，几乎全是以抽样调查结果为依据，按顺序排列，尽管科学性、直观性有余，但可读易记性显然不足，其普及性与前述《百家姓》相比也更加不足。因此，参照前述《百家姓》的显见优势并使之与当代“百家姓”排列的科学性结合在一起，无论理论意义还是现实意义都至为明显，故而也是我们借以尝试编出按韵编排的当代“百家姓”的基本动机。

正是出于上述考虑，我们将当代人口99%以上所使用的且与宋代《百家姓》数目相近的前500多个姓氏，参照其形式以韵编排，每句4字，共128句，即：

王李张刘	陈黄杨周	孙徐林赵	郭马梁吴
高何罗宋	郑谢韩胡	唐于冯董	萧程曹朱
袁邓许沈	曾彭吕傅	蒋蔡丁贾	薛魏叶苏
阎余潘戴	钟夏汪卢	田任姜范	方石姚杜
谭廖邹熊	郝孔金陆	崔毛白段	秦江史邱
顾侯邵孟	龙万温康	雷钱尹黎	易乔武常
贺赖龚文	樊兰殷庞	施陶洪翟	安颜倪章
严牛褚芦	季鲁俞庄	葛伍申韦	尤毕聂汤
焦丛柳邢	骆岳齐尚	梅莫辛管	祝左涂向
谷祁时舒	耿牟卜阳	路詹关苗	凌费纪项
靳盛童欧	甄曲成房	游裴席卫	查鲍欧阳
屈代覃霍	翁隋蒲甘	吉景单司	饶包宁阮
刁柯戚解	柴米华全	柏位植桂	强闵车冉
宰麦丘池	滕晋古边	宫臧邬畅	苟缪来苑

奚娄盖符	木冀党廉	郎姬屠邸	穆郁郜简
商蒙计喻	窦揭迟燕	糜宇敖冷	卓花仇谈
嵇艾都巩	井乐仲连	竺虞封衣	栗楚佟晏
匡宗台应	鞠巫僧栾	荆扬银桑	沙明伏鄢
岑薄习胥	和保亢蓝	谌帅麻蔺	荣昌茅练
诸邝劳未	雒尉丰卞	皮储楼平	腾刚厉冼
闻母支归	折杭南原	裘崇门国	東藏宿官
伊逯东相	修粟漆占	禹郦容阙	伦祖惠宣
候慕富戈	狄云粘班	雍危浦蔚	居索税檀
芮谯藩濮	基寿卿干	郗酆化苻	琚铁渠满
豆由仁扈	巢矫呼湛	敬鱼黑巴	幸戎区战
弓住阴海	印朝汝展	佘么羊乌	贡妙朴先
鹿粱令狐	郈随洛阚	种贝茹录	庾菅农元
赫双泮佐	甫油美权	钮利勾信	火圣颉凡
梨开从靖	公智那淡	况牙虎补	才布邦盘
亓旷仉药	逢造普缠	负鲜五宸	庚暴降潭
奕历皇甫	招淳问年	买巨厚贵	过续户山
中咸邴忻	仝达上官	闪初刀哈	百家姓完

另外,对于上述当代“百家姓”,我们还必须说明的是,它们尽管在数量上已有500多个,但它们仍然像宋代的情况一样不是百家姓的全部,而只是使用人口较多的姓氏,或者说是500多个大姓,并非所有姓氏的总和。由于目前还没有我国全部姓氏的确切数字,我们也只能是选取其中最为主要者进行编排。

话题四：
百家姓的来源

在本话题开始前，让我们先来看一段故事。

大约三千年前，周王朝刚刚建立不久，周武王因病去世，他的儿子周成王继承了王位，这时的周成王还是一个十几岁的孩子。一天，他和三弟叔虞做游戏，把一片桐叶递给叔虞，接着随便开了一句玩笑，说："这个给你，封你为侯。"但没想到，这句话被史官听到了，并记下了它，事后又上奏说："你是天子，天子无戏言，应该分封叔虞。"成王无奈，只得把一个叫做"唐"的地方分封给叔虞。因此，人们后来便称叔虞为"唐叔虞"。这就是有名的"桐叶封弟"的故事。再后来，叔虞的儿子燮文又被封于晋，成为晋的开国君主。燮文传到晋武公时有两个儿子，长子诡诸继位成为晋献公，次子伯侨被封于杨，称为杨侯，他也是杨姓的始祖。

在上述故事中，实际上牵涉到不少与百家姓的来源有关但也需要我们进一步澄清的问题。比如，周成王为什么要把弟弟叔虞封在唐？叔虞的唐、他儿子的晋、后来子孙的杨，在地理位置上有什么关系？其实，要回答这些问题，我们还要看另外一个相关的传说。相传，在唐叔虞出生以前，他的父母周武王和邑姜曾梦见天神让他们夫妇生个男孩，取名为虞，分封唐地，后来便生下了他。刚刚出生的时候，据说他手中的纹理很像"虞"字，又因为排行第三，按照当时的起名法应该叫做"叔"，因此，二者合在一起,便有了他的名字叔虞。这个传说中关键的问题是他父母所做的那个梦,大约也是他在后来被封在唐的原始依据。当然,这只是一个传说。至于封地的情况,唐在今天的山西曲沃,晋在山西太原,杨在山西洪洞东南一带。封地位置、大小等等对我们今天要说的话题并不重要,重要的是这些地名,分别成了今天唐、晋、杨三个姓氏的来源。

通过上述故事,我们可知百家姓的来历、出处各不相同,像唐叔虞的后代那样把地名当做姓氏便是一种情况。除了这种情况以外,当然还有更多的情况,对它们做一番探索也是饶有趣味的事。

我国的姓氏有一万多个,由于各姓的具体情况不同,在来源上也是多种多样。在汉代,应劭在他的《风俗通》一书中说周代命姓的方式有9种,而宋代郑樵的《通志》中则把历史上姓氏来源的情况分为32类。其中郑樵的分法是最细致的,也是最权威的,一直被后人当做经典。不过,郑樵的分法在今天看来,其实有许多是可以合并的,真正的种类并没有那么多。本篇所涉及到的一些姓氏,便是在综合各家所长的基础上,按百家姓的来源和类型划分的,主要有以下13类。

一、由图腾而来的姓氏

什么叫图腾？图腾是人类对某一种特别的动植物或其他自然物有目的的崇拜。在人类社会早期,人们把对个别自然现象的盲目崇拜发展到对一种动植物或自然物的崇拜,无疑是一种进步,也是原始宗教信仰的重要突破。信奉图腾的氏族都以某种动物、植物或其他自然物作为氏族的称号,并认为同它们有着血缘关系，禁止捕杀、食用或损毁，这些动植物或自然物就是相关氏族的图腾。比如原始人类信仰龙、凤、熊、鸟、狗等动物，久而久之，这些动物就成了人们的姓。

世界上许多民族都曾有过图腾崇拜，现在澳大利亚的一些土著部落还保留有图腾制度。如中部的阿兰达等部落就有740个图腾，其中648个是动物图腾。同一图腾集团的人都有共同的图腾神话和图腾仪式，图腾形象往往被雕刻或描绘在住所、武器、用具甚至氏族成员身上。在我国历史上，从传说中的伏羲氏以至夏代，都有图腾信仰的存在。如伏羲氏的11个氏族都以龙为图腾，神农氏的5个氏族都以火为图腾，黄帝之族更是由几个胞族组成的一个部落，其中有属于一个胞族的5个氏族以云为图腾，共工氏各族以水为图腾，少昊氏之族以鸟为图腾，蚩尤族以虎、豹、熊、罴为图腾，如此等等。

为什么会有图腾现象出现？这是因为原始社会生产力低下，文明程度不高，对自然界缺乏了解，更谈不上改造自然。他们认为每一个氏族都与某一种动物或植物有着特殊关系，能够保护、庇佑自己的氏族吉祥平安、繁荣昌盛，那么这些动植物或山、河、石头之类的神物就成了这一氏族的祖先或保护神，这种图腾到后来就演变成了姓。比如《白虎通义·姓名篇》就说："禹姓姒氏，祖以薏生；殷姓子氏，祖以玄鸟子也；周姓姬氏，祖以履大人迹生也。"这是说大禹的母亲因为吞食了薏苡（车前子，一种可作药材的野草），怀孕生下了大禹，因此夏人的图腾是薏苡。商人的祖先也有一个传说，《诗经·商颂·玄鸟》中说："天命玄鸟，降而生商，宅殷土芒芒。"玄是黑色，燕子是黑色的，所以叫玄鸟。"商"是指商代始祖契。这句诗的意思是，天帝命令燕子下个蛋而生了商契，居住在广阔的商代土地上。商的始祖契诞生的情况是，传说远古时期黄河下游，有一个很大的夷人部落，其中一个氏族中有个叫简狄的女子。有一天她与另外两个女子在河边洗澡，忽然有一只燕子低飞着从河边经过，掉下一个燕蛋来，简狄拾起来咽到肚里，不久便怀了孕，生下契，玄鸟也因此成了商族人的图腾。契因帮助大禹治水有功，被封在商，赐姓子。周人则是因其始祖姜嫄踩了巨人的脚印（熊迹）怀孕生下后稷，因此周人把熊当做图腾，并姓姬，因为姬字的右半部分很像熊的足迹。这样的例子很多。

《史记》中也记载，黄帝"教熊、罴、貔、貅、豹、虎，以与炎帝战于阪泉之野，三战然后得其志"。这里提到的熊、罴等猛兽，就是人们所说的"六兽之师"，实际上是以这六种兽为图腾的六个氏族。到后来，有些图腾就成了一部分人的姓，和这些人结下了不解之缘，更反映了姓氏来源的多彩多姿。

二、来源于部落或国家名称的姓氏

以图腾信仰作为姓只是姓氏来源的一种，另外还有其他来源。比如以部落或国家名称作为姓氏的，在古代也很常见。早在夏商周三代时，曾经分封了很多诸侯，这些诸侯各有名称，而它们的名称在后来也都成了姓氏。当然，我国来源于部落名或国名的姓氏不只是夏商周三代，三代以后也有很多，比如战国时期七个国家的名称，齐、楚、燕、韩、赵、魏、秦，号称"战国七雄"，这些国家的名称后来都变成了姓。与这相同的情况当然还有很多，放在一起共同构成了百家姓的一个重要来源。

相传，周姓人的一支是由周朝来的，但周天子姓姬，周天子的后代怎么又姓周了呢？说起来，还有一段曲折生动的故事。原来，周朝最初的女酋长姜嫄没有子女，一心想要个女性后裔继承酋长之位。一天，在她外出回家的路上踏上了巨人的脚印，从此便有了身孕，不久便生下了儿子后稷。姜嫄虽有了后代，但心里并不满意，因为在当时那个母系氏族社会中，她的继承人应是女子而非男子。她踌躇再三，还是抛弃了自己的亲生骨肉。说也奇怪，后稷被抛弃在草原上，牛羊都纷纷回避他，他得以安然无恙。姜嫄又把他丢弃到山林里想饿死他，却被打柴的人搭救了回来。姜嫄还不死心，再次把后稷丢到野地的冰凌上想冻死他，正好有饿鹰在上空盘旋，看见了后稷，以为是死尸，要飞来啄他，他大哭一声，把饿鹰吓跑了。姜嫄这才把婴儿抱回来，取名为"弃"。弃从小喜欢农业，种植豆、麦、瓜果，样样精通，后来成为周室的农神。姜嫄膝下无女，便把酋长的位置传给了弃，也即后稷。作为周室的先祖，姜嫄、后稷还姓姜，但已从母系社会向父系社会过渡了。至古公亶父时，周室才确立了父系的统治地位。因古公亶父来自姬姓部落，周室才由姜姓改为姬姓，他的孙子姬昌就是周文王。姬昌的次子姬发伐纣灭商，建立了新的王朝。因他们长期居住在岐山之下的周原，故以周为国号。周朝分西周和东周，至周赧王时为秦所灭。周朝王室不忘自己是周朝之后，便改姬姓为周，从而成为周姓人。这样，便有了周姓。

当然，周姓还有其他来源。如有一支相传出自黄帝时的大将周昌，另一支出自商代太史周任，还有几支出自北朝时期的少数民族。但根据王大良先生在《百家姓寻根探秘·周姓》一书中的研究，在目前所知的周姓几大来源中，最为重要者都与姬姓和周朝有关。也就是说，出自姬姓和周朝王室之后的周姓应是当今周姓人的主体。

又如郑姓。公元前8世纪，周宣王封其弟友于郑(今陕西华县),是西周的诸侯国。周幽王时朝政腐败,时任周朝司徒的郑桓公眼见天下即将发生大乱,便将家属迁往国都以东的虢(今河南荥阳一带)、郐(今河南新密东南)之地。后来,犬戎之乱爆发,郑桓公死难,其子郑武公迁都新郑(今属河南)。郑国在春秋时为强国,后来日渐衰落,最后被韩国所灭,其子孙以国名为氏,即郑姓。

再如魏姓。西周初年大分封时,周文王之子毕公高被封在毕国,在今陕西西安、咸阳一带。毕公高的后裔在后来到晋国当官,为安邦定国做出过贡献。晋灭魏、霍、耿三国后,晋献公为了加以奖赏,将魏地赐给他们为封邑。从此,毕公高之后便以邑为氏,改称魏。后来韩、赵、魏三家分晋,建立魏国,成为战国七雄之一,初都安邑(今山西夏县西北),后迁大梁(今河南开封)。公元前225年,魏为秦所灭,魏王假被掳。魏国的宗室怀念故国,便以国为氏,成为魏姓居民。

像上述这样姓氏来源于国名或部落名的情况, 例子还有很多。比如周武王灭商后封舜之后妫满于陈(今河南淮阳),妫满被谥为陈胡公, 其后代便以陈为姓。周公旦的儿子伯龄被封于蒋(今河南固县蒋集),建立蒋国,其后裔便以国名为姓。五帝之一的颛顼曾任命自己的两位曾孙重、黎分掌天、地,他们的后裔世袭其职,商朝时又被封于程(今河南洛阳市上程聚),建立程国,为伯爵,被人称为程伯。西周宣王时,程伯休父调入朝中担任司马一职,休父的子孙便以国为氏,这就是后来的程姓。又如曹姓,也来源于国名。相传,周武王发封弟弟振铎于曹(今山东定陶西南),后来被宋国所灭,子孙以国名为氏,姓曹。其他如赵、吴、沈、韩、秦、卫、潘、鲁、薛等姓,也都是以国为姓的。

与上述情况相近,还有以部落名称为姓的,以少数民族为多，多数是复姓。比如东晋时匈奴呼衍部进入中原，汉化后就姓呼延。鲜卑族中有一个宇文部落，东晋时进入中原，后来便姓宇文。尉迟、万俟、慕容也都是鲜卑部落，进入中原后也以部落名称作为姓。鲜卑这个民族在魏晋南北朝时期已经融入汉族中了，但呼延、慕容、尉迟、万俟等姓却保留了下来。如唐代的尉迟敬德就是很有名的大将，我们春节贴的一个门神也是他。

魏晋南北朝时期进入中原的部落演变成姓氏的多是复姓，后来的少数民族也有姓单姓的。比如元太祖成吉思汗出生于孛儿只斤家族，孛儿只斤也有译作包儿只斤的，孛、包是同音转译，后来便由这个家族演变为包姓。古代包姓在蒙古人中是最尊贵的姓，如果要封王也非包姓莫属，其他人是不能随意姓包的。

三、由居住地而来的姓氏

在姓氏来源中，还有一些是以居住地为姓的。这里分两种情况。一是古代那些身份较低、没有资格裂土分茅的普通人，居住在哪里便以那里的表方位的符号为姓。如春秋时齐国、郑国的大夫居住在西门，人称西门氏，其后裔便以西门为姓。古代人把城外加筑的一道城墙称为郭，分为东郭、西郭、南郭、北郭，住在这四郭的人后来都有人姓郭，尤以东周时齐国公族士大夫的后代为多，有单姓也有复姓。

第二种情况是以封国所在地为姓。与上面所说的普通人相比，这些姓氏都是身份比较高贵的人。如丘姓出自姜姓，是炎帝神农氏的后代。姜太公辅佐周武王灭掉商朝，因功绩卓著被封于齐，建都营丘（今山东昌乐县东南营丘）。不久，齐国迁都临淄（今山东淄博市东北临淄北），姜太公命第三子穆公镇守营丘，后来发展成为一大望族。穆公的后裔即以地名为姓，改为丘，穆公就是开山始祖。再如尹姓。古代东夷族有个首领叫少昊，设有管理手工业和农业的官，叫工正、农正。少昊的儿子殷曾任工正，被封在尹城（今河南宜阳西北），子孙世代任工正。这一支人在兴旺发达后，就以地名为姓氏，于是就有了尹姓。又比如西周时卫康叔的支系子孙因常邑（今山东滕州市东南）为食采之地，便以封邑的名称为姓，姓常。诸如此类的例子也很多。

四、来源于官职的姓氏

古代人做了官是一种荣耀，后人为了加以纪念，便把官职当做姓氏，这也是常见的事。如战国时楚国有上官大夫之职，有个叫子兰的人担任此职，后人便以上官为姓。周代朝廷中有掌管占卜的官员，称“太卜”，后裔也以卜为姓。春秋时，晋国有人专门管理典籍，并且是父子相传，他的后人便以籍为姓。又如钱姓，据郑樵《通志·氏族略》说：“颛帝曾孙陆终生彭祖，裔孙孚，周钱府上士，因官命氏焉。”彭祖是历史上著名长寿之人，传说在世800岁，在商任守藏史，在周任柱下史，被封于彭，即今天的江苏徐州市。他的后裔中有个叫彭孚的，在西周任钱府上士，钱府是管理钱财的机构，如同现在的财政部一样，上士则是官的名称。彭孚之后人以钱府的钱字为姓，于是就姓钱了。再如士姓，西周宣王时，杜国国君杜伯调入朝中任大夫之职，因为人耿直、嫉恶如仇而得罪不少人。有人在周宣王面前说他的坏话，周宣王不问青红皂白，将他杀害。其子隰叔逃往晋国，被任命为掌管刑狱的官员，即士师。隰叔的儿子蔿便以官为姓，称士蔿，后代相沿不替，士便成了姓。

不仅单姓如此，复姓司马也来源于官职。周代有大司马的官,分为军司马、舆司马、行司马。春秋时晋国分军队为三军,每军都置有司马。周宣王时程伯休父曾任大司马之职,还奉命去视察和绥扶淮、徐等小国,《诗经·大雅》中就有"王谓尹氏,命程伯休父,左右阵行,戒我师旅。率彼淮浦,省此徐土"的记载。这是说周宣王命封在程地的伯爵休父率领军队前往淮水岸边，巡视徐这个地方。因他曾任司马,其后裔中的一支便以司马为姓,后来定居在温县(今属河南)。林宝的《元和姓纂》说:"周宣王时,程伯休父为司马,克平徐方,赐以官族为司马氏。"三国时的司马懿即温县人,他的孙子司马昭统一天下,建立了晋朝。

此外,少数民族中也有以官为姓的。如元代文学家马祖常,先世为雍古部人,高祖锡里吉斯在金朝末年任凤翔(今属陕西)兵马判官,子孙因以兵马判官中的"马"字为姓。又如元代维吾尔族政治家廉希宪的父亲布鲁海牙曾任燕南诸路廉访使，受中原文化的影响以官为姓,取汉姓为廉。

五、来源于职业的姓氏

以职业为姓,是古代姓氏的又一个来源,其中如张姓就和其祖先制造弓箭有关。据唐代人林宝的《元和姓纂》说:"黄帝第五子青阳生挥,为弓正,观弧星,始制弓矢,主祀弧星,因姓张氏。"青阳即玄嚣,与颛顼同是黄帝孙,任弓正当在颛顼时。挥所观察的孤星也就是弧矢星,共有九颗,其中八颗像弓形排开,另有一颗星像一支待发的箭。挥在经过长时间的潜心观察后终于受到启发,制成了弓箭,这在当时是个了不起的贡献。因为有了弓箭,先民们就可以捕获更多的野兽,改善自己的生活。颛顼很高兴,赐挥为张姓。张字的本意即为拉紧弓弦、开弓,《诗经·小雅》说"既张我弓,既挟我矢",可见张姓的来源与挥制造弓箭有关。

又如顾姓,古代与"雇"字相通。甲骨文上说,雇,像鸟飞出户外,雇就是晏鸟,也就是鹌鹑的"鹌"字。古代人养蚕时习惯把蚕放在桑树上,经常有雀鸟飞来啄食幼蚕,于是养蚕人便雇人饲养鹌去驱赶雀鸟,保护蚕桑。顾姓便是由养鹌这一职业而形成的姓,他们的祖先原属于擅长养鹌驱雀的部族,并用做图腾,后来发展为国号和姓氏。

当然,有些职业不宜当做姓氏,因为听起来太不文雅。如杀猪宰羊的人就不愿以杀或宰为姓,于是把杀、宰换成了"屠",意思一样,但听起来舒服多了。《赵氏孤儿》中有位名叫屠岸贾的人,姓氏的来源大约就是如此。杀猪宰羊的后代姓屠,也仅是个姓而已,丝毫不带贬义。因为他们技艺精湛,才以这个职业为姓。

以职业为姓的情况还有很多。比如干将善于铸剑,他的后代就以干将为姓。商代有个大臣善于占卜,凡是国王有军国大事都要请他占卜一卦,以定吉凶休咎,于是他的后代便姓卜。其他如善于制作陶器的后裔姓陶,善于制瓶器的后裔姓甄,善于做工匠的后裔姓匠,等等,无不如此。

六、来源于山河名称的姓氏

古代有以山、河为姓的,但这并不是说住在泰山下的人就姓泰,住在黄河岸边的就姓黄,住在武夷山下的就姓武,实际情况要复杂得多,每个姓氏来源都有很复杂的原因。比如黄姓出自东夷,是少昊的后裔。《后汉书·东夷传》说夷有九种,其中之一是黄夷，商周之际在今河南潢川建立黄国，以黄为姓。后来黄国被楚国灭亡，黄姓子孙流落各地，湖北的黄陂、黄石、黄安等地名都与黄姓有关，但都不是因黄河来的。又如武姓，并非有人居住在武夷山下而得姓，而是因为周平王的儿子出生时，手掌纹好像是篆文的“武”字，周平王便赐他姓武。

不过，山名、河名确实成了一些人的姓氏。如黄帝死后葬在桥山，他的后人为他守陵，就以桥为姓，后来又去掉木字旁，成了乔姓。再如黄帝本姓公孙，因他生在姬水之滨，因此改姓姬。炎帝居住在姜水之滨，便以河为姓，改姓姜。帝舜的后裔居住在妫水，便有人姓妫。以上这些来源于山河名称的姓氏，都是有据可查的。

七、来源于先辈名字的姓氏

这种姓氏很多，至少有几百个，其中有些还是复姓。例如按周朝的制度，诸侯国国君之子称公子，孙子称公孙，曾孙以后无法再依次类推，便以祖父的字为姓。如郑穆公的儿子称公子驷（字子驷），孙子称公孙复，曾孙称驷带、驷乞，都是按照以上规律命姓授氏的。又如齐文公之子叫公子高，公子高的孙子就以高字作为自己的姓氏。

少数民族中也有这种现象。如元代进入中原的克烈氏谙都剌，祖父名叫阿思兰，子孙中就有人以祖父名字中的“兰”字为姓。元代咸阳王赛典赤·赡思丁长子纳速拉丁的子孙繇斯蕃衍，人口众多，便分为纳、速、拉、丁4姓。

再举几个复姓的例子。春秋时期吴国与楚国交恶，吴王僚派公子盖余、烛庸率兵攻楚，楚军大举反击，打败了吴国军队。盖余、烛庸欲率残军回国，又传来了吴王僚被阖闾刺杀的消息，盖余不敢回国，便投奔到了徐国。阖闾得知后派刺客刺杀他，他不敢再在徐国停留，又跑到楚国，并在楚国长期留居下来。后来盖余的子孙就以盖余的名字为姓，从而有了复姓盖余。

复姓烛庸的来源也和盖余相同。当年烛庸与盖余攻楚失败，吴国发生政变，烛庸逃亡钟吾。吴王阖闾得知消息后，命钟吾人捕捉烛庸，交给吴国，烛庸也投奔楚国。他的后裔为纪念这段刻骨铭心的经历，便以烛庸的名字为姓氏。

又如复姓庆忌，出自吴王僚之子庆忌。吴王阖闾派人刺杀吴王僚后，得知庆忌武艺精湛，将来必然会替父报仇，为了斩草除根，又派人杀害了庆忌。庆忌的后裔为纪念先祖无辜遭杀，便改姓庆忌。

当然，像盖余、烛庸、庆忌这样的复姓，如今已很少见了。

八、来源于行第的姓氏

以兄弟排行作为姓氏，俗称行第，在古代也很常见。古代的兄弟排行是以孟(伯)、仲、叔、季为序，孟或伯是老大，古人名字中带上孟或伯字，就知道他是老大。名字中带有仲字，即排行老二。叔是老三，季是老四。孟或伯、仲、叔、季后来就演变成了姓氏。比如商末有一位著名人物伯夷，与弟叔齐都是弧竹国君之子，商亡后不食周粟，受饿而死。春秋时鲁桓公有子名叫季友，后裔便以季为姓。

在这类以兄弟排行作为姓氏的例子中，最有意思的大约是孟姓。孟姓因为出了个亚圣孟子而声名远播，但是孟姓的始祖却不是孟子，历史上第一个姓孟的是春秋时鲁国的庆父，山东邹县孟府保存的孟子家谱中已经证实了这一点。

那么，庆父是什么人呢？其实说来话长。原来，周武王在灭亡商朝、建立周朝后，为巩固政权而大封诸侯，还把自己的亲兄弟周公旦分封在鲁，也就是今天的山东这块地方，周公旦从此变成了鲁国的诸侯。但是周公旦是武王的股肱之臣，因有重任在身，自然不能赴任，便由长子伯禽去做鲁国的国君。经数传到鲁桓公时，有子名叫庆父，因为排行第二，又姓仲孙。他性格乖戾，常常做出不合时宜的举动，很不受桓公喜欢。桓公死后，庆父的弟弟当上了国君，就是历史上的鲁庄公。庆父这时起兵作乱，杀了鲁庄公，更加遭人痛恨。按照当时的制度，庄公既然死了，国人便拥立他的儿子般继承王位，是为鲁湣公。庆父见自己无法继位，不久又杀了鲁湣公。

鲁国因为庆父连杀了两位国君，局势变得动荡了起来，国人都认为是庆父的缘故，认为只要他不死，鲁国的灾难就可能未完未了，于是便有了“庆父不死，鲁国未已”这个成语。由于成了千夫所指、人人憎恨的人，庆父这才感到压力，自知在鲁国存身不住，便灰溜溜地跑到莒国，也就是现在的山东莒县，隐姓埋名，将仲孙氏改为孟孙氏。鲁国的新国君后来得知他逃到了莒国，便用重金收买了莒国君臣，要求他们逮捕庆父并遣送到鲁国，莒国也答应下来。庆父被捕后，自知难免一死，便在途中自杀了。后来，庆父的子孙初以复姓孟孙为姓，后来又简化成单姓孟。

庆父虽然是个乱臣贼子，但是他的后裔孟子却是个大思想家、政治家、教育家，其事迹也已广为人知。他继承孔子的学说，提出“民为贵，社稷次之，君为轻”的民本思想，主张“法先王”，行仁政，对后世影响很大，被称为孔孟之道，是汉代以后的正统思想。北宋时，孟子配享孔子庙廷，追封邹国公，元朝封他为“邹国亚圣公”，明代称“亚圣”，意思是仅次于孔子。

当然，孟姓还有一个来源，出自姬姓。春秋时，卫襄公的儿子、卫灵公的哥哥名叫挚，表字公孟，他的子孙中有人姓复姓公孟，有人单姓孟，从而成为孟姓的另外一支。

九、来源于父祖名号的姓氏

历史上，有些姓氏的来源是自己父祖的名号，如文、武、袁、康、成、孔等姓都是如此。其中，文姓相传有好几支，其中的一支出自炎帝后裔文叔。文叔是伯夷裔孙，被周武王分封到许（今河南许昌一带）。春秋时期，许国在楚、郑等国的威胁下多次迁徙，后来迁都容城（今河南鲁山东南），战国时期被楚国灭掉。在亡国以后的许国国君子孙中，有一部分以国名为姓，改姓许；另一部分则以文叔名字中的“文”字为姓，姓文。还有人说，周文王的后世子孙中也有以文为姓的。

与文姓相似，武姓也是一个来源于父祖名号的姓氏。据郑樵《通志·氏族略》记载，春秋时期，宋国的国君宋武公是宋戴公之子，名叫司空，死后谥号“武”，史称宋武公，他的后裔就以这一谥号为姓。当然，这支武姓人只是武姓人中的一支，武姓还有其他来源。

袁姓的情况则较为复杂一些。陈国开国君主陈胡公有个裔孙，名诸字伯爰。伯爰的孙子名叫涛涂，因立有大功，被赐邑阳夏（今河南太康）。涛涂因崇拜祖父伯爰，便以祖父名字中的“爰”字为姓，称为爰涛涂。又因爰、辕二字通用，所以也写作“辕涛涂”。辕涛涂的后裔徙居郑国，秦末又移居河洛之间，即今河南洛阳、偃师一带。西汉初年，他们又去掉“车”字旁，姓袁。

又如康姓。传说周武王死后，成王年幼，由叔父周公旦摄政。对此，武王的兄弟管叔、蔡叔、霍叔不服，勾结纣王之子武庚叛乱。周公旦率兵平定叛乱，杀掉武庚，把商朝故都周围地区封给自己的幼弟叔封，建立卫国，定都朝歌（今河南淇县），管治“殷民七族”。叔封死后，周成王为他赐谥号“康”，因此叔封又称康叔。又因为他是卫国国君，也称卫康叔。后来，他的子孙便以康为姓了。

除上述几个姓氏外，值得一提的还有孔姓。据《史记·宋微子世家》记载，西周初年大分封时，殷纣王之兄微子启被封到宋（今河南商丘南）地，建立宋国，都于商丘。微子启死后，由弟弟微仲继位。微仲的第四代孙宋缗公名字叫共，缗公共的玄孙叫正考父，任宋国上卿。正考父的儿子名嘉，字孔父，当过宋穆公的大司马，后来因乱被杀。孔父嘉之子木金父逃奔鲁国，他的孙子以祖父之字“孔”为姓，从而成为孔姓人。从他又数传到叔梁纥，有两个儿子，第二个儿子名字叫丘，也就是著名的孔子。孔子的思想曾是历代统治者的正统思想，他本人也被推崇到无以复加的地位。如在唐武则天时追封为文宣王，宋真宗谥为至圣文宣王，元成宗加封至圣大成文宣王，明世宗改称至圣先师，清顺治时追谥为大成至圣文宣先师，又称至圣先师孔子。

当然，说到孔姓，还有其他一些来源。如其中一支出自子姓，相传是商汤的后代。商汤名履，又称天乙，后人在子旁加乙，成为孔姓。又有人说，孔姓人中的一些可能出自黄帝时的名人孔甲，另一些出自共工的后代孔壬，或者出自春秋时的卫国、陈国、郑国、齐国。其中卫国的孔姓源出姞姓，陈国的孔姓源于妫姓，郑国的孔姓出自姬姓，齐国的孔姓出自姜姓，姓氏的来源不少都与各自父祖的名号有关，说明这种来源对姓氏的产生具有较为重要的影响。

十、来源于某种事物的姓氏

古时候,有些姓氏是为了纪念某种事物而来,这也是十分有趣的现象。比如周朝初年被封到宋国做国君的微子是商纣王的庶兄,到周朝朝拜时经常骑着白马,他的后人便以白马作为自己的姓。汉代的丞相田千秋因为年纪大了,经常坐车上朝,他的后人就以车为姓。又如蒲姓,《晋书·苻洪传》说,他家有一池塘,池水里生长菖蒲,长5丈,分为5节,形如竹竿。当时的人称他家为蒲家,后改为苻。这都是以某种事物为姓的例子。

在以某种事物为姓的例子中,较为典型而又流传很广的是林、李两姓的故事。林姓的始祖比干是商纣王的叔父,在商纣王时担任了司徒职务,见纣王荒淫无道,不理朝政,便前去进谏,希望他能改弦更张,但纣王不听。进谏次数多了,纣王恼羞成怒,便说:"我听说圣人的心有7个孔,不知道你是否如此。"说完便让人挖了他的心,又派兵包围他的府第。他的夫人已有孕在身,闻风逃到朝歌(今河南淇县)一带附近的长林山中避难,不久生下一男婴,取名为泉。纣王的追兵发现了他们母子,问小孩的生父是谁,比干夫人谎称姓林,看护山林去了,骗过了追兵。不料士兵向纣王报告时引起了纣王怀疑,下令回去再搜,比干夫人则已逃得不知去向。这时,周武王的军队已经兵临朝歌城下,不久又灭亡了商朝。事后,周武王又为比干平反昭雪,见到了比干夫人母子。当得知比干的儿子只有乳名而没有正式姓名时,便因他生于山木中而赐姓林,因比干坚贞不屈而赐名坚。于是,林坚就成了林姓的始祖。

至于李姓的得姓原因，也与林姓有近似之处。比如它的姓氏“李”字原本是指李树，是因其祖先受恩于李子而以李为姓的。由于它得姓的详情已见于本书话题一，故在此略而不赘。

十一、来源于皇帝所赐的姓氏

我们读古书时，经常可以看到皇帝赐姓一说。在古代，皇帝赐姓是很常见的事，也是很荣耀的事。如汉代天子姓刘，就把臣下许多人赐姓刘，大臣娄敬就因此而成为刘敬。唐代天子姓李，就赐臣下姓李，徐懋公也因此姓李。宋代的皇帝姓赵，就赐一些人姓赵，比如西夏族首领唐代时赐李姓，宋代又赐为赵姓。辽代的皇帝姓耶律，如汉人韩德让赐姓耶律，改名隆运。金朝皇帝姓完颜，便赐臣下姓完颜，如金末郭仲元因立有战功，被宣宗赐姓完颜，称为完颜仲元。明代的皇帝姓朱，便赐臣下姓朱，如郑成功改姓皇帝的朱姓，人称“国姓爷”。这种例子很多。

当然，也有皇帝赐其他姓的。比如汉武帝时匈奴休屠王之子归顺汉朝，汉武帝赐姓金，取名金日磾，但皇帝姓刘。又如明代七下西洋的航海家郑和，原姓马，名叫三保，被赐姓郑，叫郑和；明初，元辽阳行省右丞相通伯与其子买驴归顺，朱元璋赐买驴姓吴名成，多罗罕赐名吴存敬，胡朵儿哈赐名吴顺；明代贵州彝族领袖阿哲·霭翠，明末赐姓安，等等，但皇帝却姓朱。

最有意思的是还有赐恶姓的。所谓恶姓，是一种含义不好的姓，带有贬义，实际上是皇帝对某姓的惩罚。如东汉时外戚梁冀专横跋扈，被汉桓帝所杀，桓帝讨厌梁姓，就把一个姓梁的后妃改姓薄。三国时吴国孙姓王室中有人叫孙秀，后来投奔了司马氏。吴主孙皓大为恼怒,下令孙秀族人不准姓孙,改姓厉。“厉”字在古代与“癞”字同音,显然属于恶姓。再如,唐代武则天杀死了高宗李治的王皇后,改王皇后的姓氏为蟒,就是蟒蛇的蟒,含义也很特殊。

十二、来源于避难而改的姓氏

姓氏来源有许多途径,比如因避祸、避仇、避嫌、避讳,都可能导致新的姓氏出现。比如,春秋时陈国的陈完是胡公满的十世孙,因不满伯父陈宣公杀害太子御寇,便逃到齐国,齐桓公让他当个工正之类的小官,把一个叫田的地方赏给他,陈完便改陈姓为田,名敬仲。因此,田敬仲就成了田姓人的始祖。

春秋时,郑武公有两个儿子,长子即郑庄公,次子叫叔段,郑武公之妻武姜钟爱次子而讨厌长子。武公死后,庄公即位,叔段在母亲的挑唆下发动政变,但很快被庄公荡平,叔段逃奔到共(今河南辉县),人称为共叔段,他的后代便以共为姓。后来,共姓为了避难,在共字上加“龙”字,就成了“龚”姓。

又如,元代重臣木华黎的后裔可用在松江(今属上海市)做官,明朝朱元璋的军队进攻吴松,他因“款附意缓,谪戍河南”。这是说,他因归降迟了一步,便受到贬谪河南的惩罚。从此,他不敢再姓原来的蒙古姓,便“易氏曰李,从木从子,志所自也”,也就是改姓李,表示自己是木华黎的后代子孙。

十三、少数民族改汉姓

百家姓的来源,除上述以外还有其他一些形式,如少数民族汉化改姓，也是经常被提到的一种。在相关的例子中，少数民族出身的北魏皇族改姓便是较有影响的一种，我们也将在本书的话题九中详加述及。又如在金代，作为一个由女真人建立的国家，他们本来都有姓，但为了和汉人交往的方便，还是将一批少数民族姓改成了汉姓，其中主要有完颜改为王姓，夹谷改为仝姓，乌古改为商姓等。

当然，历史上也有汉族改姓少数民族姓氏的。如北齐时有个叫刘世基的人，其母改嫁独狐氏，他便改姓独狐，称为独狐世基。金代中都（今北京）人郭仲元，本来姓郭，汉人，金宣宗赐姓完颜，称为完颜仲元，因为金朝皇帝就姓完颜。这样的例子也很多。

此外，在现在的一些少数民族中，姓氏也很有特色。如广东的京族，孩子出生后要拜契爷（义父），然后取姓名。如果义父姓苏，这孩子就以苏为姓。如果以树、石头为契父，就姓木，姓石。

总之，综合上述可以看出，我国百家姓的来源可以说是五花八门，其中也有很大学问，同时也可见我们中华民族姓氏文化的丰厚内涵。

话题五：
趣味百家姓

百家姓虽然是代表每个人血缘所出的称谓符号，但如果把它们还原成普通文字，所包含的字义又是形形色色的。于是，像数目姓、方位姓、时间姓、干支姓、行业姓、五行姓、五金姓、六畜姓、国名姓、地名姓、山川姓、民族姓等，便经常被人们提起。看到它们，我们不难发现与我们朝夕相伴的百家姓，居然还这样充满趣味，生气盎然。

一、由自然数组成的姓氏

这类的姓氏有时也叫数目姓。提到它们，还有一个流传很广的故事。这个故事是记载在明代大作家冯梦龙《古今谭概》一书里的，是说当时的山南县县令的夫人姓伍，因她丈夫是全县最大的官，平日很是骄横。一天，伍夫人会见丈夫下属官员的妻子，指着其中的一位问道："贵姓？"那位女子回答说："免贵姓陆。"县令夫人听了很不高兴，心中暗想：我男人的官比你男人的大，我才姓伍(5)，你倒姓陆(6)，想压我一头呀！又指着另一女子问："你姓什么？"那女子不紧不慢地回答："回县令夫人的话，鄙姓戚。"县令夫人一听，不觉怒气冲天，跑到丈夫那里说："我才姓伍，你下属的妻子却姓陆、姓戚(7)，再问下去，说不定有姓八、姓九的呢！”这虽然是个笑话，但也说明在百家姓中确实有与数目字同音的姓氏，其中不仅有伍、陆、戚，甚至还有姓八、姓九等更多的姓氏。

比如，一、二、三、四、五、六、七、八、九、十、零、壹、贰、叁、肆、伍、千、万等，看起来是孤孤单单的数字，但也都是人们的姓氏。其中如一姓，虽然比较罕见，但在汉族、傈僳族中都有姓这个姓的人。而在过去，据一部姓氏书介绍，南北朝时的代北就有这个姓，是后魏那娄氏的后代。

另外，还有一个千姓。据清代张澍《姓氏寻源》一书介绍，三国时魏封氐族酋长杨千万为百顷王，杨千万后入蜀，其后有千姓。又据《明清进士题名碑录索引》一书，清代出过四个千姓进士，其中三个是河南武陟人，一个是江西星子县人。而据当代的一些专家调查，河南武陟县千村自明代以来就是千姓人的聚居地，村中有建于清代的千氏宗祠。当地的千姓人来自孟津县上古邮村，在洛阳北芒山一带还有千姓祖茔。明朝末年时，由于当地发生战乱，百姓纷纷逃难，他们中的千百祥、千百让兄弟随母李氏迁到武陟千村，现在已繁衍到河南焦作、新乡、郑州及方城、西华等地。另外，四川、浙江、陕西等省以及韩国等地也都有千姓。据韩国《口阳千氏大同谱·中原世谱》载，韩国千姓人的始祖叫千岩，生于西蜀终北山千古峰的万仞岩上，因所生之地姓千，洪武年间已传28世，一位叫千万里的人还出仕为官。非常巧的是，在明代的武陟县也有个千万里，考取武举后随军入朝鲜对日寇作战，立功封爵，留驻朝鲜，成为韩国千姓开基祖。这一千万里与韩国的千万里当是一人，但韩国的千姓始祖千岩可能是宋代人，因为从明初到明代中叶肯定传不了28世。

还可以举个万姓的例子。西周初年大分封时，周武王把毕公高分封在毕，建立毕国。春秋时期，毕公高的裔孙有个叫毕万的，投奔到了晋国，在晋献公那里任职。晋国攻灭魏、霍、耿三个小国时，毕万立下了功劳，晋献公就把魏国（今山西芮城北）旧地赏赐给他作为封邑。后来，毕万的子孙中有人以他名字中的“万”字为姓，成为万姓人。

当然，在数目姓中不光是由自然数字组成的姓氏，也有像第一、第二、第三、第四、第五、第六、第七、第八之类的姓氏。在这类姓氏中，较有影响的是第五姓，汉代有第五伦，唐代有第五琦，宋代有第五宁远等。其他数目姓氏的影响虽略有不及，但也都有人使用过。

二、方位姓

在百家姓中，还有一些是方位姓。像东、西、南、北、上、下、左、右等，本来都是表示方位的字，但也都是姓。

比如东姓，据郑樵《通志》载，是舜之友东不訾之后。而在现实生活中，天津、河北、山东、甘肃、云南都可以找到东姓人。另外，在藏族、土族和傈僳族等民族中也都有东姓。至于与东姓相近的复姓东方，早在汉代就有了，其中的东方朔还是一位著名人物。

再如北姓，《世本》上说“晋有高人隐于北唐，因氏”。也就是说，晋国有个高逸之士隐居在北唐，北唐是北方的一个地方，于是就姓北了，这也是个方位姓。此外，《左传》上有卫大夫北宫贞子，《庄子》上有北门成，汉代有北唐子贞，是研究《易经》的学者。再者，《广韵》上说：“北，高丽姓。”意思是说，朝鲜族中也有人姓北。现在，河北蔚县、阜平、黄骅，山西大同、临汾，四川通江都等地也都有人姓北。

又如上姓，《姓氏急就篇》说“齐上之登，御邢公，见《左传》”，《姓苑》说“上之登，为邢公御”。就是说，上之登是为邢公驾车的人，地位不高。历史上姓上的名人不多，元代有上御，在府里当过判官；明代有上志，陕西人，中过进士；还有上观，在江夏（今湖北武汉）当过知府。现在，这个姓分布较广，广东、江西、湖北、山西、陕西都有。从民族成分看，汉族、土家族都有人姓上。

另外，姓下的也有，但人数不多。汉、东乡、傈僳族有下姓，云南的泸水、福建的上杭、山西的大同等地有分布。

再比如左姓、右姓，出现都很早。《左传》说，齐国的公族有左、右公子，后来都变成了姓氏。汉代有左雄，明代有左光斗、左良玉，清代有左宗棠，知名度比较高。另外，先秦时期的鲁国还有一位左丘明，《史记》里说“左丘失明，厥有国语”，但也有人说他的姓是一个复姓。至于右姓，汉代有右公弼，宋代有右家祥，名气都相对小一些，远不如左姓那样人口众多。

三、以季节和时间为姓

在我国汉字中，有一些是表示季节或时间的字，如春、夏、秋、冬和年、月、日、分、时、秒等，这些字也都是姓氏。其中，在春、夏、秋、冬四姓中，姓夏的比较多，是常见姓。秋姓则很有意思。《姓氏考略》引《路史》注说：“少昊之后有秋氏。少昊名挚，字青阳，号金天氏。”有的书上说，秋姓是秋胡的后代。但在历史上，秋胡却有两个人，其中的一个即著名典故“秋胡戏妻”中的秋胡。《古今姓氏书辨证》上说，古代有鲁国人秋胡，娶妻三日而出外游历做官，过了三年才回家。走到家门附近，看到一个貌美的女子在路边采桑，就是他妻子，但他已认不出来了。秋胡见她貌美，便送给她黄金一二十两，想调戏她。他的妻子也认不出丈夫了，并没有接受金子，很庄重地说："我是有丈夫的人，他外出游学已经三年了，我闭门独居，从来没有受到过这样的侮辱。"说罢掉头而去，返回家中。过了一会儿，秋胡也回到家中，发现刚才调戏的正是自己的妻子，心中甚觉惭愧。秋胡的妻子则觉得自己苦苦等丈夫归来，不料等回来的是个品行不端之人，一气之下便跳河自杀了。

另一个秋胡是汉代人，研究《尚书》的专家。在他年轻时，一个姓翟的老人很喜欢他钻研学问的精神，想把侄女嫁给他，但他说："古代有个秋胡，已娶妻而失礼，导致妻子跳水自尽，我不能再娶妻了。"翟公笑笑说："古代鲁国有两个曾参，赵国有两个毛遂，他们做的事各不相同，怎能因古代的秋胡失礼而你这个秋胡就不娶妻呢？"他这才无话可说，答应娶翟公的侄女为妻。

秋姓还有一位大名鼎鼎的女中豪杰，就是鉴湖女侠秋瑾。

至于按年、月、日、分、时、秒来定的姓，它们与春、夏、秋、冬四季姓一起统称为时间姓。其中如年、月、日的月姓，汉族、傣族都有。《姓氏词典》注说，月姓的最早记载见于《博古图》，周代有称为月季的酒杯，又有叫月鲁基的鼎，月就因此演变成了姓。也有的书上说，古代有夕月的官职，专门为帝王祭月，他们的后代后来就姓月了。而在云南孟连及沿中缅边境的傣族中，月姓还是一个很有影响的姓氏。月字在傣族中是长女的意思，傣族女子在未生子女之前的名字构成是"排行+名"，因此，大女儿往往称"月某"，沿用汉人姓名习惯，月就慢慢成了姓。

此外，在时间姓中的分姓、秒姓也都有人使用。分姓在广东新会、四川合江等地都有分布，汉族、黎族也都有分姓人，但来源不详。秒姓在《新编千家姓》上有收录,但如何起源还不清楚,有待进一步研究。

四、以天体气象为姓

在天体气象中,比如说打雷了,出虹霓了,下雪了,降霜了,结冰了,都是自然现象,但也都可以构成姓氏。其中如日月星辰的星姓,据《姓氏考略》注说是“宋司星子韦之后”。司星是官名,掌管天文星象,后来这一支人就以星为姓了。而星姓则是土族的大姓。

再比如虹霓的虹姓,据《元和姓纂》说:“以封地为姓氏,源于姒姓。唐尧初封禹于虹,后有以虹为姓者,地在今安徽五河县西。”现在的北京市就有姓虹的,汉族,《新编千家姓》有收录,但未提供详细情况。

又如霜姓,一些书上说是楚熊严子伯霜的后代,后人以祖父的名为姓,知名于湖北江陵。另外,在傈僳族中也有霜姓。

五、以地形地貌为姓

在我国汉字中,有一些是与自然界中地形地貌有关的字,如田野的野,海岛的岛,海岸的岸,山岭的岭,江河的江和河,水渠的渠,湖水的湖,等等,它们也同样都能作为姓氏,其中江、山、田等姓还比较常见。至于以田野的野为姓的人,《姓氏考略》注引《姓考》说是“东野氏之后”,知名于广陵,也即江苏扬州。春秋时鲁国有野泄,宋代有野处,都不很出名。今河北、山西、吉林都有野姓,《新编千家姓》中也有收录。

再如岛姓。《姓氏考略》说:“山西曲阳有岛氏,因避居岛屿而为姓。”明代有岛璞,山西垣曲人,弘治年间举人。今山西太原、阳曲都有这个姓氏。

又如堤岸的岸姓,《姓氏考略》据《后汉书》注说是西羌人的姓,还有的说是东岸氏的后代。东岸相传是东汉人,但真假还无从考究。

六、以人体部位为姓

在百家姓中,有一些是与人体的部位,如头发、眉毛、眼睛、口、舌头、牙齿、鼻子等同名的姓氏,一般被称为人体部位姓。其中,头、耳、口、舌、鼻、眼、眉、齿、发、足,甚至心、胆、皮等都是姓。比如口姓,《广韵》上说“口,姓,今同州(今陕西大荔)一带有之”,《元和姓纂》则说“口,羌种也,今同州有此姓”。也就是说,它是一个出自羌族的姓氏。今山西的太原、大同等地都有这个姓氏的人。

又如眼姓,《姓苑》一书中有收录,但不详来源。今北京及山西大同有这个姓,汉族。

再如耳姓,有的书上说是李耳之后,以祖上的名字为姓,也有说是魏如耳之后的。李耳就是古代思想家老子,魏如耳是战国时魏国大臣。在今天,汉族、白族都有耳姓,山西长治、湖南冷水江、云南泸水等地都有人姓耳。

七、以动物名称为姓

在百家姓中,不仅表示人体不同部位的字可以为姓,而且以马、牛、羊、熊、鹿等动物名称作姓氏的也不少见，其他动物像鸡、狗、猪、蛇、猫等也可以成为姓。

比如蛇姓，有的书上说出自春秋时齐国公族蛇丘氏，他的后代中有人以蛇为姓。蛇字古代也写作“它”，但读音仍是shé。又有人说，春秋战国时的楚平王有个孙子叫田公它成，他的子孙把他的名当做姓。它又读tā，后来衍变成它、蛇两姓。更多的记载说，蛇姓是从南北朝时期后秦来的，后秦国主姚苌有个皇后姓蛇，南安人，南安就是现在甘肃的陇西县。蛇皇后有个哥哥叫蛇越滂，任南安太守。她还有个本家侄子叫蛇玄，后来当了建武将军。现在，傈僳族也有蛇姓。

又比如狗姓，现实生活中有这个姓，但没有多少资料。《万姓统谱》中有收载，但来源不详。现在的山西长治、云南泸水有狗姓。另外，据说过去的台湾新竹有人姓犬，人称狗大哥。犬也就是狗，说起来比姓狗好听。

八、以树木花卉和民间称谓为姓

在现实生活中，有些姓氏是与花卉树木同名的，如杨、柳、梅、柏、桐、竹、兰、菊、荷、花、叶等，并且姓这些姓的人还很多，不必我们一一举证。另外，有些姓氏是与我们对别人的称呼相同的，如姑、舅、公、婆、叔、伯、兄、弟、姐、夫、儿等，几乎都有姓氏。

比如说舅姓，相传起源于春秋时期的晋国，晋国大夫狐偃是晋文公重耳的舅舅。重耳在即位前曾奔走于各国之间寻求支持，舅舅狐偃是他的得力臂膀，称他为舅犯。为了纪念这位舅舅，后来就有了舅姓。

再比如婆姓，在现在的山西忻州、临汾等地都有姓这个姓氏的人，但关于它的来源还不为人知。

又如姐姓，《姓氏考略》称音"紫"，今天则读作姐妹的姐。早在汉代时，西羌人中就有姐姓，今北京和山西太原、大同，四川成都等地也有姐姓。

再如夫姓，《路史》说出自春秋的吴王夫余、夫差，《后汉书》上说南匈奴也有夫姓。现在，北京和山西太原、安徽临泉等地也都有姓这个姓氏的人。

九、以金属为姓

百家姓中有一个金姓，人还比较多。除它之外，还有银、铜、铁、锡等姓。对于这类的姓氏，由于我们在习惯上把金、银、铜、铁、锡叫做五金，这类的姓也叫五金姓。

比如金姓，来源不止一支，有一支得姓比较有趣。秦朝末年，刘邦在鸿门宴上差一点被项羽杀掉，项羽的叔父项庄为刘邦说了好话，刘邦建立汉朝后，赐他姓刘。到五代时，项庄的子孙迁到了吴越，因为刘字和吴越王钱镠的镠字同音，必须避讳，于是去掉刘字的卯头和刀旁，以余下的"金"字为姓。

再比如铜姓，《姓氏考略》根据《汉书·霍光传》注说，匈奴人中有铜姓，可见出自匈奴族。《新编千家姓》也收有铜姓，但没有列举更多资料。今北京、上海、湖北武汉、河南信阳、山西长治、临汾等地都有铜姓。

又如锡姓，一本书上说在春秋时，郑、宋之间有六个小村落，其中的一个叫"锡"，宋国在这里筑了城，安置元公的孙子。后来，元公的后代便以邑为姓，姓锡。

十、以人体动作为姓

在人体动作中，打、杀、砍、扔、扑、拍、拉、扫、抱等都很常见，但也有人分别以它们为姓氏。当然，这些动作不一定全都是姓氏，比如姓打、杀的有，姓砍的似乎还没有见到。至于姓扔、扑、拍、扫、拉、抱等姓的，也有。

不仅如此，表示人体其他动作的字也有不少是姓氏，如开、关、问、听、吼、爬等。其中姓杀的人尽管不是很多，但来源相当早。《后汉书·东夷传》中曰："马韩官有杀奚，后人或以官为氏。"马韩是三韩之一，在今朝鲜半岛南部，杀奚是马韩的官名。《新编千家姓》也收有杀姓，但未提供更多资料。现在山西雁北地区仍有人姓杀。

又比如扔姓，《康熙字典》收有，注说"《前汉古今人表》有扔君"，但没有说是怎么来的。

十一、以朝代名和国名为姓

这类的姓氏，是指与古代的国名、朝代名称相同，如唐、宋、元、明、清等。

比如宋姓，是由商纣王的庶兄微子启的封地而来的。他在商朝灭亡后被周朝封于宋国，都城在今河南商丘。后来，宋国被齐国灭掉，宋国的王族便以国名为姓，姓宋。再后来，赵匡胤又建立了一个宋朝。他之所以把国名定为"宋"，是因为他在后周时当过归德军节度使，归德就是商丘。商丘由于是微子启建立宋国的地方，他也因此把朝代的名称定为宋。当然，宋姓还有其他来源，以国名为姓只是其中的一种。

再如元姓，郑樵《通志》引《风俗通》说："元都，古诸侯国也，子孙以国为氏。"《中国姓氏大全》则说："玄武是传说中的北方之神，宋代金国居北方，为避讳，把玄字改为元字。"

十二、以行政区划为姓

省、市、州、府、县是行政区划，也能作为姓氏。不仅如此，还有国、旗、区、镇、乡、郡、家等也都可以构成姓氏。

比如省姓，《姓氏考略》据《左传》注说，是春秋时宋国的姓，宋国有个大夫叫省臧。如今，四川成都、合江，云南泸水，湖南芷江，湖北武汉，山西大同、长治等地都有省姓，汉族、傈僳族都有姓省的。

再如市姓，《姓苑》、《续通志·氏族略》中都有收录。《姓氏考略》注也说，《周礼·地官》中有司市一职，负责市场管理，是市官之长，其后人便以官为姓。

又如县姓，有本姓氏书上说是康叔的后代。康叔是周文王的儿子，封在魏地，他的子孙中后来便有人姓县。还有一种说法，楚国王族的后代也有人姓县。这两种说法并不矛盾，说明县姓的来源并非单一。

十三、以天干地支为姓

在我国古代，曾把甲、乙、丙、丁、戊、己、庚、辛、壬、癸称为天干，子、丑、寅、卯、辰、巳、午、未、申、酉、戌、亥称为地支。而在百家姓中，也有不少与它们相同的姓氏。在这些姓氏中，丁姓、申姓相对较多,甲、乙、丑等姓也有不少。至于壬姓,据《路史》说,“齐太公后有壬氏”。齐太公就是姜太公姜子牙,这支壬姓就是他的后代。还有的书上说,齐太公并非指姜子牙,而是指田氏代齐后的田和,因此壬氏源于妫姓。不管怎么说,壬氏来源已很久了。今山西太原,安徽贵池,福建清流、浦城,广东吴川,云南马关等地都有人姓这个姓。

再如癸姓,排在天干的第十位,郑樵《通志》说出自“姜姓,齐癸公之后”,今山西临汾有姓这个姓的人。

再说巳姓,是地支中的姓氏。《庄子》一书中有巳齿,《战国策》一书中有巳宁。《中国姓氏大全》一书中收录有巳姓,但未提供更多的资料。

十四、以军队编制为姓

由上可见,百家姓的构成实际上是多元的,在平时看来是分散的、不相关的东西,连起来就成了姓。当然,各个姓都有自己的来历,放在一起就很有意思。比如有人姓师,又有人姓班,我们会由此想到军队的编制,有军、师、旅、团、营、连、排、班等,这些字其实也都是姓氏。不仅如此,甚至帅、校、尉、将等军衔,兵、卒等都是姓。当然,它们并非因军队编制、军衔而来。

比如营姓,郑樵《通志》引《风俗通》说:“周成王卿士营伯之后也。”就是说,营伯是营姓人的祖先,他的后代中有人以营为姓。而《姓氏考略》则说,营姓是以营丘为姓。营丘在今山东昌乐县东南,是周代齐国的土地。现在天津、河北、山东、山西、陕西、广东的一些地区都有这个姓。

再如元帅的帅姓,有本书上说原本姓师,在晋代因避司马师讳才改为帅。另外，傣族也有帅姓。傣族男子名字构成是排行加上名字，老四称帅，凡在家行四的都称帅某。有的人随汉族习惯，便把帅当成姓了。如今，北京、河北、山西、内蒙古、湖北、湖南、云南、四川等省的某些地区都有帅姓。

又如当兵的兵姓，现在山西太原、阳泉、运城，广西的灌阳都有，《新编千家姓》也有收录，是个汉族姓氏，但来源还不为人知。

十五、以文化用品为姓

在我们的日常生活中，笔、墨、纸、砚是学习用品，琴、棋、书、画与艺术有关，箫、鼓、笙、号是民族乐器，它们也都是姓氏的组成部分。

在笔、墨、纸、砚四姓中，墨姓因为出了大思想家墨子而大名远播，笔、纸、砚三姓的影响则相对小一些。其中，笔姓见于《姓苑》，没有更多的材料可资说明。纸姓，据《姓氏考略》称，大禹之后改为纸，未说明原因。禹是姒姓，因此纸姓当出于姒姓。至于砚姓，是个汉族姓，北京、湖北、四川都有。《姓氏考略》说，以砚为姓，如釜氏、杯氏之类。釜是锅，杯是喝茶用的，这里是指从器物来的姓。这个砚姓是从元朝才开始有的，《元史》中有个人叫砚弥坚，官职是国子司业，相当于现在的教育部官员。

再如琴棋书画的琴姓，是个比较少见的姓，今山西、河北、湖南、广西、四川等省的一些地区都有这个姓，汉族、壮族、朝鲜族中也都有人姓琴。《元和姓纂》引《家语》说："仲尼弟子琴牢字子开，一字子张，卫人也。"《家语》是指《孔子家语》这本书，仲尼即是孔子。这句话是说孔子有个叫琴牢的学生，字是子开或子张，他的后代姓琴。也有人说，这个姓是以弹琴的人的职业为姓的。

十六、以食物为姓

提到米饭、豆腐等食品，每个人都不陌生，但如果说这些食品的名称都可以成为姓氏，就不能不让人惊叹我国姓氏的丰富多彩了。

在食品姓中，米姓是一个常见的姓氏，而姓饭、姓豆的也大有人在。饭姓很特殊，是汉族的姓，《姓氏词典》中收有这个姓，但不详所出。今天的湖南益阳、山西长治、临汾有这个姓。豆姓则是一个起源很早的姓。据一本书上说，早在周朝时，楚国就有人姓豆。汉代有人叫豆如意，跟随卫青破匈奴有功，封官内侯。古代鲜卑族也有豆姓，叫豆卢氏，简称豆姓。不过，鲜卑族在南北朝后期已融入汉族，不存在了，倒是现在的彝族、土家族中有豆姓，当然汉族最多。如今，天津及河北、山东、内蒙古、湖南、广东的某些地区都有姓这个姓的人。

另外，还有一些与食物有关的姓，如烟、酒、茶、糕等。其中烟姓在《姓苑》一书中就有记载，但来历不详，然而今天的河北获鹿、河南卢氏、山东东平、山西太原等地都有人姓这个姓。

又如糕点的糕姓，《姓氏词典》根据《姓考》说，“源于姜姓，系春秋时齐国的后代”，但没有更多的解释。现在，山西临汾有糕姓。

十七、以日常用品为姓

在现实生活中，还有以日常生活用品为姓的，如伞、烛、席、秤、钵等都是有代表性的一些。比如盆姓，《孟子》一书中记载了一个叫盆成括的人，在春秋时的齐国当官。又据《风俗通》记载，盆成括后来被齐侯杀了，他的儿子因逃难及时才免于一死。后来，他的儿子怕再受迫害，也为了纪念父亲，就改姓盆。汉代有个中郎将盆谧，据说便是盆成括的后代。

再如枕头的枕姓，《姓氏考略》引清人张澍的话说："指枕为姓，如被氏、绣氏之类。"意思是说，这个枕只是指枕头为姓，与被褥的"被"、绣花的"绣"字都是姓一样。另外，《姓苑》收有枕姓，但未说明来源。现在湖北武汉、山西朔州都有这个姓。

又如镜子的镜姓，来源不一，有的书上说是指器为姓，还有的说是根据地名来的。浙江绍兴会稽山北麓有镜湖，住在湖边的人曾以镜为姓。五代后唐时有个唱戏的人叫镜新磨，是个有正义感的人，往往以诙谐滑稽的形式向天子进谏，每次都能收到很好的效果。当然，也有人说镜新磨是他的艺名，他真正的名字并没有流传下来。

十八、以地名为姓

我们在以上曾介绍过一些东郭、西门等方位姓，此外还有一些由地名而来的姓氏，所指的都是具体地名，比如三国时魏国有个人叫邯郸淳，他姓邯郸，那是现在河北省的一个地名。除此之外，还有很多类似的情况，常见的有会稽、东阳、长兴、唐山、长沙、当涂、商丘等。其中的长沙在汉代扶风万年县有这个姓，万年在今陕西临潼北。长兴是浙江的一个县名，十六国时便有这个姓，还有一个典故。典故说燕国的统治者慕容氏对这个姓很忌讳，说你要是长兴，我们慕容氏怎么办？姓长兴的怕被害，便去掉长字，只姓兴。当然，这只不过是一个传说而已，我们不必认为真的如此。

复姓商丘的来源则相对复杂一些，它所指的地方今天仍名商丘,在河南东部。据《风俗通》等书记载,这个姓氏中的一支出自姬姓,是周朝王室的后代。周朝在建国后把自己的一位王室成员分封在卫,建卫国,统治商丘一带的地方,后来还把它当做一位大夫的食邑,这位大夫的后代再后来便以食邑的名称为姓,姓商丘。而在此之前,颛顼高阳氏和帝喾高辛氏都曾先后在这一带建都或居住,他们的后代中也有人姓这个复姓的。

此外,还有其他一些来自地名的例子。如复姓中的涂山,是地名,在今安徽怀远县东南的淮河东岸。早在夏朝初年,夏禹的皇后便出自涂山氏部落,涂山氏之后便以涂山为姓。又如唐山,是现在河北省的一个市,过去也有人姓这个姓。据说汉高祖有个妃子叫唐山夫人,是春秋时宋国司马唐山的后代,后来便姓唐山。其他如汉代称京城是京兆,设有京兆府,即现在的陕西西安,后来京兆也成了姓。又如泾阳在今甘肃平凉,后来也有人姓泾阳。

当然,除了上述这些复姓外,也有人以京、津、沪、宁、杭等地名为姓的。如京姓,相传是春秋时郑国京城大叔的后代,京城大叔就是郑武公的少子共叔段,因封邑在京,人称京城大叔,他的后代中便有一些人在后来姓京。另据《路史》记载,“老子之后有京氏”,是说这支京姓出自李姓。

再如天津的津姓,《姓谱》上说是以地为姓。津是古地名,在今湖北枝江县西。今北京、上海、天津、河北、山西、江西、广西等省市区的一些地方都有这个姓。

十九、以民族为姓

如上所述,既然国名、地名、山川名等都可以成为姓氏,那么，像现在我国各民族的名称，如汉、满、蒙、回、藏等，当然也都可以成为姓氏了。

比如汉族的汉姓，据说是汉高祖刘邦的后代。在汉朝建立以前，楚霸王项羽曾封沛公刘邦为汉王，后来刘邦建国号为汉，又分西汉、东汉，都是刘姓，到汉献帝时亡国，在历史上存在了四个多世纪。相传在汉朝灭亡时，刘邦的子孙中有人为了纪念故国，把自己的姓氏改成了国名“汉”。今山西太原、大同、临汾，新疆塔城，广东吴川，云南陇川等地也都有姓汉的。

又如满族的满姓，一说是出自胡公满之后，胡公满是虞舜后裔。郑樵《通志》注引《国语》则说：“潞、洛、泉、余、满皆赤狄，隗姓。”意思是说，满姓是少数民族赤狄人中的一支。此外，还有的书上说古代的荆蛮有人姓瞒，后来演变为满，也是少数民族。而在今天，北京、山东、山西、湖北、湖南、四川、贵州的一些地区都有满姓人居住。

总之，在我国的百家姓中，的确有许多奇闻趣事。许多姓氏不论它们的真正来源如何，但如果被我们用百家姓以外的标准划分，就可以分为数字排行、天干地支、军队编制、日常用品、动物植物、天体气象、朝代国名、亲属称谓等多种类型，从而又衍化出一段段有声有色的故事。我国的姓氏文化就是这样绚丽多姿，韵味无穷，吸引着人们去探讨、研究。

话题六：大姓

在形形色色的我国姓氏中，有一些是因人口众多而见称的姓氏，我们把它们称为大姓，像俗语中常说的“张王李赵遍地刘”便是其中的一些。它们之中一些姓氏的人口已经有一亿上下，几乎与世界上某些国家人口的总数差不多。另外在过去，也有人把那些社会地位高的姓氏称作大姓。由此可见，仅仅是“大姓”两个字，便会有让人说不尽的话题。

一、从“张王李赵”到“赵钱孙李”

我国目前所说的大姓，一般认为有两种含义。其中之一是社会地位高，历史影响大；另一是家丁兴旺，人口数量多，其中前者所指主要是历史上的情况。如果符合了这两个标准，就可以算作大姓。1977年，历史学者李栋明在《东方杂志》上发表过一篇有关姓氏的论文，提出了他自己关于华人大姓的看法，认为根据人数多少的不同，大姓可以分为三个层次。其中第一个层次的十大姓氏是张、王、李、赵、陈、杨、吴、刘、黄、周，约占华人人口的40%。第二个层次的十大姓氏是徐、朱、林、孙、马、高、胡、郑、郭、萧，占华人人口的10%。第三个层次的十个大姓是谢、何、许、宋、沈、罗、韩、邓、梁、叶。后来，关于我国大姓的说法还有很多，但大抵都是以人口多少相区分的。而在民间一提起大姓，所流传的依然是传统的说法，其中流传最广的有两个，即“张王李赵遍地刘”和“赵钱孙李，周吴郑王”。

所谓的“张王李赵遍地刘”，意思是说张、王、李、赵、刘这五个姓氏人口很多，张姓第一，王姓第二，李姓第三，赵姓第四，刘姓第五，以致随处可见，遍地开花。其实，这种说法起源很早，可能在西汉时期就已经存在这几个姓氏人口众多的现象。另外在东汉人写的《风俗通义》里，也有“张王李赵，皆黄帝之后也”的记载，说明“张王李赵”已经是当时关于百家姓的习惯用语，它们成为当时的大姓，顺序也基本一致。至于在它们之外再加上一个刘姓，则是因为刘姓是当时国姓的缘故，社会地位最高，人数也很多。

关于“张王李赵”，还有一种说法，是说它们不是指一般的普通百姓，而是指西汉的四大外戚，即汉惠帝的张皇后、汉景帝的王皇后、汉武帝的李皇后、汉昭帝的生母赵皇后四支，他们依靠外戚的特殊地位，飞黄腾达，一人升天，仙及鸡犬，很快就成为当时的名门大姓。而“遍地刘”则是指分封在全国各地的刘姓诸侯王。刘邦刚开始分封的都是异姓王，像韩信等等，总共有二十几位。由于奖励不公，分封不均，没有封到爵位的功臣就大吵大嚷，扬言要和异姓王联合起来，起兵造反。刘邦怕异姓工篡夺他的政权，就来个“兔死狗烹，鸟尽弓藏，过河拆桥”的大屠杀，把异姓王杀得鸡犬不留，断子绝孙。这样，分封到全国各地的诸侯王，就全都是刘姓人了。

由上可见，“张王李赵遍地刘” 这种说法至少在汉代就已经出现。另外，这些年在国内流行一种说法，说我国的大姓应该是李王张刘陈，它们都是人口很多的大姓。所以，如果按照这种说法，传统的“张王李赵遍地刘”应该变成“张王李陈遍地刘”才对。当然，尽管在这种说法中陈姓代替了赵姓，并不是说赵姓就从此变成了小姓，它仍然是一个很有影响的大姓。

至于“赵钱孙李，周吴郑王”，当然也都是大姓，它们的排列顺序也都是有讲究的。对此，我们曾在本书话题一中提到过关于它的一种说法，另外一种说法是，它们作为《百家姓》里开头的八个姓氏，除赵姓排在第一是因为它是宋朝的皇帝姓氏外，钱姓排在第二是因为作者本人的家乡当时叫钱塘，而钱字又确实是一个好字眼，再者又确实有人姓钱，于是才能成为排在第二的姓氏。至于孙姓，则是吴越一带的大姓，曾出现过孙权那样的英雄人物，而李姓也是唐朝皇帝的姓氏。这样一来，它们就成了排在第三、第四的姓氏。至于在这四个姓氏以下的“周吴郑王”四姓，也基本上都是作者家乡一带的大姓，所以才会有如此突出的位置。再加上《百家姓》的广泛流传，就形成今天这种家喻户晓的说法。

二、历朝历代的豪门大姓

常言说“江山代有人才出，各领风骚数百年”，大姓也是这样。在过去，每一个朝代都有自己的名门大姓，每一个名门大姓都有自己的兴衰故事。在这些姓氏中，要说第一个影响最大的姓，应该是相传由黄帝而来的姬姓了，它也是我国的第一个大姓。西周时期，姬姓成为国姓。西周实行分封制，衍生出53个姬姓诸侯，使姬姓人数大量增加。据统计，百家姓中出自姬姓的姓氏，就有140多个。

西周以后，最重要的王朝是汉代。西汉皇帝姓刘，刘姓变成了国姓，当然也算是名门大姓了。关于刘姓，我们已在以前的话题中有所涉及，指出它来源于古代的刘国和名人刘累，尽管历史辉煌，但它能够从其他姓氏中脱颖而出仍是汉代的事情。两汉时期的刘姓既是一个大姓，也是当时的贵姓，其兴旺发达不仅与当时开国皇帝刘邦有很大关系，而且与西汉的赐姓政策、“和亲”政策以及刘姓诸侯王的生活方式有关。

刘邦开国后，推行分封政策，同时又给功臣赐姓，这些都有利于刘姓人口的增加。后来，这些政策也都被其他皇帝继承。所以，如果从这个方面看，刘姓在汉代能够迅速崛起，成为大姓，仍然与他有关。

汉代的其他帝王，也为刘姓的发展起过不同程度的作用。比如汉文帝就有14个儿子，他的儿子中山靖王刘胜竟有120多个儿子。像这样子子孙孙地发展繁衍，人口呈爆炸式增长，刘姓人家当然要遍地开花了。

此外，汉代刘姓人口增长还有其他因素。比如，“和亲”政策的实施对于刘姓人口的增加也有影响。当时曾向匈奴等少数民族实行“和亲”政策，主要是把皇帝的亲生女儿或刘姓宗室的女儿远嫁给匈奴等少数民族，借以换来和平安宁。谁知到后来，进入中原的匈奴人不少都改姓刘姓，原因就在于他们认为，刘姓人家是匈奴人的娘家，他们要姓娘家人的姓氏，从而又在一个方面促使了刘姓人口的增加。

在此以后，汉族与少数民族的和亲范围进一步扩大，参与和亲的公主不仅有宗室女，而且有皇帝的亲闺女，民间通婚的现象也有显著增加。因此，在这种政策实行的时候，汉族姓氏制度对少数民族或外国人的影响比以前任何时候都要广泛。

东汉时期，外戚专权，豪强势族迅速崛起，对姓氏的发展也产生了影响。其中的一个后果就是一些权臣的姓氏膨胀，而膨胀最快的首先要算外戚梁冀家族所在的梁姓。当时曾流传一种说法，叫做“满朝金紫衣，全是梁姓人”。在不长的时间内，仅仅梁冀一家就出了2个大将军，3个皇后，6个贵人，7个侯爵，57个卿、将、尹、校，封户人口30000多人。不过，梁姓终究还是没有成为十大姓氏之一。梁冀家族一倒霉，整个梁姓很快就覆灭了。满朝的梁姓人家不是被杀头，就是被抄家，膨胀得快，衰落得也快。其他如窦氏家族，情况也大致如此。

东汉以后，魏晋南北朝时期，少数民族入主中原，天下大乱，王朝更替很快，称王称霸的人物大多是昙花一现，所以他们的姓氏并没有几个成为当时的大姓。相反，倒是那些在东汉时期逐渐兴起的豪门大族则如日中天，子孙繁衍，门生故吏，遍布天下。其中如魏晋时期的王姓，便是较为著名的一个。当时有个“王与马，共天下”的说法，意思是说，王姓贵族与司马姓皇帝共同拥有对天下的统治权。后来，即使是在魏晋以后，每当人们提到姓氏，不是王、谢、袁、萧，就是崔、卢、李、郑、王，其中都有王姓，说明它已经是大姓了。到南北朝时期，大姓的情况较为复杂，可以分为好几种。其中既有移居南方的“侨姓”，又有南方土生土长的“吴姓”，还有北方的“郡姓”，呈现出了大姓分布的明显地域特征。

隋朝的大姓，无疑要算杨姓了。此前已提及，杨姓的来源与“桐叶封弟”的传说有关，封地所在的地方就叫做杨(今天的山西洪洞)，再后来便有了杨姓。至于隋朝皇帝的杨姓，则最早发源于陕西华阴，与后来的“杨家将”同属一支。

依此类推，唐朝的大姓，则是李姓。不过，在民间，唐朝人有时愿意把崔姓当做第一。唐太宗让高士廉修《氏族志》，排在第一的就是崔姓。特别是崔民干家族，影响之大、名望之高，连皇族都有些望尘莫及。在唐朝统治的290多年中，崔姓一共出了27个宰相，人数位居所有姓氏之首。后来在元朝诞生的一个著名戏剧《西厢记》，也是关于崔姓的。它作为一部关于男女爱情的千古绝唱，叙述了礼部尚书的儿子张珙与相国女儿崔莺莺的一段爱情故事，其中还隐藏着一段与百家姓有关的趣闻。据范文澜先生考证，张珙的原形是才华横溢的大诗人元稹，崔莺莺则是侍女班头，两人男才女貌，十分班配。但由于元稹是少数民族的后代，门户太低，无法和崔氏匹配，崔莺莺的母亲便来棒打鸳鸯，强行把崔莺莺嫁给了郑恒。于是，一对相亲相爱的鸳鸯鸟，从此各飞西东。事后，元稹悲愤至极，为此写下了《莺莺传》，不同的是男主人公变成了张珙。《莺莺传》就是戏剧《西厢记》的原形。

《西厢记》中的崔母棒打鸳鸯，在现代人看来有些不近情理，在当时却是不足为奇的。按照当时的门第观念，“崔、卢、李、郑”是全国等级最高的四个大姓，他们之间通婚才合情合理。即使是唐朝皇室自称出自陇西李氏，门阀显赫，但由于他们曾与少数民族有一段婚姻关系，许多名门大姓也不愿与他们为伍，甚至还出现过“皇帝女儿也愁嫁”的怪现象。对此，皇帝们曾十分生气，不仅贬低了这些大姓人家的等级，还颁布诏书，严禁他们相互通婚，皇室也不与他们联姻。然而，由于积重难返，皇帝的诏书照样不起作用，社会上仍然把他们看作高人一等，大臣们也在暗中和他们联姻，有时怕人发现，甚至在夜里偷偷迎娶送嫁。而高门大姓为了保持门风，有时宁可让女儿一辈子不嫁人，也不和普通姓氏通婚。

唐代以后，宋朝的大姓是“赵钱孙李，周吴郑王”，已见上述。宋朝以后是元朝。当时的皇族由于出自少数民族，还不习惯使用姓氏，只有名字。像铁木真，就是宝石的意思。不过，当时的汉族人仍有大姓，像张、王、刘、李、赵这五个姓氏，还被称为元朝的五大姓。后来，在明朝时，朱姓人口增长很快，特别是在明朝的特权保护下，迅速成为一个人口众多的大姓，而在此之前，它的人口不仅不多，在社会上也不曾引起关注。根据近代人李济《中国民族的形成》一书的研究，明朝的十个大姓是王、陈、张、刘、郭、吴、杨、李、胡、朱，可见，朱姓只不过是明朝的大姓之一。但是，大约因为朱与“猪”同音，听起来不雅观，皇帝很少把朱姓赐给他人。这样一来，尽管朱姓人口增长很快，却很难超过张、王、李、赵、刘、杨等超级大姓。例如宦官郑和，他原本姓马，姓名马三宝，因为远下西洋有功，被皇帝赐姓。但所赐姓氏不是朱姓，而是郑姓。

至于明朝以后清朝的大姓，主要是陈、李、张、黄、何。不过，就政治地位而言，清朝廷曾规定汉人的第一大姓是孔姓，也就是孔子所使用的姓氏。为了给孔子避讳，在雍正三年（1725）还专门下了一道诏书，不准老百姓再写他的名字，实在无法回避时也要故意缺笔不写。相传，等诏书一下，天下的丘姓人都为难起来：一方面是祖宗传下来的姓不能随便改，另一方面又是天命难违，违反了就要杀头。最后，他们想了个两全其美的办法，也就是在原来的“丘”字右边加上一个“耳”旁，变成了“邱”姓。从此，民间又多了一个传说，叫做“雍正以前无邱姓，从此丘姓变成邱”。

清代尊崇孔姓和为孔子避讳，目的都是显而易见的，也就是通过尊孔崇文来达到收买汉族人心的目的。今天，我们在评价这件事情的时候，可以将其动机置之不论，仅就实行的后果看，对于加速满族与汉族的融合，弘扬中国传统文化，都是有一定积极意义的。

总之，经过几千年的民族融合、文化养育，百家姓无论是大姓还是小姓，都是由中华民族的成员共同使用的，终于形成了今天的状况。对此，尽管不少内容已在本书的话题二里有所涉及，但为了突出本话题的全面性，我们依然有必要再作上述系统回顾。

三、传统大姓的历史传奇

在我国，由于大姓的历史一般都很悠久，都有十分厚重的文化，其中当然也有不少让人回味的东西，像奇闻轶事等也都经常被人们提起。相传在北魏孝文帝给汉族大姓排序时，就出现过“驰李”的笑话。当时门阀世族制度十分盛行，任命官吏，挑选女婿，都要查看家谱，甄别种族，讲求门当户对。而李姓虽然是一个大姓，却不是贵姓，门第也很低，为了挤进汉族大姓的行列，成为众所瞩目的名门望族，家在陇西的李姓人就筹集了许多珍贵礼物，骑着鸣驼去送礼。等他们千里迢迢来到洛阳的时候，朝廷已经把排序结果公布于众，虽然极力争取也于事无补，还饱受其他大姓的热嘲冷讽，从此就落下一个“驰李”的绰号。

作为明朝第一大姓的朱姓，由于“朱”与“猪”同音，人们便把许多与猪有关的幽默小品与它联系起来。朱姓原本是名不见经传的小姓，自从《百家姓》把赵姓皇帝排在天下第一之后，《皇明千家姓》便如法炮制，把朱姓排在天下第一。朱元璋的统治中心在经济发达、风景迷人的江南水乡，那里地肥水美，生活安逸，没有人愿意当兵。朱元璋要征兵去守云南边疆，没人肯去。他便下令说：谁能够吃下不褪毛的猪肉，就可以不去边疆了。结果有20多人硬着头皮吃了带毛的肉。朱元璋又说：带毛猪肉都能吃，还怕远征？于是就把苏州一带的豪民强行迁移到云南武平，这个笑话在云南武平一带十分流行。

朱元璋强迫百姓吃带毛猪肉，给人留下一个言而无信的形象。明武宗朱厚照一登基，就下令全国，不许养猪，不许吃猪肉，原因就是“猪”与“朱”同音。这在一个具有几千年食用猪肉历史的饮食文化大国，无疑是天大的笑话。

像上述这种情况，在唐代也有。唐朝皇帝因为姓李，就明文规定不准随意捕捞鲤鱼，原因是鲤鱼的“鲤”与国姓“李”同音，违者要打60大板。当然，这些荒唐的禁令都是不可能长久的。否则，如果马姓人家、牛姓人家、羊姓人家、鱼姓人家都出一个皇帝，中国人就可能“饭无肉，食无鱼”了。

武则天统治唐朝时期，假装仁慈，禁止杀生，连河里的鱼虾也不准捕捞。当时的江淮地区发生灾害，粮食颗粒无收，老百姓本来全靠捕捞鱼虾过日子，这个荒唐禁令一下达，成千上万的老百姓竟然被活活饿死。

在门阀制度盛行时代，受实际利益驱动，人们信口开河，胡说八道，假冒他人姓氏的现象也极为普遍。是李姓人家，就说自己是陇西李。是王姓人家，就说自己是太原王。是崔姓人家，就说自己是清河崔。这样一来，各种各样的笑话就出现了。用别人姓名开玩笑，就成为司空见惯的事情。

隋朝吏部侍郎牛弘，主持官吏选拔的事情，权力大，地位高，经常用别人的姓名开玩笑。有一次，他正躺在床上吃东西，有一个叫马敞的人前来拜访。他见马敞虽然出身名门，但其貌不扬，就对他有所轻视，拿他的家族出身开玩笑说：“尝闻扶风马，谓言天上下。今见扶风马，得驴也不假。”他的意思是说，我曾经听说扶风的马姓人，像天上下来的天马一样出类拔萃，今天见了以后，怎么跟毛驴差不多。马敞本来是一位才思敏捷、富有才华的人，听了以后也不示弱，立即以牙还牙，反唇相讥说：“尝闻陇西牛，千石不用佝。今见陇西牛，卧地打草头。”意思是说，我也听说过陇西的牛姓人不同一般，能够像老黄牛一样，负载千石的东西也不怕。今天见到了陇西牛，原来是头只会埋头吃草、不会干活的饭桶。牛弘一听，这才知道马敞是个人才，马上起身道歉，后来还授给他一个较好的官职。

像这样的例子在唐代也有。比如一个著名宰相狄仁杰，就曾被人拿姓氏开玩笑，说他的“狄”姓，左边一个“犬”，右边一个“火”，合在一起就是火烤狗肉，他听了也只能苦笑而已。

在唐朝还有一个例子，就是一个叫王凝的礼部侍郎去长沙处理公务，遇到一个姓王的柳州刺史，为了巴结他，硬说自己是他的叔伯侄子，还对他三磕九拜，行了大礼。王凝当时心中怀疑，虽然没有说什么，但回来一查家谱，才知道侄子已经死亡，这个刺史是个冒牌货，等下次见面的时候，当场揭穿了他的把戏，保住了自己的一世清名。要不是他英明果断，这场假戏还不知道要演到什么时候。在现代人看来，这件事有点不近情理，但在当时却司空见惯。有道是“有钱能使鬼推磨，有权能使磨推鬼”，功名利禄，婚姻门第，这些生不带来、死不带走的身外之物，竟然演绎了这么多人间喜剧、姓氏笑话。

四、大姓的形成原因解析

由上可见，我国古今的大姓所以成为大姓，都有不同的原因，其原因有时还很复杂，但也不是毫无规律可循的。大致归纳起来，主要有以下几点：

一是它们源远流长，姓出多元，分布广泛。以王姓为例，它的来源至少有数十个，其中有黄帝的后代，有王子比干的后代，有虞舜的后代,有历史上少数民族的后代。此外,又有姬姓之王、子姓之王、妫姓之王等。还有一种说法,历史上只要是皇帝或国王的后代都能够姓王。这样一来,王姓由于来源众多,人口自然也就多了。根据一些专家的研究,王姓仅表示血统来源的郡望堂号就有142个,在百家姓中大约是最多的,其中如三槐、琅玡、太原、北海、陈留等都很有影响。张姓的情况也大致如此。

二是大姓在历史上多是国姓, 姓这个姓的人统治中国的时间很长,从而形成人口学上的"马太效应"。以李姓为例,历史上先后出现过6个李姓政权,称帝者多达60多个,仅仅一个唐朝,就统治中国将近300年,家族兴旺发达,繁衍出众多支派,支庶既繁,子孙必众。

三是在古代, 帝王之家或名门大姓往往享有人口繁殖的特权,从而也导致了人口数量的膨胀。过去,一些朝代征收人头税,无论老少都要交钱。普通百姓有时因为交不起钱,生了孩子甚至要扔到水盆里淹死,形成溺婴现象。据研究,这种现象在汉武帝时期就已经很普遍,几乎对劳动力再生产构成威胁。相反,那些帝王之家或名门大姓不仅可以不交税,还能够享受各种特权。比如,在两汉时期,刘姓人就享受过不交税、不服劳役的特权。所以,刘姓人在这一时期膨胀很快,迅速崛起。同样的情况,再如明代的朱姓,在朱元璋开国前人口很少,他的全家人几乎死光,但在他称帝以后,由于有三宫六院的女子为他生孩子,结果一下子有了26个儿子。到嘉靖三十二年(1553)时,仅皇族人口就达到19611人,万历末年更膨胀到8万多人。就这样,在短短的200多年时间里,朱姓的宗室人口就增长8万倍。这种超级繁殖速度,便孕育了我国的一些超级大姓。所以说,一个姓氏中的皇帝越多,它的人口数量就越多。

还有一个原因是赐姓。在相应的王朝中,由于姓国姓是一种身份地位的象征,一些皇帝还特别开恩,拿自己的姓氏作礼物,赏赐给那些有功的人,形成赐姓现象。而那些被赐姓的人也把它当做一种荣耀,被赐姓后心甘情愿地不要自己的祖宗,改姓皇帝的姓氏,从而进一步增加了大姓人口的数量。这种情况,在一些大的王朝中是相当普遍的,即使是那些短命的小王朝,也同样有赐姓现象。

此外,还有一个重要原因,就是受中国一夫多妻制度的影响。如果没有这个制度,名门大姓的发展速度就要大打折扣。早在黄帝时,他就娶了四位夫人:一个是嫘祖,一个是西陵氏,一个是方雷氏,一个是彤鱼氏,一连生了25个孩子。到了秦始皇当皇帝时,就是三宫六院,美女成群,王子公主,不计其数。汉高祖、汉武帝、唐太宗、唐玄宗,无论明君昏君,都是这样。连一些知识分子也跟着凑热闹,甚至妻妾成群。唐代大诗人白居易就是如此。年轻时因为家境不错,从外地客居长安,也不嫌长安的物价贵。后来找配偶也要年轻漂亮,能歌善舞,什么"杨柳小蛮腰,樱桃范素嘴",显示了他的风流倜傥。而即使穷得连锅都揭不开的杜甫,也还有两位夫人。这种社会地位、经济地位不平等引发的生育权利不平等,对我国人口向名门大姓的集中无疑也有影响。

当然,在某些看似共性的原因中,有些姓氏是例外的,王姓和张姓似乎都是如此。在这两个姓氏当中,并没有多少当皇帝的,家里也没有三宫六院的,为什么也有那么多人口?除了上面提到的源远流长、源流众多以外,门阀氏族制度无疑是王姓、张姓人口大量膨胀的重要原因。

自东汉以后,九品中正制成为社会选拔人才和官吏的重要制度。人们按照出身和门第分为九等。选拔官吏不看才能,而是看郡望和出身。出身好、郡望高的士族子弟，即使是个酒囊饭袋，也能升官发财；出身差、郡望低的庶族子弟，即使才华出众，品学兼优，也很难跻身于社会上层。一时出现“上品无寒门，下品无士族”的现象。士族地主凭借着他们在政治上、经济上的特权，建立家族体系，使同姓人口大量增加，而异姓家族则人丁不旺，没有太多的发展。新增人口大部分集中在王、张等少数姓氏上。

五、当代的特殊大姓

说到当代的大姓，由于划分标准不同，目前还没有完全一致的答案。目前较为流行的一种说法，是习惯把那些人口众多的前100个姓氏称为百家大姓，或者简称百家姓。如果按照这种标准去看，我国现在实际上有许多百家大姓，比如全国百家大姓、各省市百家大姓、各地区百家大姓等等。由于统计的方法不同，这些百家大姓或许存在着差异，但把某些姓氏称为大姓却无疑义。为了进一步了解我国当代大姓的真相，我们不妨对其中的一些作为个案进行重点剖析。

(一)中国三大姓：王、李、张

说到中国大姓，按照通常的标准划分，最大的几个姓氏非王、李、张莫属了。根据前些年的一个全国人口普查资料，它们的人口都在全国总人口的7%以上，合在一起有两亿多。也就是说，在每10个人中就有两个人姓这三个姓氏，它们无疑都是名副其实的超级大姓。在此，我们不妨对它们各自的情况做进一步的了解。

1.王姓

谁是中国第一大姓呢？目前在国内有许多种说法，排列顺序也很不一致。据一项人口普查材料表明,王姓人口已经接近一亿,是中国第一大姓。另外,有人对北京、陕西、辽宁、上海、四川、广东、福建等7省市的十七万余人口的姓氏分布情况进行了抽样调查,发现在被调查的737个姓氏中,王姓人口数量最多,分布最广。如在被抽样调查的25029个辽宁人中,有3033人姓王,约占调查总数的12.1%,位居辽宁第一位;在24948个北京人中,有2569人姓王,约占人数的10.3%,位居北京大姓的第一位;在23795个陕西人中,有2436个人姓王,约占人数的10.2%,位居陕西大姓的第一位;在25239个四川人中,有1552个人姓王,占总数的6.1%,位居四川大姓的第三位;在25092个上海人中,有1399人姓王,占总数的5.6%,居上海大姓的第三位。

王姓人口虽然很多,但在历史上称王称霸、建立了王朝并当上皇帝的人并不多,经常被提到的只有西汉末年的王莽和他的新朝、五代十国时期的王建和他的前蜀,以及同一个时期的王审知和他的闽国,另外最多再加上隋朝末年的王世充和他的郑国。他们在位的时间和所建立的政权延续的时间都很短,没有给家族带来更多的福寿和名望,相反却都不同程度地给家族带来了灾难和耻辱。其中如王莽的儿子因为杀死了奴婢,被父亲赐死;王莽的女儿对于父亲篡夺刘氏的政权深感羞辱,最后投火自尽;王莽自己也身败名裂,众叛亲离,贻笑天下。可以说,显赫的皇权并没有给王姓人家带来多少荣华富贵。

王姓能够在王气不振的情况下繁衍成为一个数一数二的大姓,当然有它自己的原因,其中源流众多、历史地位高等都在以前的有关部分中有所涉及。仅从源流上看,他们中的一些人出自姬姓,发源地在琅玡(山东胶南);另一些人出自子姓,是商朝比干之后；还有一些出自姜姓，是齐国国君的后代；再有一些人出自少数民族，例如匈奴休屠王之后，就改姓了王姓。由于大多是帝王诸侯的王子王孙，所以才以王为姓。在这些众多来源中，以出自姬姓的王姓人最多，他们都自认是东周灵王太子晋的后代。太子晋又称王子晋，聪明早慧，未成年就已名闻诸侯。在他15岁那年，晋平公派使臣叔誉人周朝贡，见到了他，相与谈论后大为折服，回国后告诉晋平公说："太子晋行年十五，才识过人，能盲善辩，我都不是他的对手。"另一位大臣师旷听后不以为然，请求入周见他。两人相见后反复论辩，从天地万物、圣君贤臣一直谈到立国之道、安民之策，最后才相信叔誉并非危言耸听，并对太子晋说："瞑臣无见为人辩也，唯耳之恃，而耳又寡闻而易穷。王子，汝将为天下宗乎?"至灵王二十二年(前550)，京师洛阳附近的谷、洛二水泛滥，威胁王宫，灵王准备派人壅塞二水。太子晋得知后，认为这不是一个好办法，应该因势利导，顺其自然，于是便向灵王说出了自己的意见。这本是一个好主意，但灵王不听，后来还因此废掉了他的太子名位。再后来，他的家人也因此受到牵连，沦为平民百姓。但为了纪念他曾是王族的身份，便以王为姓，进而发展成为今天绝大多数王姓人所在的支派。

在发展中，王姓还创造了辉煌的家族文化，诞生了无数政治名人、文学名人、艺术名人、科技名人。如王莽、王建、王审知等都曾是一国之主，王允、王导、王安石都是名臣贤相，王翦、王离、王浚都是著名将帅，王充、王粲、王羲之、王维、王守仁、王国维等都是享有盛誉的学者、思想家、艺术家，王昭君是女中豪杰，王赣骏则是第一位华裔太空人。据有人统计，王姓不仅人口居全国第一，而且历史名人也居全国第一位。难怪有人要说："王氏，天子之裔也……以其所出既多，故王氏之族最为蕃盛云。"

2.李姓

像王姓一样,李姓也是数一数二的天下大姓,甚至有人说它是世界第一大姓。这是因为它除了在我国人口众多外,在其他许多亚洲国家里,如越南、朝鲜、韩国、新加坡等,也是如此。由于人口基数都很大,把他们和我国的李姓人口加在一起,就可能成为名副其实的世界第一大姓。

在我国各行各业中经常有李家军的说法,随便到一个地方,所遇到李姓人的几乎连成一片,一个单位会出现好几个李芳。在大学校园里,老师李白在台上讲唐朝李白的诗歌,讲台下的学生李白不断问有关李白的问题,也是曾经出现过的事。另外在历史上,李姓也很有影响,出了不少著名人物,真可谓群星灿烂,人才辈出,文武双全,不胜枚举。其中文的有李白、李贺、李商隐、李清照,武的有李陵、李广、李牧、李逵,思想家有老子、李贽,政治家有李悝、李世民。至于李姓人口,目前已有9000多万,并且表现出以下几个特点:

一是人数多,遍布世界各地。除我国外,越南和朝鲜半岛在历史上都曾经出现过李姓王朝,统治时间很长,繁衍了大量人口。

二是名人多,无论是古代还是现代,无论是中国还是国外,都出现过众多的帝王将相、才子佳人、圣贤大家、社会名流。

三是来源广,民族多。李姓来源十分复杂,涉及到汉族、匈奴族、氐族、突厥族、朝鲜族、党项族、女真族、回族以及波斯、大食、中亚等国的相关民族。西汉时期,李陵因反击匈奴失利而投降匈奴,娶妻生子,使匈奴族中多了一个李姓家族。唐朝的少数民族黠嘎斯也自称是李陵的后代,黠嘎斯就是今天的柯尔克孜族。而在当时,又有更多的少数民族出身的将领以李为姓。其中如奚族人李宝臣，原名张忠志，从安禄山叛军中投奔唐朝后，被赐姓李，改名李宝臣；高车人李叔明，原名鲜于叔明，官至剑南节度使、京兆少尹、遂州刺史，后上表乞姓，唐代宗满足了他的要求；西突厥别部沙陀族人李国昌，原名朱邪赤心，因军功赐姓李，官至朔州刺史，后唐李克用就是他的儿子；突厥可汗的族人李思摩，原名阿史那思摩，被俘之后归化唐朝，赐姓李。据不完全统计，仅仅在唐朝，就有徐、安、郭、张、董、罗、阿布、舍利、鲜于、朱邪等16个姓氏的人改姓李。

在国外，朝鲜半岛上的李姓人不少是辽东人李成桂的后代。越南的李姓人则有一部分是唐朝李氏政权的宗室，为了避难逃到当地。

四是影响大。像新加坡前总统李光耀，美国华裔科学家李政道，香港实业家李嘉诚，以及数不清的体育明星、电影巨星、文化名人和科学巨匠，对中国和世界都产生了很大影响。

3.张姓

张姓的发源地在河南北部的濮阳一带，人杰地灵，文化悠久，子孙众多，在很长时期都处于中华姓氏的显著位置，传统的“张王李赵遍地刘”等说法也以它为首。此外，张姓还有以下几个重要特点：

第一，张姓历史十分悠久，相传是黄帝之子挥的后代，在汉代就已发展成为一个人口众多的大姓，至唐代又名列天下十大姓之一。明代时，张姓人已遍布全国的1113个县中。如今它已是一个拥有数千万人口、分布遍及世界许多地区的中华大姓。

第二，张姓因为是大姓，来源众多，分布广泛，仅郡望就有清河、南阳、吴郡、安定、敦煌、武威、范阳、犍为、沛国、梁国、中山、汲郡、河内、高平等，另外还有百忍、金鉴两个著名堂号。相传唐代有张公艺一家，九世同居共财，远近称颂。事情传到唐高宗那里，高宗亲自前来探望，并向他询问保守家业、和睦宗族的诀窍，他只写了一百多个“忍”字作为回答。高宗从中悟出了治国齐家的大道理，深为感动，心满意足地起驾回宫。此后，张公艺家族为了纪念这件有意义的事，便以“百忍”作为自己家族的徽号。另据唐代典籍记载，唐玄宗开元年间，群臣为玄宗祝寿，多献奇珍异宝，只有宰相张九龄献上一部名为《千秋金鉴录》的书籍。他在书中详细论述了古今兴亡之道，意在规劝玄宗应在天下太平之时记取历代兴亡的教训，居安思危，永葆社稷。事后，玄宗对他这份礼品十分珍视，还专门下诏进行表彰。从此，张九龄的家族也引以为荣，并以“金鉴”为堂号。

第三，从古到今，张姓人才济济，共出了63位宰相，56位将帅，此外还有许多富有盛名的科学家、医学家、政治家。比如，周宣王时的卿士张仲就是一位较早的张姓名人，他曾以孝友著称，辅佐宣王中兴，《诗经·小雅·六月》就是歌颂他的作品。西汉时，汉高祖谋士张良更是大名鼎鼎，家喻户晓。他作为韩国贵族之后，为报亡国丧家之仇，曾经行刺过秦始皇，但没有达到目的。后来参加秦末农民起义军，与萧何、韩信等人一起辅佐刘邦，因功被封为留侯。稍后，张骞奉汉武帝之命两次出使大月氏和乌孙等国，开通了丝绸之路，加强了内地与西域少数民族的联系，发展了汉朝与中亚各地人民的友好关系，成为中西交流的友好使者。东汉时，“医圣”张仲景出生于河南南阳，担任过长沙太守，是与神医扁鹊、华佗齐名的医学家，所著《伤寒杂病论》也被称为国医经典。另一位科学家张衡在东汉时发明了“浑天仪”和“地动仪”，具有当时的世界先进水平。后来到明朝，政治家张居正胸怀大志，勇于改革，创立了一条鞭法，引发了我国经济制度的一场革命，也因此而奠定了他作为张姓政治名人的历史地位。

不仅如此，张姓还有许多崇武尚侠的英雄好汉。其中如三国时期的蜀汉大将张飞、抗日名将张自忠、爱国将领张学良等都是名闻遐迩。此外，至于思想家张载、张栻对儒家理论的贡献，佛学家僧肇（俗姓张）对佛教思想的升华，以及张天师的道教世家、一行（俗姓张）的子午线测量、张之洞“中体西用”理论、张福林的太空探险，等等，都具有重要意义，或者是功在当世、名垂青史的重大事件。这些，无疑也是张姓人对历史和文化的贡献。

（二）东南地区的大姓——陈姓和林姓

在东南沿海和台湾地区，陈姓和林姓人口众多，向有“陈林半天下”之说。在20世纪50年代，台湾文献会曾调查岛内各地的姓氏状况，并按各姓人口多少排序，结果是陈姓和林姓分别居第一和第二位，证实了人们的传说。对于两姓的情况，我们也可以分别来看。

1.陈姓

陈姓在东南沿海和台湾地区是绝对大姓，约占福建人口总数的14%，台湾人口的12.2%，广东人口的10.5%，许多著名人物也都姓陈。

陈姓人的祖先有不少是从河南经过江西迁去的，后来又繁衍到各地。其中福建陈姓共祖陈实在东汉桓帝时任太丘令，太丘即现在的河南长葛。他的后代在后来先后有七支迁入福建：其一是他的七世孙陈润在西晋惠帝永兴元年（304）出任福州尹，后定居下来；其二是陈润11世孙陈迈在唐代任莆田令，任满后留居莆田；其三是陈实九世孙陈野在西晋末年迁居今福建龙岩；其四是陈实19世孙陈伯恭、陈叔卿、陈叔文、陈叔俭四兄弟在南朝时受封于闽，居福州、泉州、建州等地；其五是陈实第23世孙陈元光在唐高宗总章二年（669）入闽，后任漳州刺史，子孙多蕃衍漳州各地，被尊称为“开漳圣王”；其六是陈实第22世孙陈邕在唐玄宗开元二十四年（736）被谪入闽，居漳州南厢山；其七是陈实第41世孙陈魁、陈璋率家人于宋末入闽，定居汀州、兴化、福州等地。在以上7支入闽陈姓人中，以第一、五、六、七4支最为显著，他们的后代还有不少人进一步由福建迁居广东、台湾等地，成为东南地区陈姓人的重要组成部分。

另外，由福建迁居台湾和海外各地的陈姓人，由于情况大多见于家谱记载，也能够使我们有更多的了解。如据台湾《陈氏族谱》记载，陈樵于乾隆时携四子从厦门港渡海到台湾淡水河。台北《登瀛文澜渡台始祖族谱》记载，陈文澜于乾隆四十五年（1745）来到台湾，生三子，到1953年修谱时，已传九世、208年，繁衍了660人。

由于陈姓分布在物产丰富、交通发达、商贸活跃的东南沿海地区，因而使他们有机会展示自己的聪明智慧，在商业经营方面大显身手。例如：爱国华侨陈嘉庚，早年到南洋去谋生，凭借自己的聪明才智，很快成为富甲一方的商业巨富，为祖国建设捐赠了大量资金，是中国近代史上最著名的华侨领袖；祖籍广东潮安的陈俊有子陈少雄及陈悦明，曾在香港创立利华民商行及衬衫厂，生产“鳄鱼恤”，1971年上市，是家喻户晓的亿万富翁；台北市人陈国和是日盛集团掌门人，曾留学日本，平时言行举止稳重，任宝岛银行常务董事，个人财富约有4.1亿美元，与被称为“股市杀手”的证券界龙头陈士元是兄弟；原籍福建晋江的陈觉中在菲律宾创办快乐蜂食品公司，曾有124家分店，财富超过3亿美元；祖籍福建省的陈志远是成功集团的掌舵人，业务涉及酒店业、休闲业、快餐业、房地产、工业、金融与保险业、贸易、赌馆、博彩业、报业等多种领域，也是著名的“收购（兼并）大王”。

2.林姓

林姓也是一个有着悠久历史的姓氏，其来源已见于本书的相关话题中。至于其在东南沿海和台湾地区的情况，也是历史上中原移民的后裔。早在西晋末年时，由于中原地区发生动乱，林姓的一支从这里迁出，到达福建中部，并进一步繁衍为在当地影响重大的“晋安林”。“晋安林”的开基祖是林姓始祖比干的九代孙林禄，家谱说他在西晋末年随晋元帝渡江，后来任职于晋安（今福建福州），为郡太守，是林姓入闽第一人。他的后代除留居当地外，又有人迁居侯官、福唐、长乐、连江、温陵、南安、清溪、德化、惠安、龙溪、漳浦、莆田等地，分别在这些地方开基，使林姓得以光大于东南沿海一带。今天我国所形成的林姓在分布上南多北少的基本格局，其根源便是由此引起的。

“晋安林”开创了林姓在东南沿海一带发展的历史，由于在历史发展中分支众多，特别是有些在后来还回迁于北方或台湾等海外各地，以至成为天下公认的林姓最大支派。如由它分衍而出的侯官林氏，便是清代大政治家林则徐所在的支派；莆田林氏则发源于北螺村，是由“晋安林”第九代林茂迁徙而成的。除此之外，林姓的其他派生旁支，在家谱里又都以世系相称，其中较为著名的有繁衍于今海南省的琼林世系、广东广州一带的岭南世系、浙江杭州一带的浙杭世系、江西南昌等地的江西世系、台湾云林等地的台湾世系，以及分布在其他地区的连江世系、长城世系等。在这些世系中，莆田世系至唐代时已传八世，琼林世系至南宋时传九世，侯官世系至元代传24世，瓜瓞绵绵，斑斑可考。

除“晋安林”外，原生活在北方的一些林姓人又在唐朝末年随“闽王”王审知南迁，定居在福建各地，以后也发展成为林姓中较有影响的派系。如史称在唐朝末年，光州固始(今属河南)人林延皓、林揆、林嵩、林穆等相率随王审知入闽，分别定居在福州等地，成为“濂江”、“控鹤”、“陶江”、“福全后安”等支派的开基祖。他们的后代中名贤众多，向有“三代五尚书”、“七科八进士”、“国师三祭酒”之誉，其世系脉络同样绵远悠长。

在福建林姓“晋安林”的影响下，台湾的林姓人也大都来自福建，其中一支的始祖是明代永历五年的林朝和，来台后定居台南。后来，又有一批林姓人随郑成功来到台湾，定居在嘉南等地。至清代，据《林氏九牧衍派台湾家谱》记载，林文进于乾隆十年秋来到台湾，在淡水牧牛耕田，“开田园，年复一年，子孙传为习惯”。如今，林姓作为台湾大姓，为了加强族人之间的团结，还组织了多个宗亲会，分布在全岛各地。

(三)华南地区的大姓——黄姓

黄姓作为中国古老的姓氏之一，发源于古黄国（今河南潢川)，相传是东夷部落首领伯益的后代，“帝颛顼之苗裔”。因伯益帮助大禹治水有功，被帝舜赐姓嬴，后裔中的一支被周朝封为子爵，建立黄国，又称黄子国，直到公元前648年被楚国灭亡。亡国后的黄国子孙以国名为姓，成为最早的一支黄姓人。

黄国灭于楚之后，黄姓族人散居四方。在后来的发展中，又有人在西晋末年大举南迁，其中的一支与胡、林、陈、郑、丘、何、詹等姓迁入福建，是入闽的“八大姓氏”之一。再经过魏晋至隋唐时期的不断迁徙和繁衍，他们又迁到南方其他地区，分布更为广泛。到宋代时，一位叫黄潜善的人有九个儿子，散处广东各地，以梅州居多，后发展成为广东大姓。宋元之际，黄姓称盛于闽粤，至明末清初又开始移居台湾，进而播迁海外。如今，黄姓是一个比较典型的南方姓氏，有一些人还融入壮、瑶、侗、水、布依等少数民族中，分布在广西、广东、湖南、云南、贵州的许多地方。其中，少数民族中的黄姓有些是历史上黄姓移民的后代，如迁到广西黄洞的人被称为黄洞蛮，大多发展为后来的壮族，还有一些融入瑶族，在广东沿海的还有人被称为疍民。

华南地区还是全国黄字地名最多的地方，像黄石、黄冈、黄山、黄梅、黄洋界等都在这里，其原因就在于这里的黄姓人多，因此多在地名中使用黄字。当然，黄姓人之所以在这些地区大量存在，相传与唐朝末年的黄巢农民起义有一定的关系。黄巢本是北方人，史书说他"善骑射，喜任侠，粗涉书传，屡举进士比第，以贩私盐为事"，在王仙芝起义爆发后又起兵相随，逐渐成为农民领袖。他曾攻洛阳，战长安，在攻占安徽之后进入浙江、江西、福建、广东，东奔西突，如入无人之境，还杀了不少贪官污吏。相传他喜欢黄色的菊花，喜欢杀人，但极少杀害黄姓人。据说有一天，他看见一个农妇带着两个男孩逃荒，但与众不同的是，农妇身上背着一个能跑会走的大孩子，手里却牵着一个步履蹒跚的小孩子。他觉得很奇怪，就问农妇是怎么回事？农妇说："大男孩是哥哥死后留下的孤儿，怕被黄巢杀了，所以宁死也要背着；小男孩是自己生的，所以让他自己走。"他听后，内心十分愧疚，就对农妇说："黄巢专杀贪官污吏，不伤害贫苦百姓。你今后在住宿的地方挂一根葛藤，黄巢就不会进去杀人了。"农妇听了他的话，又把它告诉逃难的百姓，于是在老百姓的住处很快都出现了高高挂起的葛藤。起义军看见了葛藤，就不再打扰老百姓，老百姓也因此平安无事地生存下来。后来，这一片挂满葛藤的"难民营"就被称为

“葛藤坑”。

南方的黄姓人就是这样在战火中生息繁衍,并不断迁移、发展的。

(四)两广地区的特殊大姓——韦姓

在广东、广西地区,有很多韦姓人家,像太平天国的军事首领韦昌辉,新中国党和国家领导人韦国清,乒乓球运动员韦晴光,著名歌星韦唯,都是这一地区的韦姓人士。他们的祖先相传是汉初名将韩信的后代,在韩信获罪后为避免朝廷追杀而改姓韦,经广东南雄珠玑巷进入珠江三角洲或广西地区。

当然,两广地区的韦姓人并非都是韩信的后代,还有一部分来自京兆杜陵,本来就是以韦为姓。京兆杜陵的韦姓人原是一个非常显赫的家族,曾经孕育出韦道福、韦虚舟、韦退之、韦皋、韦执宜、韦利器等众多名人,唐中宗的韦皇后也出自这个家族。韦皇后当年曾想效法武则天垂帘听政,执掌皇权,但不仅没有达到目的,反而引火烧身,为家族带来灾难,结果韦姓人士死的死,流放的流放,有一部分就流落到当时的岭南地区,即今天的广东。

(五)西北地区的大姓——马姓

马姓是中国著名大姓之一,主要分布在西北地区,有汉族也有回族等少数民族。其中陕西扶风是汉族马姓的著名郡望,也是马姓的重要故乡。相传,汉族马姓的来源有以下几种:颛顼裔孙伯益的后代,始祖是赵国名将赵奢。赵奢在战国时以善于用兵著称,因为战功卓著,被赵惠文王封在马服,人称“马服君”,死后葬在封邑。他的子孙最初以“马服”为姓,后省去“服”字,单姓马,于是便有了马姓。后来，他们又迁到扶风，进而发展成为望族。历史上曾经出现的许多马姓著名人物，如东汉伏波将军马援、文学家马融，蜀汉丞相参军马谡、五虎上将马超，唐代宰相马植、马周，等等，都是出自这一地区。只是从唐代开始，随着大批来自西方的伊斯兰教信徒迁入，他们把自己信奉的真主穆罕默德的名字翻译成“马哈麻”，或者简写为“马”，并纷纷以马为姓，定居西北，从而使当地的马姓人数量进一步增多，形成大量的马姓。另外在汉代，有一位叫马宫的人由别的姓氏改姓马。此后，又有一位西域人因入居临洮狄道（今甘肃省境内），也以马为姓，取名马庆祥。再后来，蒙古人月乃和因祖先曾在金末任凤翔兵马判官，也改姓马，取名祖常。这些人的后代，也都不同程度地使西北马姓的人数有所增加。

总计在唐朝以前，马姓以出自汉族的人较多，唐朝以后则增加了不少从国外移居的人。特别是由于伊斯兰教在西北各地的迅速传播，使马姓人口急剧增加，进而成为当地大姓。伊斯兰教是公元7世纪出现于阿拉伯半岛的一种宗教，唐高宗永徽二年（615）传入我国内地。从此，西北地区逐渐有了来自大食帝国的马姓人。如今，全世界信仰伊斯兰教的人口大约有12亿，分布在60多个国家，不少国家还把它定为国教。我国的西北作为伊斯兰教流行的地区，回族、维吾尔、哈萨克、撒拉、东乡、乌孜别克、塔吉克等民族都信奉伊斯兰教。尤其是在回族中，俗话说“十个回回九个马”，说的就是这一民族马姓人较多的事实。

当然，由于我国具有历史悠久、地大物博的突出特点，在其他地区、其他民族中也有许多特色大姓，它们在分布上也有明显的地域特点。如广东的梁、罗、赖、谭，山西的郭、裴、崔、薛，四川的何、邓，云南的李、徐，以及福建的郑姓、江苏的徐姓、河南的程姓、河北的张姓、江西的胡姓、湖南的谭姓、陕西的赵姓、贵州的吴姓，等等，都是各地人口相对集中的特色大姓，限于篇幅，就不多谈了。

话题七：小姓

所谓小姓，是指与大姓相比人数较少的姓，它们无论在过去还是现在都有相当的数量。其中的一些可能仅为某一地区或某一家族所拥有，而一姓仅有一人的情况也有所见。无疑，在那些人口分别都有百万或千万的大姓面前，小姓的人口数量实在有点微不足道。然而，如果我们从姓氏总量上看，至少有95%的姓氏都在小姓之列。故而，它们无疑是一个不容忽视的姓氏群体。

一、小姓的界定

我们所说的小姓，也就是指那些人口相对较少的姓，是与人口较多的大姓相对而言的。为便于阐述，我们先对小姓给予人为的粗略界定。据现有研究成果表明，我国目前使用的姓氏有3000多个，其中占人口总数99.6%以上的人只使用500个姓氏，95.5%的人只使用200个姓氏，87%的人只使用100个姓氏。这500个、200个和100个姓氏由于人口相对较多，都可以算作大姓，除此之外也就是小姓了，它们在总数上要超过500个大姓的5倍以上，达2500多个，可见是相当多的。这些姓氏人数最多的有几万，而最少的仅有一个人。

据载，在1991年苏州的一个典型的“421家庭”中，出现了姓

"点"的孩子,这个"点"姓也一般被认为是目前所知人数最少的姓。关于这个姓,还有一段耐人寻味的故事。在这个"421家庭"中,有爷爷、奶奶、外公、外婆四位老人和一对夫妻、一个小孩。爷爷姓蒋,奶奶姓宋,他们生了个儿子,按照传统习惯,这儿子也就承父姓而姓蒋,我们姑且叫他蒋男;外公姓卞,外婆姓沈,他们生了个女儿,也是依照传统,女儿承父姓而姓卞,我们姑且叫她卞女。蒋男和卞女后来结成夫妻,再后来就生下一个男孩。这男孩的出生使全家都很高兴,但在让孩子姓什么姓的问题上出现了分歧。爷爷希望遵从传统承其父姓而姓蒋;外公认为旧习惯应该破除,最好依母姓而姓卞;外婆则反对姓卞——小的时候被人家叫"小卞",长大了被人喊作"大卞",有把年纪了也不过称个"老卞",很不雅观,不如来个彻底的,姓外婆的沈姓。而奶奶却说,即使从母姓也应姓宋。全家四个姓,都想让这惟一的男孩为自己的姓"接续香火"。后来,他们觉得"接续香火"的想法太陈旧,共同商议为孩子取个新姓"点"。因为这个字的结构是上边一个占有的占字,底下四点,四点分别代表蒋、宋、卞、沈四位老人的姓。对老人而言,"点"表示四姓(家)共同占有这个孩子;对孩子来说,"点"表示占有四姓老人的共同关爱。等商定以后,接着为这孩子取名"点佳浩",并到户籍管理部门登记备案,使他从此有了合法的名字。

从上述事例看,我们知道它是一个新创的姓氏。那么,历史上有没有点姓呢?其实是有的,但与这个点姓有所不同。历史上的点姓写作"點",是繁体,据说《太平图话姓氏综》上就有收录。"點"字现在简化为"点",但它与内涵"四家共有"的"点佳浩"的"点"是有区别的,至少可以说是姓源不同。正因如此,"點"姓可写作"点","点佳浩"却不能写成"點佳浩"。若把"点佳浩"写成

“黠佳浩”，也就把“四姓共有”的美好愿望改没了。

小姓的界限既定，我们便可以归纳出几个特点。如果分开来看，它们都是小姓，但合在一起却有十分庞大的群体。他们中既有古老的姓，也有新生的姓；既有单姓，也有复姓；每个姓的人口可能较少，或者不足万人，或者仅有一人，但小姓之和却以千百计。当然，还有很重要的一点是，每个姓都有自己的历史，而每段历史几乎都蕴含着美丽、凄婉动人的故事。

二、分族及其对小姓的影响

在我国，大姓有大姓的特征，小姓有小姓的特点。在此，我们首先有必要提到一个曾经非常古老但现在只有几百人的姓，即相传是由大禹而来的姒姓。大禹就是我们常说的尧、舜、禹的禹，也就是那个因治水三过家门而不入的人。关于这个姓的来源，说法并不完全一致。有一种说法是，姒姓是由帝尧赐给禹的父亲鲧的，鲧当时是帝尧的崇伯。尧让他负责水利工程，防止河水泛滥，谁知河水暴涨，泛滥成灾，尧一怒之下把他处死了。后来，尧把统治位置让给舜，舜则启用大禹继续治水。大禹治水十分勤奋，为公忘私，几年如一日，终于大功告成，水归河，河入海，获得极大声誉，不仅从鲧那里继承了姒姓，还从舜手里接管了政权，后来又建立了大夏王朝，成为一代开国帝王。

关于姒姓来源的另一种说法是，姒姓是由一件食物而来的。相传，大禹的母亲吃了薏苡就怀孕了，后来便生下了他。为了纪念吃薏苡而得子，便以“苡”为姓了。薏苡是一种多年生草本植物，果实脱皮后叫薏苡仁，又叫薏米或苡米，可供食用和药用，有逐水利湿的效用。由于“苡”在古文字中又可以写作“姒”，因此也就以姒为姓。

相传,大禹在世时还对他的族人进行分封,这些被封的人后来就改用国名为姓了,主要有夏后氏、有扈氏、有男氏、斟寻氏、彤城氏、斟戈氏、褒氏、费氏、杞氏、缯氏、辛氏、冥氏等。这些姓后来有的消失了,也有的发展壮大了。春秋时期的越国也是姒姓。另外,历史上高丽族有姒先氏,其后也有改姓单姓姒的。如今,北京,上海的松江,四川的长寿、峨嵋,云南的鲁甸,山西的太原等地都有少量姒姓人。

姒姓从得到姓到现在已有四千多年历史了,悠悠岁月,沧海桑田,大禹故里已难寻觅姒姓人。但在浙江绍兴市东南6公里处的会稽山麓,却有纪念他的禹陵、禹庙、禹祠,并且都是国家级重点文物保护单位。最值得一提的是在山下有个村庄，因陵而得名,叫禹陵村。村里住着禹的族人——姒姓的后代子孙,已传到103世。他们一直守护着禹陵,历千难万劫,不离不弃,无怨无悔,一直守护了四千多年。

据统计,古老的姒姓在今天的总人口已不足700人,其人数较少的原因主要是由于改姓其他姓氏的缘故，这种改姓就叫做分族。纵观几千年的姓氏发展史便可以发现,我国现在被称为大姓、小姓的,主要是分别向两个方向发展的结果。它们在当初的差别几乎很小;只是在后来的发展过程中采取了不同发展方式,从而才渐渐出现差别。其中大姓大起来的原因是它不断吸收、融会别族的人，以使自己不断发展壮大；而小姓则采取相反的措施,不但不收纳别族,还要从自身分出。姒姓的不兴旺就是这种情况。它除去其他可能有的原因外,最重要的恐怕还是分族的缘故。

说到分族,有一个从姒姓分化出的窦姓,分化的原因是为了纪念一件惊心动魄的事。窦姓的“窦”字本来是指洞、孔，如鼻窦、狗窦。狗窦就是狗洞，窦姓的得姓就与4000年前的一个狗洞有关。相传，夏禹把王位传给了他的儿子启，建立夏朝。再传到启的孙子相时，有个叫后羿的诸侯利用夏朝臣民对国君的不满，发动政变，杀害了相。这时，启的一个妃子正身怀六甲，急忙从狗洞里逃出，到娘家有仍部落避难，不久生下一个男孩，这就是少康。后来，在少康于有仍部落避难时，已经大权在握的后羿被一个叫寒浞的人杀死，寒浞接着又派人暗杀少康。少康闻讯而逃，最后逃到舜的后人虞思的封地，在虞思的帮助下招收夏的旧部，壮大力量，终于羽翼丰满，带领军队打败寒浞，恢复了夏朝政权，被称为“少康中兴”。再后来，便传说少康的二儿子季杼为纪念祖母从狗窦逃出的经历，改姓窦。

当然，窦姓还有其他来源。如在战国时，魏国有个窦公氏，后来改为单姓窦。三国时有氐王窦茂，他的后代也改为单姓窦。北魏时，代北地区有三字姓纥窦陵氏，是鲜卑族姓，魏孝文帝命令他们改为单姓窦。另外，古时用窦命名的地方不少，大约也会有以地名为姓的人。

总之，通过以上对姒、窦两姓的重点分析，我们可以大致了解小姓发展变化的一种趋向，主要是因为自己分出其他姓氏的结果，自己的族群因此而渐渐萎缩，从而成为小姓。

三、分族命氏的两条轨迹

历史上的中华姓氏，一经产生便和语言文字紧密联系在一起，其中的一个重要功能就是用来说的。像张王李赵不同的姓氏，就要用不同的声音来表现。当两个一言不发的人坐在一起时，谁也不明白对方姓什么，只有通过口头表达才能让对方了解自己。有时候只有口头表达还不够，还必须用文字加以表述。由于汉语里同音字很多，而每一个字都可能是姓氏，这就需要把姓氏的字音和它的字形相合。比如当问你姓什么时，你可以说是姓zhāng，但由于读这个音的汉字很多，对方就不能确定究竟是哪一个姓氏。同样，读音是zhāng的姓氏也很多，如张、章、漳、彰、樟都是，究竟是哪个zhāng，还必须进一步用语言描述出字形，如弓长“张”或立早“章”等，让人才能明白。对于那些比较复杂的字，就不能用一句话讲清楚，有时只能写。自然，有时只写不说出读音也不行，因汉字中还有一字多音的现象，当这个多音字的每个读音各代表一个姓氏时，即使写出姓氏，别人还是不知道姓什么。比如："朝"既音cháo，又音zhāo，又都是姓氏；又如"长"，既音zhǎng，又音cháng，也都是姓氏。对于它们，如果当事人不作说明，别人同样无法通过字形来判断它们的确切读音。

在姓氏被写出来以后，它要以我们的汉字为载体。众所周知，我国的汉字有一个突出的特点，那就是形、音、义三位一体。多数情况下，一字一形、一音，表示一个或几个意思。有的一字有多个读音，这便是多音字；有的一音有多个字形，这便是同音字。我们的先人在分族命氏的活动中，往往都紧紧抓住汉字的基本特征，用字音或字形的变化来确定自己的姓氏：有时候是字形不变，只用它所表示的不同读音分族命氏，也就是利用同一个字的不同读音表示不同的姓氏；有时候是读音不变，只用它表示的不同字形分族命氏，也就是利用同一读音的不同字形表示不同的姓氏。对此，我们可以分别来看。

首先，关于一字多音的姓氏，如"单"，有四个读音，shàn、chán、dān、tán，而且各自为姓。其中，作第一种读音时并不少见，分布也较广，今北京，河北尚义、阜平，山东平邑、平度、东平，湖北老河口，江西宜丰，福建清流，广东新会，云南陇川、河口等地都有分布，汉、满、蒙、回、壮、土家、达斡尔等民族也都有这个姓氏，在来源上也很广泛。有些出自姬姓，有些出自古代氐族，有些是由满族的都善氏、敖拉氏所改，有些是达斡尔族的德贡氏、克力彻尔氏、敖沃勒氏、索多尔氏、索多理氏等姓的简化；在第二种读音时，姓单的人非常少见，仅见于今湖北洪湖市，可能是由复姓"单于"所改；当第三种读音时，单姓分布较广，今山西绛县，河北阜平、获鹿，江西余干，湖南芷江，贵州紫云等地都有分布，多是历史上少数民族姓氏所改，如北魏时鲜卑族复姓可丹、渴丹、阿单、纥单、渴单，金时女真族复姓徒单，后来都改成了单姓。至于第四种读音，古与"檀"通，实际上是檀字的另一种写法，是春秋时郑国栎邑大夫单伯的后代。可见，一个单字因有四个读音，实际上成了四个不同的姓氏。

又如朴字，也有四个读音，各表一个姓氏：一音piáo，是个比较常见的朝鲜族姓氏。据朝鲜《三国史记》载，当初朝鲜有所谓辰韩六部，六部之一的高墟村长叫苏茂公。一天，苏茂公远远望见杨山脚下树林间有一匹骏马跪着嘶鸣，觉得很奇怪，便想近前看个究竟。还没等他走近，马就不见了。再走几步，看到一个很大的蛋。村长将蛋抱回家，小心翼翼地拿刀剖开，居然从中爬出个小男孩！他很高兴，就收养了这孩子。16年后，孩子已长大成人，出脱成一表人才。六部的人觉得他来历不凡，便拥戴他做君长。因为当地把葫芦称为"朴(瓢)"，而当初那个大蛋很像葫芦，所以便以"朴(瓢)"为姓；二音fú，我国秦汉时期南方賨人的姓氏；三音pǔ，三国时魏有巴夷王朴胡；四音pó，郑樵说："仆氏，亦作樸音，今亦简化作朴。"

再如覃字,有五个读音,也是各代表一个姓氏:一音qín,分布较广,南北方都有,而以广西、湖南最多,壮、水、土家、布依、汉等民族都有这个姓氏;二音tán,汉、壮、毛难、土家等民族有这个姓氏。其中汉族的覃姓由谭所改,本是国名,以国为姓,后或去掉言字旁而为覃。另一种说法是:“系出自妘。”另外,壮族的覃姓也有谭姓改来的,还有一个传说。西汉初年,韩、谭、谟三家最为要好。后来韩信被害,他们相携逃到现在的广西,变更姓名,融入壮族。其中韩改为韦,谟改为莫,谭改为覃。至于毛难族的覃姓,则是由王姓所改。据《覃氏族谱》记载,他们的始祖叫王龙,字代云,本是住在京城的国舅爷,后来因故被贬到广西怀江一带,改姓覃。土家族的覃姓多生活在湘西,由嘾姓所改。至于其他读音,可能因方言异读所致,都有一定的分布范围。

贲:也有五个读音,各代表一个姓氏:一音féi,是现在仍在使用的罕见姓氏,北京、湖北老河口有分布。《通志》注称:“(贲)音肥,嬴姓。《风俗通》:‘秦非子之后’。”非子,伯益的后代,是秦朝皇帝的始祖。这支贲姓人与飞、非、蜚、扉、斐、棐等姓同源,而飞、非、斐也都是现在仍在使用的姓氏;二音bēn,春秋时鲁庄公的一位车夫名叫县贲父,他的后人也以贲为姓,而今汉族、瑶族、布依族有这个姓氏,分布在辽宁清源,山西太原、运城,陕西韩城,湖北老河口、钟祥,安徽贵池,广西灌阳、荔蒲,云南泸水,四川合江等地;三音bí,是现在仍在使用的汉族姓氏,分布在黑龙江嫩江县,广西平乐、荔蒲等地。《续通志·氏族略》称:“《郑志》载有两贲字:一音肥;一音奔。《统谱·五微》收贲字,音肥。此收四寘,读鄙,与郑音异。”四音bì,《中华姓氏大字典》据《姓觿》、《姓氏博考》收载;五音wéi,《续通志·氏族略》收载,注称“音微。明贲胜,建宁千户”。另外,贲字还有其他读音,但都不是姓氏。

从以上的例子看，虽然仅是四个单字，但所表示的姓氏竟有18个之多，足见多音字在分族命氏中的作用。此外，还有另外一种情况，就是一音多字，在分族命氏中也同样有不容忽视的作用。

如yuán，同音字很多，其中大多是姓氏。对于它们，又可以进一步分为三组：

属于第一组的姓氏主要有爰、援、袁、溒、榬、辕，都是由陈姓分族而来。相传，虞舜的裔孙妫满在周武王时封于陈，后代以国为姓。妫满第19代孙名诸字爰伯，爰伯孙涛涂便以祖父字为姓，姓爰。涛涂的后代又进一步分族命氏，从而有了援、袁、溒、榬、辕五个新姓。

属于第二组的姓氏有元、阮（yuán）、沅、贠、员、圆、园、洹、垣、原、源、媛、缘、猿，共14个。他们多是现在仍在使用的小姓，大都源头清楚：

元姓的历史比较久远，来源不一：第一，相传夏商以前就有元姓。《通志》注引《风俗通》称："元都，古诸侯国也，子孙以国为氏。"元都，夏商以前的诸侯国，其后以国为姓，省而为"元"。第二，《姓氏考略》注引张澍称："荒史：帝乙废弃立受辛，太史元铣据法力争。是商时即有元氏。"第三，《姓氏考略》据《风俗通》注："'魏武侯公子元之邑，其后为元氏。'出生河南、太原。"第四，出自鲜卑族，北魏复姓拓跋、纥骨、是云都改姓元。现在，姓元的人也有不少，分布在内蒙古乌海、湖北监利及老河口、福建清流、江西金溪、广东吴川、贵州从江等地的汉、蒙古、朝鲜、锡伯、纳西等民族中。

阮（yuán）：古代有一个叫阮山的地方，又有"五阮关"，是汉代的关名，在今河北宣化西南。有人认为，阮姓的来源就与这两个地名有关。现在，黑龙江嫩江县、山东平度、湖北武汉等地汉族中都有人在使用这个姓氏。另外，它还有一个读音是ruǎn，也是现在仍在使用的姓氏，因人数较多，不再属于小姓的范畴。

沅(yuán)：现在仍在使用的姓氏，湖南攸县，浙江江山，安徽淮南，广东顺德，江西永修，山西朔州，台湾台北、台南等地的汉族人中都有分布，来源有两个。第一，《姓解》注称："以国名为姓氏，源于风姓，古沅国，伏羲之后。"第二，《姓谱》注称："以水名为姓氏。沅江在湖南西部。"又称："沅江发源于贵州，流入湖南，当以水名为氏。"

员、贠：是同源姓氏，音yuán，又音yún，是春秋末期伍子胥的后代。伍子胥又叫伍员，员也写作贠，字子胥，本是楚国公族，芈姓。由于楚平王残暴好杀，他的父、兄都被杀害，他则投奔吴国。他的后代在后来便有人以他的名字为姓，分别写作员、贠。

源：出自古鲜卑族。《通志·氏族略》总论称："章仇、秃发氏归后魏，太武赐源氏。"秃发是由拓跋部分出来的，拓跋匹孤从塞北迁居河西，妻子胡掖氏在被窝里生下儿子寿阗，便让儿子姓"秃发"，在鲜卑语中就是用被覆盖的意思。寿阗的后人秃发破羌归降后魏，魏太武帝说："我同你都是拓跋氏的后人，本出同源，你就姓'源'吧。"便改姓名为源贺。今天，广东顺德、乳源、新会，山西大同、汾阳、介休、长治，台湾台北以及香港、澳门等地都有这一姓氏的人。

圆、园：据说都是由圈姓所改，来源有两个。其中之一是楚国国君熊鬻的后代。楚国本是芈姓国家，因此圆、园也都源于芈姓，也有人说出自有熊氏。另一支是春秋时郑穆公的儿子公子圈的后代，以祖先的名字为姓，后又改为园。郑国是一个姬姓国家，所以由此圈所改的园、圆出自姬姓。如今，圆姓人在北京、山西忻州及雁北地区有分布，园姓在四川成都，湖北武汉，山西太原、大同、长治、朔州及吕梁地区有分布。

洹（yuán）：现在仍在使用的罕见姓氏，山西太原有。本是河流的名称，在今山西上党地区，住在附近的人便以它为姓。

垣（yuán）：现在仍在使用的罕见汉族姓氏，北京、山东利津、陕西韩城有分布，来源主要有四个：第一，《续通志·氏族略》注引《风俗通》称："垣，秦邑也，因以为氏。"第二，《中华姓氏大辞典》据《姓源》注称："战国时魏侯支庶新垣氏之后。"新垣是复姓，又作辛垣，现在仍在使用。《姓氏考略》据《陈留风俗传》称："毕公封于新垣，后因氏焉。"毕公即毕公高，周文王第十五子。看来，新垣和辛垣、垣都是姬姓的分支。第三，据《姓解》称："秦始皇将垣齮之后。"第四，《姓氏考略》据胡三省称："垣，氏姓，随宋武南归，累世为将家。"宋武即南朝宋武帝刘裕，当时有一位将领叫垣护之，略阳垣通氏人，累官青、翼二州刺史，封益阳县侯。

原：今北京，河北尚义、围场，山东平度、平邑、昌乐、东平，山西太原，内蒙古乌海，湖北老河口，广东高要等地都有分布，汉族、壮族也都有这个姓氏。其中汉族的原姓来源有两个。第一，《通志·氏族略》载："周文王第十六子原伯之后，封于原河内，今泽州沁水是其地也。周有原庄公，世为周卿士，故以邑为氏。往往其族散在他国而以本国为氏者。"这是以邑（国）为姓，出自姬姓。第二，《姓氏考略》据《姓氏急就篇》注称："周文王封子于原，为原伯。晋灭之，封先轸，号原轸，其后并姓原。"先轸是隰叔的后代，出自姜姓。壮族的原姓待考。

媛、猿、缘:都是现在仍在使用的姓氏。媛,山西太原有分布;猿,山西临汾有分布;缘,山西太原、阳泉、长治、运城等地有分布。姓氏源流不详。

最后,当读音是yuán时,属于第三组的姓氏有邧、贏、榬、杬四个,但都是只见于古书记载,出处和现在的使用或分布情况尚待证明。

由上可见,仅仅一个yuán音,就可以分化出20多个姓氏,它们中大多又都是小姓,并且仍在有人使用。但对我们许多人来说,可能都是见所未见、闻所未闻的,从而也可以进一步证明我国小姓的情况是多么多彩多姿。

四、赐姓、改姓与小姓

本来,姓氏是家族的符号,并没有多少特殊的地方,但在过去,有时却被打上政治烙印,进而导致其发展方向的变化,或者由大姓变成小姓,或者出现新的姓氏。在这些情况中,有一些是由于帝王的原因而引起的,他们可以利用自己所掌握的权力使臣下改变姓氏,或是荣升腾达,或是辱为贱姓,其中的例子都很多。甚至出身少数民族的清朝皇帝,也把自己的姓氏爱新觉罗赐给别人。据《清通志·氏族略》载:吴拜本姓瓜尔佳,纳木泰本姓舒穆禄,扈尔汉本姓佟佳,卓纳本姓纳喇,满平阿本姓兆佳,“太祖高皇帝(努尔哈赤)赐姓觉罗氏”。该书还记载,车克本姓瓜尔佳,带翰本姓刘,“皆太宗文皇帝(皇太极)赐姓觉罗氏”。总计在历代皇帝的赐姓中,所赐的姓氏在后来有些融入大姓,如刘、李、赵、朱,有些则成为小姓。这类的小姓有时也被称为“凶德之姓”,是要惩罚有罪之人的。如隋朝有个杨玄感,因谋反作乱被隋炀帝镇压，不仅被杀，他的族人也被改姓“枭”。又如唐代武则天为惩罚萧良娣，也命她改姓“枭”。枭与鸮同类，是猫头鹰一类的猛禽，俗称“夜猫子”，多被看成不祥之鸟，俗话说“夜猫子进宅，无事不来”。上述两例都有惩罚的意思。同样的情况，蝮、虺、蛸等字也都曾被赐为姓氏，现在的北京、武汉等地还有蛸姓。

在上述这样的小姓来源中，还有一个“骂”姓，是在清朝出现的。相传，雍正时山东有个姓马的人家，不知为何招惹了雍正皇帝。皇帝便下令不准他们再姓马，要改姓“骂”，意思是让人骂他们，世世代代沦为贱民，他们也只好改姓。直到民国初年，骂姓人才敢改姓，把自己的姓氏改为左右结构，左边一个人旁，右边一个马字，以示自己重新站了起来，与人不同。这样一来，实际上是用同音字创造了另一个姓。

当然，有些小姓的来源不是由上述帝王赐姓而来，而是由于其他原因改来的，所改的姓氏往往还与原来的姓氏有联系。其中，“氏”姓改为“是”姓就有一定的代表性。氏姓原是一较早产生的姓氏，《姓氏考略》据《路史》注称：“（春秋）齐大夫之后有氏氏。”东汉末年有个叫氏仪的人，与大名士孔融关系较好，时常在一起相互嘲讽。一天，孔融故意吓他说：“你这个姓里包藏着杀身之祸。”氏仪见他说得很认真，便追问原因，他仍板着脸说：“你姓氏，‘民无头为氏’，民的头不就是皇上吗？”氏仪一听原来如此，想想也有道理，便要他帮助改姓。于是，他建议氏仪把“氏”改成它的同音字“是”。后来，氏仪采纳了他的建议，改姓“是”，自己的名字也由氏仪改成是仪。

与上述改姓的情况类似，还有一个方姓的例子，发生在明朝时。明朝初年，明成祖通过发动政变夺取了政权，在登基时让名士方孝儒代拟诏书。方孝儒认为他是非法夺权,有悖祖制,因此拒绝接受,结果被处死,族人也被株连,只有很少的人因逃难而得以幸免。在这些逃难的人中,有的为了躲避追杀而改姓六,有的改姓施。其实,这两个新改的姓氏都是有深意的:姓六,只是改变了"方"字右下边的笔画,把横下折笔改为一捺;姓施,不过是"方人也"的组合,而"方人也"也就是"方家人",可见都有良苦用心。

还有一个比较特殊的小姓"客",有两个读音,各表示一个姓氏。其中一个读音是kè,是一个常见姓氏,人数虽少但分布很广,今天津武清,山西太原、忻州,新疆塔城,广东吴川,广西荔浦、永福等地都有。它的来源也很早,古书上记载汉代有个叫客孙的人,说明它的得姓不会晚于汉朝。南北朝时人何承天所编的《姓苑》中也收有客姓。另一个读音是qiè,犹如北京方言中所说客人或亲戚的qiè,在今河北固安也有这个姓。该县的独流乡四树村及树林庄南村有21户84位客姓人(1991年统计),他们的家谱上记载祖先名瑞,汉族,是从河北容城县潭城镇迁到独流的,到现在已经经历了七代170多年了。另外,传说明熹宗朱由校的奶妈就姓客,还被封为奉圣夫人;在严嵩的小妾中,有位也姓客。

五、少数民族汉字姓中的小姓

我国是一个民族大家庭,共有56个民族。由于各民族所处的发展阶段不同,有的民族没有自己的文字,有的本来就没有姓氏,在与外部交际中使用汉字,也使用姓氏,这不能不说是受了汉字文化的影响。一般地说,少数民族改用汉字姓,要么音译,要么意译,并多以单字姓的形式传承下来。所用汉字姓如果原本就是大姓，那就使这大姓增添了成员；如果原汉姓中并没这么个字,那就等于添加了一个新姓。比如“钮祜禄”,本是一个比较古老的少数民族姓氏,原属于金代女真族白姓族群,最初可能是部落名称,也可能是部落的原始图腾,后来就成了族人的姓氏,经数百年而融为满族,成为满洲八旗八大姓之一。清中叶以后,满人受汉族文化习俗的影响，热衷于依照汉族习俗在名字前冠上单音节的汉字姓,钮祜禄这个姓氏的族人也是如此。他们中的人有的截取钮祜禄的第一个音节,姓钮;有人因为钮祜禄的意思是“狼”,所以就改用“狼”为汉字姓;有的觉得“狼”姓不多见,就改用狼的同音字“郎”为姓。这样一来,一个满族姓就用不同方式分出钮、狼、郎三个姓氏。今天,郎姓的人口相对较多,大约属于大姓之列,钮、狼两个姓仍是小姓。

还有一个“老”姓,也与一些少数民族有关,现在仍然有人姓这个姓,分别属于汉、满、蒙、景颇等民族,人数不多却分布广泛,在辽宁清原,广东新会、高要、乳源,广西平乐等地都有所见。在台湾也有这个姓,甚至还不算小姓,被称为“老小姐”、“老先生”都有一些。至于这个姓氏的来源,相传最早的一支出自颛顼高阳氏。《通志》也说它是“颛顼子老童之后”,以名为姓。另外,还有人说老姓与历史名人老子有关。老子本来姓李名耳,是道家学派创始人,世人尊崇他,称老聃、老子。他的后代中便有人改姓老。

提到老姓,很容易让人想到当代著名文学家老舍,但他与老姓毫无关系。他本是满洲八旗的后代,满族姓是舒穆禄,改汉字单姓舒,名庆春,字舍予。老舍是他的笔名,是由姓氏和笔名变化而来的。舒穆禄本是一个比较古老的少数民族姓氏,在许多民族中都有所见。它最早出自回鹘族,后来成为辽朝辽太后的姓,又译作舒噜、舒穆噜,或者汉字姓萧,辽太后的姓就是萧。另外,在金朝女真族也有这个姓,译作石抹、述律;后来融入满族,则译作舒穆禄,后改成汉字单姓舒、徐、宿、萧、肖等。从上述这些演变的过程中,我们可以发现它们基本上都截取舒穆禄的首音并用相近的汉字舒、徐、宿、萧、肖为姓的,一个少数民族姓氏变成了五个汉字单姓。

同样,蒙古族有个著名姓氏博尔济锦,一译孛儿只斤,是元代国姓,后来也有人改为汉字姓包或鲍,这是截取孛儿只斤的第一个音节而来的。在蒙古族中,包姓是个大姓,他们是成吉思汗的族人。另外,满族的姓氏爱新觉罗是满语的音译,其中“爱新”的汉意指“黄金”,含有至尊的意思;“觉罗”汉意为“姓”。辛亥革命以后,清王朝被推翻,爱新觉罗的后人大都改用汉字单姓。其中有的改姓金,这是对爱新觉罗的意译;有的改姓爱,这是截取爱新觉罗的首音而来;有的则姓罗,这是对爱新觉罗尾音的音译。

六、组合姓、复姓及其他

在我国古今常见的小姓中,除了以上提到的几种外,还有组合姓、复姓、恩义姓、璧联姓等,我们可以分别来看。

首先,关于组合姓,其实就是把几个字组合在一起的姓氏,比如把两个字组合成一个字,或从两个字上各取一部分组合成一个字,用以表示一个姓氏。在组合之前,多数都是复姓,有的则表示两个姓,如歪、孬、甭等。这类姓氏数量不多,但其中的一些又是现在仍在使用的姓氏。

歪、孬、甭三姓都不多见。它们中的歪姓出现较早,《明史》上就有个叫歪思的人,说明它出现的时间最晚不会晚于明代,但还不清楚它的源头。现在的山西临汾有歪姓。至于孬、甭,也是现在仍在使用的姓氏,姓源还有待查询。

其次,在我国姓氏中有一些是复姓,其中除欧阳、令狐、上官、皇甫等姓以外大都是小姓,但也有自身的发展变化规律。自三代开始到春秋战国之际,是复姓发展的一个顶峰,但在以后大都消亡了,传承至今的寥寥可数。宋代以后最为流行的《百家姓》收438个姓氏,其中复姓30个。明以后把《百家姓》增补到504姓,其中复姓有62个。我们如果以此为准,可知现在仍在使用的复姓约有46个,另外16个复姓是否仍在使用尚待确认(它们是公羊、亓官、仉督、闾丘、子车、壤驷、公西、公良、穀梁、段干、东郭、百里、东门、左丘、佘佴、单于)。这些复姓多数产生于秦以前,秦以后产生的仅有10个,都是出自少数民族。其中赫连、单于、呼延出自匈奴,慕容、宇文、拓跋、尉迟、万俟、长孙出自鲜卑,夹谷出自女真,但今天它们大多已经融为汉族姓氏了。

汉族的复姓大都历史久远,其中的一些还很有特点。在此,我们不妨以司徒、司马、司寇、司空"四司"为例稍作说明。它们都曾是古代官职,担任这些官职时间长了便当做姓,直到今天还有这几个姓氏的人。

司徒:本是古代主管教化的官员,是六卿之一。因为担任这一官职的人员不同,朝代不一,因而可能源头不同。相传虞舜就做过帝尧的司徒,虞舜的后代便有人以司徒为姓,他们原来的姓氏应是妫或姚。另外,春秋时卫国有司徒瞒成,卫是姬姓国,所以这支司徒姓的人可能出自姬姓。又如,春秋时宋国有司徒边□。宋是子姓国,所以这支司徒姓的人出自子姓。

司马：是一个掌管军事的官员。担任这一官职著名的有周宣王时的程伯休父，休父的后代便以司马为姓，汉代的司马迁就说自己是休父的后裔。其实，古代担任过这一官职的人很多，仅在春秋时各国就有多人，如“晋有司马邬、司马弥牟、司马寅，齐有司马灶，楚有司马子鱼、司马督，宋有司马强，陈有司马桓子，是皆以司马为氏，不独程伯休父”。这是说，他们的后代都姓这个姓，司马也是多源的。

司寇：古代六卿之一，主管治安，先秦各国大都设有这一官职。担任司寇的著名人物有两个：一个是苏忿生，是周武王的司寇；另一个是卫灵公的裔孙，是卫国的司寇。他们的后代在后来都“以官为氏”，姓了这个复姓。

司空：也是六卿之一，主管营造。相传大禹曾任帝尧的司空，大禹的后代就有以司空为姓的。另外，尧的后人在春秋时的晋国出了个士蔿，担任过晋国的司空，士蔿的后代也姓司空。又如，春秋时晋国有个叫胥臣的，任司空，人称司空季子，很有名望。当时晋国又有司空靖、司空督等。再者，春秋时宋国也有司空一职，担任过这一职务的官员后代也以司空为姓，但在宋武公时，由于他名叫司空，把司空一职改为“司工”，从而使国内姓司空的人改姓司工。

除上述以外，我们再来看看恩义姓和璧联姓。所谓恩义姓，是指为了报答某种恩德而来的姓氏，璧联姓则取珠联璧合之义，将两个不同的姓组合在一起，构成一个新的姓氏。这两类的姓氏中都有不少典型的例子，比如：

张廖：这个姓的人数不多，但分布较广，今福建、港澳、台湾以及海外各地都有。从字面上看，它是由张、廖两个单姓组合而成的，而它的产生则蕴含有一段恩义故事。相传这一姓氏的先人本姓张，受恩于廖姓，便改姓廖，以作报答，一直到去世才恢复张姓，以便归葬祖坟，人称“活廖死张”，还遗令张、廖二姓不得互相通婚。后来，他的后代为了纪念这种特殊经历，便将张、廖二姓合在一起，姓张廖。

陆范：是由陆姓和范姓合并而成的姓氏。我国当代有位著名政治家陆定一，他的长子就姓这个姓。原来，在长征开始前，陆定一的先妻唐义贞也是红军战士，已身怀六甲，但敌情紧急，她在生下儿子的当天就要转移，只好把刚刚出生的儿子托付给一家姓范的夫妇，为儿子取名“小定”。唐义贞转移中不幸被捕，三天后即惨遭杀害。范家夫妇视小定如己出，让他姓范，称他为“范家定”。等他18岁那年，全国已经解放，范家夫妇如实地告诉了他的身世，并叫他设法寻找生父下落。几经周折，终于父子相见、相认。此后，范家定之前又加一陆姓，称“陆范家定”。陆定一说：“这是一个象征团结的姓氏。”

许世：据考证，明英宗朱祁镇天顺三年(1459)，锡兰(今称斯里兰卡)国王派王子世利巴交喇惹出使中国。不久，锡兰发生政变，他无法回国继位，便在福建泉州定居下来，娶妻生子，并把自己名字的第一个音节当做姓氏，姓世。到世隆这一代时，家里生下三个女儿，而无男丁，为了延续香火，便让二女儿世益娟招当地人许闯入赘，后代从此改姓许世。如今，许世已传五代，分布在福建、台湾等地。像这种既用父姓又用母姓二者结合而成新姓的情况，有人称为双姓、合姓，也有人称为璧联姓，是取珠联璧合的意思。

杨邓：白族姓氏，是由一个杨姓男子入赘邓姓女家而来的，第一代的名字叫杨邓可罗。可见，它也是一个璧联姓。

最后，还有一种情况应当提及。也就是在过去，女子的名字一向有不出闺门的习惯,出嫁后只能以姓氏示人,与夫姓一起组成张王氏、李赵氏等。如今,在港台以及海外华人中仍然有人遵从这种习惯,或者对此稍加变化,在结婚后的名字前缀以夫姓,把自己原来的名字与夫姓一起当做自己的新名字,如香港电视广播公司董事利陆雁群、饼屋老板李曾超群、时装皇后马郭志情、美国银行亚太地区首席副总裁李赵金娜等都是如此。不过,这类姓氏与我们的传统姓氏并不一样,它仅能作为一时的个人称号,并不能传给后代。

话题八：贵姓

贵姓，或称显贵之姓，是我国姓氏发展过程中的一个历史概念，主要是指那些具有较高社会地位的姓氏，如各朝代君主的姓氏、贵族的姓氏、圣贤的姓氏等都是其中的组成部分。它们在历史发展中而成就，并在与“贱姓”的比较中而显现。在本话题里，诸如姬、刘、李、赵，崔、卢、郑、王，孔、孟、颜、曾等姓，以及在它们背后所隐含的特定意义都将得到系统诠释。

一、贵姓的特定含义

平时，在我们与不相识的人交往时，首先会问对方“您贵姓”，对方可能回答“免贵，姓某”，或说“免贵，贱姓某”，也可能说“您客气，敝姓某”。在这里，“贵”表示对对方的尊敬，“敝”、“贱”都是自谦之词。当然，我们将要讨论的贵姓，不是指我们与陌生人相见时说的客套话，而是指历史上曾经存在过的一种现象。

姓氏的贵贱之分源远流长，这是我国古代特权社会的产物。在早期原始社会里，姓氏只用来别婚姻。后来，随着社会的发展，又被用来别贵贱，进而分出三六九等。其中最尊贵的姓是皇族姓，又称“国姓”，历史上先后有姒、子、姬、嬴、刘、王、杨、李、赵、博尔济锦、朱、爱新觉罗等；其次是皇亲国戚及达官显贵的姓，在不同时期有不同所指，如汉代的张、王、李、赵是贵姓，唐代的崔、卢、李、郑是贵姓，宋代的赵、钱、孙、李是贵姓；再就是少数民族的贵姓。另外，还有一种贵姓，就是所谓的“圣贤姓”，主要是指孔、孟、颜、曾四姓。当然，还有一种与它们相对应的姓氏，叫做贱姓，指那些被罪犯使用的特殊姓氏。

在上述几类的贵姓中，国姓是最为重要的一种。由于一般认为我们的第一个国家是夏朝，夏朝的国姓是“姒”，那么，“姒”也就理所当然地是第一个国姓了。当然，在此之前，我国还经历了一个长期的原始氏族社会，有许多传说中的英雄人物，他们甚至也被描绘成有名有姓的人。如传说中的黄帝姓姬，炎帝姓姜，虞舜姓妫，或称姓姚，等等，都是如此。但由于姓氏的作用在当时只是用来区别氏族之间的关系，避免因同一氏族的人通婚而影响人口质量，因此还没有区别贵贱的功能。即使到后来的夏商时期，姓氏的贵贱之分也不明显，即使是被后世尊宠的“国姓”也不见得就怎么尊贵。比如我们曾提到姒姓，作为夏朝开国君主大禹的姓氏按说应该很特别，但就是这个大禹，曾经整天手执铁锸劳动在治水工地上，以致把小腿上的汗毛都磨光了，多次从自己家门路过都顾不上进去，始终像普通劳动者一样努力工作，直到累死。这样的人，即使当上国君又会享受什么特权？他的姓氏又能贵到哪去呢？又如到商朝时，子姓是国姓。在其立国期间，国君的名字都是用甲乙丙丁编号，从古籍中还看不到他们如后世帝王那样珍爱和推崇自己的姓氏，也没有把自己的姓氏赐给大臣的记载，更没有发现臣僚为攀附王室而冒姓的。这一切都说明，至少在我国历史的早期，姓氏还无所谓贵贱，它的区别贵贱的功能还没有产生。

到周朝时，随着宗法制度的确立和统治制度的日渐完备，国君的地位、权力及威望大为增加，甚至到了无以复加的地步，而国姓的政治内涵也渐渐增强，开始有了后人所尊崇的贵姓。再到春秋战国之际，人们对姓氏这种作用的认识更为明确，他们或者认为“所以有氏者何？所以贵功德、贱伎力”，或者说“氏所以别贵贱，贵者有氏，贱者有名无氏”，或者说“姓氏合而为一，皆所以别婚姻，而以地望明贵贱”。也就是说，至少从此开始，由于人分贵贱，作为其家族血缘符号的姓氏也被打上了阶级的印记，一个人可以凭贵姓而荣达，也会因贱姓而辱没。

由上述可见，姓氏的贵贱是在发展中显现出来的，并不是从一开始就有的。它出现的时间如果从姓氏学的本身看是在所谓的“氏”出现以后，而从历史的发展过程看则是夏商以后的事情。明确了这点，对于我们以下对这一话题的展开将是不无裨益的。

二、贵姓中的“国姓”

在贵姓中，首先要提到“国姓”。所谓国姓，是指历朝历代帝王的姓氏。因他们是一国之主，君临天下，所以就称他们的姓氏为“国姓”。帝王之称，历来也有变化：夏称“后”，如“夏后相”；商周称“王”，如“商纣王”、“周文王”。自秦始皇起，凡国君都称皇帝。所以，国君的姓氏可称“国姓”，而由他们分封的蕃属王侯的姓氏就不在“国姓”之列。由于历史条件不同，特别是在国家形成之初，有的姓氏虽称“国姓”，但还没“贵”起来，比如前述夏朝的姒姓、商朝的子姓，所以，谈论贵姓中的“国姓”，首先要从姬姓说起。

关于姬姓来源及其早期的一些情况，我们已在此前的相关部分中有所涉及。比如说我们曾谈到它本来是黄帝的姓氏，因为他在姬水边长大,所以以水的名称为姓,姓姬。后来,一位叫做“弃”的人被尊为周朝始祖,因为相传是黄帝的后裔,也继承了黄帝的姓氏而姓姬。再后来,“弃”的后代周武王推翻了商朝,建立周朝,姬姓从此也称为国姓。周朝初年为了扩大王室的势力,还对亲属及有功大臣进行封赏,因而出现了一批同姓之(诸侯)国和异姓之(诸侯)国。其中比较大的同姓国有晋、曹、燕、蔡、鲁、卫、郑,异姓国有齐(姜姓)、楚(芈姓)、陈(妫姓)、杞(姒姓)、秦(嬴姓)等。后来,由于诸侯势力渐渐强大,周王室力量日益衰落,到周平王时因无力节制各诸侯,逐渐形成诸侯争霸格局,齐、晋、郑、宋、秦、楚、吴、越、燕、赵、韩、魏等国先后登上政治舞台。直到周赧王五十九年(前256),周王朝终于在传承三十多代约八百多年后寿终正寝。亡国以后的王室成员尽管有不少人仍然姓姬,但这一姓氏的人从此在政治历史上再也没有骄人的业绩,显贵之姓变成了普通姓氏,姓氏的贵贱终于没能逃脱历史发展的规律。

周朝以后,统治天下的是秦朝,秦朝的国姓是“嬴”,也是个很古老的姓氏。嬴,本是地名,古时泰山有嬴县,唐代并入兖州博城,而博城今为奉符。居住在当地的人因为受这个地名的影响,便以它为姓。也有人说,古代的河间有嬴水,后人因此建瀛州,也是嬴姓人居住的地方。也就是说,他们与上一支嬴姓人不同,是以水名为姓的。至于最早姓这个姓氏的人,一般认为是古帝少昊。如在司马迁的《史记·秦本纪》中就说:相传秦朝的女祖先是古帝颛顼的后代,名叫女脩。一天,女脩在编织衣物,有只燕子从空中掠过,并且丢下一枚燕子卵。女脩拣起吃了,竟因此而受孕,生了个男孩叫大业。大业长大后便娶少典之女名叫女华的为妻,生子取名大费。大费成人后,与大禹成为好朋友,二人一同治理水涝灾害。治水结束以后,当大禹受到帝舜的嘉奖时,很谦虚地说:“这并非我个人能干,都是大费帮助的结果。”帝舜见他客气,便按他的意思对大费说:“你帮助大禹治水有功,就奖你一面加有流苏的黑旗吧,你的后代一定会大有出息的。”后来,他又让大费帮着驯养鸟兽,还将女儿嫁给他。说来也怪,凡经大费调教过的鸟兽都很驯服,不仅壮实,繁殖力也强。帝舜更为高兴,还因此为他改名柏翳(也写作伯翳、伯益),赐姓“嬴”。这位柏翳,这就是史书上所说的秦朝始祖。从他被赐姓到今天,嬴姓已有四千多年的历史了。

周孝王时,柏翳的后裔非子曾奉孝王之命在汧水和渭水之间放养马匹。由于马养得很好,孝王很喜欢,便把秦邑奖给了他。至此,嬴姓开始有了自己的封地。凭借这小小的采邑,经三十多代人的不断努力,终于成为春秋战国时期强大的秦国,并在秦始皇时达到顶点,建立了我国历史上第一个统一的中央集权帝国。尽管从秦始皇称帝到秦朝被推翻仅有15年,但嬴姓仍然创造了辉煌的历史。直到今天,北京、上海、山东平邑、四川合江等地仍然有人姓嬴。

秦朝以后,历史进入强盛的汉朝时期,当时正是我国姓氏制度确立的阶段。在此以前,由于经历了春秋战国时期的动荡,许多传统观念都受到冲击,人们对姓氏的贵贱也有了新的认识,农民军领袖陈胜就曾愤愤不平说“王侯将相宁有种乎”,反对以贵袭贵、以贱袭贱的不合理传统。当然,由于传统观念仍然根深蒂固,这种呐喊仍然显得苍白无力。当农民出身的刘邦通过暴力手段当上皇帝后,仍有人讥讽他“世无英雄,遂使庶子成名”。刘邦为了美化自己,也采用上古流行的天人感应来蒙骗世人,说他是龙的儿子。关于这点,还有两个传说。一个是说他的祖先刘累会驯养龙,为夏后孔甲服务,还得过嘉奖;另一个是说他的母亲在一天外出乘凉时曾与龙交媾，后来生下他，所以他也是真龙天子，有资格君临天下，建立汉朝，让刘姓成为国姓。

西汉初年，边境地区少数民族不断对中原进行扰掠，特别是北方的匈奴族。为了减少动荡，汉朝廷在用武力讨伐的同时，又用和亲政策加以安抚。为此，汉高祖刘邦就曾把本家女儿嫁给匈奴单于冒顿为妻。按照匈奴习俗，尊贵者都依从母姓，所以匈奴人也有不少刘姓。据古籍记载："东郡（在今河南濮阳）、河南（指今河南洛阳）、雕阴（指今陕西绥德）三族（刘氏），俱出（自）匈奴族。"同时，从刘邦开始，还把自己的贵姓作为"奖品"赐予要感谢、笼络、奖励的人。其中如汉高祖为了感激项羽的叔父项伯的救命之恩，笼络项氏家族，不仅与之结为儿女亲家，封为列侯，还赐姓刘。另外，娄敬因是他的重要谋士，曾为他平定天下做过不少贡献，为加以表彰，也封侯赐姓。所以，娄敬又称刘敬。从此，一部分项姓、娄姓的人开始融入刘姓家族。

汉朝以后，虽然刘姓失去了国姓地位，但由于以后又由刘姓人建立了几个割据政权，因此也都不同程度地成为地方性国姓，并有更多的姓氏、家族或少数民族的人以不同方式融入刘姓。如在五代十国时期，后汉高祖刘知远本是突厥人，北汉刘旻收养异姓刘钧为继承人，刘钧又收薛继忠、何继元为养子，称刘继忠、刘继元，从此，这些出自突厥、薛姓、何姓的人都开始姓刘。又如，宋真宗的刘皇后在被立为皇后前，因为没有宗族作为外戚，便找来小时曾经寄养过的龚姓人家作为宗族，让一位叫龚美的人做兄长，改姓刘。这样，这支龚姓人从此也融入刘姓。

在元、明、清三朝时，又有更多少数民族的人融入刘姓。元朝有个叫呼图克特穆尔的人，出自蒙古族赫呼部落，特别喜欢读书，受到元仁宗的赞赏，为他取名汉卿。因他母亲姓刘，时人称他刘汉卿。当时还有一个叫刘国要的女真人,姓乌库哩,入中原后改姓刘。明朝时,明赐元人萨尔图姓名为刘允信,他的族人自然也都改姓刘,也是以蒙古及其姓氏融入刘姓的。又据《清通志·氏族略》载:高丽族也有刘姓,散处在安法、博川等地。另外,在清朝建立后,满族人由于受汉族习俗的影响而把原来的多字姓改成单姓,其中的留佳、伊喇、宁古塔等姓都先后改成汉姓刘。由上可见,像刘姓这样曾是贵姓的著名姓氏,能够在历史上不断得到发展,由原来的纤纤小姓发展成"遍地刘",就在于它能海纳百川,兼收并蓄——不管是什么民族,匈奴人也好,突厥人也好,蒙古人也好,女真人也好,高丽人也好,满洲人也好;也不管你是薛姓、何姓还是龚姓,都是来者不拒,这无疑也是它能够获得较大发展的重要原因。

当然,在刘姓于汉代成为国姓以后,中间曾一度中断,出现过由王莽的新朝当政的局面,尽管只是15年。说起王莽,当然应说及王姓。从历史上看,王姓绝对称得是"贵族出身",因为大都是"天子之裔也",另外在五代闽国时,王姓又再度成为国姓。由于与它有关的话题已在本书的相关部分中涉及,为避免重复,在此不赘。

公元220年,汉朝被魏国推翻,历史进入三国时期,以后又是两晋南北朝,直到公元589年才被隋朝统一。在这三百多年的时间里,由于国家分裂,朝代像走马灯一样更迭,所以也一下子冒出来一大批国姓,在民族成分上不仅有汉族,也有少数民族。

南北朝之后,紧接着是隋朝,是杨坚所建,国姓也因此变成杨。关于杨姓,我们曾提到它最早产生于春秋时期,源于姬姓,有两个源头:其中之一是周宣王的儿子尚父封为杨侯,以国为姓;另一支出自晋武公的后人羊舌,因有一个叫叔向的人食采于杨邑，叔向的后人也以杨为姓。北魏时，鲜卑族有莫胡卢，改为杨，有人怀疑杨坚就是莫胡卢的后人。杨坚在建隋朝后被称为隋文帝，隋朝则在传三帝、21年后被推翻。就整个被作为国姓的杨姓来说，几千年的历史上虽文臣武将不乏其人，而作为一代开国君主的只有杨坚一族。另外，就其来源看，在上述两支外，古书说氐族也有杨姓，世居仇池；唐代有个叫杨进光的，本是沙陀国人，出自突厥族；明朝初年向蒙古人赐姓名，其中巴珠被赐姓名为杨效诚，阿尔娄台被赐姓名为杨汝诚，托克托被赐姓名为杨必敬。三人原先未必是一家，改姓后都姓杨。另外，蒙古族有姓"乌古纳"的，汉语意思是"羊"，改汉字姓便以羊的同音字"杨"为姓；清代高丽族也有杨姓，世居辉宁地方；满族姓氏杨佳、富尔哈，后改为汉字姓"杨"。再如白族杨姓，相传在三国时蜀相诸葛亮为各酋长赐姓，其中便有人姓杨；裕固族杨姓则由亚赫拉格所改，"亚赫拉格"又作"亚拉格"，唐代译作药罗葛、药乐葛，宋代译作夜落纥、夜落隔；锡伯族杨姓则由杨佳、杨吉哩、杨阿里等姓所改。其他如彝族、羌族、苗族、景颇族、阿昌族、普米族、达斡尔族等也都有杨姓，他们的姓源各不同。

隋朝灭亡后，李姓成了唐朝的国姓。唐朝立国近三百年，是继汉代以后又一个强大王朝。在它统治全国时，四周还有一些边远小国，高昌、渤海、南诏影响较大，它们分别姓麴、大、段，也算是各自的贵姓。另外，在唐高宗时由于武则天建周称帝，在位14年，当时的贵姓是武而不是李。武姓也是一个十分古老的姓氏，相传有五个来源，分别出自虞夏之际的武罗国、商王武丁之后、周平王少子武之后、春秋时宋武公之后，以及由贺兰、契苾等姓改姓而来，如今是中华大姓之一。

在唐朝以后的五代十国时期，天下又陷入动乱中，情况与魏晋南北朝时期差不多，同样是出现了一批国姓。其中，五代的国姓依次是朱（后梁）、李（后唐）、石（后晋）、刘（后汉）、柴（后周），十国的国姓有杨（吴）、李（南唐）、钱（吴越）、王（前蜀、闽）、孟（后蜀），刘（南汉、北汉）、马（楚）、高（南平）。如果再把它们合在一起，则是十一个姓。

五代十国而后是赵匡胤所建的宋朝，国姓又变成了赵。从此直到南宋灭亡，赵姓共有三百多年作为国姓的历史。相传，赵姓得姓于赵城，世居天水，赵匡胤家族又从天水移居涿州。后周时，赵匡胤任殿前都点检，于公元960年发动兵变，废黜周恭帝，自己当上天子，赵姓因此成为国姓。

宋朝时，还有几个与它同时的割据王朝，即大理、辽、金、西夏，他们的国姓分别是段、耶律、完颜、李。其中，辽的国姓“耶律”是契丹语“世里”的音译，意思是发祥地。它的建立者是耶律阿保机，母亲萧氏在怀他前，曾梦见太阳坠入怀里，后来因此受孕。到了产期，产房香气四溢，神光熠熠，生下了他。相传他三个月就会行走，睁开眼便会说话，能预知未曾发生的事。等长大了，他身高九尺，智勇双全，远非一般人可比。

西夏是由党项人所建，国君是拓跋氏后裔，因在唐末有功而被赐姓李，入宋后又赐姓赵。

金是女真族所建政权，国姓完颜。完颜本是部落名，世居松花江以东。在金建国后，部民以部为姓。金灭亡后，完颜姓在元时融入蒙古族，清时融入满族，更多的融入汉族。它的汉姓是“王”或“汪”。

元朝时，国姓是博尔济锦，一译孛儿只斤，明人宋濂译为奇渥温。现在蒙古族人常用单字汉姓“包”，这是取它的首音，已见前述。

在元朝以后的明代,国姓是朱。关于朱姓,据说最早是从曹姓分出的,到明朝成了国姓,获得很大发展,进而成为今天的中华大姓之一。

明朝以后是清朝,也是离我们最近的一个王朝,它的国姓是爱新觉罗,所在的民族是满族。像其他民族一样,满族的领袖人物为威慑群下,增强号召力,也制造了姓氏来源的神话,其详情已见于以前有关部分中。从努尔哈赤在明万历四十四年(1616)称“汗”到1911年溥仪下台,爱新觉罗作为清朝皇帝的姓氏,也同样是贵显无比。

清朝最后由中华民国推翻。中华民国尽管只是历史的一瞬,但由于封建帝制被推翻,一家一姓的王朝变为多姓的轮流执政,所谓的国姓也从此不再存在。而在中华人民共和国于1949年成立以后,中国历史的新纪元得以开始,每个人都成了国家的主人,所谓的国姓、贵姓等更成了历史的陈迹。

三、贵姓中的贵族姓

所谓贵族姓,顾名思义,是达官显贵们使用的姓氏。其实,与国姓一样,随着朝代的更替,贵族姓氏也会沉浮变换。由于历朝历代都有不同的贵族,当然也有不同的贵姓。

比如,在周朝,国姓是姬姓,贵族姓中有一个是姜姓,据传因炎帝生在姜水而来,又由姜子牙而发扬光大。当时,姜子牙因功封于齐,是齐国的开国君主,所建国家在被田氏取代以后,姜姓子孙分散他处,分别以齐、国、高等为姓,繁衍成一个很大的支派。

在周朝以后,秦朝立国虽然短暂,但仍有一个贵姓不能不提，就是宰相吕不韦的吕姓。由于吕不韦当时身处一人之下，万人之上，权倾当朝，炙手可热，吕姓也显贵一时。关于吕姓的来源，郑樵说："吕氏有五：姜姓之后以国为氏；又，晋有吕氏，出於魏氏；又有叱邱氏、副吕氏、叱吕氏并改为吕。"在这些来源中，出自姜姓的吕姓与上文所说的炎帝和姜子牙有关，出自魏姓的吕姓虽直接来源于魏姓，但更早时则与黄帝和周朝的姬姓有关，其原因都已见此前有关部分所述。至于叱邱、副吕、叱吕等姓，都是鲜卑姓，魏孝文帝时改为单姓吕。另外，十六国时还有一支出自氐族的吕姓，本是后凉的国姓，后来融入到汉族中。

在秦朝以后的汉代，张、王、李、赵都是贵姓，已见其他话题所述。除此以外，由于当时文臣武将人才辈出，不胜枚举，显赫的姓氏和家族也比比皆是。比如萧何作为开国功臣，不仅功在当世，他的子孙也都获得封赏，姓氏和家族也显贵一时。仅就他的姓氏而言，其实是十分古老的，早在商周之际就是著名姓氏，是"殷民六族"之一。只是后来因为商朝灭亡，这支萧姓人因为成了亡国奴，从此才变得默默无闻。除此以外，还有几支萧姓，也都是斑斑可考。其中的一支出自商朝的萧国，子姓，郑樵引杜预说即"'古之萧国也，其地即徐州萧县是也。'后为宋所并。微子之支孙大心平南宫长万有功，封于萧，以为附庸。宣十二年灭楚之，子孙以国为氏，世居丰沛之间。"另一支出自嬴姓。《姓氏考略》称："伯翳之后孟亏，作土于萧，是为萧孟亏。"伯翳即伯益，"作"同"胙"，胙土就是封土。伯益是嬴姓始祖，因此这支是以国为姓，出自嬴姓。另外，在汉朝以后，萧姓又有其他一些来源，比如一支出自契丹族的皇后的姓氏，《续通志·氏族略》注称"后族伊苏济勒氏、巴哩氏世任国事，太祖慕汉高祖皇帝，以伊苏济勒、巴哩比萧相国，遂为萧氏。太祖娶舒噜氏，太宗自汴将还，留外戚小壕为汴州节度使，赐姓名曰萧翰，由是巴哩、伊苏济勒、舒噜三族皆为萧氏”。这里的舒噜又译作舒穆禄，萧姓就是用它的首音转译而来的。当时的萧太后曾一度主持国政，京剧《四郎探母》、《三关排宴》都有她的身影。至于现在，历史上不同民族的萧姓都成为汉族，而蒙、满、彝、傣、佤、壮、侗、回、白、高山、阿昌、土家等多个民族也都有萧姓。

在汉代的贵姓中，值得一提的还有韩姓，也就是大将韩信的姓氏。韩信曾协助刘邦灭掉项羽，建立汉朝，自己也因功封王封侯。他在后来尽管因故被杀，但他的姓氏仍不失为一个重要的贵族姓。尤其是从更早的来源上看，韩姓也是个很古老的姓氏。据说黄帝的孙子中有个叫韩流的，就是韩姓最早的一支。到帝尧时又有个名人叫韩终，或许就是韩流的后人。到了周代，韩姓又从姬姓中分出三支：其一，周宣王时有韩侯，且为侯伯（诸侯之长），其地在今河北固安县东南，后为晋所灭，其后以国为姓；其二，晋穆侯的后代曾被赐韩原之地，食采今陕西韩城县南（一说在山西河津东北），后以邑为姓；其三，战国七雄有韩国，被秦国灭亡后以国为姓。韩信的家族便是由其中一支发展而来的，家于淮阴。韩信之后，韩姓仍在不断发展壮大。比如，汉武帝时有获直侯韩陶，朝鲜人。汉有朝鲜县，高丽王所住的地方，即古朝鲜，今平壤。而在汉代以后，韩姓仍然有所发展。北魏鲜卑族有一个三字姓出大汗，后来改成单姓韩。另外，唐宪宗时有飞龙卫士韩志和，是今日本人。再者，韩姓又是撒拉族著名姓氏，素有“十个撒拉九个韩”的说法。关于这一古代民族的韩姓，来源一般有两种说法：一是撒拉族人称其首领为可汗，有时简称汗，译音与韩相同，因此姓韩。明朝初年，撒拉族首领神宝归附明朝，封为土司，更名韩宝。二是相传由王姓所改。“王”本是君长、首领的意思，撒拉语就叫“hán”，因此也姓韩。清初名将、甘肃靖远人王进宝，长子改从外家姓韩，名玉山(起功)。再如，蒙古也有韩姓，也有两个来源：一是蒙古族喀尔喀部名称中的第一个字汉译，简写为韩姓；二是明代把蒙古人实哈塔的姓名改为韩以谦。清代以后，高丽族有韩姓，世居易州、开城；满族姓氏罕扎改为韩；锡伯族姓氏哈斯胡里、韩吉利、韩亚喇等改为单姓韩；彝族复姓安韩改为单姓韩；柯尔克孜族嘎普韩部改单姓韩；鄂伦春族姓氏卡那格依尔也改为韩。此外，回、苗、壮、白、黎、蒙古、土家、保安、达斡尔等民族也都有韩姓。

汉代以后，贵姓在历朝历代都有，但若从影响看，汉代以后恐怕是唐代了。当时曾把天下大姓分成若干等级，其中属于第一等的一般认为是崔、卢、李、郑四个姓氏。不过，这种划分并不是绝对的，比如就没有得到唐太宗的认可，详情已见前述。在这里要补充的是卢姓，据说是姜子牙的后代。相传，姜子牙的后裔吕傒因帮助齐桓公登上君位，功封于卢邑，今属于山东长清县。田姓篡夺吕姓齐国政权后，卢姓家族开始向河北迁徙，其中一支迁到现在的涿州定居，成为范阳卢氏的祖先。范阳卢氏在北魏时被魏孝文帝定为四大汉族贵姓之一，与崔、郑、王并称。唐代定贵族门第，范阳卢氏仍是一流贵姓之一。

至于唐代以后的宋朝，北宋年间所编的《百家姓》已经反映了当时贵姓的情况，除排在第一的赵姓是国姓外，接下去的钱、孙、李、周、吴、郑、王等也都是当时的贵姓。宋朝以后，各朝的贵族姓也有很多，甚至到民国时还有著名的蒋、宋、孔、陈四大家族，这四个姓氏无疑也都是当时的贵族姓了。由于这些姓氏大多已在本书的其他相关部分中述及，勿庸在此多加赘言。

由上可见，像国姓一样，贵族姓的地位也不是一成不变的，要么老百姓说“没有铁打的江山。三十年河东,三十年河西”呢。另外,除了以上所说的这些姓氏以外,其实还有一种贵姓是应该谈的,也就是少数民族的贵姓。

众所周知,我国从古到今都有不少少数民族,并且还有他们所建立的朝代。在这些少数民族或由他们所建立的朝代中,当然也应该有像汉族那样属于自己的贵姓。早在汉代,北方的匈奴族建立的匈奴国中就已有贵族大姓之分,到鲜卑族统一中国北方后又有定贵姓之举,其中鲜卑族的穆、陆、贺、刘、楼、于、嵇、尉等都是一等贵姓,是勋著当世、位尽王公的贵族。另外,元朝的蒙古族中也有贵姓,如唐古等姓。至于清朝满族的贵姓,也有钮祜禄、瓜尔佳、富察、马佳、佟佳、纳拉、索绰罗、齐家等。他们都世代与皇家联姻,仅钮祜禄一家就有多位姑娘被选为皇后,从而成为国姓以外的主要贵姓之一。

在少数民族统治时期,汉族是遭压抑排挤的民族,但依靠自己的先进文化仍然发挥着作用,并在不同程度上引起少数民族统治者的重视,甚至可以使自己的家族成为贵姓。关于这种情况,在北魏时期表现得尤为明显。北魏孝文帝曾把汉族贵族分为三类九等,规定曾经担任尚书、领、护以上官职者为甲姓,九卿若云伯者为乙姓,散骑常侍、太中大夫者为丙姓,吏部正员郎为丁姓。凡得入者,谓之四姓。因而,汉族清河崔氏、范阳卢氏、荥阳郑氏、太原王氏四姓因为族大人多、居官者众,被列为最高门,成为当时汉族贵族中地位最高的贵姓。

在历史上的许多朝代中,姓氏地位的高低直接关系到他们的社会地位、仕宦升迁、婚姻关系等,所谓“上品无寒门,下品无世族”所指基本如此。如琅玡王氏从汉代到南朝陈代的几百年间有多人做到丞相、吏部尚书等职,以至世代显宦,而出身寒门者哪怕你有惊人之才也只能屈居下位，难以望其项背。这种现象其实早在汉朝就已出现。如冯唐由于出身寒门，虽然才华横溢，名满天下，但直至皓发苍颜仍屈居下位。可见，所谓的姓氏贵贱不仅是一种身份的标志，而且确实可以起到区别贵贱的作用。

四、贵姓中的圣贤姓及其他

所谓圣贤姓，比如孔姓、孟姓等，是指“圣人”、“贤人”的姓氏。历史上，孔子和孟子分别被最高统治者封为“圣”、“亚圣”，他们的姓氏也就成了圣贤姓，成了贵姓。其实，他们姓氏的被推崇，从本质上说，更多的是政治因素，是封建统治者鼓噪吹捧的结果。

关于圣贤姓中的孔姓，其来源已见以前的相关话题中，但如果细分起来，它的能够成为贵姓似乎还具有历史的原因，因为它本来像其他许多姓氏那样，在得姓以前或在孔子以前就是一个显贵的姓氏，不仅与黄帝、商汤、商朝王室有关，而且还是春秋时宋国贵族孔父嘉的后代，在孔子以前就很辉煌。而到孔子时，他作为我国古代统治思想的创始人，自汉武帝以后一直被历代统治者奉为偶像，尊为“至圣先师”，孔姓也因此成为圣贤姓。甚至他的学生或传人颜回、曾参、孟轲三人也因他的缘故受到尊崇，他们的姓氏也与孔姓一样成了圣贤姓。

除孔姓外，在圣贤姓中较为著名的就是孟姓了，它是被奉为“亚圣”的孟子的姓氏。孟子相传是鲁国贵族的后裔，曾受业于孔子的孙子子思，一时名声大噪，以至后来与孔子并称，孟姓也因此成为仅次于孔姓的圣贤姓。

由上可见，圣贤姓作为古代贵姓中的一种，也同样有自己尊贵无比之处，并以此与前述国姓和贵族姓一起成为贵姓的三大组成部分。当然，在我们谈论贵姓时也不能不在这个话题之末提到与之相对应的贱姓问题，因为它毕竟在历史上曾经存在过。像贵姓一样，所谓的贱姓也是政治社会的产物，它们也不是生来就有的，甚至曾经还很高贵。比如，如果大家谈到贱姓，一般要举枭姓、蛸姓、蝮姓等为例，而在事实上，它们原来都是贵姓。其中枭姓的始祖杨素是隋朝的开国元勋，因他的儿子杨玄感起兵反隋，被隋炀帝镇压，又为了表示惩罚，把他的姓氏改为枭，表示不愿与他同姓。蛸姓也是如此。南朝齐时，齐武帝的儿子巴东王萧响叛乱，失败后被改为蛸。至于蝮姓，则是武则天所改的她堂兄武惟良、武怀运等人的姓氏，改姓原因是因为他们对自己不尊重。可见，这些所谓的贱姓都是特殊情况下的产物，虽然被视为贱姓，但也都是从贵姓而来，甚至还曾是皇亲国戚。

由此看来，我们在本话题中所谈论的历史上的几种贵姓以及贱姓，并不是永恒的，是可以发展变化的。其中贵姓可以因朝代的不同而发生变化，而一些贵姓或许会因为这种变化而一落千丈，变成与贵姓相对的贱姓。这一事实也在告诉我们，姓氏的贵贱都是暂时的情况，是贵姓的人不必骄，贱姓也不必愧，因为都不可能永远如此。

话题九：改姓

说到改姓，其实是一个很有趣的话题。凡是读过《水浒传》的人大概都还记得，在第二十六回“母夜叉孟州道卖人肉，武都头十字坡遇张青”里，曾提到好汉武松在杀了西门庆后被充军发配，路过十字坡时，正赶上菜园子张青的夫人母夜叉孙二娘卖人肉包子，险些中了她的道儿。只是武松多了个心眼，才把孙二娘的把戏识破，甚至要把孙二娘治罪。正在他要杀孙二娘时，张青从外面回来，撞见此事，要武松报上名来。武松这时又显出了英雄本色，为了表示好汉做事好汉当，便说出了他那传诵至今的名言：“我行不更名，坐不改姓，都头武松的便是！”这里的“行不更名，坐不改姓”，其实是反映了我国很久以来就普遍存在的公众心态，意思是说由老祖宗那里传下来的姓氏是神圣的，它是不可以轻易改的，如果改了就是叛祖离宗，大逆不道，哪怕是处在危险之中时也是如此。但在事实上，由于这样或那样的原因，由我们老祖宗传下来的姓氏并不是一成不变的，有时改姓还是一种常见现象。甚至有人说，我国当初只有几个或几十个姓氏，正是因为改姓才使姓氏发展到今天这样的规模，它实际上已成为我国姓氏发展变化的一个重要原因。那么，改姓究竟有这样的作用吗？是什么原因让人去改姓的？我国自古及今又有什么具体的改姓途径？如此等等，便是我们在这一个话题里要谈的内容。

一、古代改姓原因之一:皇帝赐姓

在正式进入本话题以前，让我们先来看一个与改姓有关的故事。

唐代有一个叫戎昱的诗人,年轻时考进士失利,在湘桂一带漫游。湖南崔中丞赏识他的才华,愿把女儿嫁给他,只是不喜欢他的姓,要他先把姓改了,然后再为他们成亲。戎昱知道崔小姐是远近闻名的大美人,天生丽质而又聪明绝伦,自已能攀上这门亲事当然求之不得,但一想到为此将失掉祖宗传下来的姓氏,便犹豫起来,最后还是回掉了这门亲事。他在退亲的诗中写道:

山上青松陌上尘,云泥岂合得相亲?
举世尽嫌良马瘦,唯君不弃卧龙贫。
千金未必能移姓,一诺从来许杀身。
莫道书生无感激,寸心还是报恩人。

崔中丞看了诗,知他主意已定,便不再提这门亲事。

以上这个故事是很感人的,它说的是宁愿不要美人,也要保住姓氏,这与我们常说的“行不更名,坐不改姓”大概是同一个意思。不过,这可是个典型的例子,并不是说姓氏绝对不能改。比如在历史上,就曾有过许多不同性质的改姓,其中有因为被皇帝赐姓而改姓的,有为了避天子名讳改姓的,有为了避祸改姓的,有因为入赘而改姓的,有因为被收养而改姓的,有为求发展而改姓的,有假冒别人姓氏而改姓的,有少数民族汉化改姓的,等等,情况复杂,不一而足。我们要说的改姓,基本上就是这些。

在古代不同性质的改姓中，由皇帝赐姓而引起的改姓恐怕是最特殊的了。皇帝赐姓是一种特别恩惠，凡经赐姓的官僚一经赐姓，名字就几乎成了勋衔，高贵无比。记得在过去曾流传过一个“红名状元”的故事，是说从前有一个状元李骐，本来姓马，叫马铎。在他很小的时候，他的母亲因故从马家改嫁到李家，他也因此改名李马，实际上把原来的姓氏当了名字。等中状元的时候，皇上不知道这其中的缘故，见他叫“李马”有些粗俗，与他的状元身份不相称，就自作主张，在他的名右边加上一个偏旁“其”，成为李骐。但对于自己名字被皇上改了这件事情，他事先并不知道，以至在发榜时叫了几遍都不敢答应，最后还是皇上记起了这件事情，说李骐就是李马，他才上前听宣。事后，他因为得到了皇上御赐的名字，也就不再关心自己是马家的后代这一事实了，反而把这件事情当做无上光荣，干脆改名李骐。为了表明自己的名字非同一般，每当写自己的名字或向人投送名帖时，他都要用黑色写“李马”，而用红色写“马”字右边的“其”，一时传遍京师，朝野上下也把他称为“红名状元”。对于这件事情，我们今天可能认为是一种奇谈，但它确实可以发生在皇权高高在上的封建时代，皇帝高于一切，能得到皇上的赐名当然是一种荣耀，所以也难怪李马如此。同时，我们也由此可见，由于有了皇上的赐姓或赐名，被赐的人随之而贵，已经获得权位者可以继续高高在上，权位较小者则意味着从此可以平步青云，即使飞黄腾达也指日可待。到了这时，无论老祖宗原来给了什么姓氏，都会在皇上的赐姓面前黯然失色，不把姓改了也是难以想象的。因此，像这样因得到皇上的赐姓而改姓便成为我国古代改姓的原因之一，并且还因为这种情况较多而成为改姓的一种主要原因。

上述马铎改名李马、李骐的事例，基本上是古代皇帝赐姓的一种特殊形式,在通常情况下,赐姓往往是皇帝对被赐之家政治作用的肯定。每当这时,被赐之家尽管冒有不要祖宗的嫌疑,但面对这种“求之不得,推之不去”的大好事,许多人也都是乐意接受的。也正因为如此,历史上曾出现许多赐姓的事情,在一些大的王朝里还相当普遍。即使是那些短命的小王朝,也同样有赐姓现象。甚至在某些王朝的特殊时期,赐姓还成为皇帝笼络人心的一种政治手段。比如早在西汉武帝时,便有给匈奴人赐姓的事。当时把匈奴休屠王的儿子赐姓金,原因是匈奴人习惯用金人祭天。后来,这个被赐姓的匈奴人变成了金姓人的一支,在长安(今西安)生息繁衍,一连七代都是权贵,与当时的一家姓张的人齐名,人称“金张”,是天下权贵的象征。由此看来,赐姓的确可以给家族带来意想不到的荣誉。

当然,如果从严格的意义上说,像汉武帝这样向少数民族出身的大臣赐姓,应该算是古代帝王向少数民族赐姓的一种。由于不少少数民族出身的大臣在被赐姓前没有姓氏,从而使这种赐姓还算不上严格的因赐姓而改姓。真正的由赐姓而改姓的事大多是在以后发生的。如在唐朝,皇帝曾把党项人的首领赐姓李,这个被赐姓李的人在后来还建立了西夏王朝。到宋朝时,皇帝为了表示对他们的恩宠,又为他们赐姓赵。这样一来,原来唐朝赐的李姓不算数了,姓李的西夏国王又姓了赵,两朝的皇帝为他们赐姓又改了姓。

在古代,皇帝向大臣的赐姓中还有一种现象,也就是把自己的姓氏赐给别人,让别人去姓自己的姓。像这种情况,一般叫做赐国姓,有关的例子还是很多的,甚至有人说是赐姓中最多的一种情况。比如,汉朝皇帝姓刘,就把一些有功的大臣赐姓刘。有这么一个突出例子:在开国皇帝刘邦与项羽争天下时,项羽的叔父项伯与刘邦的谋士张良很要好。项伯认为项羽一定不是刘邦的对手,就在暗中帮助刘邦。在著名的"鸿门宴"上,他又帮助刘邦躲过了一劫,刘邦对他也很感激。后来,刘邦打败了项羽,逼得他在乌江自杀,而项伯则成了开国功臣。为了表示对项伯的特别感激之情,刘邦还特意让他改姓刘,与自己同姓。这样,项伯就姓了刘,有了这种特别的荣耀。后来,他的后代还发展成为刘姓的重要一支。

像项伯这样被赐了国姓的情况,在汉代以后还有很多,其中在唐代便是如此,甚至在某种程度上还超过汉代。当时的皇帝姓李,经常把李姓赐给大臣,即使是少数民族出身的将领也不例外。如在开国皇帝李渊称帝后,东突厥颉利可汗派夹毕特勒阿史那思摩朝见,他很高兴,便赐姓李。后来,原姓拓跋的党项羌和靺鞨酋长先后率部内属,也被其他皇帝赐姓李。像这样的人在唐朝有李光进、李元谅、李思忠、李惟简等,他们原来都是少数民族出身。据研究,从开国皇帝李渊到最末一个皇帝李晔都有向大臣赐姓的事情,被赐姓的除以上提到的几个少数民族外,还有氐、沙陀、回鹘、奚、契丹、丁零、吐蕃等部族的首领,以及大约16个姓的人,这16个姓分别是徐、董、罗、邴、安、杜、胡、弘、郭、麻、张、鲜于、阿布、舍利、阿跌、朱邪。其中,被赐姓李的徐姓人也就是大名鼎鼎的唐朝开国功臣徐懋公,又叫徐世勣,《隋唐演义》和《说唐》中都有他的身影。他在被赐姓后变成了李勣,如果不知道有这段经历,还会让人以为又冒出来一个新功臣。

在唐代以后,各朝也都有赐姓现象。比如明朝,在朱元璋建国后便不断有赐姓之举。其中在洪武年间,蒙古人脱欢归附,朱元璋赐他姓薛名斌。后来,又有鞑靼人、元朝工部尚书丑驴归附,被他赐姓名为李贤。又如洪武五年(1372),湘西一带的土司勾结爪哇、硫球使臣叛乱，朱元璋任命归附明朝的维吾尔人哈巴十前去平乱。后因哈巴十立了战功，朱元璋赐他姓剪名巴士。当时，类似的例子还有很多。

明朝皇帝向别人赐姓，不仅发生在朱元璋时期，以后的皇帝也有继承。如明成祖朱棣就把一个姓马的太监赐姓郑，这位被赐姓的太监就是著名航海家郑和。不仅如此，明成祖有时还向人集体赐姓。有一次，他对兵部尚书说：现在的蒙古族士兵因为没有姓，有很多人同名，这样容易造成混乱，应赐给姓氏。于是，兵部便按照他的旨意编造了花名册，让他赐姓，从而出现大批蒙古族人改汉姓的情况。其中较典型的例子，就有都帖木儿被赐姓名为吴允诚，满束儿灰被赐姓名柴志诚，朵列干被赐姓名吴存敬，火失谷被赐姓名韩以谦，等等。像这样的赐姓，大概也是历史上最大规模的了。

不过，在我们今天来研究明朝皇帝向别人的赐姓时，也注意到一个很有意思的现象，就是明代皇帝很少把自己的姓氏赐给别人，这是一个与以前皇帝不同的做法。关于这点，如果我们去查查《明史》，就不难发现。当然，这也不是绝对的。比如被我们称为"民族英雄"的郑成功，就曾被赐姓朱，人称"国姓爷"。大家都知道他收复台湾的事，至于说他被明朝皇帝赐姓，恐怕有很多人都不知道。关于他被赐姓朱的情况，由于情况特殊，我们可以作较为深入的了解。

郑成功（1624—1662），本名森，字大木，一字明俨，福建南安人。父郑芝龙早年曾在日本商船上做事，并娶一位姓田川的女子为妻，生下了他。由于有这种缘故，郑成功的童年是在日本度过的，直到大约7岁时才因父亲归国做官而回到福建，后来又到南京国子监充当生员。及明朝灭亡，南明建立，郑芝龙担任了南明的都督同知，他也因父亲的功劳被赐爵南安伯。后来，南明的重心转移到福建，郑芝龙出任太师之职，封平国公，他也正式在南明朝廷中做官，担任禁军提督，还被赐予了皇帝的姓氏，姓朱，被人称为“国姓爷”。

郑成功的被赐姓发生在明朝气数将尽时的非常时期，并且在很大程度上是由于父亲的缘故，基本上是一种特殊情况。也正因如此，我们认为明朝皇帝赐姓的主要特点仍然应该是不赐国姓，不同以往，郑成功的被赐姓应算是一个特例，还不足以改变以前的主要事实，更何况他在后来并没有以“朱成功”的名字为后人所知。

总之，像上述这些由皇帝赐姓的现象，尽管在今天看来好像有些给人添乱，被赐姓的人如果不是为了政治目的，恐怕没有多少人愿意被赐姓，但它作为历史上确确实实存在过的一种现象，毕竟对我国姓氏的发展产生过特殊影响，因此，我们有必要在谈论改姓时首先把它提起。

二、古代改姓原因之二：避讳改姓

在我国古代的改姓中，与因皇帝赐姓而改姓相近的还有一种改姓现象，叫做避讳改姓。所谓避讳，也就是如果一个人的姓与某个皇帝或圣贤的名字相同或相近，就要设法避开，或者再去姓别的姓氏。可见，这种情况与刚才所说的皇帝赐姓不同，不是让人去姓他的姓，而是让人去避开他的名。这样避来避去，便有了这种避讳改姓现象。

关于避讳改姓的来源，有人说是从先秦开始的，但真正产生影响还是在秦代以后。比如说在西楚霸王项羽的时候，因为他的另一个名字叫项籍，别人遇到"籍"字都要避讳，这下就苦了姓籍的人，没有办法，只好改姓与"籍"读音相近的"席"，从而又成为席姓人。楚霸王不只是让秦朝皇帝不得安生，也为这些籍姓人添了一个乱。

但此后的籍姓人都姓了席，也是事实。后来，历史进入汉代，像这样因避讳改姓的事情出现得更多。其中，由于汉武帝名叫刘彻，姓彻的人只好改姓通；汉宣帝名叫刘询，姓荀的人只好改姓孙。同样的情况，还有汉哀帝名叫刘欣，姓欣的人改姓喜；汉明帝名叫刘庄，姓庄的人改姓严。甚至汉安帝的父亲因为名叫刘庆，姓庆的人只好改姓贺。古代皇帝的霸道，由此也可见一斑。

以上的这些改姓不仅剥夺了别人姓姓的权利，还造成了一些意想不到的后果。比如，在我国先秦时期曾有两个杰出的思想家，其中一个是庄子，另一个是荀子，他们本来都是先秦时期的人，与汉代皇帝根本没有关系，但到这时由于汉宣帝和汉明帝名字的读音与他们的姓氏相同的缘故，他们从此也不得安生。于是，庄子从汉明帝开始只能称严子，荀子在汉宣帝以后又变成了孙子。这种情况尽管到汉代以后由于汉代的灭亡而不必再让人为它的皇帝避讳，但事情已经发生，乱子已经添过，严子、孙子的称呼也是覆水难收。从此，在我国文化史上又多了一个为他们的姓氏求真的工作，如果不知道有这段经历，还真的会让人把庄子和严子、荀子和孙子当做素不相干的人。这个乱子添得实在有些莫名其妙。

皇帝为了避讳而让人改姓，给后人留下的麻烦还在后头。我们仍然来看庄姓改严姓的例子。在这次改姓以前不久，今浙江余姚一带有一个叫庄光的人，字子陵，曾是汉光武帝刘秀的同学。东汉建立后，汉光武帝请他到朝廷做官，但他把名利看得很淡，只到京城转了一圈就告辞回乡，躲到富春江边披着老羊皮钓鱼，成为著名的隐士。但就是这样一位与世无争的高人，在去世后因为姓氏犯忌，也被人改了姓，成为严光。一些与他有关的纪念地在后来也都以严命名，如严山、严滩、严子陵钓鱼台，到唐代又在当地设立了严州。时间一久，甚至人们都以为他姓严，他原来的姓氏"庄"反而被遗忘了。

庄光变成严子陵，本来由于以上的原因还不算太离奇，奇就奇在后人不知道他本来姓庄。当然，有这样的后果还是另有原因的。比如在收有他传记的《后汉书》里，为了给先朝皇帝避讳而不敢提他原来的姓，只说他叫"严光，字子陵"，以致使后人据此认为他只姓严，直到一千多年以后的南宋都是如此。只是在南宋初年，有位学者考证出来他本来姓庄，这才让人恍然大悟。以后的人写诗著文，也开始把他的改姓当做话题。比如在南宋光宗时，有位叫俞成的诗人到当地凭吊古迹，赋诗一首云：

千古英风想子陵，钓台缘此几人登。
谁知避讳更严氏，滩与州名总误称。

后来，又有一位叫潘素心的诗人写了一首《过严州》，诗中写道：

谁改州名姓字香，钓台千古属严光。
岂知隐士终埋姓，当日先生本姓庄。

直到这时，由汉代皇帝避讳而来的麻烦才最后澄清。

由上可见，避讳改姓给有关人员带来的麻烦真的很大。不仅汉代如此，在汉代以后，直到清代灭亡以前，由于我国实行的都是皇帝制度，只要有皇帝存在，避讳就没有停止，避讳改姓也没有消失。正是因为这种现象长期存在，而我国的朝代又曾经变来变去，某些姓氏被反复改来改去都不新鲜。在这些倒霉的姓氏中，最倒霉的恐怕要算敬姓了。在南朝梁时，权臣侯景曾建立一个汉朝，由于敬姓人的姓氏与他的名字同音，应该加以避讳，于是便改姓恭。侯景的政权灭亡后，他们虽然得以恢复原来的姓氏，但到五代十国时，又因为姓氏犯后晋高祖石敬塘的名讳，不得不把姓氏拆开，一分为二，成为“苟”、“文”两个姓氏。后晋灭亡后，后汉建立，他们恢复敬姓，但不久以后后汉归宋，他们又遇到宋太祖赵匡胤祖父赵敬的名字，又得避讳，于是又改姓文。到这时即使是他们自己，恐怕也记不清被改多少回了。

在过去，像敬姓这样的事情还有，有些甚至超过敬姓。比如玄姓，在东晋权臣桓玄时就犯讳，后来又先后触宋神宗赵顼、清朝康熙皇帝玄烨名讳，每次犯讳时也不得不改成其他姓氏。玄姓本来是个很古老的姓氏，被这样改来改去，最后几乎很少再有人姓这个姓了。当然，造成这种结果的原因可能还有一个，就是那些被改来改去的玄姓人大概担心恢复原来的姓以后还会遇到被改的厄运，为了减少麻烦，便不再恢复原来的姓，否则再遇到一个皇帝的名字里有玄字，还不得再被折腾一次？像这样的改姓的确让人难以应付，要不我国怎么会有“行不更名，坐不改姓”的说法！

当然，我们在以上所谈的避讳改姓只是重点谈了为避皇帝的名字而改姓，并没有涉及其他情况。其实，我国一向有俗话说要“为尊者讳，为亲者讳”，除其中的“亲者”是指自己亲近的人而还不至于因此改姓外，“尊者”所指是所有尊贵的人，其中既有皇帝还有权贵圣贤等。也正因如此，所谓的避讳改姓有时也不是仅指为避皇帝名讳而改姓，在较为特殊的情况下也发生过为避权贵或圣贤名讳而改姓的事。对此，我们可以各举一个事例。

大凡读过鲁迅先生《阿Q正传》的人都还记得，在第一章的序言中有一段关于阿Q被赵四爷剥夺了姓赵的权利的事，尽管是小说家言，其实也反映了我国古代民间同姓同族人之间社会地位不平等的客观事实，同时还具有"为尊者讳，为亲者讳"的双重性质。对此，鲁迅先生写道：

我并不知道阿Q姓什么。有一回，他似乎是姓赵，但第二日便模糊了。那是赵太爷的儿子进了秀才的时候，锣声镗镗的报到村里来，阿Q正喝了两碗黄酒，便手舞足蹈的说，这于他也很光采，因为他和赵太爷原来是本家，细细的排起来他还比秀才长三辈呢。其时几个旁听人倒也肃然的有些起敬了。那知道第二天，地保便叫阿Q到赵太爷家里去；太爷一见，满脸溅朱，喝道：

"阿Q，你这浑小子！你说我是你的本家么？"

阿Q不开口。

赵太爷愈看愈生气了，抢进几步说："你敢胡说！我怎么会有你这样的本家？你姓赵么？"

阿Q不开口，想往后退了；赵太爷跳过去，给了他一个嘴巴。

"你怎么会姓赵！——你那里配姓赵！"

阿Q并没有抗辩他确凿姓赵，只用手摸着左颊，和地保退出去了；外面又被地保训斥了一番，谢了地保二百文酒钱。知道的人都说阿Q太荒唐，自己去招打；他大约未必姓赵，即使真姓赵，有赵太爷在这里，也不该如此胡说的。此后便再没有人提起他的氏族来，所以我终于不知道阿Q究竟什么姓。

由上可见,因为阿Q与赵四爷身份不同,便被命令不准姓赵。这种情况虽然与我们所说的因为要给权贵避讳而改姓的情况并不完全相同,但其中也包含着相关的成分,古代这种改姓的情况也由此可见一斑了。

至于因为要给圣贤避讳而改姓的情况，最突出的例子发生在清朝雍正皇帝时,是由当时尊孔而引起的。据《邱姓族谱》记载,他们的姓氏本来是丘,与孔子的名字是同一个字,到这时由于皇帝下令为孔子避讳，凡与它相同的字都要用其他同音字代替。因为圣命难违,他们只得相从,把祖祖辈辈使用的姓氏改成了与它同音的邱,成为邱姓人。在清朝灭亡后,尽管不少人由于不必再避讳而恢复了丘姓,但他们也没有再改回来,目的是为了尊重改姓以来的诸位祖宗。另外,在他们当年被勒令改姓时,还有一些地名没有幸免,如河南的商丘就是如此,为了避讳也改名商邱,遭受了相同的命运。姓氏和名字本来是为人所用的,但在过去的强权政治下竟然到了这种不准别人使用的程度。看到这些,我们也不难对过去那句"只许州官放火,不许百姓点灯"的话做出更多的思考。

三、古代改姓原因之三:避祸改姓

除了上述两种情况的改姓以外，我国古代还有一种常见的改姓现象,叫做避祸改姓,也是不得已而为之的。这种情况的改姓原因较为复杂,并不像以上所说的两种改姓那样简单。大致归纳起来,这种改姓的动因主要是由一些“人祸”引起的,如为了在政治斗争失利后保存自己、躲避仇人追杀、免受族人株连、远离兵荒马乱等等,都可能出现改姓的事情。显然,这种改姓说穿了还是为了自保。由于像以上的“人祸”经常都有发生,因此,这类的改姓也是很多的。

在因为避祸而来的改姓中,与政治原因有关的情况最多。比如,在现在的浙江缙云县有一些卢姓人,据说原来并不姓卢,而是姓柴,是五代周世宗柴荣的后裔。他们的来源是这样的:公元960年,周世宗柴荣病逝,把年仅8岁的周恭帝托付给心腹大臣赵匡胤照顾。谁知赵匡胤欺新君年幼,乘机发动兵变,灭亡后周,建立宋朝。为了斩草除根,还要追杀后周蕲王柴炯。这时,一个曾被封为越国公、名叫卢琰的人偷偷站了出来,带着柴炯隐居到浙江磐安县新屋镇大山下,还把他收为养子,改姓卢,名璇,使他从此有了一个新名字“卢璇”。他长大后,卢琰又把女儿卢锦许配给他,后来有了孩子,也都姓卢。由于他有这些经历,他的后代后来也被称为“女支卢”,并因此与其他卢姓人区别开来。

又如,在现在的江西婺源县有个江家湾,当地居住着一些姓江的人,他们的姓氏原来是萧,后来才改成江,改姓的原因也是为了避祸。他们的居住地江家湾所在的婺源县历史上属于安徽,是徽州六县之一,因盛产龙尾砚而知名,现在隶属于上饶地区管辖。当地地处闽浙赣三省交界处,附近有一条小河由东向西流过,因有龙尾山三面环绕,迫使河水折湾迂回,加以又有江姓人在此居住,故名。相传,江家湾的江姓源于徽州一位姓萧的刺史。唐朝末年,朱温篡夺唐朝政权,萧刺史起兵讨伐,但被打败。战败后的他撤退到一条大江边,为避祸而指江为姓,从此姓江。萧刺史后裔中的一支于宋朝初年迁到江湾开基，世称萧江氏。从宋代开始，这里的江姓人人才辈出，到清代时，一位著名的教育家江永还在这里设帐讲学，培养出一代理学大师魏源。由于重视教育，当地曾先后有十多位江姓进士涌现出来。

再如，在安徽皖南生活着不少胡姓人，但他们原来都姓李。相传，唐朝末年时，天下大乱，唐朝即将灭亡。李氏王朝有位王子，被宫人带出皇宫，送给胡姓人收养，并改姓胡，从此才有了这样一支胡姓人。我国现代史上的一位著名学者胡适，据说就是这位王子的后代。

当然，我国古代改姓的情况其实是很复杂的，其中仅从所改姓氏的数量看，以上所述都是一个姓，除此之外还有其他情况，比如把原来的一个姓改成两个或两个以上甚至更多都不稀奇。对此，我们可以分别来看。

一姓改二姓：有一个经常被大家提起的例子，是司马迁后代的改姓。现在的陕西韩城嵬东乡龙门寨徐村，是汉代著名史学家司马迁的故里。司马迁在当年因受“李陵案”牵连被处以宫刑，他的两个儿子为保全家族，先后改了姓。其中长子司马临将“马”字左边加两个点，姓冯；次子司马观将“司”字左边加一竖，姓同。所以，徐村尽管没有了司马姓，但在村子里居住的冯姓、同姓都是司马迁的后代。千百年来，冯、同二姓的人一直保持着同祭一祖、互不通婚的习俗，原因正是因为他们本来是一家。由此可见，司马迁后代的改姓隐含着一段让人心酸的故事，但他们终究获得了保全，也算是不幸中的万幸了。

一姓改三姓：元朝末年，有一位名叫蔡国珍的福建莆田人到河南做官，在元末动乱中被杀。他的儿子蔡可作扶父柩南下，准备回福建老家。当走到固始县境内时因道阻难行，便把父亲安葬在那里。蔡可作有三个儿子,分别叫蔡让、蔡襄、蔡宝,也留在当地,以种田为生。明朝初年,朝廷征召先朝遗老,得知了他们的事情,便有意让他们出来当官,但兄弟三人谁也没有兴趣。朝廷派人催促很急,三兄弟既不肯应召,又担心遭迫害,于是改姓名以避祸。由于蔡让的妻子姓李,蔡襄妻姓汪,蔡宝妻姓王,三兄弟便让儿子随母姓。于是,蔡姓从此分出了李、汪、王三姓。

一姓改四姓:据王大良《中华姓氏通史·王姓》一书记载,早在五代十国时,便有一支王姓人为了避祸,把自己的姓氏改成四个,这只王姓人就是被誉为"开闽第一"的闽王王审知的后代。在现在的福州市区内还有一个三王庙,是为了纪念王审知而建立的。王审知是河南固始人,唐末参加农民起义军王绪的部队,后来与兄弟王潮、王审珪等人一起随军入闽,驻守东南沿海。王绪因压制王审知兄弟,被他们联手杀死。此后,王审知被推为这支军队的首领,称霸八闽,李唐王朝又把他封为琅琊王。后梁时,王审知在表面上奉后梁为正朔,但实际上实行高度自治,成为闽国开国君主。他因出身贫寒,深知百姓疾苦,建国后大力发展农业,轻徭薄赋,使闽国一派升平气象,为人民创造了良好的生存环境;又实行文治,推广教育,史称"八闽文教之盛,为十国之冠"。闽国传三世、六帝,历时37年,被南唐灭亡。亡国之时,王审知的后代为了避祸,纷纷改名换姓:有的改姓沈,取"沈"与"审"的谐音,表示不忘祖宗;有的改姓"尤",取其在字型上与"沈"字的右半边近似;有的改姓"游",意为如水中游鱼,海阔天空;有的改姓"叶",意为树上飘落的树叶,水上的浮萍。今福建叶姓、沈姓、尤姓、游姓、王姓多是他的后裔,因此素有"五姓不婚"的习俗。

一姓改五姓:在现在的河南省内黄县,还有一个祖宗分出五个姓的说法,所分出的五个姓是董、李、马、关、陈,分姓的原因也是为了避祸。据家谱记载,他们的祖先叫铁木黎,蒙古族,在元朝末年任河南行省右丞,为避明朝杀害,率五子逃难到这里,为隐瞒身份,命五子各随妻姓,另起汉名,从而有了董、李、马、关、陈五姓。后来,这些改姓的人"族姓蕃衍,科第蝉联",如今已传26世,有五千多人。每到逢年过节时,他们都要到铁木黎的坟墓上去拜祭,铁木黎墓也因此被叫做"五姓坟"。

一姓改六姓:最著名的是在今福建、台湾甚至东南亚的华人居住区流传的"六桂联芳"的故事。在福建莆田,有一个著名的"六桂堂",是翁姓和洪姓、江姓、方姓、龚姓、汪姓共用的祠堂。据有关家谱记载,六姓原本都是由翁姓一个姓氏分衍而来的,原因在于"唐末翁氏第六十代翁轩,来闽任闽州刺史……为开闽始祖。翁轩后裔又繁衍泉州一带,其六代孙翁乾度,字用享,五代十国时期任闽王礼部郎中。乾度生六子,后因闽国被南唐所灭,为避祸,把六个儿子都改了姓",其中长子处厚改姓洪,次子处恭改姓江,三子处易姓原姓,四子处朴改姓方,五子处廉改姓龚,六子处休改姓汪。此后,"六兄弟都因金榜题名,故时人称之为'六桂联芳',其裔孙即以'六桂'为堂号。"为了纪念这件对六姓人都极为重要的事,他们还专门编了一首分姓渊源诗,告诫子孙他们原是"诸子传流分六姓,兄弟南北各西东,枝分南北东西省,六姓原来是一宗。但愿儿孙知同族,婚姻嫁娶莫乱纲",并把它收录在各姓的家谱中,以示不忘本源和在遇到婚姻大事时主动加以回避,以免"乱纲"。如今,六桂堂的子孙已分布在海内外的许多地方。为了不忘祖宗和兄弟情谊,他们还在各自居住的地方建立了自己的宗祠和会馆,继续进行着宗族之间的联谊活动。

一姓改八姓：在元朝灭亡后，曾有一位镇守河北的蒙古军官来不及撤离，只好留在河北。他生有八个儿子，分别改了八个姓。现在这八个姓氏的村落每个都有上千人。

以上所谈的一姓改成多个姓氏的事，可见都不是随意而为之的，都有很深的考虑，其主要目的当然是为了便于更好地保全祖宗香火和家族的血脉。这样一来，即使是有一个姓氏在逃难中遇到不测，还有其他姓氏可以传递下去。这也反映了他们在特殊环境中的良苦用心。

由于我国向来把自己的姓氏看得很重，不是遇到万难之事，非改变自己的姓氏以解燃眉之急，或避灭门之祸，很少有人愿意轻易改姓，因此，被迫改姓的家族往往想尽办法来表达与原来姓氏之间的联系，以示不忘列祖列宗，前述司马迁后代在姓氏上添加笔画便是一种有代表性的做法。这种方式尽管不得不改变原来的姓氏，但毕竟通过些许的变化达到了避祸的目的，还是有其实际价值的。除此之外，还有一种情况，也就是在所改的姓氏中完全不使用与旧有姓氏相同或相近的标志，而是另外寻找值得纪念的东西，并把它当做新的姓氏，从中仍然可见其一片苦心。这样的情况也是很多的。如在今湖南安化县一带居住着一些邓姓人，他们原本并不姓邓，而是姓李，是五代十国时期南唐邓王李从镒的后代。相传，在南唐灭亡后，宋太祖将唐后主李煜及邓王李从镒软禁于宋都汴梁，宋太宗即位后，为杜绝后患，将后主及邓王残酷杀害。邓王的第八个儿子李天和逃匿民间，幸免于难，为躲避宋朝官军的迫害，就改以他父亲的封地名称为姓，姓邓，其后人也相沿不改。至明代，有人到义陵（属湖南）做官，遂家于该处，子孙发展成茂族。其中，在安化县壶窝一带的邓姓人便是他后代中的一些。

四、古代改姓原因之四：因被收养、入赘改姓

在我国古代的改姓中，像前述柴姓改卢姓那样的情况，柴炯的改姓既有避祸的原因，又有被收养的关系，还有当了别人家女婿的因素。像这样的改姓，特别是后两种情况，实际上又成了其他性质的改姓，可以叫做因被收养、入赘而引起的改姓。由于这两种改姓的原因在性质上有近似之处，我们合在一起加以介绍。

其实，无论是由收养还是由入赘而来的改姓在过去都比较常见。比如在江苏吴县有一些姓蔡的人，他们的祖先原来姓秦，因为当了蔡姓人家赘婿，他们才改姓蔡。据家谱记载，他们的祖先名叫秦漱，被同县的蔡汪招为女婿，所生的孩子便都姓蔡。蔡汪的家族原是宋朝秘书郎蔡源的后代，在他的高祖蔡庸时有五个儿子，其中第二子入赘马家，子孙都改姓马。到蔡汪时因为只有女儿没有儿子，才又招赘秦漱，并让他改名蔡漱。另外，这个家谱还记载说，蔡庸第四个儿子蔡智的21世孙蔡维圣收养过一个名叫吴明彩的男孩，把他改姓蔡，成了蔡姓人。这样，在这个家族里尽管后来都姓蔡，但实际上还有秦姓和吴姓人的血统。

此外，还有一个比较著名的例子，就是革命烈士蔡和森的姓氏问题，其实他应该是姓林而不是蔡，他的姓氏是因为他的祖先被蔡姓人收养而来的。蔡和森的祖先中有一位名叫林清，居住在福建莆田，祖母姓蔡。祖母有个侄子叫蔡开成，没有儿子，便收养他为嗣子。清康熙十年（1671），蔡开成夫妇携林清迁到湖南湘乡县永丰镇（今双峰县城），将林清改名为蔡林清，“表示既承接迁湘的蔡氏子嗣，又是福建林氏在湘的一支新衍”。后来，蔡林清的后代一度姓复姓蔡林，再以后才改姓单姓蔡。蔡和森就是蔡林清

的第九代孙。

另外,在河南省内黄县,生活着一些姓马的人,他们也是因为祖先入赘马家才姓马的,原来的姓氏是韦。他们的始祖叫韦平,原籍安徽灵壁县,元代末年因有功于朝廷,受封为宁远伯,食邑赞皇县。明初,明军北伐,全家被剿,韦平只身逃到内黄县焦村,先削发为僧,后入赘马家,改姓马,更名法旺,生四子一女,女嫁李姓人为妻。韦平临终遗言,五世后复韦姓。至今,当地还有"韦马李一家"的说法。

还有一个例子,叫做强姓改蔡姓,是发生在江苏句容县的事,也是因为入赘才改姓的。据当地家谱记载,在明朝中叶时,他们的祖先叫做强玘,从山西太原迁到句容,入赘蔡姓人家,他的后代因此都姓了蔡,成为蔡姓人,如今已是当地很有影响的一支。

由上可见,因为收养、入赘或过继而改姓别人的姓,也是一种较为普遍的现象。尽管这样的改姓可能打乱原来的血缘关系,但至少可以在形式上仍然保持姓氏的延续性,不至于因为没有继承人而从此断了香火。因此,从这个意义上说,这样的改姓对相关家族的繁衍壮大仍然起到了一定作用。

五、冒姓及其他

我国历史上改姓的原因其实是很复杂的,除以上所述的几种情况以外还有不少。比如,有这么一件事:有一个人在人家家里当仆人,时间长了,就姓了人家的姓。像这种情况,叫做冒姓,是属于以上没有提到过的新现象,并且也有不少著名的例子。其中一个是说在过去山东曲阜的孔府里,就出现过一个仆人冒姓孔的情况。那是在唐朝末年，孔子第42代孙孔光嗣的时候。当时孔府有个洒扫户，叫刘末，后来进府当差，改姓孔，叫孔末。后来，他不仅杀害了孔光嗣，还要斩草除根，对孔光嗣的独生子孔仁玉下毒手。凑巧事发当天，孔仁玉去他乳母张妈家没有回来，孔末一路追到张家，想把孔仁玉置于死地。张妈家有个儿子与孔仁玉年龄相仿，张妈见孔末来意不善，就让自己的儿子穿上孔仁玉的衣服冒充孔仁玉，随即被杀害。接着，孔末回到孔府，从此以"圣裔"自居。而孔仁玉躲在张妈家，又改姓张，与张妈以母子相称。到后唐明宗时，他赴京赶考，被朝廷授以太学生。直到这时，他才趁机向唐明宗奏明自己的真实身份，又揭露了孔末乱孔的真相。明宗派员查实，将孔末治罪，让他袭爵，断了宗的孔子世家才得以复兴。这件事情，后来还被人称为"孔末乱孔"，也是一件著名公案。在这件事情中，涉及到了与姓氏有关的两种情况：其中之一是孔末由齐姓而冒姓孔，另一个是孔仁玉因避祸而改姓张，也算是改姓的又一个典型事例了。这件事情也说明，改姓的情况多种多样，原因有非常多。

另外，关于冒姓以及此前所述因被皇帝赐姓而改姓、避讳改姓、避祸改姓、收养改姓、入赘改姓、冒姓等，大都都带有许多被迫的因素，是自己做不了姓什么主。那么，除此之外，在形形色色的改姓中是否还有主动的改姓呢？回答当然是肯定的。综合来看各种性质的主动改姓，主要目的往往是为了发展的需要，借以壮大自己的势力，有关的情况出现还很早。相传，黄帝有25个儿子，其中的12位就被分别改了姓，成为12个姓氏的人，这12姓也就是巳姓、依姓、僖姓、任姓、酉姓、祁姓、箴姓、藤姓、荀姓、嬛姓、姞姓和姬姓，与他原来的一个姓相比显然要强大得多。与此相同的情况，还有另外一个传说。相传，上古时有位诸侯叫陆终，他的夫人剖腹生了六个儿子，长大后也分为六个姓，分别是巳姓、彭姓、斟姓、妘姓、芈姓和曹姓。可见，一个姓主动分出几姓，历史上并不罕见。

当然，以上所说的这些主动改姓与我们后来的情况还有些不同，也不是说在后来就没有主动改姓的例子。比如，在河南杞县一带，流传着这样一个"六姓一家"的故事。故事说在明朝初年，有一家人生了六个儿子，奉朝廷的命令要分别迁到其他地方去。兄弟六人不忍相离，临动身以前各认一姓，分别是王、郑、张、邹、常、武。后来，他们的后代发展繁衍于河南、安徽、山东、山西等省，其中在河南东部的民权、杞县、开封、通许等地的姓郑，在清代有乾隆帝师郑子袍、举人郑中衡等人知名于世。为了加强与族人和其他五姓之间的联系，他们还在清代同治十二年(1873)和1991年等多次联合修谱，借以"联亲疏，正辈次"，不忘过去的手足之情。

再者，在多种性质的改姓中还有非常突出的一类，也就是少数民族的改姓问题。事实上，无论是历史上还是现在，少数民族改姓都是一个重要问题。我们知道，历史上曾有许多少数民族从边远地区涌入中原，定居中原，特别是在汉朝末年、西晋末年、唐代末年、两宋时期都很集中，随后又有蒙古族进入中原建立元王朝，满族建立清王朝等。后来，随着汉民族的重新夺取政权，这些定居中原的少数民族许多都改随汉姓，有些还融入汉族姓氏中。其中如早在汉代时，由于汉朝与匈奴的关系较为密切，就有不少匈奴人改姓汉姓，所改的姓氏主要有刘姓、金姓、李姓等。北魏时，出自鲜卑族的皇族拓跋氏经过民族融合，后来把姓氏改为元姓。元代，蒙古族皇族博尔济锦在汉化后，多以包姓为姓。清朝，满族皇族爱新觉罗汉化后，多以金姓为姓。正是由于少数民族改汉姓是一个非常普遍的现象，或者也正是因为有这种普遍，使现在许多姓氏都成了民族大家庭。比如说马姓，大家都知道它是回族的大姓，但在汉族中也有不少人姓马。另外，维吾尔、哈萨克、乌孜别克、柯尔克孜、塔吉克、塔塔尔、东乡、撒拉、保安、黎、苗、布依、哈尼、阿昌、佤、土家、壮、羌等少数民族中也有马姓，他们的姓氏显然是改姓而来的。再如邓姓，我们都知道它是一个在近代以来具有突出政治影响的汉族大姓，许多名人如清代抗日民族英雄邓世昌、中共早期领导人邓发、改革开放的总设计师邓小平、原全国政协主席邓颖超等人都极具代表性，但在汉族以外，其他少数民族中也都有不少邓姓人。其中如在土家族中，就有一支历史悠久的邓姓人生活，相传他们的姓氏来源还与当年的诸葛亮有关。据一个家谱记载，在诸葛亮南征苗族时，有一些土家族的人立了战功，得以封官授姓，遂成邓姓。后来，他们世代居住在湖南石门一带，担任地方首领，到元朝时又有一个叫邓均中的人担任石门大土司，元末受封为八番顺元宣慰使，明初受封为渔洋隘正百户，成为现在许多土家族邓姓人的祖先。正是由于历史上不断有姓氏通过改姓等途径得以发展，进而使每个姓氏几乎都成为多种血缘、多个民族所拥有的共同体，所以，有人因此认为每个姓氏都是中华民族的缩影，显然是有一定道理的。

总之，关于改姓，其实是一个比较大的话题，它涉及到从古到今的许多方面。我们在以上尽管谈了由皇帝赐姓而来的改姓，以及避讳改姓、避祸改姓、入赘改姓、收养改姓、为求发展改姓、假冒别人的姓氏改姓、少数民族汉化改姓等几个方面的问题，但也仅仅是其中较常见的一些。通过这些谈论，我们不难对“行不更名，坐不改姓”这句话做出新的理解。

话题十：
百家姓与郡望堂号

在过去，民间嫁娶的名帖上或官宦人家的府第上经常可以看到诸如“陇西李氏”、“彭城刘氏”、“三槐堂”、“西河堂”之类的字样，在今天的大多数人看来已经有些不明所以，然而在当时却是关乎有关人家的地域来源或血统所出的重要标志。今天，如果我们要确知上述在李、刘两个姓氏之前的“陇西”、“彭城”的含义以及“三槐”、“西河”的具体所指，还必须从郡望、堂号这两个概念说起。

一、关于郡的一般回顾

郡望堂号主要是标明一个姓氏或家族的地域来源或血统所出，在内涵上既相互联系又有所区别。其中郡望用最简单的话说就是郡中望族的意思。在过去，由于居住在某一个地方的某个家族因为这样或那样的原因成为著名家族，能够获得别人的羡慕或仰望，而所居住之地又被通称为郡，因此其家族也被称为郡望。当然，关于郡望的定义还有另外一些解释，认为它是“某郡显贵世族为标明家族身份而用的称号，意即世居某郡，为当地所仰望”。上述无论从何种角度解释郡望，我们都可以发现它至少包含两层意思：其中之一是其居住地郡，另一个才是其家族本身。也正因如此，如果我们要对郡望作一系统了解，必须先来看看什么是郡，然后才是郡望问题。我们在这里，首先来看看郡的问题。

郡是在春秋到隋唐时期的一种地方行政区划。在春秋以前，行政区划或行政建制是以与国王关系远近的分封为基础的，称为封国或封邑，诸如齐、鲁、宋、陈、蔡等都是如此。但随着周王的衰微和各诸侯国的强盛，特别是一些强国对疆域的广泛开拓，需要对其进行有效管理，同时又要避免重蹈此前周王依靠血缘关系进行分封而引起尾大不掉的覆辙，于是，春秋时的秦、晋、楚等国先后创立了“县”、“郡”等行政建制，用以代替传统的封建制。在这两种建制中，“县”出现稍早且大多设在内地，“郡”则大多设在边境地区的地广人稀之地，以后才逐渐在内地推行。至于二者之间的关系，早期的“县”、“郡”似乎还不像后来那样县统辖于郡，而是县的地位略高于郡。能够说明这一问题最突出的一个例子发生在春秋末年的晋国，是说其权臣赵简子在晋定公十九年（前493）的一次军事行动之前向将士许愿说“克敌者上大夫受县，下大夫受郡”，其中所提及的上大夫地位无疑在下大夫之上，在立军功之后所获得的奖赏没有理由比下大夫低，因此也可知至少在当时的晋国是县高于郡的。只是在后来，有关国家设立在边境地区的郡大约由于面积较大且逐渐繁荣等缘故才与县的地位发生置换，或者在较多实行这一制度的秦国随着势力的扩张而把它推广于新占领的地区，从而在战国时形成了郡下设县的新格局，并在秦朝统一以后正式“废封建置郡县”，确立了以郡统县的地方行政制度。

在郡的发展过程中，秦朝是一个重要时期。秦朝统一时所确立的郡县制度，一直是以后这一制度发展的基础，也是后来所谓

"郡望"在行政区划上的最早依据。然而人们在习惯上所说的秦朝郡的数量,无论是刚统一时的36郡还是后来增加到的40多郡,其具体所指由于最早不见于司马迁的《史记》,而是出自南朝宋人裴骃为之所作的《集解》,其真实性自清代以来就引起史学家的怀疑,以至至今仍是一大公案。怀疑的焦点集中在裴骃所谓36郡中的内史郡,一种说法是内史不应包括在郡数之内,而是另外加上郯郡(东海郡)组成36郡之数。更何况这一郡的数量很快便发生了变化,亦即由于秦始皇南取百越而置岭南4郡,以及另外陆续增设河间郡等,使郡的数量实际达到44或45个。因此在秦朝灭亡以前,这44或45郡才应是其准确数字。至于在郡之下,所辖县的数量大约各有二三十个,但由于不见详细记载,我们今天已经无法确知,所知的仅是当时全国大约有1000个县的笼统数字。

尽管秦朝郡县的设置情况为我们留下了许多难解之谜,但其开创之功仍是毋庸置疑的。故而在进入汉代以后,由于"因秦制度",在郡县设置上也具有秦朝的特点,只不过在此基础上有所发展变化而已。总的来看汉代的情况,大约是在前期所实行的基本是以郡县制为主的地方行政制度,同时辅以封国制度,从而在郡一级的行政建制中增加了封国,人们从此也郡国并称,并以之作为地方的最高行政机构。当然,在西汉中叶以后,为了更加有效地对天下郡国进行管理,又在郡国之上增加了州的建制,用以监察数郡的行政事务,到东汉后期又将这种制度彻底地方化,从而导致郡国的地位下降,由原来的一级地方行政机构变为二级。尽管如此,汉代的基本地方行政制度仍是以郡县制为中心,其中西汉时郡的数量与秦朝相比已有大幅度增加,到西汉灭亡以前,总数达到103个。不过,这103个郡的总数,其实是当时同级的郡与国的总体数字,而并非全是郡。一般认为在这一总数中有

83个郡和20个国。其中，在郡中有28个与秦朝同名，另外55个都是新增。至于与郡同级的20国，也大多是新增或改名。更为重要的是，这些郡的名称也像秦朝一样，对后世产生了重要影响，或者被以后当做郡望的基本依托。

东汉时，在地方行政区划上所实行的仍是与西汉相同的制度，只是郡或国的数量最终增加到105个，每郡之下所辖的仍是几个到十几个县，或者另外再接受州的监察。在此以后，由于从东汉末年到隋朝统一以前基本属于动乱时期，地方行政区划省置无常，“或郡国参置，或年代短促，州部无恒，增省而众，离合不一”，以至“疆理难详”，我们至今也无法确知各王朝的具体情况。根据有关记载和目前学界的通常看法，在这一时期中各有关王朝的郡国数量大约是三国魏101，蜀汉22，吴44，西晋179，南朝宋238，齐395，梁350，陈109，北朝北魏519，北齐160，北周508，隋统一时680。从以上数量变化的情况中，我们可以清楚地看出从西晋开始具有明显增加的趋势。在这一趋势中，最具影响的是从东晋开始的侨郡制度和州的性质变迁。当时，由于西晋末年北方发生大乱，迫使一大批北方贵族随晋宗室南迁，他们为了在新到之地标明故有的身份，纷纷以“旧壤幽隔，飘寓失所”为理由，提出自己“既是望邦，衣冠所系，希……招集荒落，使本壤族姓，有所归依”，亦即用原来郡的名称命名新到之地。而朝廷为了争取他们的广泛支持，竟然也“皆取旧壤之名”，“而称名所系，仍冠旧邦”，从而把远在外地的郡设在当地的郡中，导致名实分离，形成特殊的侨郡制度。在这种制度推行最为混乱的东晋时期，曾出现过“一郡分为四五”的局面，甚至“紊乱无纪，名实俱违”。对此，尽管东晋和以后的南朝曾经通过土断等办法做过一些整顿，或者“流域郡县，多被并省”，但由于许多具体的原因，“诸侨郡县”仍有很多被保留了下来，并最终成为郡的数量在这一时期迅速膨胀的一个方面的原因。除此之外，这一时期与秦汉时期相比还出现了郡国制度与州的混乱交织在一起的新现象，并导致州的地位一降再降，最后几乎与郡国相同。另外，这一时期的各割据王朝还出于不同的目的乱自规划，或者“豪家大族，鸠率乡部，托迹勤王，规自署置；或外家公主，女谒内成，昧利纳财，启立州郡”；或者“要荒之所，旧多浮伪，百室之邑，便立州名；三户之民，空张郡目”，从而也导致了郡的数量迅速膨胀。在上述多种原因的共同影响下，其结果正像唐朝人杜佑所说的那样，“晋宋之后，分析渐多，至于魏齐后周，虽割据鼎立，天下分裂，其于州郡，乃倍两汉之地”，以致到隋朝建立后，所面临的主要问题之一便是“天下州郡过多”。时任河南道行台的兵部尚书杨尚希曾专门就此上疏隋文帝，指出“当今郡县，倍多于古，或地无百里，数县并置；或户不满千，二郡分领”，从而建议“并小为大”，隋文帝深以为然，不久便“废五百余郡，而以州治人，名则因循，职事同于郡守”。后来到隋炀帝时，又进一步“并省诸州，寻即改州为郡”，亦即把州郡进行合并，使二者具有了相同的等级和性质。至此，我们可见郡的性质实际上正在发生变化，它已经不再像秦汉时期那样是一级地方机构，也不再仅是与封国同级，而是又变成了与州同级的地方一级机构。不仅如此，在这一时期的州郡名称互改中，被称作州的郡所改的并不仅是作为它等级标志的“郡”，而且还包括它的实际名称，如把京兆郡改名雍州，把冯翊郡改名华州，把扶风郡改名岐州，把河南郡改名司州，等等，都是如此。当然，这种更改或许有它的某些依据，或者也并非是隋朝的首创，但作为经历了国家长期分裂以后的第一个统一王朝，隋朝的这种政策仍然对郡的发展产生了深远影响，它直接导致了郡最终被州取代的严重后果。

隋朝在隋炀帝时期实行的郡县制度，其中“大凡郡一百九十”。对于这190郡的情况，《隋书·地理志》有较详尽的记载，我们从中不难发现，其名称来源有些可以追溯到秦代刚刚确立郡县制的时期，有些则又沿袭于两汉，或者继承于魏晋南北朝，真正属于当时新创的数量并不很多。

在隋朝之后，唐代是郡的制度实际存在的最后一个时期。在其立国近三百年间，郡也经历了前后两个时期的变化。首先，就前期的情况看，早在唐高祖建国初年就出于政治上的考虑宣布废除隋炀帝的一切制度，恢复实行隋文帝的有关制度，其中当然包括把隋炀帝确定的郡县制度恢复为隋文帝的州县制度，从而把郡变成了州。但到唐代中叶的唐玄宗天宝元年(742)时，则又重新下令改州为郡，使郡名在消失了一百余年后再次被恢复。不过，这次恢复郡名后的时间并不长，到唐肃宗乾元元年(758)便又改郡为州。从此直到唐朝灭亡以前，以及在唐代以后的各朝，再也不见改州为郡的记载，说明郡这种行政建制以唐肃宗乾元元年的改郡为州为标志，正式从官方的制度上消失，其存在的历史已经到了尽头。故而在整个唐代的情况是，由于具有此前的隋朝以及本朝把州郡名称互改的历史背景，人们逐渐接受了州郡同级或同名的事实，致使州郡的名称并存，人们时而称郡时而称州，或者州郡两称。如以唐玄宗天宝元年的改革为例，当时被恢复的郡的数量是328个，但在以这次改革为依据所编修的《通典·州郡典》中，不仅其名称是州郡并称，而且其有关内容也是把州的名称加注在郡名之下，说明州郡互称的确是事实。只是这328郡的名称，在数量上已经近于隋朝末年的两倍，但若与隋朝的情况相比，除增加的以外许多都是固有名称的继承，说明它与以前的郡之间具有较多的承属关系。

总之，通过上述可以看出，我国古代的郡从春秋时期开始出现以后，到秦朝统一时被正式确立为地方一级的行政机构，然后经过两汉至魏晋南北朝时期的发展演变，到隋唐时期已变得与州一般无异，从而也引起由州郡并称最终向单一称州的方向转移，并最终以唐肃宗乾元元年改郡为州为标志结束了其作为一级地方行政机构的历史。从此以后所谓的郡，只不过是对此前历史的追溯，并没有真正的现实依据。明乎此，对于我们对以此为基础的郡望问题的探讨，庶几可以起到基础性的作用。

二、郡望问题的形成及在汉唐间的演变

郡县制度的盛行时期，也是我国古代姓氏制度确立和逐渐完善的阶段。由于姓氏都是发源于各自的特定地域，在发源后又由于不同的原因迁徙到不同的地方居住，随着时间的变化和一些特殊原因，居住在不同地方的同一姓氏的人逐渐形成了政治、社会地位的高下之别：其中的一些可能因为家中名人辈出而备受关注，成为当地的名门望族；而另外一些则可能因为家业不旺而默默无闻。这样，在郡县制于秦朝确立以后，特别是在汉唐时期，那些在各郡受仰望的家族为了表示与其他家族的区别，便把自己的姓氏和所居住的地方并称，叫做陇西李氏、彭城刘氏等等，意思与今天的北京王家、河北赵家差不多。这里所谓的陇西李氏，意思是说居住在陇西郡（今甘肃天水一带）的李姓人，他们在南北朝至隋唐时是李姓人中地位最高的一支，其他地区的李姓无一能与之相比。彭城刘氏则是两汉及南朝宋的皇族，地位也

在其他地区的刘姓人之上。由此可见，在这种把姓氏与郡望联系起来看似简单的表象背后，其实是有深刻的历史原因和社会原因的。

诸如上述以郡望相标榜的风气，一般认为盛行于三国至唐末五代之间，亦即宋人沈括所谓“自魏氏铨总人物，以氏族相高，自后魏据中原，此俗遂盛行于中国。……定以博陵崔、范阳卢、陇西李、荥阳郑为甲族。陇西李氏乃皇族，亦自列第三，其重族望如此。其俗至唐末方衰息”。但在事实上，这种风气的发端远远在此之前，甚至在郡县制度确立伊始便已露出某些端倪。对此，笔者曾在《中国古代家族与国家形态》一书的有关部分中指出，我国从原始社会末期开始就形成了一种以父家长制为中心的家族制度，到商周时期又发展为宗法式家族，这种家族中的一些是与君主同姓的宗族，他们既是在各地的统治者，又是各级家族的族长，并通过姻亲等形式保持与异姓家族之间的联系，在全国维持一种上有国家政权、下有宗法族权的君君亲亲关系。这种状况即使到了春秋战国“礼崩乐坏”时期以后，尽管受到各地新兴贵族的猛烈冲击，但也没有从历史上完全消失。与此同时，随着封国制度逐渐向郡县制度的转变，各地也先后出现一批以郡县或封国名称相称的名门望族，史书也称从此开始“郡国往往有豪杰”，诸如齐郡瞷氏、颍川原氏、河内穰氏、涿郡高氏、蜀郡卓氏、南阳孔氏、京兆杜氏等都先后知名于天下。另外，从西汉中叶汉武帝时期开始，原在各地的强宗大族逐渐与政治和文化结合，演变成为政治大族，一个家族世代为官或相继担任某一官职的人也变得越来越普遍，史书中所谓“金张籍旧业，七世珥汉貂”、“金张世族，袁杨鼎贵”等都是当时的实情。至东汉时期，“世为著姓”或“家世衣冠”的人更加充斥朝野，南北各郡也逐渐形成了一批被普遍认可的著名家族，如吴郡顾、陆、朱、张，会稽郡虞、魏、孔、贺，颍川郡荀、陈、钟、申，冯翊郡桓、田、吉、郭，天水郡姜、阎、任、赵等等，都是其中具有代表性的一些。当然，这种情况与后来的“竞以姓望所出，邑里相矜”相比还不可同日而语，但在事实上也已具备了某些近似的特征，所以完全可以被认为是崇尚郡望的开始。

崇尚郡望之风由于出现较早且具有某种程度的历史继承性，或者作为早期崇尚宗法家族或地缘家族之风在新时期的表现形式，尽管在两汉时期特别是东汉后期有较大发展，但真正形成风气仍是魏晋以后的事情，特别是在西晋以后才真正变成事实。对此，一个最应提及的原因是在西晋末年北方发生大乱时一大批拥有北方郡望的人随晋宗室南迁，他们显赫的家世在原籍人所共知，用不着自行表露，但迁到新的地方以后就必须通过向人显示才能为其所知。如陇西李氏是贵族，其他地方的李氏就不是；天下的李氏如果因同样的原因迁到同一个地方，如果不以原籍郡望加以区分，人们就不明其籍贯，也不知其身份，就不再会把他们当做贵族。正因如此，在大批北方贵族南迁以后，朝廷为他们设立侨郡，使之在新到之地继续保持原有的社会影响。这种做法，尽管在实质上是“庶邑居井里，以亡为有，实去名存”，但对于那些拥有北方郡望的大姓而言，在家族迁移的情况下保持郡望不变，仍然拥有固有的“金字招牌”，保持郡望这一名义上的荣誉依然也有其实际价值。它在实际上是在向世人宣称：我是贵族，而非黎民百姓；是陇西李氏或彭城刘氏，而非别的李姓或刘姓，从而也与其他社会阶层区分了开来。在此情况下，郡望无疑成了贵族身份的标志。正如岑仲勉先生所指出的那样：“就最初而言之，郡望、籍贯，是一非二。历世稍远，支胤衍繁，土地之限制，饥馑之驱迫，疾疫之蔓延，乱离之迁徙，游宦之侨寄，基于种种情状，遂不能不各随其便，散之四方，而望与贯渐分，然人仍多自称其望者，亦已明厥氏所从出也。……或久仕江南而望犹河北，或世居东鲁而人曰陇西，于后世极糅错之奇，在当时本通行之习。”这里说的尽管主要是唐代的情况，但对我们理解郡望受到重视的过程仍具有重要的启发意义。

此外，郡望作为家族出身和身份的标志，在魏晋以后以至隋唐时期还有其他方面的价值。当时无论是选官还是婚嫁最重郡望门第，不同郡望的人即使是同姓，也不能担任相同的官职；朝中最显赫的官位也只能由有最著名郡望的人来担任，他们甚至可以“平流进取，坐至公卿”。郡望较低的人无论才能多高，都是无法染指这些位置的。在社会上，拥有著名郡望的人与一般百姓之间也有严格的界限，有时还被用“士庶天隔”来形容。在他们看来，二者之间的身份高下不同，“服冕之家，流品之人，视寒素之子，轻若仆隶，易如草芥，曾不以为伍”，甚者拒绝与一般百姓交往，不得不交往时也拒绝与之同起共坐。诸如此类的例子在当时几乎俯拾皆是，说明人们对郡望的重视已经到了无以复加的地步。不仅如此，当时在婚姻上也不例外。最著名的例子是南朝梁时已贵为宰相的侯景由于没有著名郡望，曾经向皇帝要求与当时最著名郡望的拥有者琅玡王氏或陈郡谢氏通婚，但居然得不到皇帝的支持，说“王谢门高非偶，可于朱张以下访之”，断然拒绝了他的请求。除此之外，当时的其他人也有“士大夫故非天子所命”的评价。同样的情况在著名元曲《西厢记》里，曾以张生与崔莺莺两家的婚姻为主线，着力刻画了一桩与郡望有关的婚姻事例。剧中的张生因为出身于西洛，不是海内望族，就无法与博陵崔氏这样的著名郡望相匹配，因此才会有崔莺莺之母以门不当户不对为由加以反对。该剧发生的时代背景是在唐代中叶，虽系小说家言，但大抵也反映了当时的真实状况。

由于郡望拥有实际的政治、社会价值，在魏晋以后至隋唐时期最重视郡望的时代，所造成的影响除以上提及者外，还有两个方面的直接后果。其中之一是由于有关王朝几乎无一例外地重视郡望，甚至进而把不同地区的郡望加以区分，出现了诸如侨姓、吴姓、郡姓、虏姓等专有称谓，从而形成一批望族。对此，唐代人柳芳曾有过一个概括，称“过江则为侨姓，王、谢、袁、萧为大。东南则为吴姓，朱、张、顾、陆为大。山东则为郡姓，王、崔、卢、李、郑为大。关中亦号郡姓，韦、裴、柳、薛、杨、杜首之。代北则为虏姓，元、长孙、宇文、于、陆、源、窦首之”。也就是说，这一时期无论何地或何割据政权都有自己的代表性郡望，如东晋南朝时从北方南下的侨姓、吴郡(今江苏苏州市)原有的吴姓、北朝关东和关中的郡姓、北魏时期的虏姓等都是如此。另一个后果是由于社会上过于重视郡望，而拥有高贵郡望的人实际上都是各姓中地位最高的人，享有其他地区的同姓人所没有的地位和权利，久而久之，在其他郡中不是望族的人为了抬高自己的家族和地位，就会有意无意地与别的郡中的同姓望族进行攀附，或者干脆假冒别人的郡望，自称自己的家族也是出自名门望族，甚至假冒户籍，公然作伪。这种情况在南朝宋时就已发生。当时朝廷为了争取拥有著名郡望的人的支持，曾专门为他们建立特殊户籍，没想到由于管理不严竟出现假冒，致使社会上有人“改注籍状，诈入仕流，苦为人役者今反役人”。一些非法改变户籍的人有时仅用“一万许钱”贿赂官吏，便可使“昨日卑微，今日仕伍”。为了扼制这种现象，那些拥有高贵郡望的人曾要求朝廷加以打击，严厉其事，但由于有关人员受利益驱动，收效并不明显。这种情况，直到唐代仍是如此。史称当时"至于碑颂所勒，茅土定名，虚引他邦，冒为己邑。若乃称袁则饰之陈郡，言杜则系之京邑，姓卯金（刘）者咸曰彭城，氏禾女（魏）者皆云巨鹿，在诸史传，多与同风"。其甚者如武则天宰相李义府，由于不是出身李姓著名郡望之一赵郡，便为了抬高自己的家族声望而假冒"本出赵郡，始与诸李叙昭穆"。这些事实都说明，在当时的社会环境中无论是何种身份的人都不能免俗，同时也从另外一个方面向我们展现了郡望的实际价值。

另外，所应提及的是崇尚郡望之风尽管在魏晋以后至隋唐时期都是一种社会风气，但如果我们把两晋南北朝与隋唐时期进行比较的话，就会发现两个时期之间实际上存在着一些差别，特别是在进入隋唐以后发生了一些变化，使之不再像此前那样过于极端。至于为何会出现这样的变化，其原因大约是一方面由于在隋朝确立的科举考试选官制度逐渐打破了那些拥有高贵郡望的人对政治的垄断，使之必须像其他同姓人一样通过科举获得功名，从而也在无形中降低了郡望的实际价值；另一个方面，隋唐皇帝有意识压制那些拥有高贵郡望的人在社会上的影响，无疑也起了重要的移风易俗作用。对此，一个突出的例子是很能说明问题的。据《旧唐书·高士廉传》记载，高士廉在唐太宗时奉命编修一部反映天下郡望的书籍《氏族志》，书编成后按惯例把一向被认为是天下第一高门的博陵崔氏放在第一等，唐太宗看后很不以为然，说他还没有看到天下形势的变化，是"不贵我官爵"，让他进行修改，标准是"止取今日官爵高下作等级"，结果博陵崔氏被降到第三等。诸如此类的例子在进入唐代以后变得越来越多起来，说明传统的崇尚郡望的风气到这时由于皇帝的干预正在发生变化。当然，由于积重难返，这种变化要经历一个漫长的过程，并非是一朝一夕就实现的，更何况那些高贵郡望的拥有者又不肯自掉身价，从而也延缓了这一变化的过程。在唐代，一些拥有高贵郡望的人甚至把郡望看得比官位还重，认为"立身在世，姓望为先，若不知之，岂为人子"，"爵位不如族望。官至司封郎中、怀州刺史。与人书札惟称陇西李稹而不衔"，显然是在顽固坚守着固有的习惯。故而当时的实际情况（尤其是社会上）是一些高贵郡望的拥有者虽已"世代衰微，全无冠盖"，但"犹恃其旧地，好自矜大"，民间也"慕其祖宗，竞结婚媾"，"不计官品，而上阀阅"，说明这一时期重视郡望的风气依然存在。不过，到了唐代中叶以后，特别是唐末五代以后，由于战乱的影响和随之而来的社会政治的变化，使许多"衣冠旧族"遭受了灭顶之灾，以至使他们或"衣冠荡析"，或"多离去乡里，或爵命中绝，而世系无所考"，致使"故唐公卿之族遭乱丧亡且尽"。其甚者如在北朝以至唐代曾经"蝉联圭组，世为显著"的"崔、卢、李、郑及城南韦、杜二家"，在唐末五代以后也"绝无闻人"。另外，宋代人赵彦卫也曾尖锐指出："唐人推崔、卢之姓为甲族，虽子孙贫贱者皆家世所重。今人不复以氏族为事。"也就是说，随着时代的变迁，人们在唐末五代以后的着眼点已更多地放在了现实之上，而不再去注意那些徒具空名的旧有门第，原来颇让人引以为荣的郡望已经不再是什么了不起的事。在这种风气的影响下，朝廷的选官用人不再看被选者是否拥有非同一般的出身，民间的婚姻嫁娶也不再讲究对方的门第是否高贵，一切都以现实为依据，亦即所谓的"取士不问家世，婚姻不分阀阅"，标榜郡望从而也最终失去了实际意义，发生性质的逆转当然也是自然而然的事了。

故而，大约以唐末五代为分界线，郡望的含义与以前相比发生了根本变化，由以前的具有实际政治、社会价值逐渐演变为姓氏的一种标志，不管是不是居住在同一地区的人，都可以“言李悉出陇西，言刘悉出彭城”，而不必在意真正的出身如何了。

三、宋代以后的郡望问题

如上所述，我国古代的郡望在唐末五代以后发生了性质的变化，由具有实际的政治、社会价值向姓氏的一种标志转化，象征意义逐渐代替了血缘意义。也正因如此，从宋代开始尽管在不少地区仍有一些较大的宗族以郡望相标榜，但与此前相比已不可同日而语。对此，清代学者钱大昕曾做过一个系统研究，认为这一时期所谓的郡望大都缺乏事实依据，实际上都属于假冒，而假冒现象的出现大抵由于遭受了“五季之乱，谱牒散失。至宋而私谱盛行，朝廷不复过而问焉。士既贵显，多寄居它乡，不知有郡望者盖五六百年矣。唯民间嫁娶名帖偶一用之。言王必琅玡，言李必陇西，言张必清河，言刘必彭城，言周必汝南，言顾必武陵，言朱必沛国。其所祖何人，迁徙何自，概置弗问”。钱大昕的话里所反映的问题是深刻的，基本符合当时的实际，我们从中也可见郡望的性质的确已经发生了变化的事实。

正是由于上述实际存在的诸多原因，唐末五代以后的郡望被人使用的主要还是其象征意义，以前那种竞相标榜的做法实际上已经不存在，或者已经失去了实际意义。在此背景下的所谓郡望，由于缺乏了对某些特定人群的专指性，而是变成了同姓人群的共有标志，从而也使那些姓氏相同的人之间有了更多的认同。以被清朝人王相称为“传播至今，童蒙诵习，奉为典册”的相传出自宋代钱塘老儒之手的《百家姓》为例，它在早期作为蒙学读物时的具体情况尽管已经不为人知，但到明代黄周星《百家姓新笺》和王相《百家姓考略》中都为相关的438姓加注了郡望，至清代及今流行的《百家姓》增广本也都为所增加到的504姓一一加注郡望。这些加注的郡望大抵为宋代以后有关各姓人所认同，但如果我们进行认真研究便可发现，这些郡望基本都是一姓一望，与唐代以前所流行的一个姓氏多个郡望的事实并不相同，而所涉及的郡望所出现的时间也不在一个时期。为了说明这点，我们不妨就此做一简表如下：

表一《百家姓》郡与郡望比较表

郡名	郡名出现时间	郡望	郡治今地区
天水	西汉	赵、秦、严、姜、皮、尹、狄、强、秋、双、莘、桂、庄、艾、慎、阚、那、权、上官、子车、乐正、汝、琴	甘肃通渭
彭城	西汉	钱、金、刘、巢、宗政	江苏徐州
乐安	东汉（国）	孙、蒋、任	山东广饶
陇西	战国秦	李、彭、时、禹、董、闵、牛、边、辛、关、阳、第五	甘肃临洮
汝南	西汉	周、昌、袁、殷、齐、和、穆、蓝、危、梅、盛、应、麴、麋、仰、咸、廖、沙、鞠、盖、商、言	河南上蔡
延陵	西晋（县）	吴	江苏武进

郡名	郡名出现时间	郡望	郡治今地区
荥阳	三国魏	郑、潘、经	河南荥阳
太原	战国秦	王、郝、郇、祁、伏、祝、郭、霍、昝、弓、宫、武、韶、郁、能、阎、充、易、弘、沃、师、尉迟、澹台、令狐、阎、呼延、帅、缑、亢	山西太原
始平	西晋	冯、庞、宣	陕西兴平
颍川	战国秦	陈、钟、干、乌、赖、拓跋	河南许昌
河南	西汉	褚、方、毕、于、陆、元、平、邱、荀、山、向、利、闻人	河南洛阳
河东	战国秦	卫、吕、柳、廉、薛、裴、蒲、堵、满、聂	山西永济
吴兴	三国吴	沈、尤、施、水、姚、明、钮、闻	浙江湖州
南阳	战国秦	韩、岑、滕、乐、邓、厉、束、叶、白、翟、姬、终、隆、	河南南阳
弘农	西汉	杨、刁、牧	河南灵宝
沛郡	西汉	朱	江苏沛县
高阳	北魏	许、耿、公孙、仲孙	河北高阳
庐江	西汉	何、况	安徽庐江
清河	西汉	张、傅、贝、房、汲	河北清河
鲁郡	西汉（国）	孔、颜、濮、曾、公冶、仉、端木、巫马、宰父、微生、伯、南宫	山东曲阜

郡名	郡名出现时间	郡望	郡治今地区
谯郡	东汉	曹、戴、娄、嵇、逢、敖、桓、夏侯	安徽亳州
武陵	西汉	华、安、顾、龚、苍、冉、郏	湖南常德
巨鹿	秦	魏、莫、毋	河北平乡
济阳	西晋	陶、卞、江、蔡、柯、羿、丁、左、却、庾、长孙、东门	河南民权
东海	西汉	戚、臧、茅、徐、後、竺、后、有	山东郯城
陈留	西汉	谢、阮、虞、伊、屠、公良	河南开封
范阳	三国魏	邹、卢、祖、燕、简、鄢	河北定兴
江夏	西汉	喻、费、黄、楚	湖北武汉
魏郡	西汉	柏、暴	河南安阳
扶风	西汉	窦、鲁、马、万、惠、井、班、禄、法	陕西兴平
河间	西汉	章、俞、凌、邢、詹、钦	河北献县
琅琊	秦	云、诸、符、胥、申、蔚、诸葛	山东诸城
武功	战国秦（县）	苏、殳	陕西武功
顿丘	西晋	葛、司、空、公羊、司空、闾丘、公西	河南清丰
北海	西汉	奚	山东昌乐
高平	西晋	范、巴	山东巨野
中山	西汉	郎、汤、甄、焦、仲、蔺	河北定州

郡名	郡名出现时间	郡望	郡治今地区
京兆	西汉	韦、酆、史、康、米、计、宋、舒、杜、宗、羊、於、加、段、车、全、郜、黎、扶、雍、寿、扈、浦、别、夔、晁、冷、皇甫、申屠、归、羊舌、谯	陕西西安
东阳	三国吴	苗、习、宦	浙江金华
部阳	西汉（县）	凤、支、轩辕	陕西武功
东平	南朝宋	花、宿、太叔	山东东平
上党	战国韩	鲍、樊、包、尚、连	山西长治
晋阳	西汉（县）	唐、管、景、匡、越	山西太原
冯翊	西汉	雷、吉、印、党、益、梁丘	陕西大荔
广平	西汉	贺、谈、籍、贡、游、逯	河北鸡泽
千乘	西汉	倪、单于	山东高青
豫章	西汉	罗、湛、璩、涂	江西南昌
平原	西汉	常、芮、温、东、东方	山东平原
安定	西汉	伍、梁、席、胡、程、蒙	甘肃泾川
下邳	东汉（国）	余、滑、国、阙、谷梁	江苏宿迁
西河	战国魏	卜、毛、林、靳、栾、卓、池、宰、通、相、段干、爱	山西临汾
平陵	西晋（县）	孟	山东历城
兰陵	西晋	萧、缪、万俟	山东滕州
博陵	东汉	邵、崔、濮阳	河北定州
平阳	三国魏	汪、纪、解、邴、巫、仇、柴、步、欧、勾、饶、晋、牟	山西临汾

郡名	郡名出现 时　间	郡　　望	郡　治 今地区
上谷	战国燕	成、麻、荣、谷、侯、寇	河北易县
江陵	南朝齐	熊、戎	湖北荆州
临淮	西汉	屈	江苏洪泽
辽西	战国燕	项、斜、佟	辽宁义县
渤海	西汉	季、高、裘、封、甘、冀、暨、居、訾、须、欧阳、赫连	河北沧州
武威	西汉	贾、石	甘肃武威
内黄	西汉（县）	路、骆、蓟	河南内黄
雁门	战国赵	童、田、幸、薄、农、鱼、衡、文	山西代县
会稽	秦	夏、钟离	浙江绍兴
宣城	西晋	贲	安徽宣城
黎阳	北魏	郁、桑、都	河南浚县
南安	东汉	单	福建南安
余杭	隋	杭、隗	浙江杭州
敦煌	西汉	洪、慕、容、慕容	甘肃敦煌
临川	三国吴	翁	江西抚州
齐郡	西汉	富、宁、谭、晏、查、左丘	山东淄博
东莞	西晋	松、从	山东莒县
平昌	南朝宋	宓、红、司寇	河南浚县
长乐	北魏	蓬	河北冀县
山阳	西汉	郗、巩、养、颛孙、岳	江苏淮安
武阳	隋	龙、劳	广西罗城
河内	西汉	怀、茹、司马、淳于、南门	河南沁阳
平卢	唐（镇）	郜	辽宁朝阳

郡名	郡名出现时间	郡望	郡治今地区
武昌	三国吴	鄂	湖北武汉
武城	隋	索	山西吉县
梁郡	西汉（国）	乔、西门	河南商丘
始兴	三国吴	阴	广东韶关
新蔡	西晋	郦、漆雕、百里	河南新蔡
松阳	东汉（县）	瞿、丰、公	浙江遂昌
新安	西晋	古	安徽休宁
临海	三国吴	戈	浙江临海
丹阳	西汉	广	江苏镇江
括苍	隋（县）	库	浙江丽水
南康	西晋	融	江西赣州
晋昌	西晋	乜	山西忻州
襄阳	东汉	蒯	湖北襄樊
广陵	西汉（国）	荆	江苏扬州
赵郡	东汉	宇文、司徒	河北赵县
渔阳	战国燕	鲜于	天津蓟县
睢阳	唐	丌官	河南商丘
巴郡	战国秦	督	重庆北
秦郡	东晋	壤驷	江苏六合
抚城	西魏	夹谷	河北抚宁
济南	西汉	东郭	山东淄博
新郑	秦（县）	佘	河南新郑
古滇	西汉（国）	佴	云南昆明
吴郡	西汉	赏	江苏苏州
长葛	隋（县）	哈	河南长葛
建安	三国吴	笪	福建建瓯
怀远	北周	年	宁夏银川
百济	西晋（国）	福	辽宁义县

由上表可见，肇自宋代且流传至今的《百家姓》，作为这一时期人们所使用姓氏的一种典型代表，其中所涉及的郡望问题已经变得颇为突出。在其所及的106个被认为是郡望的姓氏望族标志中，在历史上真正是郡的仅有88个，占总数的82%；其余18个都不是郡名，甚至连与郡同级的国都不是，而只是县名或笼统的地名。其中如佴姓郡望古滇和福姓郡望百济所指，其实都是独立于中央政权之外的割据王国，居然都被当做两姓的郡望，显得尤为不伦不类。这一切都说明，郡望问题到了这时已经发生了本质的变化，它所具有的仅是一种象征意义，或者说已经变成了有关姓氏的代名词，而不再是以前那样的贵族血统标志。

由于《百家姓》在宋代以后成了姓氏的代名词，它所涉及的郡望直到今天仍有广泛影响，也基本是我们所说郡望的依据。在上表所见的106个郡望中，可知大约有10个郡望是许多姓氏共有的，有时在习惯上也称它们是十大郡望。这十大郡望和它们有代表性的姓氏是：

1.京兆(陕西西安)：杜、史；

2.天水(甘肃通渭)：赵、秦；

3.汝南(河南上蔡)：周、袁、廖；

4.河南(河南洛阳)：方、元；

5.南阳(河南南阳)：韩、邓、叶、白；

6.平阳(山西临汾)：汪、解；

7.陇西(甘肃临洮)：李、董、牛；

8.济阳(河南兰考)：江、蔡、丁；

9.西河(山西临汾)：毛、林；

10.渤海(河北沧州)：高、封、欧阳。

在这十大郡望及代表姓氏中，有些已成为有关姓氏的代名词，有些则表现得较为复杂一些。究其原因，主要还是与历史有关。其中如周姓人的汝南郡望，形成的原因最早可以追溯到周平王东迁洛阳时期。当时，周平王把小儿子烈封在汝坟，烈的后代被称为"周家"，因此姓周。西汉时，烈的后代周仁被封为汝坟侯，因汝坟地势卑湿，迁居汝南郡安成县(今河南平舆县南)，从此开始了汝南周氏的历史，进而形成汝南郡望，也是周姓影响最大的一个郡望。在汉唐千年历史上，汝南周氏一直兴旺发达。他们所居住的汝南郡是汉朝初年设置的一个郡，治所在今河南上蔡县，下辖37个县，大约相当于今天河南的西华、商水、项城、沈丘、郸城、淮滨、新蔡、息县、正阳、确山、遂平、西平、汝南、平舆、潢川等县，以及安徽的界首、太和、颍上、阜阳、阜南、临泉等县市。

又如邓姓，现在在四川最有名，但他们在历史上的郡望却在南阳。这是因为他们最早居住在南阳，后来逐渐迁到四川。他们的郡望南阳郡设置于战国秦昭王三十年（前272），治所在宛县(今南阳市宛城区)。汉代中叶，有一位名叫邓况的人从楚地迁到这里的新野县，子孙世代务农，人丁繁衍兴旺，逐渐发展为当地大族。东汉时，他们因帮助刘秀复兴汉室有功，一跃而成为南阳显族，代表人物主要是邓晨、邓禹。邓晨年轻时是刘秀的好朋友，后来娶了刘秀的姐姐，成为刘家的乘龙快婿。刘秀起兵时，他积极参与和支持，因而株连全族，致使祖坟被挖，妻女遇害。光武帝登基后，痛感其姐死于非命，并因邓晨戎马功劳，封他为房子侯，后改封为西华侯。邓晨死后，先后有子孙五代世袭侯爵，历时近百年，世系连绵不断，长盛不衰。邓禹则是东汉开国功臣，名列云台三十二大功臣首位。邓禹后代子孙众多，繁衍兴旺，史称"凡侯者二十九人，公二人，大将军以下十三人，中二千石十四人，列校二十二人，州郡守四十八人，其余侍中、将、大夫、郎、谒者不胜数”，他所在的南阳从而成为著名郡望，也是后来邓姓的一个著名郡望。他们的后代在后来又迁到其他地方，四川的邓姓只是其中的一部分。

总之，郡望作为历史上特定时期的产物，在古代和今天实际上具有不同的所指，但无论如何仍与百家姓有关，它至少可以在一定程度上被看做是百家姓的一种象征。今天，我们谈论它虽然显得有些遥远，但它在历史上曾经起过的作用以及与百家姓之间的密切关系仍是应当被提及的。

四、堂号与堂号问题

与郡望表示姓氏血缘意义的情况大致相同，堂号也是姓氏在过去的一种特殊标志。这里所谓的“堂”，最初是指宽敞明亮的房子，或者指与“室”相对应的住宅正屋，唐宋以后又把祭祀祖先的房子叫做宗祠或祠堂。由于它们都是家庭和家族活动的主要场所，久而久之，一些家庭或家族为了表明自己与众不同，或者为了纪念某些与家族相关的重大事件、典故、传说等，也借用“堂”的上述含义制定专门名号，简称堂号，如以前所举的三槐堂、西河堂等等都是这样。由此可见，堂号最初是厅堂的名称，后来才指某一家或某一房的名号，与郡望有基本相近的作用。

在与堂号来源有关的诸多因素中，“某一家或某一房的名号”最具典型意义。它在此一点上的性质与郡望基本相同，所表示的同样是某一姓氏中某一家族的出身非同一般，有着值得标榜和炫耀的东西。也正因如此，堂号有时也被认为是郡望的进一步分化和发展，是某一郡望中某一房支的称号。在这种情况下，堂号所指的是在某一姓氏中的某一房支成为望族后，由于不断繁衍和发展的缘故，往往会进一步分化为许多不同的房支和系派。这些房支或系派与郡望不同的人一样，也会有贫富贵贱之分,为了加以区别,便在保持郡望不变的情况下使用一些新的名号,这种名号也就是堂号,当然有时也称作房号。如本话题开始时所提到的“三槐堂”,本是王姓中琅玡王氏的一个分支,这支王姓人的开创者王祐在北宋初年于所居住的庭院中栽植了三棵槐树,以勉励子孙努力仕宦位登公卿,此后,子孙果然实现了他的夙愿。为了纪念王祐,这支王姓人便以“三槐堂”作为堂号,或者称为“三槐王氏”。这里的“三槐堂”或“三槐”就是这支王姓人的堂号。同样,“西河堂”是林姓人使用的堂号,因其祖先最早居住在西河一带(今河南淇县淇河以西)而得名。由此可见,这种意义上的堂号与郡望相比仅是名称来源上的不同，在本质上并没有太多差别。当然,尽管如此,如果我们从更为广泛的意义上考察堂号与郡望的关系,仍会发现二者之间实际上各具特点,尤其是在早期更是如此。比如,早期郡望的基本含义是以郡中望族为核心的血缘标志,堂号则是由郡望进一步分衍而出的血缘概念,它最初仅指望族所居住厅堂的名号，后来才指以该厅堂为名号的人。特别是由于发展或迁徙等原因,原来的一个望族可能分为多个地位高下有别的支派,这些支派为了加以区分,进而又用所居住的厅堂名号命名自己的支派,从而形成堂号。换句话说,堂号与郡望所指的血缘群体较为广泛不同，它所指的仅是郡望之下的某些支派。另外,堂号的产生一般比郡望晚,在空间和范围上多指一件物或一件事，而不像郡望那样有着较为广泛的地域概念。再者,堂号使用的范围一般较小,往往在一个郡望中有几个堂号。当然,上述这些大多是堂号在早期所表现出来的特征,后来因为与郡望有基本相同的意义，才又被与郡望混淆在一起，共同表示姓氏和家族的渊源关系。

除与郡望具有较为密切的关系以外，堂号还有其他一些来源，在形式上要远比郡望仅来源于地名一个方面复杂得多。在此，我们不妨以赵钱孙李、周吴郑王八个姓氏为例，把与其有关的堂号分别列为下表，然后再作进一步分析。

表二 八大姓氏堂号表

姓氏	堂号一（堂号）	合计	堂号二（郡望）	合计	总计
赵	孝义、孝思、孝享、孝友、绵远、谷诒、沐恩、萃涣、琴鹤、爱日、爱畏、爱敬、敬彝、敬睦、创基、永怀、永萃、永厚、永庆、永思、思敬、衍庆、日生、成文、文杏、文贤、半部、连璧、著存、棣华、报本、敦本、敦叙、敦睦、敦德、明德、崇礼、崇德、勤业、诚友、庆源、宝玉、乐善、积善、嘉会、明宗、忠恕、裕后、双砚	50	天水、涿郡、颍川、下邳、金城、南阳、浚义	7	57
钱	钱王、武肃、苏乐、锦树、丹桂、万选、六谦、承锡、忠孝、念修、昭德、思本、射潮、斐文、集议、贻忠、贻燕、诒燕、燕诒、蓬莱、德本、敦彝、清风	23	彭城、下邳、吴兴	3	26

姓氏	堂　号　一（堂　号）	合计	堂　号　二（郡望）	合计	总计
孙	孝友、兵法、万石、文姓、文献、垂裕、映雪、积善、余庆、安庆、永思、世德、白鹤、鹤衍、忠烈、桂兰、伦叙、留余、务本、孝友、孙谦、报本、敦本、敦叙、敦伦、敦睦、敦彝、裕彦、慎追、慎德、种德、燕翼、彝叙、怀远、绳武、嘉会、五松、化育	38	太原、乐安、东莞、吴郡、富春、汲郡、陈留	7	45
李	得一、三友、三可、三培、三鉴、四平、五经、五知、九如、百德、百忍、百宜、牛山、西哉、思孝、登龙、龙门、叙伦、崇礼、师俭、介祉、善庆、笃谊、绵远、衍庆、本立、本源、睦本、务本、思本、怀本、怀古、培元、世美、青莲、如在、追远、敦厚、崇厚、崇本、报本、敦本、敦复、敦伦、敦睦、敦敏、龙湾、定兴、友善、仁义、礼义、尚义、绣文、会文、文莲、世怡、世德、永思、光裕、同善、合敬、孝思、孝睦、雍睦、花萼、芳庆、见龙、长发、忠武、忠恕、忠愍、叙乐、承德、函道、柳汁、洪雅、耕读、致和、秩伦、师礼、著存、棣华、顺德、明德、懿德、道德、德昌、凝翠、湛露、裕合、爱敬、慎话、福景、鸣庆、悫存、树伦、树务、树德、积善、锦心、亲睦、雍睦、培嗣、炽昌、联辉、继述	106	陇西、赵郡、范阳、成纪、顿丘、渤海、丹阳、中山、广汉、梁国、河南、安邑、平凉、姑臧、京兆、南阳、敦煌、绛郡、武陵、常山、颍川、平棘、辽东、江夏、广陵、汉中、柳城、略阳、武威、高丽、代北、梓潼、襄城、西平、鸡田、西域	36	142

姓氏	堂号一（堂号）	合计	堂号二（郡望）	合计	总计
周	一本、二贤、三元、三旌、三德、五有、六顺、濂溪、景濂、绍濂、爱莲、植莲、景莲、承恩、承志、承敬、敬爱、永思、孝思、笃佑、敦稼、忠厚、集贤、敦叙、叙伦、叙彝、世德、诵芬、崇德、顺德、德馨、报本、敦本、敦叙、敦伦、敦彝、敦睦、敦厚、思孝、敬思、思成、文成、文运、以文、焕文、世恩、立本、推本、务本、大本、本仁、兴仁、亲仁、仁义、存宋、存著、至德、全德、秉德、厚德、纯德、拱福、光祖、光裕、光霁、霁光、延兴、兆云、志学、佑启、味经、明经、保极、信敬、追远、衍庆、余庆、著存、萃文、萃亲、崇礼、福礼、清白、达孝、森淼、棣鄂、斐然、始远、宁寿、维新、亦政、燕翼、亲睦、亲亲、笃亲、世善、宝善、继述、雍睦、鹤在	100	汝南、沛郡、陈留、浔阳、临川、庐江、泰山、永安、河间、临汝、华阴、河东、清河、河南、江陵、淮南、昭州、武功、长安	19	119

姓氏	堂　号　一（堂　号）	合计	堂　号二（郡望）	合计	总计
吴	三让、世让、思让、德让、让德、至德、尚德、树德、种德、世德、仁德、怡德、源德、德礼、崇礼、崇本、永思、敬思、孝敬、思敬、思源、源一、源远、均安、观乐、有秩、履成、怡清、观止、瑞本、报本、敦厚、敦源、敦行、敦伦、仁泽、世享、世笃、永怀、自求、孝言、吴诒、奉先、承先、治平、泉源、源远、振宜、道生、槐庆、雍睦、忠义、义顺、经远、澄澜、敦叙、笃叙、伦叙、叙伦、伦修、笃佑、泽远、济养、识春、怀仁、金诰、继述、双合、听彝、秀聚	70	濮阳、陈留、渤海、汝南、金陵、长沙、武昌、吴兴、延陵	9	79
郑	三秀、七松、人瑞、祥瑞、约礼、礼本、立本、务本、仁本、本仁、仁孝、仁德、孝义、宗义、礼义、中和、孔安、书种、书带、书带草、带草、翼经草、庆袭槐、复训、崇训、锡类、奠邑、光裕、宏宣、昌世、永思、留思、留耕、流光、怀椿、怀德、树德、通德、崇德、德遗、贻清、注经、注释、敦伦、敦睦、雍睦、裕昆、笃敬、笃庆、观稼、昌世、济美、佑启、承志、继序、治端、松茂、荣远、青云	59	荥阳、洛阳、南阳、高密、雍州、陇西、会稽	7	66

百家姓

姓氏	堂号一（堂号）	合计	堂号二（郡望）	合计	总计
王	三槐、三白、四合、四柏、五果、五孝、五教、双桂、思植、植本、植槐、绍槐、听槐、槐德、槐政、槐秀、槐阴、嗣槐、树德、积德、义德、交德、世德、余德、仰德、崇德、承德、辅德、宗德、尚德、怀德、存厚、敦厚、孝睦、敦睦、敦义、敦伦、梓谊、绍兴、天全、宝善、留余、余庆、燕翼、源远、思明、锡类、双柏、笃伦、笃亲、笃行、孝友、存友、环庆、思孝、崇孝、崇本、务本、敦本、大本、仁安、正义、恩义、世贤、永承、永思、亦文、利文、两仪、佑启、佩传、保后、衍白、冠南、素风、振趾、挹渊、恩荣、齐寿、敦叙、彝叙、叙伦、淮泽、斯美、敬爱、亲爱、爱敬、畲经、嘉会、谷诒、燕誉、兴仁、礼吉、振楚、继兰、继周、开闽、凤阁	98	太原、琅玡、北海、陈留、东海、高平、京兆、天水、东平、新蔡、新野、山阳、中山、章武、东莱、河东、金城、广汉、长沙、堂邑、河南、乌丸、营州、乐浪、安东、济阳、冯翊、华阴、长安、上党、河间、广陵、高陵、邺郡、河内、汲郡、广平、蓝田、聊城、乐陵、元城、汲郡、考城、聊城	44	142

由上表八个姓氏的具体事例可以看出，堂号的情况与郡望相比显然要复杂得多，更何况这些仅是其中的部分事例，而并非所有姓氏堂号的全部。如果我们对包括上述姓氏在内的堂号问题作一个综合考察，就会发现后期的堂号问题不仅复杂而且具有较多的特征，其中除在来源上有些与原来的郡望有关外，主要还有以下几个方面的表现：

第一，堂号作为人们社会心态的一种表现形式，较多地反映了共同心理特征之下的血亲观念。尽管每个堂号都是一批批具体人群的代表，但由于各自的情况不同，所代表的人群也不一样。其中的一些堂号可能仅为某一地方的某一特定家族所使用，而另外一些就可能不再仅为一家一姓所独有，而是表现出一定的共性，从而也使其成为多个群体甚至多个姓氏的共有标志。以上述八个姓氏的556个堂号为例，如赵姓的天水堂、钱姓的吴兴堂、孙姓的乐安堂、李姓的陇西堂、周姓的爱莲堂、吴姓的三让堂、郑姓的荥阳堂、王姓的三槐堂等都有较为广泛的意义，甚至在某种程度上成了有关姓氏的代名词。但除此之外，也有一些由多个姓氏共用的堂号，其中如李、吴二姓共用继述堂，孙、周、王三姓共用余庆堂，李、周、吴、郑四姓共用雍睦堂，赵、孙、李、周、王五姓共用敦本堂，孙、李、周、吴、郑、王六姓共用敦伦堂，等等，都是如此。至于在这些姓氏之外多个姓氏共用一个堂号的事例，大约以洪、江、翁、方、龚、汪六姓的“六桂堂”最具代表性。由此可见，这里所强调的仍然是一种血亲观念，与那些单独由某一姓氏或某一姓氏支派使用的堂号相比并没有什么本质的不同。

第二，堂号是有关姓氏或其支派的历史记录，尤其是记录那些非同一般的历史，称颂或夸耀祖先功勋业绩、嘉言懿行、道德文章、科第功名、官号封爵，展示曾经有过的辉煌，以勉励后人继承祖先功业，并将其发扬光大。如周姓人的堂号中有一个在南方较有影响的“濂溪堂”，便是为了纪念宋代哲学家周敦颐而来的。周敦颐是宋明理学的奠基人，出生在道州营道濂溪（在今湖南道县境内），后来定居在庐山莲花峰下。这里有一条溪水，注入湓江，很像他营道老家的濂溪，于是用“濂溪”命名。在这里，他筑濂溪书堂，怡养闲暇，读书讲学。去世后葬在道州德化县清泉社（今九江市十里铺周家湾）其母墓之旁，墓前有祠堂三间，祠匾为“宋元公濂溪先生祠”。后来又有人在他的故居修建濂溪祠堂，请朱熹撰写《濂溪先生祠堂记》。祠墓现今保护完好。此外，在今江西庐山脚下的九江市东南郊还有一座周敦颐墓，就在当年的濂溪旁边。墓前建有濂溪祠，祠前有二池，池中种莲；墓的左右为太极图碑和像图石碑，墓前五里有墓道，还有墓道亭、墓道碑、石牌坊。为了纪念周敦颐，自宋以来，全国许多地方都建立了“濂溪书院”，“濂溪”成为周姓别称，“濂溪堂”也成为周姓的一个著名堂号。至于周姓的其他堂号，如景濂、绍濂、爱莲、植莲、景莲等，也都与他有关。

在属于这类的堂号中，较值得一提的还有吴姓人的堂号。他们多在堂号中使用“让”字，究其原因，其实是在说其祖先太伯和季札等人先后辞让本应继承的王位，显示了过人的高风亮节，故而深受孔子等人的称赞，认为这种行为“可谓至德矣，三以天下让，民无得而称焉”。这种获得了孔子盛赞的事实，也足以让作为他们后代的吴姓人引以为荣，甚至认为这种荣耀是他姓难以企及的，足以勉励其子孙以让传家，或者庇护其家族世代荣昌。有关于此，在吴姓家谱中是屡见不鲜的，如其中的一些家谱称“《史记·世家》太伯第一，表其让也。太伯开于前，季札嗣于后，让德之光诚《世家》中所未有者”，另一些家谱也称“夫千古以让著者，唐虞而后更有夷齐，惟以让传其世者，亘古以来惟太伯与季子耳。所谓明德之后有达人，盛德必有百世祀者，信不诬也”，或者称“非季子之高风垂亘千载，安能世系如斯之盛哉”，无不明确反映了这种思想。在此背景下，吴姓人在堂号中使用“让”字，或者把堂号命名为三让堂、世让堂、思让堂、德让堂、让德堂、至德堂等，显然都是这种思想的直接反映。

在周、吴两姓之外，其他姓氏的堂号也大多如此。如钱姓“万选堂”的来源与唐代钱姓名人钱起“青钱万选”典故有关，孙姓“兵法堂”的来源与其祖先孙武、孙膑著述兵法有关，“映雪堂”的来源与其祖先孙康雪下读书的故事有关，李姓“青莲堂”的来源与唐代大诗人李白自号青莲居士有关，等等，都是这样。至于在上述八大姓氏之外，同样也有不少姓氏的堂号独具特色。比如毛姓人的堂号中有一个是“舌师堂”，堂号的出处来自于著名典故毛遂自荐的故事。毛遂是战国时著名策士，曾任赵国平原君的食客，奉命出使楚国，对楚王晓以利害，促使他答应联赵抗秦。回国后，平原君夸奖他“三寸舌抵百万之师”，“舌师”堂号即由此而来。再如蒋姓人的“钟山堂”，来源于三国时南京一带流传的蒋侯神故事。蒋侯神即东汉秣陵尉蒋子文，因在山中平乱而去世。他生前说过“我的骨头贵，死后一定成神”。到三国时，吴国孙权在今南京建国，有次到钟山游览，自称看见了蒋子文，骑着白马，摇着鹅毛扇，于是封他为蒋侯，在钟山上为他盖庙，专门派人进行祭祀。后来，蒋姓便以“钟山”为堂号。

第三，堂号是有关姓氏或其支派道德观念的一种反映。传统家族（尤其是那些著姓名族）特别注重以儒家道德观念规范族人的行为，而本族堂号对于多数族人可谓耳熟能详，其中所包含的道德观自然便成为阖族的道德规范及道德要求。综观各姓的堂号,在道德上追求清白正直、谦恭礼让、孝悌宽容者居多,折射出中华传统美德与家规族训的互为影响的关系。如赵、孙、王等姓都以“孝友”为堂号,堂号名称出自《诗经·小雅·六月》“侯谁在矣,张仲孝友”,意思是说要孝顺父母和友爱兄弟,做一个品德高尚的人。三个姓氏的有关家族以此为堂号,当然也反映了相关的道德观念。甚至在明末清初著名学者孙奇逢为本家族所制定的家规家训中,还明确写明“吾家孝友堂,尔师鹿忠节额之,山左刘幼孙讳重庆节之,迄今五世矣”,使我们从中可见其家族具有以孝友传家的传统家风。同样情况的堂号还有周姓“爱莲堂”,来源于其祖先周敦颐的代表作《爱莲说》,文中称莲为“花之君子也”,声明“予独爱莲之出淤泥而不染,濯清涟而不妖”,这无疑也是作者本人的人格宣言。周姓家族多以爱莲为堂号,便与他的这种道德价值取向有关。此外,至于孙、周、王等姓的“余庆堂”,李、周、吴、郑等姓的“雍睦堂”,赵、孙、李、周、王等姓的“敦本堂”,孙、李、周、吴、郑、王等姓的“敦伦堂”,以及赵姓的“崇礼堂”、钱姓的“忠孝堂”、孙姓的“积善堂”、李姓的“仁义堂”、周姓的“清白堂”、吴姓的“怀仁堂”、郑姓的“务本堂”、王姓的“正义堂”,等等,都具有大致相同的性质,强调了相应的道德理念。

尽管按儒家道德观念选择堂号，并使它成为规范族人行为的道德标准之一，并不意味着这些观念及行为就能在传统家族蔚然成风,但一种道德要求的普遍和反复的强调,对于良善之心尚存者具有潜移默化的作用，对奸邪之徒也会形成一定的约束力。因此,我们对堂号所包含的传统家族的上述道德要求,是应该基本肯定的。

总之,堂号作为姓氏的一种血缘标记或延伸,具有自己的鲜明特征。我们在此所作的探讨尽管还不是堂号问题的全部，但大抵可以用以说明相关的问题。

五、堂联

在百家姓文化中，还有一种与堂号关系密切的堂联。

堂联，又称楹联、祠联，一般用于各家族的宗祠和厅堂、院门两侧，同样具有标识该家族姓氏的作用。堂联的主要内容是颂扬祖上丰功伟业、道德文章、嘉行懿言等，除可用以炫耀门楣、夸示乡里外，还能启迪后人，承继先贤事业，奋发向上。还有一些堂联揭示了该家族开基创业、迁徙安居的曲折历程。在形式上一般是把本姓氏祖上著名人物突出事迹或者佳话轶闻组成一副楹联，挂在堂上，一则自相标榜，二来用来代指本姓氏，可起到望堂联而知姓氏的作用。

例如，自孔子学说受重视后，孔子被加封为“圣人”、“大成至圣文宣王”，就连孔子先世五代也被追封为王，即启圣王、昌圣王、贻圣王、裕圣王、肇圣王。随着对孔子谥封号的增加，历代帝王对孔子后裔也一再封赐。因此孔府既是公爵之家，又是圣人之家，是“天下第一家”，比皇帝的家还要尊贵。皇帝只是一朝一代的大贵族，而孔府是两千多年来世世代代的大贵族。因此，曲阜孔府大门两侧有一副蓝底金字对联，上联为“与国咸休，安富尊荣公府第”；下联是“同天并老，文章道德圣人家”。这是清代大学士纪昀(纪晓岚)所写，很形象地表示出两千多年来孔子受尊崇、孔子嫡裔显贵的盛况。说来有趣，这副对联中“安富尊荣”的“富”字少了一点，“文章道德”的“章”字下面“早”字的一竖一直通到上面的“立”字，这是有意为之，意即“富贵无顶”、“文章通天”。此外,孔府还有一幅专用楹联,叫做“尼山根柢家声远,泗水渊源圣泽长。正脉千年分泗水,芳声百代重尼山”,其中所表达的仍是自己姓氏和家族的辉煌历史。

像郡望堂号一样,堂联中同样有较为丰富的内涵,有些堂联还是相关姓氏的代表,让人一看便知道主人家姓什么。比如,在邓姓人中有这样一幅流传很广的堂联,叫做“南阳望族,新野芳踪”,其中说的是东汉功臣邓禹及其家族的辉煌勋业。前句意指邓禹家族是“南阳望族”,声名显赫;后句说明南阳新野县是邓禹的故乡,在该地可寻觅到先贤遗迹。又如马姓人也有这样一幅流传很广的堂联,叫做“宜城五兄弟,元曲四大家”,其中上联说的是三国时名士马良(襄阳宜城人)兄弟五人的故事,他们都因富有才华而名闻远近;下联说的是元代戏曲家马致远的故事,它与关汉卿、白朴、郑光祖被誉为元曲四大家。再如蔡姓人的一个堂联是“琴声字体中郎业,荔谱茶笺学士风”,其中上联是颂扬汉末学界泰斗蔡邕兼精音律、书法,多才多艺,下联称颂北宋名臣蔡襄学识渊博。蔡襄不只政绩卓著,所造洛阳桥惠泽后世,而且还著有《荔枝谱》和《茶录》等书,兴趣广泛,颇具学者风范。又如在湖南韶山毛氏宗祠上的一幅堂联是“不大地方,可家可国可天下;寻常人物,能文能武能胜神”,其中歌颂了韶山及毛泽东的丰功伟绩,也有一定的代表性。

话题十一：百家姓与家谱血统

家谱是以姓氏相区分的家族档案。按照通常的话说，姓氏是表明一个人血统所出的血缘标志，每一个姓氏都拥有自己的血缘先祖。为了表明自己与祖先之间的关系，我国习惯上用文字进行记录，并且代代相传，形成传统，所记录的文字就是家谱。因此，考察家谱与姓氏的关系，也是百家姓的基本课题。

一、我国家谱的修撰传统

由于我国是一个具有悠久姓氏使用历史的国家，过去对姓氏的认识与今天相比要复杂得多，进而也对家谱十分珍视。在古人看来，家谱是一家一姓的生命史，记录着其发源、生息、繁衍的全过程，是“纯正血统的可靠蓝本”，历史上各家各姓都重视修谱。在他们看来，“夫族之有谱，所以序昭穆，考世系，以成千秋不朽之言也”，“管摄天下人心，收宗族，厚风俗，使人不忘乎本末，莫不由之”，“尊祖宗而联族姓，承先启后之谋，莫切于此”。也就是说，家谱具有辨别血统、敦亲穆族的特殊作用，不由人们不重视。不仅如此，历史上各朝代也重视家谱，专门设立有掌谱官员，一些朝代还在选拔人才、任用官吏时查询家谱，社会上婚丧嫁娶更离不开家谱，以至几乎发展到“家家有谱”的地步。各家各姓往往30年修谱一次,届时全族上下热闹异常,被认为是族中最重要的活动。这些在不同时期修撰的家谱,保存到今天的仍有数万种之多,分别收藏在国内外有关机构或个人手中,是研究人类学、民俗学、历史学、考古学、人口学、遗传学等的珍贵资料。

经过我国历朝历代的提倡和重视, 加以编撰手法上不断丰富,致使家谱成为一种拥有丰富内容的文化典籍,它除了被称为家谱外,还有其他称呼,如族谱、家乘、家传、氏谱、宗谱、世谱等。在一些人口较多的大家族中,由于分支较多,同一远祖的全族家谱称为通谱、会谱、同宗谱、大宗谱,同宗近祖各房分支的家谱又称为支谱、分谱、房谱等。虽然名目繁多,但性质几无差别。既然家谱这样重要,那么它是什么时候出现、又经历了怎样的发展变化呢?

关于家谱出现的时间和它的演变情况,其实说来话长了,最早还应该与我国早期的婚姻制度联系起来。我国从很早的时候起,就形成了同姓不婚的传统。这一方面是为了加强与外姓的联系,扩展自己的势力,另一方面也是宗法制度的需要,维护亲亲尊尊的伦理纲常。因此,早期人类用文字记录下来与自己有关的血统延续过程,便形成了最初的家谱。另外,从考古发现上看,在商代殷墟的甲骨文中,已经有了简单的家谱,其中“兒”的家谱还保存到今天。另据《隋书·经籍志》记载,“氏姓之书,其所由来远矣。《书》称‘别生分类’,《传》曰‘天子建德,因生以赐姓’”。也就是说,作为姓氏载籍的家谱的出现与姓氏的产生有关,在早期又伴随人类社会的历史而不断发展。后来,到西周时,出于封建和宗法制度的需要,朝廷专门设立了掌管家谱的官员,让他们“定世系,辨昭穆”,负责记录王室公卿们的世系,用来确定和辨别嫡庶亲疏及血缘关系远近,为宗法和分封制度服务。但商周时期的家谱还十分简单,不像后来那样完备。

战国末年时,存世最早且带有家谱性质的《世本》诞生于世。这部书原有15篇,是战国末年的一位赵国人所撰,是"古史官记黄帝以来迄春秋时诸侯大夫"之作,包括《帝王谱》、《诸侯谱》、《卿大夫谱》以及《姓篇》、《作篇》、《居篇》等,在先秦史籍中占有较为重要的地位。尤其是其中关于帝王卿大夫世系的记载和古姓氏源流的内容,都开创了有关领域的先例,并为以后诸家谱书所继承。此后出现的《春秋公子血脉谱》、《帝王诸侯世谱》等,也都是汇集先秦帝王诸侯世系的家谱。所以后人在评价这部书籍的作用时认为:"世谱之学,以《世本》为宗。"又说:"姓氏之初,《世本》著其义","故古有《世本》,录黄帝以来至春秋时诸侯、卿、大夫名号继统。……秦既不学,公侯子孙失其本系。汉兴,司马迁父子乃约《世本》修《史记》,因周谱明世家,乃知姓氏之所由出","凡言姓氏者,皆本《世本》、《公子谱》二书。"遗憾的是这部书籍在汉代时就已亡佚,我们今天只能靠后人的辑本窥其端倪。

由于《世本》开创了家谱修撰和姓氏研究之风,从此以后,家谱之学慢慢发展成为一种独立的学风,史称"世谱学"、"谱系学"、"家谱学"、"氏姓之学"或"姓氏之学"等。一些有影响的家谱或与家谱有关的著作,如《汉氏帝王谱》、《邓氏官谱》、《扬雄家牒》及《白虎通·姓名篇》、《潜夫论·志氏姓》、《风俗通·姓氏篇》等,都在两汉时期诞生。后来,在魏晋南北朝隋唐时期,伴随世家大族式家族制度的兴起和政治、社会等方面的特殊需要,"而家谱特盛,迄于李唐,犹相崇重"。特别是在东晋南朝时期,家谱还被当做朝廷选官和社会婚嫁的重要依据,"官之选举,必由于簿状;家之婚姻,必由于谱系",家谱的修撰也获得较大发展,一些专事家谱的社会阶层和谱学世家也因之出现。在有关的社会阶层中，尤以随东晋王室渡江南下的侨姓世族最为重视家谱。当时的一些谱学名家，无论是平阳贾氏还是东海王氏、琅玡王氏、南阳刘氏、东海何氏等，无不出自侨姓世族，专掌家谱的谱局也都由侨姓世族把持，一些著名家谱如《姓氏簿状》、《百家谱》、《百家谱抄》、《新集十八州世族谱》等也都出自他们之手。家谱所以能够在当时获得前所未有的地位，“乡举里选不核才德，其所进取，以官婚胄籍为先”，“历代并有图谱局，置郎、令史以掌之，仍用博通古今之儒知撰谱事”，在很大程度上应归结为他们的重视和提倡。综合考察这一时期的侨姓世族与谱学的关系，可以发现，家谱的修撰和谱学的发展始终与他们密切相关。根据我们粗略统计，三国西晋时期见于记载的世族谱不足10种，至东晋初年猛增至100余种，后虽因战乱而遭受较大损失，但“后起咸和二年以至于宋”，又有许多新谱补充进来，成为国家编订谱籍的依据，一些综合性的总谱也因之产生。这一过程是与侨姓世族的形成和发展同步的，家谱的作用说到底也是服务于侨姓世族，二者之间所存在的正是这种密不可分的关系。

东晋南朝时期侨姓世族对家谱的重视和谱学的兴盛，直接导致了世族借助家谱严格身份、保证婚宦特权和血统源流的社会后果，另外也引起了大量世族谱的出现。在《隋书·经籍志》所收52种1280卷家谱中，除《世本》4种11卷、《竹谱》等3种3卷属于前一时期或其他类型的家谱外，其余都是谱学之作。事实上，当时修撰家谱的总量当然远不止于此，其种类既多且动辄数卷至数十、数百卷，是当时谱学繁荣的直接表证。另从家谱本身考察，有不少是单一世族的家谱，同时也有全国总谱、郡谱、家传和列传式家谱，在内容上也大多具备了后世家谱的特征，同时像后世那样攀附祖先、仿造世系、牵强附会等修谱通病也已出现，说明谱学在当时已经表现出成熟和完善的特征。

另外，东晋南朝的一些谱学世家及其对谱学发展所作的贡献也值得一提。在这些世家中，平阳贾氏及东海王氏等都为人们所熟知，而对琅玡王氏还没有足够的重视。事实上，琅玡王氏尽管没有像平阳贾氏那样“世传谱学”，或者像东海王氏那样“入直西省，知撰谱事”，但在家谱利用及家族地位上都远在二族之上。

早在西汉末年，琅玡王氏就有人知名于世，以后虽有所衰落，但在东汉中叶以后又重新兴起，至魏晋时已是天下望族之一，东晋南朝时更是“侨姓首族”。为适应从政为官的需要，族中不仅很早就编定了自己的家谱，而且还有多人精通谱学。如在南朝初年，裴松之注释《三国志》时，两次引用《王氏谱》，说明其最迟在这时已有了自己的家谱，后人也说“晋丞相王文献公导，渡江始立家谱”。所以，至梁朝人刘孝标注释《世说新语》时，不仅多次引用其家谱，还分别利用了王敦等十三人别传，以及《王丞相(导)德音记》、《王司徒(殉)传》等书籍，这些也都有家谱的性质。至于精通谱学者，如宋宰相王弘，对修撰于晋太元中的《百家谱》有很深的研究，能够做到“日对千客，不犯一人之讳”；他的从子王僧绰任吏部郎，“究识流品，谙悉人物”，在谱学上也有很深的造诣。僧绰子王俭在齐初任宰相，在精通谱学的基础上，对传世《百家谱》“复加去取，得繁省之中”，在谱学上的修养超过了先人。与他们同族的人王晏继任宰相，也曾因太子“不谙百氏”而反对他接任吏部尚书，显然也是熟悉谱学的。此外，从政治影响上看，平阳贾氏虽前后五代以谱学为业，但政治上并不通显，族中官位最高者也不过六品；东海王氏中的王僧孺在奉诏修谱时也只是七品官，职位显然不能与琅玡王氏诸人相比，与之相应的政治影响也要低得多。因此可以说，谱学之所以会在东晋南朝时期兴盛起来，与琅琊王氏仕至高官诸人的重视与提倡有密切关系，其家族也理所当然地是谱学世家。

由于东晋南朝时的谱学主要集中在平阳贾氏和东海王氏、琅琊王氏等几家世族中，由其开创的一代学风也被称为“贾王之学”。同样，同一时期的北朝也有自己的家谱修撰历史和谱学特点。正如《隋书·经籍志》所指出的那样：“后魏迁洛，有八氏十姓，咸出帝族。又有三十六族，则诸国之从魏者；九十二姓，世为部落大人者，并为河南洛阳人。其中国士人，则第其门阀，有四海大姓、郡姓、州姓、县姓。及周太祖入关，诸姓子孙有功者，并令为其宗长，修撰谱录，纪录所承。又以关内诸州，为其本望。”

至隋唐时，家谱也同样受到重视，不仅朝廷组织专人修撰《贞观氏族志》、《姓氏录》、《开元谱》、《天下郡望姓氏族谱》等总籍，一些官宦世家也竞相修谱，并有《王氏家牒》、《谢氏家谱》、《吴郡陆氏宗系谱》、《赵郡东祖李氏家谱》等流传于世。以至在后代史官研究这段历史时，甚至还必须依靠各家家谱才能完成。

当然，由于从隋唐时期开始实行科举制，任用官员以才能而不重出身，家谱虽然仍是以官修为主，但已不再是选官的重要依据。不过，如果我们作进一步的考察便可以发现，上述这种变化还经历了一个过程。早在隋朝末年的战乱中，旧贵族遭到一次沉重打击，进入唐代后又有一批新贵崛起，为了提高和确立这批人的社会地位，重新区分姓氏贵贱成为当务之急，甚至唐太宗李世民也把修谱作为抬高自身社会地位的手段。为此，唐朝廷曾三次大规模地组织修谱。其中在唐太宗时编修的《氏族志》把全国世族分为三六九等，原则是根据现状，贬抑旧贵族，提高自身和功臣的社会声望，重新确定姓氏排列次序等级。后来，到武则天掌权后，又把《氏族志》改编为《姓氏录》，重新定立了世族的标准。

在这些情况下,家谱实际上仍然是为新的等级秩序服务的工具。

唐末五代时期,我国陷入了大动乱之中。在战乱的冲击下,旧贵族制度彻底崩溃,专门为他们服务的家谱纷纷散失,家谱之学也开始出现衰落迹象。究其原因,有人归结为时局的变化,认为"自五季以来,取士不问家世,婚姻不问阀阅,故其书散佚,而其学不传"。这种观点虽然指出了主要原因,但我们也不应该忽视社会动荡和旧家族制度的衰落等因素。由于社会风气的变化和以后宋朝的改弦更张,人们对家谱的认识也发生了变化,而朝廷也不再专门设立修家谱的机构,只是鼓励民间修谱,从而引起了修谱风气由朝廷向民间的转移,由以官修为主转向以私修为主。所以,在我国家谱的历史上,一般认为当时是一个重要转折点,"盖自唐衰,家谱废绝,士大夫不讲,而世人不载"。从此以后,"宗谱遂为私家撰述,于是有合族之谱,有分支之谱",进入了另一个发展时期。

宋元以后,在朝廷的倡导和官方的支持下,私修家谱风行,形成了我国编修家谱的另一次高潮。当时修谱的人往往把辨别血缘亲疏作为手段,借以达到维护家族等级秩序、防止离散和瓦解的目的。参加修谱的人往往来自方方面面,甚至如名宿欧阳修、苏洵、朱熹等人都曾亲临其事,其中欧阳修所作的《欧阳氏谱图》,苏洵撰写的《苏氏族谱》,分别被称为欧、苏体,成为后世民间修谱的基本体裁,编修家谱、正本清源再度成为社会的风尚。

宋代民间普遍修谱的风气,以及当时确立的家谱体例,开创了以后修谱的新格局。到明清时期,民间普遍撰修家谱,其中有些家族因人口过于众多,族谱一修再修,分总谱、支谱、始修、续修等多种名目,所修家谱门类和内容也不断增加和丰富。清代的皇帝不仅积极编修自身家谱,还号召民间纂修。其中如雍正皇帝在要求各地方宣讲的《圣谕广训》中，就提到各宗族要“修族谱以联疏远”。由于官方的倡导，修家谱特别强调所谓“尊祖、敬宗、收族”三大功用，是为保持家族昌盛久安、维护封建统治秩序服务。当时许多宗族还都定出修谱制度，规定修谱时限。一般规定30年一修，60年一大修，也有规定10年一小修、20年大修的。如果没有能够按时修谱，就有可能被认为不孝。为了不落下这一罪名，修谱成为各宗族最重要的活动之一，全国各地都重视修谱，进而发展到几乎“家家有谱”的程度。每当修谱时，全族上下往往热闹异常，被认为是族中最重要的活动，其影响甚至一直到今天。

总之，通过上述的简单考察可知，我国家谱的诞生和修撰的历史一直与人类社会的发展息息相关，其出现和繁荣、衰落都有历史的原因，在不同的历史时期有不同的特点。明乎此，对于我们深入理解它与姓氏文化的关系，将是不无裨益的。

二、家谱的体例和内容

我们现在通常所说的家谱，一般是指纸质家谱，但这并不是家谱的全部，另外还有其他一些质地或类型的家谱。比如，我国先民和当代的一些少数民族中，有一种把绳索打结以便记事的习惯，所记的事情中有些就是世系的传承情况，在性质上与家谱差不多，因此也有人把这种家谱称为“绳谱”。同样的情况，还有人把用口头相传的家谱叫做“口述家谱”，刻在甲骨上的叫做“骨谱”，在金属器皿上的叫做“金谱”，在石头上的叫做“碑谱”，在塔上的叫做“塔谱”，在布上的叫做“布谱”，以及把帝王的家谱叫做“玉牒”等。在内容上，由于存在着一定差别，一般以宋代为界限分作前后两个时期。其中前期家谱的内容还比较粗疏，后期的体例和内容就基本固定了下来。至于基本固定了下来的原因，主要还是由于前述宋代的两位名人欧阳修和苏洵分别制定了有关体例的缘故。其中欧式谱例以图的形式列出祖先世系，每五世一图，第二图自五世起至九世，第三图自九世至十三世，以下类推，直至当代止。谱中还有先人传记，所记内容包括传主名讳、字号、仕宦、行迹、匹配、葬地、封赠、享年等。与它不同的是，苏氏谱例用表格的形式记述先祖世系，也就是做一个总表，然后再在某一先祖下面依次书写子孙后代，各代标明辈分，又在表中人名下注出其仕宦、行迹、配偶、死葬、享年等。这两种记述家谱的体裁虽然不同，但却为后世家谱开创了基本谱法，此后的明清所修家谱大都按照这两种体例，或在此基础上增加一些门类，从总体上并没有超出它们的范围。

今天所能见到的家谱，尤其是明清以后的家谱，在体例上都大致相同。一般来说，一部体例完整的家谱大致包括以下这些部分：

谱名：多称家谱、族谱、宗谱、支谱等，并在前面注明里籍和郡望，如《陇西李氏宗谱》、《三槐王氏家谱》等。有的家谱还在谱名前冠有修谱时间、祖先官职、修谱次数等。

谱序：这是每部家谱中不可缺少的内容，一般由本族有身份地位的名人撰写，也可特邀外姓名人、地方长官为之作序题跋，以壮声色。内容包括修谱缘由和经过、家族渊源及谱学理论等。有些家谱经过多次续修之后，往往收录有大量的旧序、跋，使新旧序、跋多达十数篇，其中保存了不少家族发展的历史资料。如广东梅县《邓氏族谱》收录的《南阳邓氏族谱源流序》以及《邓氏族谱东汉源流序》等旧序文，前者追溯自商代武丁叔父封邓到邓国灭亡以至东汉邓禹家族兴起衰落、东晋南迁湖南等的全过程，后文历述东汉以来南阳邓氏于永嘉末年南渡至宋代进入福建、其祖先邓大猷居泉州、邓志斋于元末明初移居广东梅县的经过，为我们了解这一家族的迁徙发展情况提供了明确的线索。

谱论：又称谱说等，是与家族有关的“名人名言”，主要收录古代经典和历代名人谈谱学的历史、修谱的意义、原理、方法等的简短语录。如宋欧阳修、苏洵、朱熹等名硕大儒的有关语录，间或阐述修谱者个人的见解。

凡例：又称谱例，主要阐明家谱的纂修体例和原则。

画像：即家族重要人物的遗像，有时还附有相关赞语。

恩荣录：主要登载历代皇帝对家族中官员及其亲属的敕书、诰命、赐字、赐匾等，使族人借以了解家族的辉煌过去。

源流考：一般放在序文后，用以考述本族来源、始祖及迁徙状况等，有的还涉及本姓起源、演变及名门望族等。

世系纪：包括世系表和五服图等，主要记录本族开基祖及各房支的血缘传继情况，包括入谱人员的世代、名号、生卒年月、简要阅历、配偶子女、葬地、移居分迁地等。

家法族规：是各姓自己制定的约束和教化族人的宗族法规，是家谱中的重要组成部分，主要涉及祭祖祀宗、忠君孝亲、宗族机构、日常生活、财产继承、婚姻纠纷、买卖租赁、犯规惩治、森林保护、禁赌禁盗等维护传统礼教的内容，借以鼓励族人发扬传统美德、继承优良家风、积极进取向上、惩恶扬善等。

家礼：又称吉凶礼，记载家族成员在成年、婚姻、丧葬、祭祀等活动时的礼仪条规及具体事项等。

祠堂：记载宗族祠堂修建的历史，介绍祠堂的建筑规模、地理位置，收录祠堂图、建祠祭文、捐建祠堂人名单、捐资数目以及祠联、祠匾、神位世次、配享等情况。

五服图：是关于家族中亲疏关系的图表，用以辨血缘、明世次。五服原指古代丧服制度中的五种服色，因亲疏关系远近不同而穿着的不同的服饰。

世系：多列为图表等形式，是家谱的主体部分。所涉及世系一般从一世祖到修谱时止，家族所有成员的姓名字号、生卒年月日、职官、葬地、妻妾子女等情况都要加以记载。

传记：记载家族中忠臣孝子、义男列女的生平业绩情况。

族产：记录宗族财产如族田、坟地、义庄、山林、房屋、义塾等。

契约：登载与宗族内部或宗族产业有关的承嗣、婚姻、分家、土地转让等的契据文书。

坟茔：记载族中人坟墓的具体情况，包括坟地图、坟向、祖坟及各支派墓地的分布情况。

年谱：按年月记载族中重要人员生平事迹的文字，所记大多是家族中某一位或几位影响大的人物。

艺文：收录族人的奏疏、殿试文、万言策、对联、诗词及其他文章等。

名绩录：记载与本族或族中成员有关的山水桥梁、亭台楼阁、寺庙堂舍等。

仕宦记：记载族中历代官宦名人的事迹。

字辈谱：宗族自定的世辈排行用字，又称排行、行第、排行谱等，一般连缀成文，类似诗联，对仗工整。族人据此依次取名，辈分分明。

续后篇：家谱所留的空白页，又称余庆录，意即等待后世子孙续谱，以示家族绵延不断，万世昌荣。

领谱字号：家谱的编号，也是领谱人的号码，专为家谱的保密而设。谱书修好后,每部都编有号码,颁发给族中各房领取。领谱者不能借与外人传阅,否则便是大逆不道。

至于包含上述体例和内容的具体事例，我们不妨以被称为“天下第一家”的山东曲阜孔子家族的家谱为例加以说明。因为，孔子家族是我国的一个典型个案，其家谱也是我国历史上延续时间最长、包罗内容最丰富的家谱,自宋朝元丰年间建谱以来一千多年谱系不乱,堪称私谱之冠。

孔氏家族非常注重修谱，家谱有合谱和流寓各地的孔氏子孙撰修的支谱。修谱可以把居住分散、血缘疏远的孔氏族人组成一体,进而达到“详世系、联疏亲、厚伦谊、严冒紊、序昭穆、备遗忘”的目的,还可以有效地防止和清查“外孔”滥入。在宋代以前,孔氏家谱只收录直系长子长孙,北宋开始合族修谱,支庶兼采,历经元、明、清和民国,沿修不辍。其中最后一次大修始于1930年夏历10月10日，在曲阜成立全国孔氏合族修谱办事处（简称谱馆),正式在孔庙诗礼堂告庙开馆,到1937年完成了最后一次修谱工作,谱成仪式仍在孔庙诗礼堂举行。孔氏家谱条规森严,违者除籍。并绝对禁止下列人等入谱:以义子承祧者不许入谱;以赘婿奉祀者不许入谱;再醮带来之子承祀者不许入谱;流入僧道者不许入谱;干犯名义者不许入谱;流入下贱者不许入谱。另外,受箴规中“男不得为奴,女不得为婢”约束,凡是姓孔的人去做奴仆,一律改姓,不入家谱。孔府里的仆役若是原来姓孔,进府也要姓。受孔子“唯女子与小人为难养也”的影响,孔氏族规对妇女的束缚也很严重,有许多专门的规定。

从以上所列家谱的体例可知，它的内容相当丰富。正因如此,有人把它称为家族的百科全书,或者说是中国古代家族文化的资料库。

三、家谱的编修和保存

如上所述，由于家谱具有维系血亲、载录家史、规范伦理等特殊的社会功能，历史上各家各姓都极为重视修谱，每隔三十年左右都要重修、续修一次。那么，家谱究竟是怎样编出来的呢？

在过去修家谱时，不仅要建立严密的组织机构，制定严格的工作程序，还要以一定的人力、财力为基础。具体说来，它大约要经过以下四个程序：

首先，要组建以族长为首的家谱编委会（俗称开设谱局），由主修（一般由族长担任）、倡修、编修、监修、协修、校阅等组成，具体人数由宗族大小、门派多少而定。

其次，筹措经费。一般从族田、祭田和其他族产的收入中开支，以及由族中大户捐助。如果尚有欠缺，每个入谱的男丁还要交纳一份谱银。

第三，拟定谱例，并分发给各个支房，要求族众主动提供相关资料，尤其是族众散居在众多府县的大族，各支房都要责成专人限期登录，收集有关资料。

最后，家谱修成后，要举行隆重的祭谱、拜谱仪式，族人齐集祠堂，祭告祖先。将谱本一套存放祠堂，然后由族长按房、支发谱，每房（支）一套，并编列序号，登记在册。有时还举行会餐活动。此后，每年元旦、清明或春秋两季祭祖时，藏谱之家须携带谱本，入祠堂查验。如果保存不善或缺损擅改则要受到严厉处罚。

家谱作为家族的档案，不仅各家各姓都重视修谱，而且也对保管极为重视，甚至还就如何保管家谱作出了严格规定。每当一部新家谱修成后，除收藏在宗祠内一至数部外，分发给各房的族谱要求妥善保存，定时翻晒，以防霉烂。规定不得鼠侵油污，不许外传，如有损坏、丢失，将集族合议，酌情予以惩处。各家各姓之所以这样重视家谱的保管，主要是为了防止同姓或异姓宗族攀龙附凤、冒认祖先，而宁愿让它成为秘不示人的传家之宝，所以有“黄金可借，家谱不可借”的说法。但尽管如此，我国在不同时期所修的家谱仍有不少在相关家族之外流传开来，其中的一些还被有心人收藏起来。特别是明清以来所修的家谱，现在存世的就有不少，其中收藏在民间的数量还很巨大，但具体数字尚无法做出确切统计。就馆藏情况而言，以国家图书馆、国家档案馆、上海图书馆较为集中，其他散藏于各省、市、县的公共图书馆、大学图书馆、科研单位图书馆、博物馆、档案馆等地方的也有不少，还有中国香港、台湾等地区和日本、美国等国家的收藏单位，东南亚及世界各地的华人宗亲组织等，都有不少数量的收藏，合在一起有数万种。其中如收藏在国家图书馆地方志家谱文献中心的家谱是从1928年以来陆续征集的，共有自明代至民国期间的原版古旧家谱2700余种，30000余册，1949年以后新修家谱数百种，家谱缩微胶卷1000余种，以及大量的谱牒学论著和参考书。在地域分布上，所藏家谱以北方各省及江苏、浙江、安徽、广东等地的最为丰富、最具特色。

除北京图书馆外，上海图书馆也收藏着大量家谱，在数量上大约有12000种，近10万册，向称家谱收藏较多的图书馆之一。为了便于读者查询，馆中还设立了专门的阅览室，并由政府拨款修补各种家谱原件。阅览室里可以很方便地查找所收藏的22个省（市）、250多个县（市）、313个姓氏的家谱，其中包括729种陈姓家谱和721种张姓家谱、602种王姓家谱、463种李姓家谱、436种吴姓家谱，以及徐、黄、胡、杨等姓各200种以上的家谱，近百种各冷僻姓氏的家谱等。在这些家谱中，年代最早的是宋内府写本《仙源类谱》，保存最完整的是明成化四年的《太原王氏大统宗谱》，最引人瞩目的是孔子、李鸿章、左宗棠、盛宣怀、鲁迅、荣毅仁、包玉刚等历代名人望族的家谱。据报道，香港“船王”包玉刚正是利用这里的《包氏族谱》，考证出他是宋代名宦包拯的后代。

另外，在台湾，据《台湾区族谱目录》一书记载，全岛的家谱至少有10613种。这一数字，是台湾当地一群热心谱学的学者、专家和青年人在台湾中华学术院谱学系研究所、台湾各姓历史渊源发展研究会等机构的组织下，从1974年开始，有计划有步骤地深入台湾各县各镇各乡，采取骑自行车或徒步等方式，挨家挨户拜访当地居民，进行地毯式的家谱采访、拍摄工作，历时10年，至1985年才完成的。这些家谱共属于252个姓氏，家谱数量位于前10名姓氏的有陈姓1068种，林姓767种，张姓615种，黄姓595种，李姓570种，刘姓485种，王姓375种，吴姓348种，杨姓347种，萧姓285种，超过100种家谱的姓氏有蔡、许、郑、邱、曾、徐、郭、彭、周、叶、洪、赖、谢、钟、江、廖、罗等。另外，从祖籍看，这些家谱中除祖籍不明的2754种以外，7700多种家谱的祖籍在祖国大陆，祖籍在台湾的仅有102种。而在祖籍祖国大陆的家谱中，福建有4510种，广东有2132种，占家谱的80%以上，其余的祖籍几乎遍及祖国大陆其他省区。至于祖籍在台湾的102种家谱，有洪姓13种，李姓12种，王姓9种，黄姓9种，林姓6种，陈姓5种，刘、苏、郭姓各4种，吴姓3种，等等。若将祖籍在台湾的这些家谱的姓氏进一步追根溯源，则他们的始祖基本上都在祖国大陆，充分说明台湾居民与祖国大陆之间有着十分密切的血缘关系。再者，这些家谱中除绝大多数是近50年续修或编修的以外，还有不少比较珍贵的家谱，有些还是明清时期的善本。如《胡氏家谱》(万历壬辰年写本)、《蓝氏协忠公族谱》(万历四十四年刊本)、《清溪珍田苏氏族谱》(康熙三十一年写本)、《官氏族谱》(乾隆五年写本)、《陈氏世系图》(乾隆三十五年写本)、《李氏家谱》(乾隆四十四年刊本)等,都有一定质量。

在国外,收藏中国家谱最为集中的要算美国犹他家谱学会了。该学会是美国摩门教下属的一个文化组织。摩门教教义十分重视家庭组织,宣扬永恒婚姻,为适应广大教徒寻根问祖、安抚亡灵的需要,于1894年成立了家谱学会图书馆,专门从世界各地采访、拍摄有关资料。其中所藏中国家谱据《美国家谱学会中国族谱目录》一书记载,共有3140种,收录的主要是祖国大陆以外的中国家谱收藏单位的缩微胶卷,其中来自哥伦比亚大学的有950种,东洋文库790种,日本国会国立图书馆420种,东京大学东洋文化研究所200种,犹他家谱学会图书馆200种,香港大学150种,美国国会图书馆120种,哈佛燕京图书馆100种,加州柏克莱图书馆60种,日本京都大学50种,芝加哥大学图书馆50种等。1974年以后,该学会还派员到台湾,与台湾中华学术院等机构合作,深入台湾各县乡镇拍摄台湾地区家谱资料,累计达10000种以上。与此同时,该谱学会还派员到祖国大陆,与各地图书、文件案部门联系,共拍摄家谱数千种。截止1998年统计,该学会图书馆拍摄和保存的中国家谱缩微件有17099种。

四、家谱的价值和局限

谈到修撰于我国不同时期并保存下来的数万种家谱,不少人都会提出这样的疑问:家谱在相关家族之外究竟有什么用处呢,值得人们这样去花时间、精力、经费去保存?

总的来看，家谱之所以能够被广泛收藏和保存，最为主要的仍是因为它有收藏价值的缘故，其价值又主要体现在以下几个方面：

首先，它可以帮助我们了解一个家族发展演变的历史，为研究相关姓氏和家族的迁徙繁衍情况提供线索。在这方面，相关的事例是很多的。比如，关于我国人口最多的王姓家谱，今天所见最早的有宋人汪藻根据史书编成的《琅琊临沂王氏谱》和《太原晋阳王氏谱》等。在前一种家谱中，包括世系图、正文和附录三部分，涵盖了汉唐间这支王姓人12世、247人的简单谱传。其中世系图把上述世系和人员按血缘关系远近排列，以世相分，每世都有属于该世者的名字，下列其父姓名。若一世之中有兄弟数人，则在长兄之下注出父名，其余名下不重注，条理十分清楚。该谱的正文是按世系图中所列各人世系编纂的，分别介绍其字号、父讳、行次、时代、官职、封爵、享年、卒日、谥号、姻娅等，是全谱的核心。在第一世开篇之文中，又追溯其家族来源及早期世系，使人知其本源，见其发展。附录则是一些考证性文字，主要考证其与当时另一个王姓著名支派太原王氏的关系。由于该谱是作者从汉唐间多种史书中辑录而成的，所列诸人大都见于正史，具有将史书中有关诸人联系在一起的作用，为研究这一时期琅琊王氏的家族史提供了不少便利。加以编撰者作风严谨，皆有所据，因此也更加显得可贵。

《太原晋阳王氏谱》也是由汪藻编订的王姓家谱，体例与《琅琊临沂王氏谱》相同，收录后汉至南北朝时期这一王姓支派10世、51人。我们从中可以看出，这支王姓人始于后汉王柔、王泽兄弟，三国时有司空王昶、西晋有司徒王浑、东晋有尚书令王坦之、大将军王恭等著名人物，又是两晋三位皇后的母族。在这部家谱中，作者不仅如实反映了这支王姓人的有关辉煌历史，而且还考订出其他书籍中的一些不准确之处，突出了自己的特色。如谱中把王柔和王泽兄弟当做第二世，认为在二人之前，即汉征士王霸子王咸19世孙某，亦即二人生父，应是这支人的第一世。而《新唐书·宰相世系表》及《古今姓氏书辩证》等书则认为二人是王咸19世孙，并非王咸19世孙生了他们，与此显然不同。又如在二人的10世孙中，有王和、王慧龙等人，其中王慧龙即太原王氏在北朝的开基者和隋唐时期五大郡姓中的王姓奠基人，世系自北魏起联绵不断。但作者没有列入此后的任何世系，而是到王慧龙为止，并且有违自定的"用诸史谱至陈隋"的惯例。究其原因，大约是出于与《魏书》作者魏收同样的考虑，不相信王慧龙自己编造的"自叙"。这种实事求是的认真态度，显然是明清以后的大多数家谱修撰者所不及的。另外，该谱的附录部分中还对有关人员的名号、别称等进行了考证，进一步增加了实用价值。

除以上两部王姓家谱外，值得一提的还有杨姓家谱。其中的一本叫做《弘农华阴杨氏谱》，也是由前述宋人汪藻编写的。该谱也包括世系图、正文和附录三部分，分别记录了这支杨姓人自东汉征士杨宝至东晋龙骧将军杨佺期之间的时代、世系、名讳、字号、官爵、婚姻、承传、生卒、葬地、谥号、赠官、享年、寿夭等情况，并对有关人员的一些别号进行了考证，对研究这一时期该支杨姓人的兴衰演变同样具有一定的参考价值。

另外，还有两部蔡姓家谱，其中一个叫《河南始祖蔡氏开支通谱》，另一个叫《德清蔡氏宗谱》，都记载了蔡姓早期的史事，追溯了从轩辕黄帝到周文王姬昌以及从蔡国开国君主蔡叔度到蔡国末代蔡侯齐的世系，被蔡氏后裔誉为"万谱之源"。另外，这两部家谱还记载了自秦昭王丞相蔡泽到东汉陈留人蔡质的世系传递情况，称西汉中期有一个名叫蔡泽的人是昭帝时丞相蔡义的父亲,他的四世孙中有一位是东汉造纸术发明者蔡伦,另一位是新蔡长蔡携,也就是陈留蔡氏的开基祖。我们从中可见蔡氏后裔的认祖归宗意识,反映出他们对族源和家族文化的认同。

又有一部流传在河南西平县柏城镇一带的毛姓家谱，记载了他们家族繁衍和迁徙的历史，同样有助于我们对他们过去的了解。这部家谱称他们的始祖祖居江西,世代为宦。在清代时,他们的先祖某上任时生一子,取名上任,在清光绪年间随西平知县到西平就职师爷,致仕后未返回故里,定居西平县城南街,成为柏城镇毛氏开基祖。他生二子:凤翼、凤祥。凤翼子庆丰,庆丰生四子:端忠、端明、端甫、端正。端正二子:忠寅、忠全。凤祥子光耀,光耀二子:长喜、德林。至今柏城毛氏已历六代,分居于北街、南街、护城河路、柏城大道等地。二郎乡毛桥毛氏和宋集乡毛庄毛氏均出自山西洪洞。二郎乡毛桥毛氏先祖于明洪武年间自山西洪洞县迁焦庄乡毛寨,到明成化年间,毛祥举家迁毛桥。宋集乡毛庄毛氏先祖在明洪武年间(1368—1398)自山西洪洞迁来,今已600多年,繁衍了24代,散居在宋集乡孔牛,谭店乡关桥、后吕庄,权寨镇温庄、朱杨,师灵镇李庄等地。

由上可见，我们从家谱中不仅可以得知有关姓氏或家族的源流、繁衍与分布情况,而且还可以了解其丰富的姓族文化,一部家谱也就是一个姓氏或家族的历史记录。

其次，除了以上所说的便于对有关姓氏或家族有所了解以外,家谱还可以作为研究某些问题的资料。如研究人类学、民俗学、历史学、考古学、人口学、遗传学等,家谱都有其他文献不能代替的作用。比如,在浙江德清流传着一部《蔡氏宗谱》,其中记载了北宋焕章阁直学士蔡源的子孙在江南各地的繁衍迁徙情况，称蔡源从京师开封南下后，子孙先后居住在杭州、苏州、湖州、德清等地，最终繁衍发展为江浙大族，这对研究宋代北方移民在江南的迁徙分布情况便有一定的史料价值。另外，在今福建、台湾一带，民间也收藏着大量的清代和民国年间编修的家谱，其中大都记载着他们的始祖名讳及后代子孙分迁情况，对于研究历史上的移民问题也有参考价值。

再者，家谱还可以作为进行伦理道德教育的教材，能够起到维护社会秩序的作用。关于这点，主要是在家谱的族规家法中反映出来的。族规家法的内容主要是关于族人伦理道德方面的说教，比如上尊天地，下奉祖先；服礼教，维护尊卑等级秩序，防止犯上作乱；谨祭祀，对祖先不容怠慢；崇孝行，笃友爱，严教子，族内人须做到子孝、父慈、兄弟友爱，宗族和睦，亲善友邻，谨慎交游不与奸邪之人来往，不信奉妖邪之道；耕种田地，勤俭持家，在自己本职范围内尽职尽责，女子应当守妇道名节，对于孝子、悌弟、义夫、节妇之人进行奖励，等等。其中既有维护传统礼制秩序的规定，也有规劝族人努力进取、尊老爱幼、睦邻友善等传统美德的内容，尤其是后者，在今天仍有一定的现实意义。

此外，家谱还可以起到联系团结海外华人、增强民族凝聚力的作用。这些年来，我国不少地方都出现了一种寻根热潮，寻根的依据许多都是家谱。在这时，家谱起到了重要的纽带作用。

当然，关于家谱的价值，所反映出来的并不都是正面的，所存在的局限性也不容忽视。其中，最为人诟病的是它所记载内容的真实性问题。因为现存家谱大都是明清以来特别是民国时期所修，但所述先祖事迹都远远在明清以前，甚至上溯到受姓前后，其间相距数千年，要理顺世系源流并非易事。因此，修谱者在追述祖先源流、先人事迹时，张冠李戴者往往有之，混淆颠倒基本事实、与历史不符合的现象都很常见。因此，对家谱的记载，一方面应充分认识其价值，特别是修撰时间越早的家谱，其价值一般就越高；另一方面，应尽量查证相关史书，力求客观公正，源流清晰。换句话说，我们在查阅家谱时，还应与相应历史时期的官方记载资料进行对照，才能最终认定其是否可信。

家谱大多贯彻有“隐恶扬善”的指导思想，往往对与自己家族有关人员功绩无限渲染或夸大，而对缺点讳莫如深，或者一味地进行粉饰，误导舆论，人为地制造历史错误。如在清朝编修的一种家谱上，开宗明义地指出其修谱原则是“凡是干谱例者，当削不书，违者许房长鸣祠处治”，也就是要隐恶扬善，不让人们知道真相。对于这种弊病，钱大昕曾指出其“支离附会，纷纭蹭驳，私造官阶，倒置年代”，并无多少事实可信。这种论断，也是符合实际的。所以我们在利用家谱时，也必须审慎地进行鉴别，而不应一味地相信、盲从。

总之，通过上述可以看出，家谱作为反映姓氏和家族发展历史的重要典籍，其价值是多方面的，但同时也有一定的局限性。一方面，作为前人留下的宝贵文化遗产和传统文化的一部分，家谱保存了大量史料，对研究姓氏家族人口繁衍、迁徙分布、辨析祖源和封建宗法制度演变、社会风俗、历史人物等方面都有重要价值；但是，大多数家谱毕竟是宗法制度的产物，在内容上不可避免地打上了封建时代的烙印，是为当时的社会政治服务的，特别是在维持封建宗族秩序方面具有强大的作用。因此，就其性质而言也应当否定。当然，由于家谱至今仍对人们的社会生活发生着影响，我们并不能简单地否定了事，在使用或评价它时要从多方面着眼，对它应有一个客观公正的态度。

五、家谱中的血统问题

如前所述，家谱具有记录家族历史、名世系、辨血统等作用，并且以名世系、辨血统为主要内容，那么，我们应该怎样去看待家谱中的血统问题呢？

就一般情况而言，尽管家谱具有辨别血统的作用，但由于早期家谱大多没能保存下来，而人们又有把自己与很早以前的祖先联系在一起的习惯，于是伪造世系、拉名人做祖先等便成为经常使用的办法，从而使家谱所反映的血统次序并非都那么真实可靠。这种做法如果追根求源，其实由来已久。在古代，几乎所有的开国君主都要伪造自己的世系，把自己的家族与以前的帝王将相联系在一起，一些名人也乐此不疲。如汉高祖刘邦本是山东一布衣，南面登基后因不知先祖所出，便自称是唐尧刘累之后，伪造了商周以来的有关谱系。其后，两汉之际的王莽代汉建新，自称黄帝、田齐之后，也是有意拉名人做祖先。三国时，刘备明明是编席卖履的小贩，却到处夸耀自己是皇族之后，被尊为皇叔，诸葛亮和关、张、赵、马、黄等一批文臣武将，就捧着这块招牌，居然三分天下。而曹操本是由夏侯氏入继曹姓的，但仍自称其先祖出自黄帝，而曹操之子曹植又说其先祖姓姬，是周王室的后裔。后来，曹操的孙子魏明帝说曹姓是虞舜的后代，出自有虞氏。作为一国之君的曹氏，竟然如此三易其祖，说明他们自己实际上已经不知道血统所出了。

这类的例子在过去还有很多，几乎举不胜举。比如，唐代大诗人白居易自称是楚太子建之子白公胜之后，认为白公胜在被楚国杀害后，子孙逃亡秦国，世代为将，如白乙丙即是其中一个。

白乙丙裔孙白起为秦国立过大功，受封为武安君，白氏从此兴盛。事实上，白居易的这些自述完全是无稽之谈，因为白乙丙生活时代要早白公胜一百多年，不可能是他的后代。因此，后来曾有人针对家谱的这种妄相攀附而对其进行尖锐批评，并说它“出于闾巷，家自为说，事非经典，苟引先贤，妄相假托，无所取信，宁足据乎”。从这种意义上说，上述观点也并非没有道理。

我国古代许多家族拉名人做祖先，并把他们记录在家谱中，其做法实际上是十分不科学的。众所周知，我国姓氏的来源有多种多样的途径，发展过程中又经过离合演化，情况十分复杂。今天使用同一姓氏的人，历史上不一定同宗同姓。尤其是一些大姓，来源更为复杂。如我们曾经提到的王姓，来源至少有数十种，比如有由黄帝而来的，有的是比干的后代，有的是虞舜的后代，有的是少数民族的后代，还有所谓的姬姓之王、子姓之王、妫姓之王、虏姓之王等。今天的王姓人虽然使用“王”字作为共同的姓氏，由于历史上来源不同，当然不可能有相同的血统。再如孔姓，虽有自孔子以来连绵不断的世系可考，但如果认为天下所有的孔姓人都与孔子有关，或者只有这一单一的血统则不合事实。从有关记载上可以考知，孔子的孔姓出自子姓，是春秋时宋国贵族孔父嘉的后代。而在当时，卫国也有孔姓，源出姞姓；陈国有孔姓，源于妫姓；郑国有孔姓，出自姬姓。上述四支孔姓人后来都有了孙传世，但由于出自子姓的孔姓人因有孔子而地位最高，其余三支为了抬高自己，后来也都自称是孔子的后代，从而隐瞒了自己的真实血统。特别是清代时，全国孔姓与颜、曾、孟三姓联合修谱，凡姓孔的人都被认为是孔子的后代，使用共同的字辈作为辈序，使本与孔子无关的其他三支孔姓人的假冒身份得到了正式确认。从此，要想区分哪些人与孔子有关，哪些人与孔子无关，就更加困难了。至于那些人口相对较小的姓氏，也未必都有完全纯正的血统。

在不少民间编修的家谱上，还常常可以看到把自己与人类早期的一些名人联系在一起的内容，确信自己是他的多少代孙，自己的血统百分之百纯正。其实，这种说法也是难以成立的。在前些年，有一位专家曾作过一个推算，说假定一位姓张的男子与一位姓李的女子结婚，生下儿子后，在儿子身上只能有张姓血统的1/2。这位张姓男孩长大后与姓刘的女子结婚，所生的儿子身上只能有张姓血统的1/4。如此代代递降，到数千年后的张姓人身上，所谓的血统也只能是天文数字了。因此，历来在我国流传很广的“万代一系”、“某姓血统”等观念，其实是很难经得起推敲的。

所以说，要想在今天的中国土地上，找出一个千百年来一直是百分之百纯正血统的姓氏，完全是不可能的。我们通常所说的“同姓一家”、“五百年前是一家”等等，都不过是一种文化上的认同，仅仅具有思想观念上的凝聚力，并不能认为历史上真的如此。当然，由于今天的大多数人都把姓氏当做纯粹的识别符号看待，而不再把它与血统联系在一起，同时也不再迷信家谱，在观念上已经发生了不同于古人的变化，因此我们在这里所讨论的问题也可以说是一种历史的现象。

当然，关于血统问题，有时还比较敏感，特别是对一些老年人来说更是如此。如果你对某位老年人说他家祖传的家谱是假的，他不是某某名人的后代，不是他的第一百多少代孙，他一定会难以接受，甚至会要跟你拼命。在一些人中，有时候尽管自己也感觉到有假，靠不住，但碍于这样或那样的原因不愿意承认。诸如此类的情况即使在港台海外地区也有所见，充分说明了血缘观念的根深蒂固。

六、关于我国目前的修家谱现象

我们在以上谈了许多历史上的家谱问题，另外，还有一个不能忽视的问题是，在党和政府提倡民族团结、禁止家族势力活动多年之后，修家谱现象再度蔓延，目前在我国不少地方都有人在修家谱，特别是在南方更是如此。那么，我们应该怎样看待这一现象呢？

目前在我国出现的修家谱现象，不仅是在较为偏远的农村，在某些经济发达的大城市也有所见。据不久前的一份报纸报道，在向称得改革开放风气之先的广州市，就在市民中一度出现过修家谱热。在他们当中，有的是历史久远、世居本地的广州人，有的是祖先几百年前从南雄珠玑巷南迁而来的外地人。至于出现这种现象的原因，《广州日报》的一位记者认为这主要是由于广州人本来就有修家谱的传统，但由于种种原因，这个修家谱的传统习惯长期以来受到了不同程度的限制，“文革”时期更视家谱为“四旧”，许多传世的家谱都被付诸一炬。现在人们的生活水平提高了，日子好过了，怀旧的情绪就不禁油然而生，也想让儿孙们了解自己的祖先和亲友的情况，这就不免会想到修家谱了。另外，我国传统的在“盛世修谱”的习惯也对这种风气的流行有所影响，因为目前毕竟是我国有史以来最好的时期之一。

正如以上这位记者所言，近年来出现的修家谱现象并不是一件简单的事情，出现的原因是较为复杂的，不仅广州的情况如此，在其他地方也不例外。不过，仅就其原因来看，如果归纳起来，大致也不外乎主要来自内部和外部两个方面。首先，从内部的情况看，像那位记者所说的“盛世修谱”的确不容忽视，我国毕竟有这一传统。当改革开放的春风吹遍祖国大地之后，社会环境发生了较大变化，原来生活较为困难的广大群众变得富裕起来，开始有能力编修自己的家史族史，具备了“盛世修谱”的物质基础。与此同时，从历史上看，在上个世纪30年代的时候，我国曾出现过一次修谱的高潮，从这时下推60年，正是上个世纪90年代前后，或者说是修谱传统中60年一大修的时候，在当时出现新的修谱热不难理解。另外，还有一些来自基层的具体原因，比如一些人由于受封建宗族思想的影响，对修家谱的危害认识不足，自以为修家谱、续家谱、修祖坟等是“祖训”，体现了族人兴旺；或者一些人以维护家族成员利益为幌子，试图以血缘关系为纽带，抱成一团，形成私人势力。有些人想以修家谱这一旧时家族聚会的方式，给自己找个“靠山”。再就是家族间攀比之风的拉动。一些家族认为，其他家族都修家谱，如果自己家族不搞，就会显得没有社会势力，会被人瞧不起。于是，你修我也修，你为修谱办酒席90桌，我就办100桌；你请出张三做“后台”，我就搬出李四来“压阵”。所以说，我国近年出现的修家谱现象，原因是颇为复杂的，并不能简单地加以看待。

除内部的原因外，我国修家谱现象的出现还有来自外部的原因。从上个世纪80年代开始，随着我国改革开放政策的实施，居住在港台地区的同胞和海外各地的华人出于“血浓于水”的情结纷纷到故里或祖居地“寻根”，由于离家的时间太久，在确定亲疏关系时往往要借助于家谱，或者带来了自己保存的家谱，从而使家谱发挥了纽带性作用。为了配合寻根或为寻根服务，也在一定程度上刺激了修家谱现象的出现。

当然，对于目前不少地方的修家谱现象，我们尽管要看到它的积极作用，但对它的某些消极因素也不容忽视。对此，尤其是一些在基层工作的人，还提出了自己的忧虑和思考。他们认为，近年来，不少地方由同姓族人集资、借修家谱的名义进行集会，每次聚会多者上千人，少的近百人。其中虽不乏积极的成分，但某些消极现象也是应该引起重视的。从各地反映的事实看，已经发现有别有用心的人通过修家谱结成违法乱纪、鱼肉乡里的同姓恶势力团伙，还有一些党政干部通过血缘亲情搭桥与族人建立起关系网，每遇难办之事，或族中有人违法乱纪，他们往往会出面斡旋，加以开脱。据报道，在前些年南方某地曾发生过一起借修家谱之机逼占别人耕地的事。当时是以一些退休干部、教师、职工为首，纠集族人，强迫该村一异姓村民让出百余年前埋葬过其祖先某“进士”的耕地，供其修复“进士坟”，扬言“谁敢阻拦就打死谁”，并让参加修谱的人各带一把锄头。幸好被发现及时，经当地乡党委、政府和县公安局出面干预，才使他们放弃修复“进士坟”的打算，避免了一场流血事件。再者，修家谱的费用大都直接来自对群众的摊派，且收费较高，浪费较大，个别经办人甚至从中渔利，中饱私囊，把本来想团结族人的活动变成一场恶作剧。如某姓在发动修谱时曾规定，每人交款10元修家谱，等这些钱收齐以后，三位经办人偷偷把其中的一些私分，因分赃不均而吵架，造成很坏影响。同时，在向各家各户收款时，一些农民本来拿不出钱，但由于担心遭到族人排挤，或者会因此不能入谱，只好卖鸡卖蛋、卖粮卖物，硬着头皮去“添人头”。另外，修家谱由于是牵涉面较广的事情，无法由少数的几人在很短的时间内完成，往往会耽误工作、学习和生产。某地的一位副主任为了在家修谱，连上级部门通知他去开的重要会议都拒绝参加，造成了很严重的后果和很坏的影响。

由上可知，修家谱的消极作用显而易见，并且越在偏远地区的农村越是如此。为了防止这一风气蔓延，一些在基层工作的人还提出了自己的建议，主要包括各地政府和村级组织应旗帜鲜明地表明对修家谱的态度，有针对性地宣传修家谱的危害，教育公民相信党和政府，相信法律，遇到事情不要把希望寄托在宗族势力上，使人人皆知，自觉不参加；对于那些组织修家谱造成严重后果者严肃处理，以儆效尤。同时，各级党政机关要切实转变作风，多深入农村，为群众解决疾苦，为百姓撑腰作主，以实际行动增强党和政府的凝聚力，赢得群众的信任，从根本上消除群众对宗族力量的依附心理。当然，上述这些建议主要是针对一些偏远地区的农村的，所关注的重点也是由于修家谱而带来的农村宗族势力抬头问题，并不是说全国各地修家谱者都是如此，我们对它消极作用的探讨也要根据实际情况区别对待。

总的来看，修家谱现象的出现是新形势下人们一种寻根情结的反映。作为一种较为普遍的社会现象，我们对待它的态度不应该是简单的否定或强行的禁止，而应该是正确的加以引导。我们所应该反对的是利用修谱之机大搞宗族活动甚至形成宗族势力，影响正常的社会秩序；也反对在所修的家谱中继续宣扬那些属于封建糟粕或迷信的东西。我们赞成把家谱修成新型的家史、族史，弘扬我国优秀的传统文化和优良品德，增强整个民族的向心力和自豪感，为社会主义的精神文明建设服务。

总之，家是社会的细胞，家谱是家的生命史。作为百家姓内容的一个组成部分，家谱具有非常丰富的内容，值得我们加以关注。

话题十二：百家姓与文化旅游

乍看起来，百家姓与文化旅游好像是风马牛不相及的事情，二者是如何扯上关系的呢？其实，百家姓对文化景点、风景名胜、城市、村庄、街道的名称等都有影响，它们中许多都是由姓氏命名的，另外还有建筑物、祠堂、陵墓等与姓氏有关，其中许多还是旅游热点，如张家界、周庄、陈家祠堂、王家大院、胡庆余堂、黄浦江、黄花岗、朱仙镇、陈桥驿、袁林、毛家湾等都是如此。于是，便也有了这样一个专门话题。

一、姓氏景点中的祠堂家庙游

在姓氏学界，近年流行一个还在被争论的名词，叫做姓氏景点，它实际上是指那些在景点名称中含有姓氏的旅游景点，如我们在以上提到的那些都是。这些年来，随着我国经济的飞速发展和人们生活水平的不断提高，以及双休日的出现、节日假期的延长，等等，人们对生活质量的要求越来越高，利用节假日出门旅游也成为许多人的选择之一，其旅游目的地中有些便是姓氏景点，有关的旅游也被专家们称为姓氏旅游。有时，这种旅游与人们通常所说的“寻根游”或名人故里游有近似之处，但它的内容更为宽泛。它最突出的一个特点是每一个景点的名称中都带有姓氏，就像是用姓氏命名的景点一样。关于这点，是所谓的“寻根游”或名人故里游不完全具备的，因此也更加具有价值。

其实，姓氏旅游并非今天的发明，在古代就有一种凭吊怀古的旅游方式，去参观历史名人故居、名人故里，有些便与今天的姓氏旅游近似。尤其是在唐代，许多文人雅士都喜欢相关的旅游活动，并在自己的诗中反映出来。直到今天，我们仍能从李白、杜甫和贺知章等人的诗中觅见有关的情景。至于今天的姓氏旅游，如果我们按照景点性质的不同加以划分，就会发现，其中的一种是与以姓氏命名的建筑物有关的旅游。如在广州，有一个以姓氏命名的著名景点陈家祠堂，平时游客很多，几乎是初到广州的人必去之处。它俗称陈家祠、朝阳宫，坐落在广州市中山七路，是全国的一个重点文物保护单位，以其精湛的中国传统建筑装饰工艺吸引着众多的国内外游人，成为广州市的著名旅游景点。郭沫若先生生前来参观时，曾即席赋诗赞叹：“天工人可代，人工天不如。果然造世界，胜读十年书。”它原是广东省各县陈姓合族祠，筹建于光绪十四年（1888），光绪二十年（1894）落成。占地面积近1.5万平方米，主体建筑宽和深都是80米，总体以“三进三路九堂两厢杪”布设，以六院八廊互相穿插，形成宽敞、雄伟、对称的建筑布局特色，是典型的广东民间宗祠建筑。全院的门、窗、屏、墙、栏、梁架、屋脊等各处都配有精美的各式木雕、石雕、砖雕、灰塑、陶塑、铜铁铸等艺术品，与雄伟的砖木、石建筑大殿浑然一体，使整座建筑极具艺术魅力。其建筑及装饰艺术不但在近代中国建筑史上占有一定地位，而且也为世界所瞩目。早在本世纪20年代，德国学者陂士敏最先把这一建筑载入《世界建筑艺术》一书中，日本森清太郎也在随后编撰的《岭南纪胜》一书中把它作为岭南建筑艺术的代表加以推介。

在陈家祠堂建成伊始，除作为家族活动的一个场所外，还是全省会考时的各地陈氏子弟落脚之地。清末废科举后，这里改名为陈氏实业学堂。民国时期，在这里先后开办过文范学校、广州市行政干部学校。1957年由市政府拨款进行全面维修，并自此起，先后定为广州市、广东省和全国文物保护单位。1959年正式辟为广东省民间工艺馆。“文化大革命”中除陈氏祖先牌位被毁外，其他保存完好无损。1996年，它又被评为“广州十大旅游美景”之首。近年来，在这座独特的建筑艺术殿堂中，广东民间工艺馆经常利用这里的宽敞厅堂举办各种民间工艺展览，展出中国民间工艺精品，使之成为更具吸引力的高品位旅游景点。如今，诞生了一百多年的陈氏书院，仍以其浓郁的民族风采为锦绣中华添色增辉。

由上可见，像陈家祠堂这样的建筑，原来是祭祀祖宗和举办家族事务的场所，而现在却成了旅游景点，这可能是前人没有料到的。除此之外，在江西乐安也有不少董姓人建造的祠堂，一个村就有好几座，至今保持完好，也可以说是一种景观了。

另外，关于祠堂，还有其他一些名称。如在南方，祠堂也叫香堂，在其中进行的宗族活动也叫开香堂。这里所谓的“堂”，最初是指宽敞明亮的房子，或者指与“室”相对应的住宅正屋。由于它是住宅中的主要建筑，也常常被当做家庭或家族活动的主要场所，或者作为款待宾朋、祭祀祖先的理想之地。尤其是在唐宋以后，民间为了祭祀祖先而建立专门场所，多取“堂”的上述含义称作祠堂，有时也把它们称作宗祠。

当然，以上这些与祠堂相关的名称，叫做宗祠也好，香堂也罢，都不过是对民间这些建筑的称谓，对于皇帝或达官贵人之家的相同建筑，则又有其他的一些称呼。比如把皇家的祠堂叫做太庙，就是一种专有的称谓。在现在北京天安门东侧的劳动人民文化宫，前身就是明清皇帝的太庙，是祭祀祖先的地方。在其中原来供奉着皇帝祖宗的牌位，每逢年节都要举行隆重的祭祖仪式。这里的建筑也很有特色。在整个大约10万多平方米的范围内，石桥、戟门、大殿等一字排开，再加上封闭的围墙、浓密的古柏，整体营造出一种庄严肃穆的气氛。它的建筑也是我国现存最完整的明代建筑之一。现在到这里旅游的外地人或到这里休闲娱乐的本地市民都有很多，也是天安门景区的一个著名景观。

祠堂还有一个名称叫家庙，是一种很通俗的叫法，无论民间还是显贵之家都能使用。在通常所说的家庙中，恐怕要算孔子的家庙名声最大了。孔子的家庙也就是孔庙，一般认为有两处，其中一处在山东曲阜，另一处在浙江衢州。

提到曲阜的孔庙，很多人都知道。如果把它算作祠堂的一种的话，它应该是介于广州陈家祠堂和北京太庙之间的一种建筑。它作为孔子的后代祭祀他的地方，也是当地孔姓人的家庙，以及我国最大的祭孔要地。它初建于孔子死后第二年(前478)，是由鲁哀公把孔子的故宅改建而成的。当年规模很小，仅是为了“岁时奉祀”。西汉后，随着历代帝王对孔子的不断加封，孔庙规模也随之扩大。到清代，雍正下令大修，扩建成现在的规模。现在的孔庙规模宏大，雄伟壮丽，金碧辉煌。庙内共有九进院落，以南北为中轴，分左、中、右三路，纵长630米，横宽140米，有殿、堂、坛、阁460多间，门坊54座，“御碑亭”13座。孔庙内的圣迹殿、十三碑亭及大成殿东西两庑陈列着大量碑碣石刻，特别是这里保存的汉碑在全国是数量最多的，历代碑刻也不乏珍品，数量之多仅次于西安碑林，有我国第二碑林之称。其中的建筑如大成殿，作为孔庙的正殿，也是孔庙的核心，唐代时称文宣王殿，共有五间。宋天禧五年(1021)大修时,移今址并扩为七间。宋崇宁三年(1104)徽宗赵佶取《孟子》“孔子之谓集大成”语义,下诏更名为“大成殿”。清雍正二年(1724)重建,九脊重檐,黄瓦覆顶,雕梁画栋,八斗藻井饰以金龙和玺彩图, 双重飞檐正中竖匾上刻清雍正皇帝御书“大成殿”三个贴金大字。殿高24.8米,长45.69米,宽24.85米,坐落在2.1米高的殿基上,为全庙最高建筑,也是中国三大古殿之一。在大成殿前甬道正中,还有一座传为孔子讲学之处的杏坛,坛旁有一株古桧,称“先师手植桧”。杏坛周围朱栏,四面歇山,十字结脊,二层黄瓦飞檐,双重半拱。亭内细雕藻井,彩绘金色盘龙,其中还有清乾隆“杏坛赞”御碑。亭前的石香炉高约一米,形制古朴,是金代遗物。由于孔庙独具价值,曾在1994年与孔林、孔府一起入选《世界遗产名录》。世界遗产委员会对它的评价是“公元前478年为纪念孔夫子而兴建的,千百年来屡毁屡建,到今天已经发展成超过100座殿堂的建筑群”,“具有独特的艺术和历史特色”。正是由于它不同一般,才能吸引较多的游客,也是曲阜的一种魅力所在。

当然,谈到像孔庙这样的姓氏景点,在曲阜不过是“三孔”之一。其实,曲阜在今天享誉全球的原因并不是因为这些,而是因为当地出了个历史名人孔子。所以,人们只要提起曲阜,就一定会想到孔子;提起孔姓,也一定会想到孔子,想到曲阜,在他们之间已经形成了一种密不可分的关系。

除上述以外,在浙江衢州的孔庙也很著名,是公认的在曲阜之外的另一处重要孔庙。它也称孔氏南宗家庙,是原在曲阜的孔子后裔到这里避乱时兴建的。据记载,在北宋末年时,金兵南犯曲阜,孔子第48代裔孙孔端友奉孔子夫妇楷木像随宋高宗南渡,赐居衢州,后仿曲阜规制在衢城菱湖重建家庙。它初建于宋宝祐元年(1253),明正德五年(1520)迁于现址,历代多次修葺。1988年经过全面修缮,作为衢州市博物馆对外开放。现在的大成殿内塑孔子及其子孙三座加冕彩绘坐像,思鲁阁内供奉着相传为子贡手雕的孔子夫妇楷木像和唐吴道子绘"先圣遗像"碑,西庑设南宗史迹砖雕和家庙变迁沙盘,圣泽楼及东庑为馆藏文物展厅,院墙上嵌有历代修建家庙的碑碣,院中古银杏、古柏参天,与黛瓦红墙、楼阁飞檐相辉映,是游览观光的好地方。现为全国文物保护单位。

另外,在谈到孔庙时,除了曲阜和衢州的孔庙外,不久前在浙江磐安县榉溪村又发现了一处孔庙,是"孔氏婺州南宗"第二派祭祀孔子的地方。据清嘉庆元年《孔氏家谱》记载,这座建筑群始建于宋宝祐三年(1255),现存大部分建筑为清中晚期所建,此后经多次修整。家谱称"惟婺祖端躬,官居大理寺评事,乃由台抵婺至永之榉川,见其山高水长,泉香土沃,弃华衮之荣而优游自乐,屋于钟山之下而居焉,此南北之所由分而三派之所自始也"。在现在的榉溪村有大片保存完好的古建筑群,该村居民多为孔姓,村内被村民尊为"家庙"的建筑群规模宏伟,遥对林木茂盛的金钟山,整群建筑屋柱多达84根。家庙的门楼采用三柱穿斗结构,正中大门两边用砖封盖,戏台为轩阁式结构,气势恢宏。前堂为五开间大厅,穿堂采用台梁和月梁,雕琢精美。后堂用两米高木板封顶,为悬挂历代祖宗画像的场所。整个建筑以中轴线贯穿,左右对称,坐北朝南。在家庙附近还有这支孔姓人始迁祖孔端躬墓、孔端躬父孔若钧墓,以及孔氏南宗阙里碑、文宣亭、思祖亭等。

总之,从以上的几个典型事例中可以看出,祠堂或家庙之类的建筑作为文化旅游景点中的一个组成部分,由于与姓氏密切相关，理所当然地是姓氏文化旅游的重要内容。在我们谈论与姓氏有关的旅游景点时，或者进行姓氏景点中的建筑游时，无论如何也少不了它们。

二、姓氏景点中的民居游

我们在以上所谈的祠堂、家庙等建筑作为姓氏景点的一种，一般不是供人直接居住的地方，而是祭祀祖先的场所之所在。那么，是不是说供人居住的地方在建筑上就逊色一些，没有值得去旅游、去观光的价值呢？

回答当然是否定的。比如上述所提到的曲阜“三孔”中，另外“两孔”分别是孔府和孔林，其中孔府便是孔子及其后代居住的地方，它的价值一点也不比孔庙低。又比如北京的故宫作为皇帝居住的地方，也比太庙豪华气派得多。

说到居住的地方，最豪华的非故宫莫属，其次应算是孔府。但它们或者是帝王之家，或者是达官显贵，都不是一般老百姓所能比的。至于除它们之外的民居建筑，有些也同样有其旅游价值。比如这几年刚开发的一处叫做王家大院的建筑，便与故宫和孔府都不同，是一处典型的民间住宅，但豪华气派程度也远近闻名，素有“民间故宫”之称。它地处山西省灵石县城东12公里处的静升镇，所在的灵石县相传设立于隋朝时。据说在当年，隋炀帝北巡之时，有一块陨石自天而降，落在当地的大湖之滨，炀帝认为这是上天保佑大隋的吉兆，因而下诏以灵石立县。自此以后，灵石县就被看成风水宝地，吸引着众多家族到这里淘金。王家大院的祖先王实，便是这些淘金者中的一位。据有关家谱记载，王实在南宋初年由太原迁至灵石县沟峪滩村，他的后代王诚斋又在元朝皇庆二年(1313)率家族迁到这里,由自耕农起家,王诚斋的后代再后来又转而经商,历经数百年的发展,至清代前期终于成为殷实富有的地方大族。由于他们名人辈出,经济实力雄厚,居灵石四大家族之首。其居住地包括东大院、西大院和孝义祠,总面积34650平方米。其中东大院俗称高家崖,建于清嘉庆初年,是一个不规则形城堡式串联住宅群。城堡因地布局,顺势而建。鸟瞰东大院,是由三个大小不同的矩形院落组成:中部是两座主院和北围院,东北部是俗称"柏树院"的小偏院,西南部是大偏院。城堡的四面还各开一个堡门,其中东堡门位于主院前大通道的东端,西堡门开在大偏院的西南角,南堡门开在主院前大通道的中间,北堡门开在小偏院的东北角。南堡门外是一条长50米、宽3米的石板坡路,直通村中的五里后街。主院前的大通道长127米,宽11米,全部用青石铺成。大通道的南面是高高的砖砌花墙,墙内建有60多米长的风雨长廊。东大院主体建筑是两座三进四合院,院门前都有高大的照壁、上马石、旗杆石、石狮、石台阶等。从布局看,每座主院都有宽敞的正院、偏院、套院、穿心院、跨院等,按用途分为堂屋、客厅、厢房、绣楼、过厅、书院、厨房等。院内因地而异,修有甬道、幽径、低栏、高墙等。主院西南角的大偏院是由两座花园式庭院组成的,可供主人小憩。主院正北的后院是由一排13孔窑洞组成而又分隔为四个小院的护堡院。整个东大院建筑规模宏大,结构严谨,院中有院,门内有门,窑顶建窑,房上坐房,风格十分突出。西大院则俗称红门堡,是一处十分规则的城堡式封闭型住宅群,面向与背靠同东大院完全相同。俯视西大院,其平面呈十分规则的矩形,东西宽105米,南北长180米。只有一个堡门,开在南堡墙稍偏东的位置,正对着城堡的主街。雄伟的堡门为两进两层,一方刻有"恒祯堡"的青石牌匾镶嵌在堡门正中央，因堡门为红色，所以人们都叫西大院为“红门堡”。堡墙外高八米，内高四米，厚二米多，用青砖砌筑。堡墙上有垛口。堡门外正对堡门的地方有一座砖雕照壁，堡门左右及堡墙东北、西北角各有一条踏道可上堡墙。堡内南北向有一条用大块河卵石铺成的主街，人称“龙鳞街”，街长133米，宽3.6米。主街将西大院划为东、西两大区，东西方向有三条横巷。横巷把西大院分为南北四排，由下向上依次称为底甲、二甲、三甲、顶甲。一条纵街和三条横巷相交，正好组成一个很大的“王”字。堡墙东北角和西北角各有更楼一座，堡内东南角、西北角各有水井一口。堡内共有院落27座，除顶甲为6座外，其余三甲均为七座。各院的布局大同小异，多数为一正两厢二进院，正面以窑洞加穿廊为主，顶层有建窑洞或建阁房的。大部分院落以南北中心线为对称轴，东西基本对称。也有一部分院落为偏正套院，院门偏在东南方向，院门内是一条较长的通道，通道西侧南端是通往前院的门，北端是通往后院的门。整个大院与其说是一组民居建筑群，不如说是一座建筑艺术博物馆。它的建筑技术、装饰技艺、雕刻技巧鬼斧神工，超凡脱俗，别具一格，院内外、屋上下、房表里随处可见精雕细刻的建筑艺术品。这些艺术品从屋檐、斗拱、照壁、吻兽到础石、神龛、石鼓、门窗造型逼真，构思奇特，精雕细刻，匠心独具，既有北方建筑的雄伟气势，又有南国建筑的秀雅风格，将木雕、砖雕、石雕陈于一院，绘画、书法、诗文熔为一炉，人物、禽兽、花木汇成一体，姿态纷呈，各具特色，堪称北方民居建筑艺苑中的一颗明珠，也是一处著名的人文景观，被誉为“三晋第一宅”。

当然，像王家大院这样著名的民居建筑在山西还有一些，比如乔家大院、孔家大院、曹家大院等也都很著名。乔家大院在当年曾是电影《大红灯笼高高挂》的外景地，并随电影走红国内外，至今还有不少人对它的建筑艺术啧啧称道。早在明清时期,山西是富商巨贾云集的地方,他们在经商致富以后多投资建造豪宅,上述这些都是被保留下来的。这些民居大多追求气派豪华,具有典型的北方风格,不像江南民居那样典雅精致,代表了另外一种建筑类型,因此也具有独到价值。

除北方民居外,南方民居也同样有多处被当做旅游热点。如在江苏扬州市,有个著名的旅游景点何园,又称何家花园、寄啸山庄,在徐凝门街道77号,是扬州住宅园林的典型。它原是清乾隆时双槐园旧址,清光绪九年(1883)道台何芷舟归隐扬州后,购得吴氏片石山房旧址,扩建成园林。它占地14000多平方米,取陶渊明《归去来辞》中"倚南窗以寄傲"、"登东皐以舒啸"句意作园名。园分东、西两部分,东部紧凑,西部开敞,以复道廊与假山贯穿分隔,上下衔接,成为多层欣赏的园林。西部为主园,地阔景深。正中设水池,池边叠石,四周楼阁环绕。池东建一座四面环水的方亭(水心戏台),称"水心亭",亭周筑廊,边长6.7米,面积为44.89米。亭南石板曲桥复道长廊,池北以湖石为梁,有七间二层楼厅,屋顶盖轻薄小瓦,屋角反翘,形态似蝶,俗称蝴蝶厅。厅两端用廊连接,通向西南部的赏月楼。厅二层上下隔间楠木板壁上刻有韩琦、苏轼、唐寅、郑燮、刘墉等名人书画。水池西南有桂花厅、牡丹厅、半亭、赏月楼等。池西有桂花厅,厅边植桂树。池南是读书楼。西南部有大型湖石假山,山上峰峦起伏,山内洞道弯曲,山上有小径通向楼边。园南部另成一区,建有走马楼、熙春堂楠木大厅、玉绣楼和片石山房等。东院以船厅为主景,南北二厅相对。北厅是四面窗格,船形,四周带回廊,单檐歇山顶,称船厅,又叫四面厅。廊柱悬木刻楹联"月作主人梅作客,花为四壁船为家",为李钟豫句。南厅略小,建牡丹厅三楹,三墙嵌砖刻"凤穿牡丹”，无回廊。东北二面沿墙筑假山，山下水池围绕。山上筑小亭，沿假山蹬道过楼阁与西部楼台通连。由于它把江南园林的特点浓缩在一起，被认为是清代后期扬州园林的代表作，现在则是全国重点文物保护单位。

总之，无论在我国的南方还是北方，受悠久的历史文化熏陶，都有许多被当做旅游景点的民居，它们中又各有一些直接以姓氏命名，并在一个方面丰富了姓氏景点的内容。我们在以上尽管由于篇幅所限仅举其中的一些为例，但也足以说明它在姓氏旅游中的突出地位。

三、与姓氏有关的村寨游

谈到我国以民居为主体的姓氏景点，作为与姓氏有关的旅游景点的一种，像王家大院这样的民居无疑也会与陈家祠堂和孔庙一样引起人们的重视。与此同时，在我们谈论这些话题的时候，并没有忽视另外一个问题，也就是像王家大院、孔庙和陈家祠堂固然有其吸引力，但从类型上看都不过是孤立的姓氏景点，还都没有连成一片。那么，有没有其他一些景点可以不再是一家一户的，而是属于一个群体的，比如说是某个村落的呢？

其实，这个问题也是非常好回答的，回答也是非常肯定的。属于一个群体或一个村落的旅游景点，大家在习惯上称为“与姓氏有关的村寨游”，这类的村寨大多分布在南方，有些还是很著名的。比如在浙江江山市的二十八都镇，生活着上万口有130多姓、操9种方言的人，被称为百姓镇，以其独特的民风民情和保存完好的古建筑独领风骚，便是这些年逐渐引起关注的旅游热点之一。当地处于浙、闽、赣三省交界的仙霞山脉中，是三省边界的重要集镇,居民相传是唐末黄巢农民起义军的后代。史载,黄巢农民军因久攻宣州不下,在唐乾符五年(878)折返崇山峻岭,开山辟路350余公里,来到这里,继而由浙入闽,攻取福建诸州。后来,一些起义军在这里留居下来,成为这里的最早居民,加上又有一些商人从各地陆续迁来,最终奠定了百姓镇的基础。

百姓镇所在的地方原是一个小盆地,这里群峰拱卫,峰峦叠翠,景色殊为秀美。加以四周因关隘拱卫,少受战乱干扰,至今仍较完整地保留着两段约一公里长的古商业街道,以及街道旁36座民居建筑,具有明、清两代建筑风貌。其中在北边的街道称为浔里街,以住宅为主;南为枫溪街,以经商为主。在清同治年间,这里是鼎盛期,仅饭铺酒店就有50多家,南北杂货批发商有40多家。其中,发展成大户的有曹、姜、杨、金4家。他们在古道两侧围绕宗族而居。古街居民家内都十分干净整洁,门前挂着传统的标志物,俨然成了富有文化气息的明清一条街。其建筑融合了浙式木雕、徽式砖雕、赣式灰墙、闽北客家式甚至还有洛可可式等的建筑风格,与浙皖一带的"四水归堂"水乡民居不同。尤其是地处镇北的文昌阁,气势不凡,如雄鸡啼鸣时高昂的头冠。整个建筑梁、枋、檩、藻井都画有教导人读书做人的精细工笔彩绘,共计340幅,有"悬梁苦读",有"读书做官,衣锦还乡",有"卧冰求鱼"等,小的尺余见方,大的三四米宽。建筑内还保存了大量文化价值相当高的壁画以及碑文,在国内罕见,被称为"民间建筑博览馆"。此外,镇内还有水安凉风、枫溪望月、郑狩晴岚、龙山牧马等风景名胜,尤其是镇外的自然景区——浮盖山更有"小黄山"之称。

百姓镇人最为自豪的是他们的语言。他们共使用9种方言,相互交流时用共同的"廿八都官话"沟通。这"官话"和普通话很接近。据当地老人说，在抗美援朝时，镇里几个青年参加了志愿军。部队在丹东市停留时，发现当地老百姓的语言和二十八都的官话几乎一样。年轻军人走过万水千山之后，竟然在中国最东北部遇到了迷失数百年的故乡，进而搞清楚“二十八都官话”原是“关话”，指山海关外的一种话。几位年轻人不禁喜极而泣。

又如，在安徽黟县有个叶村，又称南屏，因最早由叶姓人居住而得名。他们在元朝末年从祁门白马山迁来，村庄迅速扩展，明代又迁来了程、李二姓人，形成叶、程、李三大宗族齐聚分治的格局。特别是清代中叶以后，由于三大姓之间的竞争进取，相互攀比，促使叶村步入鼎盛时期。全村人丁仅有1000多，却有36眼井，72条巷，300多幢明清古民居。且村中至今仍保存有相当规模的宗祠、支祠和家祠，被誉为“中国古祠堂建筑博物馆”。其中位于村中心的叶氏宗祠“叙秩堂”始建于明成化年间，坐东朝西，占地近2000平方米，由80根粗大的圆柱支撑，分上、中、下三进大厅。大厅为享堂，中厅为祀堂，下厅是吹鼓奏乐之地，也可搭台演戏。大门两侧有一对用黟县青石精雕细刻的石鼓，非常威严。大门上端挂有“钦点翰林”、“钦赐翰林”、“钦取知县”等金字匾额，门联是“石林派衍家声远，武水澜回气象新”。另一处建于明弘治年间的叶奎光堂，是当年叶姓祭祀其四世祖叶圭的会堂，现为县级重点保护文物。叶圭名文圭，字天瑞，号南屏，明成化二年岁贡，曾任山西太原府岚县知县。另外，村中还有祭祀晚清徽商巨贾李宗眉的李氏支祠等。

除了祠堂林立外，叶村的古私塾园林和古民居建筑也比比皆是。其中，位于村庄上首的“半春园”又名“梅园”，建于清光绪年间，是村中富商叶自璋为子女读书而建造的私塾庭院。园内有三大间书屋及半月形的庭院，还有对联“静乐可忘轩冕贵，清游端胜绮罗尘”。另有一个因清代著名散文家、桐城派代表人物姚鼐的《西园记》而遐迩闻名的“西园”，坐落在叶氏宗祠前，始建于清乾隆五十六年(1791)，占地近一公顷，内设牡丹园、梅竹园、山水园、松柏园，是当时村人叶君华为孩子们读书养性而修建的，可惜现已毁坏，仅留石雕“西园”两字大门及西园溪、西园桥及古樟等遗迹。村中还有“培阑书屋”、“陪玉山房”、“梅园家塾”等。叶村今仍完好保存着明清古民居建筑近300幢，幢幢结构奇巧，营造别致，高墙深巷，纵横交错，冰凌阁、慎思堂、南薰别墅、倚南别墅、雕花厅、小洋楼、官厅等都各具特色。

除叶村外，在苏州附近有个周庄，也是这类景点中较有影响的一个。它原名贞风里，也是一个千年古镇，位于苏州和上海之间，在江苏省昆山市西南30公里处，苏州南38公里。这里最早是因为一位周姓人而得名的。相传，他在北宋时曾担任迪功郎一职，人称周迪功郎，他把13公顷的土地捐献给附近的全福寺，因此名闻远近。后人为了纪念他，便把村名改为周庄，清康熙初年正式定名为周庄镇。古镇内河道呈井字型，民居依河筑屋，依水成街，河道上横跨14座建于元、明、清代的古桥梁。两岸民房多为二层楼结构，粉墙黛瓦，木棂花窗，人称“集中国水乡之美”于一庄，极具小桥流水、沉静轻灵的江南风情，是典型的“小桥流水人家”。当夜幕来临时，古村更显得清幽恬静。村中的老宅均有百年以上的历史，其中沈厅、张厅颇为显赫，柳亚子也曾在村中的迷楼中从事过进步宣传。每逢节假日，到这里旅游的人每天都有万人以上，是近年的热点之一。

在周庄过去的历史上，除那位周迪功郎有开创之功外，还曾以沈万三发明万三蹄而闻名，而近年的引人注目据说是因一位陈姓人到这里寻根而推动的，但无论如何，它的得名毕竟与周姓人有关。当地自古多周姓。早在两晋之际，苏南的宜兴一带就出了个著名的周姓家族，史称“宜兴周氏”。后来，随着北方人大量南下和经济重心的不断南移，原来居住在这里的周姓人以及陆续迁居到这一带的周姓人不断形成新的居住中心，周姓望族又大量涌现。如仅在明代，便有太医院院判周庚家族、太常卿周顺昌家族、画家周舜臣家族、外戚周奎家族等知名远近。如今，这里及其四周仍是周姓较为集中的居住地，也是江苏周姓人居住最密集的地区之一。

现在的周庄又是一个多姓聚居的村落，村中的沈姓、张姓、陈姓都是大姓，沈姓的沈厅、张姓的张厅等还是著名的旅游景点，倒是周家名气不如从前了。这种多姓聚居村落的形成一般认为与历史上的移民有关，其结果便是一姓聚居的传统模式被打破，代之以多姓聚居的形式，并且成为我国最常见的一种现象。

除周庄外，在江浙一带还有一个著名的以姓氏命名的旅游村落，这就是坐落在浙江兰溪市城西18公里处的诸葛村。与周庄的情况有所不同，诸葛村相传是一个与诸葛亮有关的村落，充满了较多的神秘色彩。众所周知，诸葛亮作为一个家喻户晓的历史人物，他所在的家族也是汉末、三国时期的一个显赫家族，家族中的诸葛瑾、诸葛亮、诸葛诞三人先后分掌魏蜀吴三国大权，其中尤以诸葛亮的功绩最高。诸葛村居住的诸葛姓人，都自称是诸葛亮的后代。

相传，诸葛亮的后裔诸葛俐在五代后唐时一度出任浙江寿昌县令，致仕后定居寿昌。后来，诸葛俐的儿子诸葛青徙居兰溪，以做药材生意闻名。到明朝万历年间，当地诸葛姓人为纪念诸葛亮，集资兴建了一座面积1400多平方米的丞相祠，同时还依照诸葛亮发明“九宫八卦阵”的传说设计兴建了一座建筑布局严谨的

“八卦村”，也就是现在的诸葛村。

诸葛村之所以能够在近年受重视，一个主要原因是它十分奇巧罕见的村落布局。整个村落高低错落有致，气势雄伟壮观，结构精巧别致，空中轮廓优美。其中位于村落中心的钟池，一半水塘一半陆地，两面各设一口水井，形成极具象征意义的鱼形太极图。钟池周围构筑的八条弄堂向四周辐射，使村中的所有民居自然归入坎、艮、震、巽、离、坤、兑、乾八个部位。更为神秘的是村外八座小山环抱诸葛村，构成天然的外八卦阵形。当游客步入村中纵横交错的古巷时，大有似连非连、半通不通、曲折玄妙之感，犹如进入一个迷魂阵，实属罕见。置身其中，更加感悟到杜甫的“功盖三分国，名成八阵图。江流石不转，遗恨失吞吴”的内涵。经过抢救保护，现全村的200余座明清古建筑保存完好，成为颇具诱惑力的人文旅游景点。

再者，诸葛村吸引人的可能不仅是它的建筑布局，恐怕还有“诸葛”这个复姓。因为我国大多数人都是单姓，复姓比较少见，特别是姓复姓“诸葛”的人更少。关于这个姓氏的来源，通常有三种说法，其中与诸葛亮和诸葛村有关的一种说法是“诸葛”出自单姓葛，原来也不是复姓，改成复姓是与地名相结合的结果。相传，在夏代，今河南宁陵县一带有个葛国，是传说中的部落首领葛天氏的后代，伯爵，人称葛伯。到夏桀时，葛伯东邻的商汤要向西发展势力，污蔑他不祭祖先，从而出兵把它灭掉。后来，葛伯后代中的一些人向东逃难到今山东诸城，再由诸城迁到阳都，以葛为姓，但当地人则把他们当成是由诸城迁来的葛姓人看待。这样，久而久之，他们这些由诸城迁来的葛姓人便也入乡随俗，干脆因此而改姓诸葛，意即“由诸城迁来的葛姓人”，从而便有了这样一个复姓，而山东阳都也就是诸葛亮的家乡。

由上可见，像诸葛村这样在这些年逐渐受到重视的姓氏旅游景点,受重视纵然有其他的原因,但由于与姓氏的关系至为密切,从而也更增添了它在文化上的厚重感。在我们出门旅游的时候,除了欣赏它的人文景观以外,能够再对它的姓氏背景作进一步的了解,当然也是一件一举多得的惬意事。

四、与姓氏有关的城市游

以上我们谈到，姓氏景点中有与一个姓或一个家族有关的景点,也有像祠堂、村寨这样与一批人有关的景点,它们都有不少吸引人的地方。那么,我们如果按照刚才由小到大的思路进一步谈论下去,是不是有比村寨更大的姓氏旅游景点呢?回答同样是肯定的，其中之一便是用姓氏命名的旅游城市。据一个资料说,我国现在的城市有700多个,其中有不少都是由姓氏命名的,如石家庄、张家港、尉氏县、邓州市、杨浦区。在这类的城市中,有代表性的旅游城市也很多。

关于与姓氏有关的旅游城市，根据我们一开始就定下的标准,是指城市的名字中有姓氏的城市,或者说城市名字中有像姓氏的城市。按照这一标准,许多城市都要被排斥在外的,如北京、上海、天津、广州、西安、武汉等著名城市都不算。尽管如此,符合这一标准的城市仍然还有很多。除以上所举的几个外,还有张家口、卢氏县、叶县、杞县、郑州、徐州、吴桥、严州等,其中的一些还很著名,并且明显都带有姓氏,当然也有与姓氏有关的传说。如提起叶县,人们就会想到传说“叶公好龙”;提起杞县,人们就会想到典故“杞人忧天”;提起郑州,人们就会想到郑姓人和他们的“荥阳堂”。这些传说或典故中所涉及的“叶”、“杞”、“郑”等字,尽管在当初可能还有别的含义,但在后来确确实实被当成了姓氏,甚至有些还是姓氏的重要发源地。因此,我们把它们称为与姓氏有关的城市,或者把到这些城市的旅游称为“与姓氏有关的城市游”,并不是毫无根据的。

如果按照以上标准,曾经是东汉首都的许昌市应算是一个了。许昌也就是《三国演义》中曹操强迫汉献帝迁都的地方,当时还有一个名称叫做“许”。关于这个“许”,的确是一个姓。相传,早在上古唐尧时期,有一个名叫许由的高士威望很大但淡泊名利,唐尧曾想将大位让给他,但被他婉言拒绝,还躲到箕山隐居起来。后来,唐尧又想请他做九州长,他仍然不肯,认为听这样的话是沾污自己的圣洁,就去颍水边洗耳朵。唐尧见他执意不肯相就,只好放弃传位的念头,把大位禅让给了虞舜。后人为了纪念许由,就把他隐居的地方称为“许”,他的后代也姓许。到周朝时,周武王又把文叔封在许,建立许国,所在地也就是现在的许昌。

关于这类与姓氏有关的城市,还可以举出一个例子,也就是当年西楚霸王项羽居住的徐州。徐州这个名字,与徐姓和传说中的一位徐姓名人有关。据有关文献记载,徐姓是一个与周朝名人徐偃王有关的姓氏。相传,徐偃王名诞,生于周昭王三十六年。当时徐母感瑞而有孕,足月后生下一卵,家人认为不祥,就把他扔到河边。不久,有条叫鹄苍的狗发现了他,把他叼到自己的主人独孤老太太家,放在床下,但三天后又被家人发现,再次扔到河边,又被狗叼回。当家人再想扔时,忽听中间有小儿的啼哭声,剖开一看,是个婴儿,还紧紧握住左手,就把他收养下来。直到婴儿长到七岁时,左手方才伸开,手心的纹理很像“偃王”二字,家人就用这两个字为他起名。这条狗在后来临死时化为黄龙,埋葬的地方也被徐国人称为“狗垄”。

徐偃王后来继位为周朝的一位诸侯王。在位时广行仁义,去除刑争,“弛甲戈之被,坠城池之险,修行仁义,被服慈惠,视物如伤,以怀诸侯,诸侯贽生死之物于我者,三十有六国,是共戴君为王”。一次,他让挖一条连接陈、蔡间的河渠,挖渠的人挖出一副赤弓朱箭,认为是祥瑞,就献给了他。当时正是周天子穆王在西方幽会西王母之时,国政无人管理,诸侯多有怨言。徐偃王便乘机联络东部诸侯,率36国联军向周进军。周穆王闻讯后急忙赶回京城,调兵镇压,徐偃王只得收兵弃国,躲进彭城(今徐州)一带的深山中。由于深得民心,跟随他进山的百姓数以万计,这座山后来就被叫做徐山,徐州也因此而得名。

周穆王打败徐偃王后,本来还想进一步追讨,但看到他深受拥戴,便改变初衷,封他的儿子宗于徐,但降为子爵,让他继续管理徐国。后来,徐偃王死在山中,被徐姓人尊为祖先。如今,与徐偃王有关的徐州是苏北重镇,也是一座历史文化名城,与他有关的传说也仍让人津津乐道,为这座城市平添了些许浪漫情调。

徐州在过去又被称为彭城,名字的来源据说与老寿星彭祖有关,而彭祖也是彭姓人的祖先。在一个城市的名字中居然涉及到两个姓氏,并且还都那样有影响,在我国的这类城市中并不多见。

当然,在与姓氏有关的城市中,也有一些在名称上似乎是姓氏但其实与姓氏无关,属于比较特殊的情况。其中如山西洪洞县,是一个以历史上北方移民集散地著称的地方,县境内的“大槐树”在某种情况下甚至成了移民的代名词。然而,“洪洞县”这个名称究竟是不是姓氏?当地是不是因为最早有洪姓人居住而得名的?这些疑问还困扰过不少人。其实,这些疑问是不难解开的,或者说早已经解开。它的名称原来是由城南的洪崖城和城北的古洞而来的，二者各取一字组成了县名。它在西周时是杨侯国，汉置杨县，隋属临汾郡，义宁元年(617)改名洪洞县，自此基本沿袭不改，仅在1954年与赵城合并时一度称洪赵县，但在1958年又恢复了旧名。可见，它的县名从古到今都与洪姓人无关。

五、与姓氏有关的山川游

在与姓氏有关的旅游景点中，除了以上所说的几种类型外，值得一提的还有一些名山大川或河流的名称，也与姓氏或相关的名人有关。人们到当地旅游，按照我们此前的划分标准，当然也算是姓氏旅游了。在这类的景点中著名的也同样很多，限于篇幅，我们在此各选一例加以说明。

在与姓氏有关的名山旅游中，这些年的热点之一无疑是湖南的张家界了，它也是一个著名的风景名胜区。它地处湘西北边陲，澧水之源，武陵山脉横亘其中，气候属中亚热带山原型季风湿润气候，年平均气温16.8℃，四季宜人。由于地处云贵高原隆起区与洞庭湖沉降区之间，既受隆起的影响，又受沉降的牵制，加上地表水切割强烈和岩溶地貌极其发育，形成了当今这种高低悬殊、奇峰林立、溪谷纵横的地貌形态，向称奇峰三千，秀水八百。当地的山大多是拔地而起，山上峰峻石奇，或玲珑秀丽，或峥嵘可怖，或平展如台，或劲瘦似剑。此外，当地还有千姿百态的岩溶地貌奇观，以及举世罕见的砂岩峰林异景。加以河溪纵横，它们或一泻直前，或潺潺奔流，或气势磅礴，或平静如镜。又有壮观的瀑布、神秘的怪泉与众多的温泉。又由于地貌奇特，在第四纪冰川期和间冰期分别成为南北方动植物的避难所与栖息地，因而动植物种类繁多。主要珍稀动物有飞虎、翻掌鼠、米猴、背水鸡、白蛇、玻璃蛇等。属中国独有的珙桐、杜仲、伯乐三科木本树种，在当地均有，还生长着独有的龙虾花茶和鹅耳枥。景区内三千座岩峰拔地而起，耸立在原始旷野之上；八百条溪流蜿蜒曲折，穿行于莽荡峡谷之中，可谓融峰、林、洞、湖、瀑于一身，集奇、秀、幽、野、险于一体，“五步一个景，十步一重天”，被中外游人誉为“扩大了的盆景、缩小了的仙境”，“中国山水画的原本”，被评为全国重点风景名胜区。1982年，国务院批准建立张家界国家森林公园，填补了中国无国家公园的空白。1992年，联合国教科文组织将它下属的武陵源列入《世界遗产名录》。之后，景区内的天门山又被命名为国家森林公园。近年，当地又新增了茅岩河、九天洞、天门山三个省级风景名胜区，以及索溪峪自然保护区、天子山自然保护区等，被列为省级、国家级风景名胜区和自然保护区的面积达500平方公里。

张家界不仅景色宜人，而且名称也与姓氏有关。从字面上看，所谓的张家界也就是张家的地界，它的名称像江苏有个张家港、河北有个张家口一样，都与张姓有关。关于张姓，来源已见本书的其他部分所述，至于张家界的张姓，相传是汉朝的开国元勋张良的后代。张良在帮助汉高祖打下天下以后，辞官归隐，隐居在青岩山，跟着赤松子学道，死后葬在水绕四门西北角的香炉岩下，青岩山也就是张家界的旧名。另外，还有一种传说，说是在清道光三年（1823），附近的永定县有个叫张万聪的指挥使看中了这块风水宝地，想占为己有，于是跑马圈地，在8棵树上刻下了“指挥使张万聪界”。但是，第二天，当地的老百姓就把他刻的字全部刮去，重新刻上“汉留侯张良界”。解放后，这里设立了张家界乡，1959年成立张家界国营林场，1982年改称张家界森林公园，1988年划归大庸市武陵源区，1994年大庸市更名为张家界市，从而一步步地为世人所知。

除张家界外，在与姓氏有关的江河旅游中，黄浦江的知名度大概是最高的。黄浦江是上海市境内的一条著名河流，向有“上海母亲河”之称。它又名春申江或黄歇浦，源于青浦县的淀山湖，至吴淞口入长江，全长114公里，宽约400米。它的名称相传与历史上的一位黄姓人有关，这位黄姓人也就是春申君黄歇。黄歇曾是楚国的令尹，战国四大公子之一，食客三千，门庭若市。春秋战国时期，黄浦江流域先是吴越之地，后又属楚，楚考烈王时又把春申君黄歇分封在这里。在他受封这里以前，这里还是一片荒凉的沼泽地，其中央蜿蜒流淌着一条浅河，每当雨水多时就泛滥成灾，雨水少时又干涸见底，使两岸的人深受其害，咒它是“断头河”。等黄歇受封这里以后，弄清了河流的来龙去脉，带领百姓疏浚治理，使之向北直接入长江，一泻而入东海。从此，大江两岸的百姓不再受旱涝的侵害，变得安居乐业。人们感激他的恩德，便把这条河流称为黄歇江，简称黄浦。又因为他在后来被封为春申君，便又名春申江。它也是历史上最早人工开凿疏浚的河流之一。

由上可见，上海的黄浦江作为一条与姓氏有关的河流，是为了纪念黄姓的一位名人黄歇。由于黄歇造福百姓，遗爱子孙，使他不仅在上海一带影响至今，而且在上海周围也有用他的名字命名的河流，其中在浙江的湖州、江苏的江阴等地都有所见。

六、新的姓氏旅游景点建设及其思考

这些年来，随着旅游热的不断升温，姓氏旅游也逐渐引起了人们的重视，不少地方还开发或兴建了一些新的姓氏旅游景点。面对这种旅游形式，我们应该怎样来看待呢？

的确，在近年兴起的姓氏旅游热中，无论是旧有景点还是新开发景点都收到了较好的效果。在此影响下，还有一些景点正在规划兴建中。就目前所知者看，仅拟将开发的景点就有浙江中华百家姓始祖城、河南中国百家姓文化村、中国百家姓电视摄制基地，以及上海炎黄文化城、河南黄帝故里扩建工程等。其中规划中的中华百家姓始祖城计划把宋代《百家姓》所收508个姓氏的始祖用蜡像的形式进行表现，并配以模拟的生活背景，以供各界人士祭祀、朝拜、寻根访祖。此外，还计划辅以相应的、反映中华历史、民俗文化的50余项配套项目，聚祭祀、瞻仰、教育、观赏、游乐、休闲、参与等为一体。由于它是以百家姓为题材，以思乡寻根为文化情结，以民俗化为特色，突出了群众性、人民性，对唤醒广大炎黄子孙的爱国意识是有积极意义的。同时，该项目的规划者还注意到了它在南方的特殊意义，认为过去一般认为黄河流域是中华民族的发祥地，近年的历史研究表明长江流域同样是中华民族的摇篮。只是由于历史的原因，反映中华民族产生和发展的历史文化遗址以北方为多，在南方兴建这一项目正好可以弥补这一不足。如果把该项目建好，北有黄帝陵，南有始祖城，不仅可以起到南北呼应、相得益彰的效果，对距南方较近的台湾、港澳同胞和海外侨胞等也将产生相应的吸引力。

同样是规划中的中国百家姓文化村，计划投资1亿元，以景区建筑形式出现，一个姓氏一个村，每个姓氏村中都展示该姓氏起源的历史时期、历史地点、历史人物、丰功伟绩、家庭文化等。而中国百家姓电视摄制基地计划投资2亿元，以弘扬各姓氏始祖功业、修复先贤圣迹、光大中华精魂、促进华夏民族文化发展和社会经济振兴为宗旨，使之成为寻根、朝圣、谒祖和旅游观光、度假休闲、接受中华民族优秀传统文化熏陶和爱国主义教育的场所，成为纪念先圣及其优秀子孙、历代英杰的殿堂，成为砥砺品行、净化心灵、启迪智慧的境地，成为历史学家研究古文化的档案馆。其规划中的景点主要有万姓归宗祠堂、百家姓氏百家村、百家姓度假村、百家姓影视城、百家姓大酒店等。

另外，在港台地区也有人倡议兴建中华民族百姓宗祠。这一建议主张在凡有中国人的地方都要兴建这种宗祠，借以"令我国民人人得以追往古，继孝思，以至情内固民心，外结侨情，暨为大陆十亿同胞敬爱祖先之心之所归依。是其恩泽所及，上至百姓宗祖，下及其万代子孙"，"教民诚信忠敬、继孝思、笃人伦、醇风俗、隆国运、开太平"，亦即弘扬中华民族的传统美德。目前在香港已有一处根据这一设想建立的"中华民族百姓祖宗纪念堂"，其中在正殿供奉着黄帝灵位，以历代开国帝王陪享，各姓祖宗牌位环绕四周。各姓祖宗神主牌位质地相同，样式一样，并用三种颜色的字体进行区分。其中紫色金字者表忠孝，黄色金字者表平民，黑色白字者表奸佞。纪念堂内还计划设立"陈列馆"、"图书馆"、"讲堂"、"研究室"等，除年节祭典外，并常设国史、伦理、经学、子学、文学等专门讲座，以及附设招待所、餐厅等。纪念堂外还计划建设一处大规模园林，在其中兴建百姓纳骨塔，以赵氏塔、李氏塔等相区分，形成塔林，另以碑林、先贤造像、石雕、亭台、楼阁相点缀，以期使它与纪念堂融为一体，不仅是各姓缅怀自己先烈之所，而且在此也可以把中华民族五千年文化尽收眼底，体现中华文化的博大精深，启发国民的自尊、自信、自强的民族精神。

由上可见，随着我国经济的持续发展和人民生活文化水平的提高，以及与姓氏旅游有关的景点在相关旅游中的地位越来越引人注目，较大刺激了相应旅游项目的兴建，它们为弘扬民族文化都起到了应有的作用。但是，有一点不容否认的是，在相关旅游特别是一些新的姓氏旅游景点的兴建中，也存在着某些不如人意的地方。如有些地方看到兴建姓氏景点可以带来经济效益，就抢先动手，造声势，造舆论，自称是某历史名人的祖居地，把姓氏寻根、名人纪念活动搞得轰轰烈烈，以假乱真，乃至弄假成真。结果经专家论证，根本不是那回事。还有些地方以发展旅游为名，大兴土木，修建祠堂家庙、修祖坟，还有的为了本地本族利益而拉宗派、争“祖地”，甚至不顾大局，发起争斗，造成了不良的社会影响。

因此，对于姓氏景点开发建设这种现象，我们的态度是相关地方应当慎重起来，切忌一哄而上。同时，还要及时汲取和总结经验教训。特别是那些热衷于建祠堂等做法，实际上是违背了我们弘扬中华民族优秀文化的初衷，不利于团结稳定的大局，也不利于改革开放的深入进行，是应该加以反对的。至于对那些已有的景点，要更多注重景点的维护建设，优化环境和设施。

总起来说，姓氏旅游作为旅游业中的一个组成部分，同样是“无形资产”、“无烟工业”，并且越来越显现出应有的作用。因此，我们应当对它有相应的重视，以便让它发挥应有的作用。

话题十三：
百家姓与少数民族

在百家姓中，无论是过去还是现在都与少数民族密切相关，这不仅是因为过去的少数民族姓氏曾是汉族姓氏的一个重要来源，而且今天的少数民族也有各自的百家姓，如回族的马姓、满族的金姓、畲族的盘姓、白族的刀姓、傣族的杨姓、蒙古族的包姓、朝鲜族的朴姓、壮族的韦姓等都有一定的代表性。正因如此，今天的每一个姓氏中几乎都有来自不同民族的众多支派，实际上已经成为各民族融合的历史见证。

一、我国早期的姓氏与民族

我国是个多民族的统一国家，共56个民族。对于它们，一般认为是一个汉族和55个少数民族。同时，我国又是一个历史悠久的文明古国，五千年的中华民族史其实是汉族与少数民族的融合交流史。而这种交流融合又是多方面的，互相借用姓氏就是其中的一个内容。具体一点说，汉族人姓少数民族的姓，少数民族姓汉姓，都是很常见的事。

在本话题开始以前，还有一个概念需要明确，就是与这一话题有关的少数民族与汉族的关系问题。有人说，历史上少数民族与汉族的关系就是你打我，我打你，这种战争屡见于历史记载。

又有人说，和平共处才是古代民族关系的主流，历史上打仗的时候少，互相友好、互相交流的时间多，比如王昭君出塞、文成公主入藏才能成为家喻户晓的故事。还有人说，以上两种说法都有片面性，少数民族与汉族共同发展了生产力，使中华文明更加辉煌灿烂，这才是历史的主流。这个观点是历史学家白寿彝教授提出来的，已得到大多数学者的认可。

在明确了我们对历史上民族关系的基本看法以后，让我们再来看看我国早期的姓氏和民族问题。正像我们已在其他话题里谈到的那样，我国的姓氏起源很早，基本上可以追溯到炎黄二帝时期，他们都是人们公认的人文始祖。《史记·五帝本纪》说黄帝、炎帝是一母所生的兄弟，这种说法未必可信，但炎、黄二帝是古羌族部落的首领，居住于陕、甘、青一带，在东进中原的过程中与东夷等部落融合，成为华夏族，也就是汉族的前身，则是没有疑问的。不过，那个时期只是民族融合的萌芽时期，还没有改姓之说，因此还谈不上少数民族与汉族互改姓氏。

公元前221年，秦始皇灭亡六国，统一天下，建成了一个多民族的国家。这一时期疆域扩大了，包括华夏、东夷、荆蛮、百越、三苗五个族系的人都成了秦始皇的臣民，这才是真正的民族大融合。车同轨、书同文，给这五个族系的人提供了更多的接触机会，也给后来的赐姓、少数民族改汉姓或汉族改少数民族姓氏带来了方便。所以，要谈少数民族的姓，便不能忘了秦朝所起的作用。

秦朝立国的时间很短，继之建国的是汉朝。汉朝的疆域很大，南边到了越南，北边到了蒙古，东边到了朝鲜，西边越过了新疆。在这个辽阔的国家里，各民族之间的文化交流日益频繁。由于汉朝的强大，少数民族受汉族的影响也越来越大，西汉武帝时便有给匈奴人赐姓的事，其中他向匈奴休屠王的太子赐姓“金”

一事作为一个典型事例，已经被我们在其他话题里提及。除此之外，还有与它类似的例子。传说汉朝的康居国是居住在西域的少数民族国家，为表示对汉朝的忠心，派太子朝见汉朝皇帝，居住在河西等候圣旨，河西就是现在的河西走廊。等候的时间久了，就在当地娶妻生子，他们的后裔就以康居国的康字做姓了，成为康姓的一个来源。这一说法见于《梁书·康绚传》。

另外，我们也曾提起过汉代的匈奴人中有姓刘、姓李的例子，说明当时的少数民族姓汉姓的情况并非仅见。这些现象，无论是当时出现的少数民族改汉姓，还是汉姓又改少数民族姓，都是很自然的民族融合。只是它们的规模与以后相比还较小，或者说不成规模，有关的一些记载也只是很零星的事例。只有到了汉代以后，具体来说是在北魏孝文帝时期，出现了一次大规模的姓氏改革运动，并最终带来了一次民族大融合，对我国姓氏的发展来说也是一件具有重要意义的事情。

二、北魏孝文帝的改姓及其他

北魏是鲜卑族拓跋氏建立的少数民族政权。在其立国期间所进行的姓氏改革，无论是背景、经过还是影响都值得大书特书。

在内蒙古北部，有一个原来不被人知的山洞，叫做嘎仙洞，它是北魏统治者鲜卑拓跋部早期居住的地方。鲜卑拓跋部原是由活动在今嫩江西北大兴安岭地区的东胡的一支脱胎而来的，在中原地区进入秦汉时期以后尚处在原始发展阶段，直到他们传说中的成帝拓跋毛时，时间大约相当于西汉武帝前后，始“统国三十六，大姓九十九，威振北方”，开始进入原始社会末期的部落联盟时代。从此据说五传到宣帝推寅，时间大约相当于东汉初年，拓跋部由祖居地南迁“大泽”，即今内蒙古呼伦贝尔大草原呼伦池（达赉湖）一带，并在这里大约生活百年左右。这次迁徙的结果使拓跋部生活的空间得以扩大，同时也有机会接触文明程度较之略高的匈奴或其他鲜卑部落等，因此也直接导致了其社会发展水平的进步，贫富分化和畜牧业经济的出现，其社会性质开始具有阶级社会色彩。此后，拓跋部在圣武帝诘汾时又完成了一次大迁徙，自神元帝力微开始又直接参与了北方各族与中原地区魏晋各朝的争霸，直到穆帝郁律建代国、道武帝拓跋珪建北魏，其势力已经不断壮大到可以建立一个割据王朝的程度，其结果便是直接导致了北魏王朝的建立。后来，北魏统一了整个北部中国，鲜卑拓跋部也成为最高统治者，而孝文帝便是这些统治者中较有作为的一个，姓氏改革便是由他推动和完成的。但是，在这个王朝统治中国一百多年后，鲜卑拓跋部却随着北魏的灭亡而消失了，其原因当然是已经融合到了汉族或其他民族中。对于这样一个具有重要作用的部落和王朝，尤其是它早期那段在史书中记载语焉不详的历史，许多史学工作者都想揭开，但长期苦于不得要领。直到上个世纪80年代，才有人发现了他们南迁以前居住的山洞，也就是嘎仙洞，并在洞里发现了当时所刻的铭文，从而才使许多问题迎刃而解。

当时由孝文帝发动的改革是大刀阔斧的，其中的一个重要内容便是把鲜卑姓改为汉姓。原来鲜卑族在改为汉姓之前，他们使用的姓氏是多字姓，两个字、三个字甚至更多字的姓都有，既复杂又难记，不利于民间往来。更为重要的是，姓氏作为鲜卑族民族出身的标志，随着他们汉化程度的加深，越来越不利于民族融合。在此之前，为便于民族融合，以使国祚长久，孝文帝曾下令将国都由平城（今山西大同东北）迁往洛阳，这样更便于吸收汉族封建文化。还规定“迁洛之民，死葬河南，不得还北，于是代人南迁者，悉为河南洛阳人”。孝文帝还禁止鲜卑人着胡服，在朝廷上说鲜卑语。正是在这样的背景下，孝文帝发动了姓氏改革，可见也是全面改革的一个组成部分。姓氏改革如果不能成功，其他各项改革势必受到影响，因此孝文帝对于姓氏改革极为重视。

孝文帝在太和二十年（496）的诏书中称，拓跋氏祖先出于黄帝，“夫土者黄中之色，万物之元也，宜改姓元氏”。同时又命令：“诸功臣旧族，自代北来者，姓或重复，皆改之。”既然天子带头改姓元，其他人也得跟着改。于是，复姓拔拔改为长孙，纥奚改为嵇，贺赖改为贺，尉迟改为氏，贺楼改为楼，独孤改为刘；三字姓丘穆陵改为穆，步六孤改为陆；四字姓胡古口引改为侯。据统计，当时被改的姓氏共有144个，涉及的民族除鲜卑外，还有其他多个少数民族，如匈奴、柔然、高车等，可以说是全方位的，从而成为历史上最大的一次少数民族改汉姓之举。

孝文帝把拓跋姓改作元姓后，皇族中有个叫元景安的人，他是曾建立过代国的什翼犍的五世孙，父亲元永爵至代郡公，当过大司农卿。北魏末，元景安父子在权臣尔朱荣麾下任职。尔朱荣死后，其部将高欢率领六镇鲜卑从并州（今山西太原一带）来到关东地区。他自称是渤海蓨县高氏后裔，其实是鲜卑化的汉人。他祖父因罪徙往怀朔镇（今内蒙古固阳县西南），高欢就出生在那里。六镇爆发起义后，高欢先后在杜洛周、葛荣、尔朱荣手下当官。尔朱荣死后两年，高欢率军进入洛阳，立孝武帝元修。元修不堪高欢逼迫，西奔长安，高欢另立孝静帝元善见，并迁都邺城，史称东魏。他的儿子高洋废东魏，建立北齐。高洋对北魏、东魏的皇室残酷迫害，元氏各族或被杀，或被流放外地。元景安惶恐不安，上书高洋，请求改为高姓，以示忠于北齐。文宣帝高洋准如所请，赐姓高氏，并封他为开国伯，以示优宠有加。从此高景安转战南北，为北齐效力，元氏一门得以保全。

孝文帝改姓时，来源于高句丽的娄氏、真羽氏均被改为高姓。久而久之，这两支少数民族中的高姓与汉族的高姓合而为一，已无法寻觅哪些高姓是少数民族后裔了。

北魏孝文帝对姓氏的改革做出了巨大贡献，促进了各民族间的融合，是值得肯定的。但是，历史的发展并不都是一帆风顺，民族融合的过程也有曲折和反复。在孝文帝这次改姓的几十年后，情况又有所变化。随着北魏孝武帝西奔长安，政权落入权臣宇文泰之手，他下令鲜卑人用单字汉姓者恢复原姓，同时也要求汉人改姓鲜卑姓。如姓元的西魏皇族改姓拓跋氏，尉氏又还原为尉迟氏，周姓改为车非氏，南姓改为宇文氏，辛姓改为普屯氏，等等。这样一来，不仅使已经习惯于用单字汉姓的鲜卑人感到别扭，而且也引起老百姓的反感。所以到隋文帝杨坚在北周末年当政以后，便下令废除了这些政策，恢复了原有姓氏习惯。隋文帝的这个措施受到了文武百官及百姓的普遍欢迎，也反映了复古的做法不得人心。

当然，在孝文帝改少数民族姓氏时，还有其他改姓之举。据姚薇元的《北朝胡姓考》一书说，孝文帝下令改姓后，有一支姓纥骨的人改为胡姓，此姓乃是鲜卑族与高车族融合而成。从此，胡姓中又多了一支有少数民族血统的人。

还有一支直勒氏改姓谢的，也属于另外一种情况。据《旧唐书·文苑传》载："谢偃，卫县（今河南卫辉市）人也，本直勒氏。祖孝政，北齐散骑常侍，改姓谢氏。"直勒氏又称敕勒氏、敕力氏，是古代的高车部。高车与匈奴人是近属，汉代称丁零，因其习俗喜乘高轮车，故称之为高车，南朝人仍称其为丁零。直勒、敕勒、敕力、丁零都是一音之转，不过是不同时期叫法不同而已。直勒氏原先居住在今西伯利亚的安卡拉河与叶尼塞河流域，后来逐渐南移到色楞格河以西、阿尔泰山以东地区。魏晋南北朝时期，这支居无定所、逐水草而居的游牧民族还处在原始社会末期的部落联盟时代，受北魏的影响，才逐渐进入奴隶社会。五世纪时，与北魏鏖战失败的敕勒人从大漠迤逦南迁，成为北魏的臣民。北魏末年，不堪忍受压迫与奴役的敕勒人揭竿而起，联合其他少数民族，终于推翻了北魏王朝，后来这支敕勒人便融合在汉族中，没有踪迹可以寻觅了。过惯了马背生活的敕勒人以粗犷豪放著称，那支享誉古今的《敕勒歌》，至今人们还耳熟能详："敕勒川，阴山下，天似穹庐，笼盖四野。天苍苍，野茫茫，风吹草低见牛羊。"改称谢姓的直勒人就生活在这样的环境中，敕勒孝政改称为谢孝政，究竟有什么背景，因史籍记载简略，如今已难得其详。

另外，据王大良《中华姓氏通史·王姓》一书说，王姓中的一些人来自于少数民族，如尊奉南朝梁中书令王神念为祖先的王姓人，实际上出自乌桓族。"这一支少数民族又称乌丸，在秦汉时居住在乌桓山（今内蒙古阿鲁科尔沁旗西北，大兴安岭南端），至南北朝时，已高度汉化。其中的一支首领名为乌丸神念，初仕于北魏，后来因故南奔，仕梁，冒称太原祁县王氏，改姓王，所以又称王神念。"同书还说："南北朝时期，在北方有一支姓'拓王'的人，原出高丽族，在魏孝文帝改姓时也改为王姓，并以河南（今洛阳）为郡望；又有一支出身羌族的王姓人，原姓钳耳或箝耳，北魏世宗时改姓王；还有一支出自鲜卑族，原姓可频，孝文帝改姓时也改姓王。"由上可见，既使在历史上这次大规模的改姓运动发生之时，仍然还有其他原因的改姓，它们之间相辅相成，共同促进了当时的民族融合，并为更为强大的中华民族在隋唐时期的出现打下了坚实的基础。

三、隋唐五代时的姓氏与民族

在隋唐时期，少数民族与姓氏的关系在此前的基础上又有所发展，其中较有影响的是通过赐姓等方式来实现的，所赐姓氏的既有汉族也有少数民族，从而也在一定程度上加速了民族融合。早在南北朝时期的北周武帝宇文邕时，曾命李宏修皇室谱，分为帝系、疏属、赐姓三种，其中的赐姓就是表明在当时的皇室成员中就有一些是通过这种形式而来的。后来，隋朝也因袭了这一做法。如杨义臣本姓尉迟，文帝杨坚因其父战死，便赐姓杨。唐朝也采用了此法，赐姓之举更多，其中的一些我们还曾经在其他话题中提及。如李渊称帝后，东突厥颉利可汗派夹毕特勒阿史那思摩朝见，李渊很高兴，便赐姓李。《元史·李恒传》载："李恒字德卿，其先姓于弥氏，唐末赐姓李，世为西夏国主。"唐代的阿史那忠以擒颉利之功，拜左屯卫将军，天子妻以宗室女定襄公主，赐名忠，单称史。五代时李克用本姓朱耶，是西突厥别部的沙陀族，始祖拔野任唐沙陀都督府都督，原住地相当于今新疆东北部靠近巴里坤湖的地方，后来向东迁移到盐州(今陕西定边)一带，是善于骑射的游牧部落。李克用的父亲本名赤心，任唐朔州刺史。唐懿宗咸通年间，因讨庞勋有功，赐姓李，改名为国昌。韩愈撰写《集贤院校理石君墓志》云，这位石姓人物原是少数民族，姓乌石兰，从拓跋魏进入中原，定居河南，遂去乌与兰两字，独姓石。靺鞨酋长突地稽率部内属，也被赐姓李。同时，唐天子又与少数民族通婚，把李姓宗室之女嫁给少数民族将领，如唐德宗将义阳公主嫁给契丹人，义章公主下嫁给奚人。这些人多在宫廷中担任宿卫，生了儿子还可住在长安。由于娶宗室公主，并取汉人姓名，这样连血统上也混合了。像这样的人在唐朝有李光进、李元谅、李思忠、李惟简等。他们原来都是少数民族，但被赐姓以后，已经无法从姓名上看到他们少数民族的痕迹了。

五代时期，后唐、后晋、后汉三朝都是沙陀人所建的政权，他们也都有赐姓之事，在被赐姓的人中还有不少汉族人。如后唐大将符存审是汉人，居住陈州宛丘（今河南淮阳），后来投奔李克用，克用"令典义儿军，赐姓名"。许州（今河南许昌）李建及，本姓王，少年时在大将李罕之手下任职。后来李罕之到晋阳（今山西太原）拜见晋王李克用，选部下骁勇者百余人献上，建及也在其中。李克用命他"典义儿军，及赐姓名"，从此王建及改成了李建及。兖州瑕丘（今山东兖州东北）汉族人房知温，在魏州（今河北冀县）杨师厚帐下任马步军校，后来升为亲随指挥使。唐庄宗李存勖入魏州，房知温立即归顺，庄宗赐他姓李，改名绍英，他从此又成了沙陀人李绍英。姑臧（今甘肃武威）人张从训，其先祖是回鹘的一支，随沙陀人徙居云中（今山西大同），后又跟随李克用移往太原，"武皇（李克用）赐姓名，眷同亲嫡"。于是，这一支回鹘人又变成了沙陀人。陈州（今河南淮阳）人苌从简，汉族人，世以屠羊为业，力敌数人，善于用槊，投入唐庄宗李存勖部下为小校，"庄宗以其战斗多捷，常屈法赦之，赐姓，名曰绍琼"。从此，汉人苌从简变成了沙陀人李绍琼。幽州（今北京附近）赵德钧曾任幽州军校，汉族人。唐庄宗伐幽州，赵德钧首先纳款输诚，"庄宗善待之，赐姓，名曰绍斌"。从此，赵德钧改姓名为李绍斌，这是汉人变沙陀人的又一例子。诸如此类在不同民族间互改姓名的例子，在新、旧《五代史》中还有很多，我们不必一一列举。

在五代时期，还有一个契丹人改姓李的例子。原来，辽太祖耶律阿保机有三子：长子耶律倍，次子耶律德光，三子耶律李胡。耶律阿保机灭渤海国，改名东丹国，命耶律倍主持国事。次子耶律德光领兵攻打天下。阿保机死后，耶律德光在其母亲淳钦皇后述律氏的支持下继承帝位，耶律倍受到冷遇。耶律德光对乃兄甚为猜疑，派人侦察他的一举一动。后唐明宗得知耶律倍不见容于德光，便派人越海与他取得联系。天显五年(930)冬天，耶律倍离开辽南京(今辽宁辽阳)，由辽东半岛南端渡海入登州(今山东蓬莱)。当他离开故国时，曾写诗云："小山压大山，大山全无力。羞见故乡人，从此投外国。"到汴京后，明宗把庄宗皇后夏氏赏他为妻、赐华东丹，改名为慕华。不久，又赐姓李，改名为赞华。从此，李姓中又多了一支契丹人。

四、宋辽金时期的姓氏与民族

在我国历史进入宋辽金元时期以后，由于除宋朝外的其他几个政权都是由少数民族所建立，少数民族与姓氏的关系因此也有了进一步的发展。

宋朝时，由于皇帝姓赵，每当向少数民族出身的功臣将领赐姓时，就赐自己的姓氏赵，哪怕是他们原来已经被唐朝的皇帝赐姓李，到这时也不算数了。比如在这时已经建立了西夏的国王就曾遇到过这种情况，他们因此而不能再姓李，而只能改姓新赐的赵姓。

至于辽朝，他们的皇族出自契丹族，原来并没有姓氏，建国之后把王族称为横帐。对此，《辽史》解释说是"宗室之尤贵者"，《契丹国志·族姓原始》则说："契丹部族，本无姓氏，惟各以所居地名呼之,婚嫁不拘地理。至阿保机变家为国之后,始以王族号为横帐,仍以所居之地名曰世里著姓。世里者,上京东二百里地名也。今有世里没里,以汉语译之,谓之耶律氏。复赐后族姓萧氏……故北番惟耶律、萧氏二姓也。"这是说,在契丹人建国以后,原本只有耶律、萧两姓,其他姓氏都是后来与汉、奚等族通婚融合后才有的。这些后来出现的姓氏都不如皇族、后族姓氏高贵,这也就是《契丹国志·建官制度》所说的契丹"贱他姓,贵耶律、萧氏二姓"。按《契丹国志》所说,契丹族居住在世里没里这个地方,翻译成汉语便是耶律,而后族姓萧是耶律阿保机赐姓而来。皇后族称萧姓,而天子的耶律姓也姓刘。《辽史·后妃传》说:"后族唯乙室、拔里氏,而世任其国事。太祖慕汉高皇帝,故耶律兼称刘氏,以乙室、拔里比萧相国,遂为萧氏。"这是说耶律阿保机羡慕汉高祖刘邦,因此耶律氏也称刘氏;乙室、拔里两姓比作萧何,故称萧氏。就这样,汉族的姓和少数民族的姓在这里得到了巧妙地结合。

事实上,辽朝的皇后族姓萧始于太宗耶律德光时期。《辽史·外戚表》说:"大同元年(947),太宗自汴将还,留外戚小汉为汴州节度使,赐姓名曰萧翰,以从中国之俗,由是拔里、乙室已、述律三族皆为萧姓。"这一条记载说明,后族姓萧实际上是辽太宗所赐,有些书上说萧姓是太祖阿保机所赐,那是后人追述的结果。

辽朝还有一个汉人改契丹姓的例子,那就是耶律隆运。耶律隆运本姓韩名德让,辽景宗时屡立战功,官至南院枢密使。景宗死后,承天皇太后命他兼知北院枢密使,他从此掌握了辽朝的军政大权,成了一个炙手可热的权势人物。统和十九年(1001),承天皇太后赐韩德让名为德昌,二十二年赐姓耶律,二十八年又赐名隆运,后来又下诏让他"出宫籍,属于横帐"。从此,汉人韩德让变成了契丹人耶律隆运,得以名列阿保机一系的子孙中,成为四帐皇族中既尊且贵的人,从此彻底融入契丹族中。后来,这支韩姓人在辽朝灭亡后又成为汉人,但已不姓韩了。

除宋、辽两朝外,金代赐姓或改姓的例子也很多。当时比较大的少数民族都有汉姓,包括皇帝的完颜姓在内。对此,《金史·国语解·姓氏》记载说:“完颜,汉姓曰王。乌古论曰商。纥石烈曰高。徒单曰杜。女奚烈曰郎。兀颜曰朱。蒲察曰李。颜盏曰张。温迪罕曰温。石抹曰萧。奥屯曰曹。孛术鲁曰鲁。移剌曰刘。斡勒曰石。纳剌曰康。夹谷曰仝。裴满曰麻。尼古忙曰鱼。斡准曰赵。阿典曰雷。阿里侃曰何。温敦曰空。吾鲁曰惠。抹颜曰孟。都烈曰强。散答曰骆。阿不哈曰田。乌林答曰蔡。仆散曰林。术虎曰董。古里申曰汪。”

除了姓氏兼用少数民族姓与汉姓外,金朝天子也多次赐姓,有的赐皇族完颜姓,有的赐他姓。《金史》中所见有:完颜仲元本姓郭,中都(今北京)人,汉族,宣宗时率有花帽军,兵力最强,宣宗“赐姓完颜氏”;“完颜阿邻本姓郭氏,以功俱赐姓完颜”;“完颜霆本姓李氏,中都宝坻(今天津市宝坻)人”;“乌古论长寿,临洮府第五将突门族人也,本姓包氏”;“完颜佐本姓梁氏,初为武清县巡检。完颜咬住本姓李氏,为柳口镇巡检……皆赐姓完颜氏”;“移剌众家奴,积战功……赐姓完颜氏”;“郭虾嘛,会州人……赐姓颜盏”,如此等等。《金史》卷103赞说:“宣宗假以赏一时之功,郭仲元、郭阿邻以功皆赐国姓。女奚烈资禄、乌古论长寿皆封疆之臣而赐以他姓。贞祐以后,赐姓有格。夫以名使人,用之贵则贵,用之贱则贱,使人计功而得国姓,则以其贵者反贱矣。”这是说,金代赐姓多在宣宗时期,是因为宣宗即位后,蒙古人成吉思汗不断进攻,宣宗被迫把都城从中都(今北京)迁往汴京(今河南开封)。蒙古人仍不断南下攻打,南宋也派兵北上,金朝处于南北夹击之中,形势岌岌可危,为了鼓励将士抗击蒙、宋,便用赐姓的办法笼络人心,让他们为金朝尽忠。

金朝是在河南蔡州(今汝南)灭亡的。亡国之后,许多女真人都融入了汉族中,成为汉族的一部分,并改了姓氏,以免遭到歧视。如河南固始县的祝姓就是女真人竹贞的后代,河南唐河的仝姓是夹谷的后代,都有案可稽。还有一支女真皇族在金亡后流落到山西大同云内州,改姓完,其首领完颜佩随朱元璋作战有功,后来屯垦庐州(今安徽合肥),最后定居肥东县。河南鹿邑的女真人在明代由安徽肥东迁来,分居在马铺、老庄、太清、贾滩、杨湖口五乡九村,有三千余人,如今已恢复完颜姓,民族成分则定为满族,有家谱、碑碣为证。

五、元代以后的姓氏与民族

元代是我国第一个由少数民族建立的统一国家，它的建立者出自蒙古族,在当时实行的是一种优宠少数民族的统治制度,在此背景下的少数民族姓氏也分几种情况:其中之一是赐姓,如“察罕,初名益德,唐兀乌密氏……及长,赐姓蒙古,妻以宫人弘吉剌氏”。察罕是成吉思汗的同时代人,被赐的姓竟是蒙古,这在历史上还很少见。因为成吉思汗就是蒙古人,把族名当姓氏赏赐给臣下,真是有趣的事。第二种情况是金代灭亡后,女真人入元后改姓,如“刘国杰字国宝,本女真人也,姓乌古论,后入中州,改姓刘氏”。金代姓乌古论的,汉姓为商,而刘国杰却改姓刘了。“李庭小字劳山,本金人蒲察氏,金末来中原,改称李氏,家于济阴,后徙寿光。”金代的蒲察姓,汉姓就是李。第三种情况是以官名、地名及部落名为姓的。如“乌古孙泽字润甫,临潢(今内蒙古巴林左旗东南波罗城)人。其先女真乌古部,因此为氏”。雍古氏月合乃“曾祖帖木儿越哥,仕金为马步军指挥使,官名有马,因以马为氏”。元代文学家马祖常即其后裔。诗人迺贤本是少数民族葛逻禄氏,汉姓马。克烈氏谙都剌“祖阿思兰……子孙因其名兰,遂以兰为氏”。雍古部按竺迩“幼鞠于外祖术要甲家,讹言为赵家,因姓赵氏”。元末明初时蒙古人采用汉姓已很普遍,如画家张彦辅,剧作家杨景贤等人,都是姓名已汉化的蒙古人。郑所南的《铁函心史》一书中说:“鞑靼却无姓,或娶汉女为妇,生子愿有姓,竟随母姓。”内迁蒙古人以汉族女子为妻的人很多,按这条记载判断,蒙古人改从汉姓者就更多了。

明朝与少数民族有关的赐姓最有特色。朱元璋在建立明朝的当年,也即洪武元年(1368),就下诏禁止汉人姓少数民族的姓,少数民族还姓原来的姓,不得姓汉人的姓。洪武三年(1371)下诏说:“天生斯民,族属姓氏,各有本原,古之圣王尤重之,所以别婚姻,重本始,以厚民俗也。朕起布衣,定群雄,为天下主,已尝诏告天下:蒙古诸色人等,皆吾赤子,果有才能,一体擢用。比闻入仕之后,或多更姓名,朕虑岁久其子孙相传,昧其本原,非先王致谨氏族之道。中书省其告谕之,如已更易者,听其改正。”这就是说,蒙古人、色目人不得更改姓氏,已改的要纠正过来,要求蒙汉各从其俗。但过了不久,为对蒙古族实行同化政策,又赐以汉族姓名。如我们曾经提到的一个事例,维吾尔族人哈巴十在洪武五年(1372)因奉命到湖南湘西一带平乱有功,被赐姓剪,名巴士,并被赐桃源县良田1170亩,世代定居,繁衍后代。清朝中时,这支剪姓人因为“剪”字不好听,改为“翦”字,著名已故历史学家翦伯赞就是他的后裔。但这支翦姓维族人因与回族信仰相同,生活习惯相近，交往甚多，特别是通过联姻，逐渐融入回族中。如今，他们多分布在湖南桃源县、河南长葛县等地。又如洪武九年，朱元璋以火你赤为翰林蒙古编修，把他的姓名改为霍庄，这是仿效汉武帝赐日蝉金姓之意。但汉武帝取义于休屠王祭天金人，而中国并无金姓。今中国本有霍姓，又赐火你赤姓霍，那便与周霍叔之后没有区别了。当时有很多人不奉旨而自行改姓，淮安府海州儒学正曾秉正上奏说："臣见近来蒙古、色目人多改为汉姓，与华人无异，有求仕入官者，有登显要者，有为富商大贾者。非我族类，其心必异，宜令复姓，庶可辨识。又，臣前过江浦，见塞外之俘累累，而有江统徙戎之论，不可不防。"但朱元璋没有采纳这个意见，仍继续赐姓。如蒙古人脱欢来归，朱元璋赐他姓薛名斌；元朝云南右丞观音保在洪武十六年（1383）归降，被赐姓名李观；洪武二十一年（1388），鞑靼人、元朝工部尚书丑驴归附，被朱元璋赐名为李贤。

明朝皇帝向少数民族赐姓，不仅发生在朱元璋时期，以后的皇帝也有继承。像这种性质的赐姓，实际上也是古代少数民族得姓的一个重要来源。

当然，在明代皇帝向少数民族赐姓时，有一个与唐朝皇帝赐李姓、宋朝皇帝赐赵姓不同的做法，那就是明朝皇帝姓朱，但很少赐朱姓。当时赐姓中有一个黑姓，是赐给回族人的。据明末崇祯五年（1632）沈阳《黑氏家谱》记载：黑姓祖先原是唐朝西域某国君主的后代，唐朝在贞观年间派兵征伐西域，攻打某一个国家，两国还未交战，便握手议和，双方互相交换3000人为人质，西域某国交给唐朝的人质中，便有黑姓人的祖先。到明朝初年，他们有人担任一个地方的将领，曾率部朝见朱元璋，被封为亲军指挥。这位将军当时还没有姓，只有名，叫黑哩，朱元璋便按照汉族有名有姓的习惯,赐他姓黑。类似的例子还有很多。

在明代以后的清代，作为又一个由少数民族建立的统一王朝,在少数民族姓氏方面与元代有近似的地方。对于其中相关的内容,由于我们已在其他话题里涉及,为避免重复,在此略而不赘。

六、少数民族姓汉姓的其他途径

古代少数民族姓汉姓,除了赐姓外,还有其他途径。比如说某一少数民族为了纪念某一件特别有意义的事情,或迁居、或避祸,都可能导致更改姓氏。如回族在元代中叶后即采用汉姓,把本名音译中的某一个音转化成汉字与汉音，来作为本人以至本家族的姓氏。现在回族中有许多姓,如纳、速、喇、达、丁、忽、哈、撒、赛、闪、马、麻、木、穆、买、白、鲁、以、海、沙、改、安、锁等,都是中亚人、波斯人和阿拉伯人常用人名首音、尾音或中间音的译写。当时东来进入中国的回回人,最初几代用的还是伊斯兰教名字,大约到了第四代时就因在中国居住已久,受汉人的影响和熏陶,便开始采用汉姓了。云南回族人相传,赛、马、那、哈、速五姓,都是咸阳王赛典赤·赡思丁的后裔,元末剧作家赛景初也是以赛为姓的赛典赤裔孙。赛典赤长子纳速剌丁在云南任官后又改任陕西行省平章政事,《陕西通志》记载:“赡思丁子纳速剌丁……子孙众多,分为纳、速、拉、丁四姓,居留各省,故宁夏有纳家户,长安县有拉家村。今宁夏拉氏最盛。”

诗人丁鹤年的姓也很有趣。他的曾祖名叫阿老丁,祖父名叫苫思丁,父亲名叫职马禄丁,到丁鹤年时,便取其先人名字中的最后一字为姓，其子孙后代便以丁为姓了。丁鹤年的堂兄马子英、马元德则是取了他们先人乌马儿名字中间的“马”字为姓。丁鹤年与马子英看上去似乎是毫不相干的两个姓，实际上却是叔伯兄弟。

来自西域的元代回回人不但采用了汉姓，而且还仿效汉人取了表字。如高克恭字彦敬，丁鹤年字永庚，马九皋字昂夫等。还有人保留了本族姓名，只采用汉人表字。如镇江路儒学教授马鲁丁字师鲁，镇江路同知哈散字敬之，等等，都是这样。

古今少数民族的姓汉姓，还有一种情况是因避祸改姓，多发生在朝代鼎革之际。当一个新王朝建立后，被推翻王朝的戚畹贵族怕受到迫害而纷纷改姓，这样的例子屡见不鲜。如元代有个王绚，本姓耶律，原是辽朝皇室，辽亡入金，在他的祖父耶律成时因遇到契丹人反叛，跟随母亲避难到辽西，改姓王。如今河南省蒙古族中的王姓、李姓，西夏遗民中的杨姓，维族中的刘姓，都是在明朝初年因避祸而改姓的。据镇平县晁陂乡《王氏族谱》记载，洪武元年(1368)，明军攻入大都，元顺帝北逃，宗室司陀王帖木儿花率残部由大都南逃，濮阳一战，大败输亏，从新乡往南渡过黄河，一直向南奔逃，就来到了镇平晁陂，在那里定居下来。族谱说：“顺帝如应昌而国祚移，由是元室宗族留居中土者，类皆隐名韬元，至今莫能尽考。……我镇平王氏来自蒙古，乃元胄也。”因为是王族，因此便改姓王了。洛阳市孟津县的李氏蒙古人是元初功臣木华黎之后，他的后裔居住山东。元朝中叶，木华黎后裔中有一人任松江(今属上海)万户府，举家由山东迁居松江。明军占领松江，这支蒙古人因“款附意缓，谪河南戍，……世居洛阳之南关，是为河南祖。”所谓款附意缓云云，分明是说他们迎接明军迟了一点，因此获罪谪戍河南。由于他们是元朝遗民，备受歧视，不敢再姓原来的札剌尔，以免遭到不测，于是“易氏曰李，从木从子，志所自也”。实际上，“李”是从“札”字衍化而来的。不久，这支蒙古人由洛阳南关徙居孟津县麻屯乡李家营村。作家李凖就是李家营村的蒙古人。

河南渑池的维族人，是在元朝时由西域迁来的，准确地说是来自新疆。来河南的一世祖名叫剌真海牙，元初曾任永宁（今洛宁）、灵宝、陕县、渑池、宜阳五县达鲁花赤，至第三代迷失海牙时定居渑池，并娶汉族刘姓女子为妻。明朝初年因怕受歧视，便隐族名，随汉姓，改姓刘。位于渑池县城东一里河村北岭的《渑池刘氏墓志铭》对这一情况有详细记载。

河南省濮阳市郊柳屯乡杨十八郎村及其附近的几个村子，居住着三千多名西夏人的后裔，据他们的家谱和立在田野中的《唐兀公碑铭》介绍，他们的祖先叫唐兀台，世居凉州（今甘肃武威），原是西夏的党项族。成吉思汗灭亡西夏后，唐兀台被征入军中，参加了灭金攻宋的许多战役。宋蒙襄樊之战是一次重大战役，宋方被打得大败。蒙古军乘机顺长江而下灭亡南宋，唐兀台年龄已经偏大，便被安置到濮阳居住，无事时屯田，有事时再征召入伍。顺帝至正年间，唐兀台的后裔唐兀崇喜曾自请报效军储，出粟500石，草10000束，作为镇压红巾军的费用。不久，朱元璋推翻元朝，建立了大明帝国，唐兀崇喜怕姓氏给自己带来麻烦，又因自己居住在杨十八郎村，便改姓杨。如今，这一支西夏后裔的杨姓人历经几百年风雨沧桑，已与汉人毫无二致，完全融合到了汉族中，在上世纪50年代的民族识别时也被定为汉族。要不是后来发现了他们的族谱，就没人知道他们是西夏人后裔了。

还有一种情况是自愿改姓。明朝初年时，蒙古人阿力迭儿必失改名马玉，白汉改为崔云，哈只改名李诚，都属于这种情况。

因姓氏读音讹传而改姓是又一种情况。如《元史·赵良弼传》

所载，他是女真人，本来姓“术要甲”，念得快一点便成“赵家”，他就干脆姓赵了。清朝时河南南阳县瓦店镇一姓摆的回民进京赶考，在报名中，负责报名的官吏一看到他姓摆，便说他摇摆不定，不准报考。这名考生负气回到住处，思量再三，改为柏姓去报名，才获准报考。如今瓦店镇的回民中，既有姓摆的，也有姓柏的。

总之，从古今少数民族改姓汉姓的途径上看，大致包括四种情况，即因事改姓、避祸改姓、自愿改姓和因姓氏讹传改姓。除此之外，也可能还有其他情况，限于篇幅，在此就不多涉及了。

七、当代少数民族的百家姓

在我国的民族大家庭中，汉族是人数最多的民族，也是主体民族，姓氏多，有数千个。那么，除它之外，其他少数民族的姓氏情况又是如何呢？

事实上，每个民族都有很多姓氏，其中还有各自的代表性姓氏。比如回族，它的大姓是马姓，另外还有许多别的姓。由于我国民族众多，我们可以把他们分成北方和南方两部分来看。

首先，在北方的民族中，回族是一个重要民族，常见的姓氏就有一百多个。其中，姓马的人最多，其次才是沙、喇、哈等姓，我国一向有“十个回回九个马，另外还有沙、喇、哈”的说法。

回族姓的形成有几种情况：

一是回回人名第一个字的汉语音译。如赛、萨、撒、洒、羽、玉、朵、尕、弥、买、缅、蒯、可、纳、智、也、茄等，让人一看便知是回族姓氏。具体的例子如明代清官海瑞的祖先中有个叫海答儿的，到海南岛从军，定居琼山，后来便以海为姓。另外，我们已在上部分中提到赛姓是元代政治家赛典赤·赡思丁的后代，是把他名字的第一个字当做姓氏的。

二是回回名的尾音。如麻姓来自回回名马哈麻的尾音“麻”。

三是以回回名的任意一个音节为姓。如前述纳、速、拉、丁四姓，来自赛典赤长子纳速剌丁的名字；又如以、白、来、金四姓，来自回回名易卜拉欣的音译。

四是来自地名。如山东回族杨姓，来自北京羊市头角。据青州《杨氏世谱》记载，明太祖朱元璋攻取大都（北京）后，怕那里的色目人元朝官员帮助蒙古人，让他们一律南迁，这支回族人便逃到了青州。因为他们曾居住在羊市，改姓羊，后又改为杨树的杨。

五是皇帝赐姓，已见上述。

六是本民族的姓。如回姓便来自族称回回。

七是其他民族的姓。如直接使用来自汉族的姓氏，事例很多。

八是由于某种原因而改姓，已见上述。

九是由留在中国的外籍人融入。如山东德州北营村的温、安两姓，是苏禄国（今菲律宾的一部分）苏禄东王的后代。苏禄东王在明代中叶率团来北京朝贡，归途中病死在当地。后来，他的长子回国即位，次子温答剌、三子安都鲁留下守墓，定居中国，其后裔便改称温、安两姓，成为回族中的一支。另外，还有一个与此近似的情况，是关于福建泉州一带丁姓回族人的。据当地《丁氏族谱》记载，他们的始祖是赛典赤·赡思丁，也就是前述那位被封为咸阳王、做过元朝云南行省平章事的那位回族人。泉州丁姓的一世祖名谨字慎思，由于“慎思”与“赡思”同音，便取赛典赤·赡思丁的“丁”字为姓，于是这一支回族人便姓丁了。

说起回族姓氏，不能不提到马姓，马姓人在回族中人口最多。之所以如此，是由于它来源众多的缘故。根据一些专家的研究，它的来源至少有六个：第一，与人名的译音有关，特别是与伊斯兰教创始人穆罕默德译为马哈麻有关。清代人也多将穆译为马，因此姓马的就多了。第二，来自祖先名字的音译，名字中的“马”字在中部。如乌马儿、亦思马因等人的后裔，都取他们名字中的“马”字为姓。第三，同样来自祖先名字的音译，但名字中的“马”字在尾部。如元朝大臣阿合马的后代，便是取他名字的最后的一个字“马”为姓。第四，由皇帝赐姓马。第五，阿拉伯人娶了回族马姓女子为妻，生下子女姓“马”。第六，其他民族的人后来成为回族马姓，如前述元代文学家马祖常便是。可见，回族中同是姓马，但有许多是同姓不同宗，甚至有其他民族加入，同一个姓氏之下的人口来源是多元的。

另外，在谈到回族马姓时，还有一位名人不能不提，他就是明代著名航海家郑和，他原来的姓氏也是马。关于他的姓氏和家族的来源，还有一个较为曲折的经历。原来，他本名马三宝，因在明成祖时有功于北京的郑村坝而被赐姓郑，赐名和，于是改名郑和。其具体经过是在建文元年(1399)十月，由于时任燕王的明成祖发动了“靖难之役”，离开驻守的北平(今北京)南下进攻大宁，致使明将李景隆乘机包围北平，并在郑村坝(今北京东坝)安营扎寨。燕王还师交战，大败李景隆军队，斩杀一万余人，俘获数万人，取得了起兵以来第一个胜利。在这次战役中，仍以马三宝为名的郑和是他手下战将之一，因作战勇敢而给他留下较深印象。事后，燕王登极为明成祖，封赏有功将领，马三宝才被赐姓名为郑和，以纪念当时的大捷。

郑和是出自中亚的阿拉伯人的后代。在记载他血统源流的《赛氏总谱牒》、《赛典赤家谱》、《郑氏家谱首序》、《马氏家乘》、《马公墓志铭》等文献中，都说他是阿拉伯圣王穆罕默德的后代，始祖所非尔曾任西域天方国普化力国王，生活在今中亚的乌兹别克一带。后来，普化力国遭受邻国侵略，所非尔于宋神宗熙宁三年(1070)与弟艾尔沙等五千余人一起归顺宋朝，先后被封为宁彝侯、庆国公，居住在咸阳(今属陕西)，所非尔的后代也在咸阳一带生息繁衍。到所非尔的玄孙马哈木时，在宋朝袭封昭庆王爵。宋亡入元，初任平章政事，后又被委以总督天下军务的重任。马哈木之子赛典赤·赡思丁被元朝封为咸阳王，官至中书平章事，于至元十一年(1274)奉元世祖之命出镇云南，任云南行省平章政事。临受命时，元世祖说“云南朕尝亲临，比因委任失宜，使远人不安，欲选谨厚者抚治之，无如卿者”，对他抱以厚望。他到任后也不负重托，勤于政务，安民保境，又“教之拜跪之节，婚姻行媒，死者为之棺椁奠祭，教民播种，为陂池以备水旱，创建孔子庙、明伦堂，购经史，授学田，由是文风稍兴”。在云南六年，政声远布，去世后又被赠以“守仁佐运、安远济美功臣”的称号，成为郑和祖先中在元代最有影响的人。

赛典赤·赡思丁在出镇云南时已举家迁居任所，去世后也葬在云南。由于他是这支人中入云南的第一人，因此又被他的后代尊为入滇始祖。他有子五人，其中长子纳速剌丁、第三子忽辛、少子马速忽都曾在云南任职。纳速剌丁别封延安王，在任云南诸路宣慰使都元帅时曾率军抵达金齿、蒲、曲腊、缅国等地，招降夷寨三百多个。忽辛曾任云南行省右丞，在职时又招降了沙奴国王，抚慰了缅国国王，进一步光大了父兄的功业。此后，马速忽生拜颜，封淮安王，任云南行省柱国左丞相。拜颜生察儿米的纳，封滇阳侯，官至荣禄大夫、上柱国。察儿米的纳生马哈只，袭爵滇阳侯。马哈只有子二人：长子于明初随例改用汉名马文铭，次子马三宝，即郑和。

郑和在还没有成年的时候，家乡发生一场动乱，他被前来镇压的明军俘获，与其他人一起押解北上，到达当时的首都南京，分配在燕王朱棣府中服劳役，后来又因相貌异常而被处以宫刑，成为一名贴身宦官。燕王出镇藩国，他也随同前往，并最终因立功于郑村坝而被赐姓郑，由马姓成为郑姓人。至于在此后他奉命七下“西洋”、建立了不朽功勋，更是人所共知。而他自己在晚年为了让人传奉自己香火，以兄马文铭之子马赐为嗣，更名郑赐，发展繁衍至今，分布在江苏南京和云南昆明等地，其中在南京的郑姓人已传了20多代。另外据报道，在泰国的清迈省，也居住着他的一些后裔，都是由云南迁去的。近年来，来自我国和德国、日本等地的专家都专程寻访过他们。他的墓在云南晋宁县昆阳镇，相传当地是他的故里，还有他的祖墓等。

由上可见，郑和及其家族的经历在回族中其实是有一定代表性的，反映了回族姓氏来源的曲折历程。

除回族外，我国北方另外一个重要少数民族满族的姓氏也很有特点。满族把姓氏称“哈拉”，也就是“穆昆”，即家族的意思。一般情况下，一个穆昆只有一个哈拉，但也有几个穆昆属于同一哈拉的。在数量上，满族的姓氏也很多，《皇朝通志·氏族略》说有679姓，《八旗满洲氏族通谱》说有639姓。不管哪种说法准确，六百多个姓氏是很惊人的。至于它们的来源，其实也有多种，其中最主要的有这样两个：第一，以居住地为姓。如乾隆时武英殿大学士来保的祖先，在明代中叶迁到长白山喜塔拉这个地方，便以喜塔拉作为姓。其他姓氏如佟佳、富察等，也都是以居住地为姓。第二，以部落名称为姓。如瓜尔佳、赫舍里、爱新觉罗、纳喇等姓，原来都是部落名称，后来才变成姓。当然，满族姓氏的来源还有其他情况，如帝王赐姓、沿用女真旧姓，甚至把图腾中的动植物当做姓氏,这些也都算是他们姓氏的一些来源。

在满族姓氏中，最有影响的恐怕是清代皇帝的姓爱新觉罗了。它作为清朝皇帝的姓氏,的确曾经贵显无比,但现在已很少听到姓爱新觉罗的了。姓这个姓的人都到哪里去了呢?原来是改了姓。在满语中,“爱新”是“金”的意思,“觉罗”是姓。清朝皇族的祖先曾建立过金朝,金朝的“金”也就是满语中的“爱新”。这样一来，清朝灭亡以后，居住在北京姓爱新觉罗的人就有些改姓“金”,以表示不忘本源。于是,爱新觉罗就变成了金姓。除此之外，满族原来还有仅次于爱新觉罗的八大贵族姓氏，也就是佟佳、瓜尔、马佳、索绰罗、齐佳、富察、纳喇、钮祜禄。到了民国,这八个姓也都改为汉姓,分别是童、关、马、索、齐、富、安、郎,再一次实现了民族间的姓氏融合。

另外,与满族情况大致相近的北方民族还有朝鲜族。我国的朝鲜族有200万人左右,主要分布在东北各等省区,姓有一百多个,主要有金、李、崔、朴、郑、康、江、庆、景、高、孔、公、潘、方、房等,另外还有南宫、鲜于、皇甫等复姓,一些著名的大姓都有一段传说。其中一个著名传说是:朝鲜族人最初居住在山谷间,分为六个村,称辰韩六部。六村之一的高墟村长苏伐有次看见山麓旁的树林边有一匹马跪着嘶鸣,就上前观看,马忽然不见了,只见一个大卵,剖开一看,出来了一个婴儿,便收养了他,他长大后魁梧英俊。六部人因他生来不寻常,便立他为君。当地人称瓠为朴,大卵也称瓠,因此以朴为姓。后来,六部人分别以李、崔、孙、郑、裴、薛为姓,成为朝鲜族姓氏的主体。

与满族一样,在朝鲜族中也有金姓,但另有来历。相传,朝鲜王脱解夜里听到金城(今朝鲜庆尚南道南部地区)树林里有鸡叫声，天明时派大臣瓠公去查看，见一个金色的小木盒挂在树枝上，树下有鸡在叫，瓠公赶紧回来报告。国王派人打开小盒，见里边有个小男孩，便收养了他。小孩长大后很聪明，有才干，多谋略，因为曾有在金色小木盒中的经历，便姓金，从而才有了金姓。

在朝鲜族之外，我国北方少数民族中的蒙古族，他们的姓氏也有多种来源。其中有的来源于部族名称，有的是把祖父或父亲的名字当做姓，还有的来自于过去皇帝的赐姓。不过，蒙古族虽然有姓，但只习惯于称名不称姓，如元太祖铁木真、元太宗窝阔台、元宪宗蒙哥、元世祖忽必烈等，都是只称名字。因为害怕重复，有些蒙古人把父亲名字的第一音节放在自己名字之前。如某人名叫照那斯图，他的父亲名叫乌德，他的名字便写作乌·照那斯图。现在蒙汉文化交流频繁，有的蒙古人既有蒙古名，又有汉族姓名，与过去相比有了较大变化。

在四百多万蒙古族人中，纯粹蒙古姓有七个，也就是包、白、韩、吴、何、胡、关，其他还有朱、李、王、张、杨、马、陈、郭、夏、高、崔、苗、田等姓。这些姓中以“包”姓最尊贵，古代蒙古贵族中非包不能封王。因为元太祖成吉思汗出生在孛儿只斤家族，因此姓包。

谈到我国当代少数民族的姓氏，除以上这些回、满、朝鲜、蒙古等北方民族外，南方民族的姓氏也很有特点。比如居住在云南省西双版纳一带的傣族，有个著名姓氏刀，是族中的第一大姓。据说，刀姓是明代皇帝赏赐给傣族首领“召片领”五世的姓，到解放前一直是贵族对外交往时使用的，而一般老百姓都没有姓。直到解放以后，西双版纳地区实行民主改革，废除了封建领主制，他们的姓氏使用特权也随之废止，普通老百姓才可以使用刀姓，姓刀的人从此才多起来。如今，当地干部、学生甚至农民都喜欢姓刀，再加个汉人名字，对外交往更为方便。另外，随着汉、傣两族交往的增多，有些汉族男子到西双版纳工作，娶傣族女子为妻，生下的子女有些随父姓，于是，傣族中出现了王、李、张、周等姓。再者，傣族学生跟随汉族老师读书，有时也姓老师的姓。老师姓王，学生就跟着姓王；老师姓张，学生就跟着姓张。这种现象还很普遍。这样，傣族的姓氏便慢慢多了起来。

在南方民族中，有一个畲族，人口六十多万，分布在浙江、福建、江西、广东、安徽等省山区。畲字本有开辟荒地、刀耕火种的含义，这也是汉人称他们为畲的原因，反映了他们在山区辛勤耕种的本色。至于畲族的姓氏，从数量上来看并不很多，大多数人只姓盘、蓝、雷三个姓氏，或者再加上一个钟姓，成为畲族四大姓。关于这四个大姓，也有一个著名传说。一首叫作《高皇歌》的歌词是："盘瓠生了三个儿子，一个女儿，带上王朝去求姓。大儿子盘装便姓盘，二子清秀就姓蓝，第三细子整一岁，王朝殿里讨姓来。凑看雷公响得好，朱纸落笔便姓雷。"又说："细女招亲钟姓子，女婿养子是钟姓。"这是说，畲族最早只有盘、蓝、雷三个姓氏，钟姓是后来加入的，这就有了四姓。

关于畲族的四大姓氏，当然还有其他的传说。比如，蓝姓的族谱上就说，唐朝光启二年(886)，盘、蓝、雷、钟四姓360余口跟着闽王王审知作向导，由广东潮州凤凰山经内海到福建，相约在连江马鼻道登岸。但届时只有蓝、雷、钟三姓的人乘船到达，盘姓人被风吹得不知去向，因此盘姓至今无传。另据传说，这四姓人从广东潮州凤凰山出发迁往各地，其中盘姓在途中转往别处，成为瑶族的一部分。因此，畲族中如今只保留了蓝、雷、钟三姓。今天看来，这些记载未必可靠，但畲族中少了盘姓倒是事实，现在浙江、福建的畲族已没有或很少盘姓了。

畲族中除了以上四姓外，还有黎、吴、李、古等姓，但人数很少,大都是汉人入赘畲族的结果。

除畲族外,在南方民族中再如毛南族,只有七万多人,主要分布在广西环江毛南族自治县。姓氏也不多,主要有谭、覃、卢、蒙、韦、颜等姓,其中谭姓占80%以上。据有关家谱说,他们的始祖姓王名龙,字化云,本来住在京城,是朝廷的国舅,后来被贬,改姓覃或谭,从而成为毛南族人。这种说法未必可靠,但反映出他们的姓氏受汉族影响很大。另外,还有一个关于该族姓氏的说法,也就是族中的男子上门后要改姓母姓,所生子女中一个姓父姓,其余的姓母姓,也是颇有意思的。

至于在海峡对岸的台湾岛上,少数民族及其姓名也很有趣。据有关专家研究,台湾原住民分为九族,即泰雅族、阿美族、赛夏族、布农族、邹族、鲁凯族、排湾族、卑南族与雅美族。泰雅族为父系社会,没有姓氏,只有名字,实行父子连名制,但一般情况下不连母名。如一个叫林文明的人,传统族名叫瓦旦·比林,父亲叫比林·比代,祖父叫比代·比赖。母亲家无兄弟时,可连外祖父名字;若母亲改嫁,则名字须连继父名字。阿美族是母系社会,无姓氏,也用连名制,是母子连名制。如台东县一个叫陈月琦的女子,族名叫加拉斯·拉蒙,母亲叫拉蒙·拉奥辛,祖母则叫拉奥辛·宇迈。赛夏族没姓,只有名字,为父系社会,采用子女连名制。如苗栗县庄乡蓬莱村一个叫日繁雄的小学教师,传统族名叫阿味·阿巴泄,父亲叫巴泄·阿代毛,祖父叫代毛·阿拐,父亲名字前边的"阿"字是为了表示敬意而加上去的。布农族是父系社会,有氏族名字,类似汉人的姓,他们的名字都连上氏族名。如有个叫田哲益的教师,传统族名叫毕马·拉西乌拉湾,拉西乌拉湾就是氏族名字。其他几个少数民族取名方法与以上几种大同小异。

甲午战争后,根据不平等条约,台湾割给日本,这些少数民族也有使用安川、山田、武田等日本姓氏的，一时汉姓、日本姓与原住民传统姓名三种现象并存。台湾光复后，国民党政府推行原住民姓名改革制度，要求他们另取汉姓汉名。从此，他们都有两个姓名：一是报户籍用的汉姓汉名，二是本民族的传统名字。当时，还规定了他们姓氏的五个来源：第一种是政府主管户籍的官员随意指派，当事人不得拒绝。第二种是主办人随意写一些汉姓，让原住民抽签，抽到姓什么就姓什么。第三种是主办人随意拿出一本书，让少数民族的人指点，点到什么字就姓什么姓。如果主办人拿的是《百家姓》，这些少数民族就姓汉姓了。第四种是使用氏族名称的谐音。如屏东县雾台乡乡长柯启川，属于鲁凯族，传统家庭名叫柯查吉兰，就以他的第一个音节"柯"字为姓。同族有个家族的名叫葛鲁斯卡奴，就让他姓葛。第五种是使用日本姓者，减一字成为汉姓。如姓高田改姓高，姓安川改姓安，姓藤泽改姓藤，等等。由于在上述情况下所产生的姓氏随意性较大，也带来了不少弊端，比如同胞兄弟姐妹就姓了不同的姓。当在最初的情况下聚族而居时，虽姓氏不同，还能辨别血统，但繁衍几代后，年轻人或求学，或就业，要到外地谋生，互相便不认识了。有些情侣到谈婚论嫁时，才发现虽然汉姓不同，但却是近亲，不能结婚，双双殉情自杀的现象也有发生，这都是随意造姓带来的恶果。

八、当今汉姓中的少数民族

如今，少数民族中也有不少汉族姓，单从姓氏中已看不出是什么民族了，这种现象还很普遍。

以胡姓为例。首先，在瑶族中有胡姓。瑶族居住在桂、粤、湘、桂等省，分盘瑶、茶山瑶、山子瑶、坳瑶、花兰瑶五大支系，胡姓多在盘瑶、花兰瑶中。论述瑶族起源传说及迁徙发展经过的重要文献《过山榜》，开列了它的二十个姓氏，胡姓排第九位。又如，居住在川滇边境的普米族，与苗、瑶等族同出盘瓠之后，其中家于云南宁蒗彝族自治县喇波村的普米族中就有胡姓。据他们自己介绍，其祖先是从四川木黑县境内迁来的。再如，彝族中也有胡姓。云南宁蒗县彝族有余、张、胡、末、刘、马六家大黑彝，据说都来自四川大凉山。再者，我国的苗族主要分布在黔、滇、湘、桂等省，其中也有胡姓。此外，回族、满族中也有相当数量的胡姓。可以说，胡姓是汉族与其他少数民族互相融合的产物。

再如吴姓。除汉族中人数最多、分布最广以外，在裕固族、锡伯族、柯尔克孜族、赫哲族、朝鲜族、仫佬族、鄂伦春族、达斡尔族、蒙古族、苗族、京族、水族、侗族等少数民族中也都有数量不等的人口，说明它也同样是一个由多民族共同使用的姓氏。

总之，关于百家姓与少数民族，其实是一个内容非常广泛的话题，每个民族都有自己的特色。而百家姓与少数民族的历史，其实就是汉族与少数民族的融合交流史，我们国家悠久的民族历史及多民族的国家特征在此也得到了充分体现。

话题十四：百家姓与中外交流

我国是一个历史悠久的文明古国，曾长期以巨人的形象屹立于世界东方，并以海纳百川的雍容大度接纳着来自五湖四海的宾朋。在长期的对外交往中，不仅有许多外国人因故留居我国,也有不少国家在我们的影响下创造了自己的文化。这其中，百家姓也同样发挥过作用。它曾把我们和遥远的外国人联系在一起,成为中外交流的重要见证,其影响也于此可见一斑。

一、姓中国姓的外国皇族后裔

在中外交流和中原王朝与四周少数民族割据政权交往频繁的年代,姓氏文化曾是民族融合的万花筒,不断随着时间的推移而焕发出迷人的色彩。说不定我们中某人的祖先可能是历史上西域的胡商,或者是波斯帝国的贵族,或者是含情脉脉的胡姬,或者是“人面桃花笑春风”的朝鲜姑娘,甚至是莎士比亚笔下的犹太商人。在人们跨越空间和种族羁绊的广泛交流之下,庞大的地球有时会变得渺小,人与人之间的联系有时也会变得紧密。一个小小的研究发现,就可能把我们和遥远的外国人联系在一起,有时甚至是高不可攀的异国皇族。

因为，在中外交流的历史上，曾经发生过外国皇族定居中原、或者是中原汉族的皇族后裔移居异国他乡的现象，这种民族之间的政治、经济、文化交流，也促进了中外姓氏文化的交流。安姓等姓氏就是这种交流的产物。

据对有关记载的研究表明，中国内地原本没有安姓，它是一个输入的姓氏。安姓大多来源于安息国，安息国的音译是"帕提亚"，是当时伊朗东北部的一个国家。《北史·西域传》记载：安息国的王子来华传教，以国为姓，姓安名清，从此定居中国，子孙繁衍，形成安姓，他们的后代大部分在西北地区。历史上少数民族中以安为姓的人也很多，其中最为著名的就是唐朝的安禄山。安禄山原本是边疆地区外贸市场上的交易管理员，能说四蕃语（四个民族的语言），巧舌如簧，特别善于投机取巧，因此很快成为唐玄宗的宠臣。不过，安禄山原本并不姓安，而是姓康，来自康国，他的母亲改嫁给安延偃之后，他才冒姓安。对此，《全唐文》卷452邵说《代郭令公请安思顺表》记载："安禄山，牧羊小丑，本实姓康，远自北蕃，来投中夏。"

明朝永乐十五年（1417），苏禄国（今菲律宾）东王巴都葛·巴哈剌与西王、峒王率领着一支由三百多人组成的访问团来到北京，在故宫受到明成祖的盛情接见，并回赠了丰厚的礼品。但当他们沿着大运河满载而归之时，无法经受风尘洗礼的东王巴都葛·巴哈剌不幸病逝在山东德州。明成祖得知以后，特意为他举行了隆重的葬礼，赐谥号"恭定"，并派遣官员致祭，自己还亲自撰写碑文，以示纪念。事后，东王的长子率领访问团回到了苏禄国，继承了王位。东王的次子温哈剌、三子安都鲁及其东王的妃子和侍从十余人都留在中国，为他守墓。到清朝雍正九年（1731），应苏禄国国王的要求，守墓人员及其子孙正式加入清朝国籍，成为山东德州的一方百姓。从此，在齐鲁大地上就有了这样一部分带有菲律宾王族血统的人。按照中国姓氏的习惯，温哈剌的后代全都改姓“温”，安都鲁的后代全都改姓“安”。温、安二姓的子孙后代，在这里繁衍生息，传宗接代，如今已传二十多代。

斯里兰卡也是我们的友好邻邦，历史上被称为锡兰，与我国各朝交往频繁。据史料记载，大约在五百多年前的明朝时期，锡兰王子世利巴交喇惹来明朝朝贡，就在他访问明朝期间，王位被外人继承了。身不由己的他万般无奈，最后只好定居在泉州，并娶当地阿拉伯人蒲氏为妻，繁衍生息。其后人取他的名字中第一字“世”为姓，成为我国百家姓中特殊的一员。至明朝中后期，锡兰王子第十四代后裔中的一分支又移居台湾省，并在那里定居下来。在2002年6月，分别居住在泉州和台湾的锡兰王子的第十九代、二十代后裔还应斯里兰卡有关部门的邀请组成代表团赴斯里兰卡参加寻根活动，先后到康提、锡吉里亚、波隆纳鲁瓦和阿努拉达普拉等地进行了参观访问。在欢迎宴会上，有关人士在致辞中表示希望以这次访问为新起点，将斯中友好关系推向新的高度。

当然，在历史上我国各朝的对外交流中，有些情况还较为复杂，如与西域各国的交流就是如此。我国历史上习惯把玉门关以西的地方称为西域，其范围不仅包括我国的新疆一带，也包括新疆以西的中亚、西亚各国甚至某些欧洲国家。对于它们，我们就要根据具体情况分别对待。其中，对于历史上各朝与西域中的今中亚、西亚各国甚至某些欧洲国家的交流，理所当然是中外交流；而与西域中那些在新疆一带的各割据政权的交流，则是中原王朝与少数民族割据政权之间的交流。特别是后面这种情况，由于在古代都被笼统地称为西域，我们还必须严加区分。

事实上，从汉代的张骞通西域以后，西域各国与各中原王朝都有十分频繁的交流。特别是在最为强盛的唐朝时期,西域各国的王公贵族和商人还大批来到中原,在长安、洛阳、扬州、泉州、广州等城市买地置产,娶妻生子,留下大量王族后裔。据《资治通鉴》记载,唐高宗时期,波斯萨珊王朝的王子卑路斯,由于王朝败落,不远万里来到长安,要求唐朝提供庇护。卑斯路客死长安后,他的儿子泥里斯又在长安重整旗鼓,妄图东山再起,后来还毅然率领残部数千人踏上回国的征程。但是,这毕竟是不切实际的梦想。当泥里斯复国的计划破灭后,他又重新回到长安,定居下来。像他这样的波斯贵族留居长安的,有一部分还被皇帝赐姓李,也有一部分假冒李姓,例如波斯人李峋、大食人李彦升等都属于这种情况。李彦升不仅精通汉语,熟悉汉人文化,而且考上了唐朝的进士。

另外,在我国某些仍存在的姓氏中,也有不少与历史上的西域各国有关。比如,复姓尉迟中的一支就来源于西域于阗国的王室。史称在唐代时,于阗国王室的一位成员作为质子来到长安,留居当地,娶妻生子,慢慢演变成当地人家。与他们同时,另外一支姓尉迟的人则是北魏时期尉迟部的后代, 亦即唐代名将尉迟敬德一族。《宋高僧传·窥基传》说:“窥基,字洪道,姓尉迟氏,京兆长安人也。尉迟之见与后魏同起,号尉迟部,如中华之诸侯国,入华则以部为氏也。”窥基是尉迟敬德的先祖,他的后人尉迟刚曾经担任隋朝的太保、吴国公。尉迟安是北周昌乐公主的驸马都尉。他的后代尉迟敬德是唐朝的开国功臣,后代尉迟宝林也是唐朝的重要官员。

又如,裴姓除了中原本土的原有姓氏之外,还有一支来自西域疏勒国的王室。疏勒国王姓裴,自号阿摩支。唐朝武德年间,他的王子裴纠作为人质来到长安,被拜为鹰扬大将军,从此定居下来，形成长安京兆裴氏。当时出自山西南部的河东裴氏十分有名，最早居住在今天的山西闻喜县，门第显赫，人才辈出，声名远扬，一个家族就出了十几个宰相。像唐朝的裴行俭、裴休、裴耀卿等都是著名的政治人物。

再如，白姓中有一支来自龟兹国的王室。龟兹国的王子白孝顺曾经流寓长安，他的后代大多姓白。比较著名的人物有诗人白居易、宰相白敏中、将军白孝德等，他们都可能是龟兹国的王室之后。白敏中曾自称是“十姓胡中第六胡”，而白居易与白敏中是亲戚，说明他们都不是土生土长的汉族白姓。不少家谱上记载说，某某白姓是秦朝将领白起之后，又说自己是白居易的多少代孙子，这些都有点难以经得起推敲。

二、昭武九姓与汉姓

我国民间一向有崇尚“九”的习俗，如九族、九锡、九洲、九江、九河、九九归一的说法都很常见。在部落氏族中，则有九部室韦、九姓铁勒、九姓鞑靼、九姓乌护、昭武九姓的称呼。昭武九姓原是古代一个生活在祁连山一带的部族，居住在祁连山北昭武城，后因被匈奴人击败而西迁，相继建立了安息国、康国、米国、史国、曹国、石国等国家，散居在今乌兹别克斯坦、哈萨克斯坦、伊朗等地，是古代西域居民的一部分。他们原来生活的地方本是水草丰美、六畜繁衍之地，匈奴人的诗歌里就唱道：“失我祁连山，让我六畜不蕃衍；失我焉支山，让我妇女无颜色。”其实，祁连山原本是昭武九姓和大月氏的故土，为了争夺这里的耕地和草场，那些逐水草而居的游牧民族互相厮杀，你来我往，上演了一幕幕民族迁徙的悲剧。先是居住在这里的大月氏人被匈奴冒顿单于、老上单于赶到气候寒冷的帕米尔高原，连国王的脑袋也成为匈奴单于的饮器。不久，昭武九姓也被匈奴人扫地出门，流落到人烟稀少的异国他乡。后来，匈奴一分为二，一部分迁入内地，成为中原居民；一部分则迁居到欧洲的匈牙利，在那里建立了居民点。隋唐时期，突厥分裂为东西两部：东突厥归顺唐朝，成为新疆地区的主要民族之一或汉族的一个组成部分；西突厥人则沿着古老的丝绸之路来到亚洲和欧洲的交汇处土耳其，形成了新的国家。也有人认为，大月氏和昭武九姓是一个种族在不同时期的两种叫法，众说纷纭，没有统一说法。中国的姓氏和匈牙利、土耳其没有太多的联系，但与昭武九姓却联系甚密，康、米、安、石、史、曹、罗、毕、何等姓都发源于此。

康姓是汉姓中的一个，它起源于康国。康国也叫粟特、肃特，是地名，与康居都是一个国家。康国位于今天乌兹别克斯坦的撒马尔罕一带，他们的国王姓温，是大月氏人，名字叫天祚，原本居住在昭武城。温天祚当上国王以后，曾刻意与昭武九姓的其他部族通婚，世代和好，以显示自己不忘本源。康国有很多姓氏，其中12个姓氏最为尊贵，又以国王的温姓地位最高，但康国的居民一来到中国，一般改姓康，这是按照汉族姓氏的取名方式，以国为姓，因此姓这一姓氏的人口比例很高。

两汉时期，康姓人来到中原，形成了著名的陕西蓝田康姓。南北朝时期的康绚，字长明，就是康国国王的后代。《梁书》卷18《康绚传》记载："康绚，字长明，华山蓝田人也。其先出自康居，初汉置都护尽臣西域，康居亦遣子，待诏于河西，因留为黔首，其后即以康为姓。晋时陇右乱，康氏迁于蓝田。"

在陕西蓝田县西北九里，有一个叫白鹿原的地方，也是康姓人的居住地，后秦的将领康宧就出生于此。甘肃凉州也有很多康姓。十六国时期前凉的将领康妙，后凉的大力士康龙，都来自凉州。隋唐时期，康国与唐朝的往来十分频繁，大批康姓人随之在长安等地安家，还给中原居民带来了优美的音乐，欢快的舞蹈，以及撒马尔罕的金桃和银桃。所谓金桃，就是现在市场上经常看见的大黄桃，果体肥大，颜色金黄，口感甜美，是当时进贡给皇帝的贡品。银桃可能是一种颜色银白的水果。

在来自异国他乡的康姓人中，比较著名的就是前述的安禄山。他原本姓康，妻子也姓康。另外还有音乐家康昆仑，是著名的琵琶高手；商人康谦，是唐肃宗时期的鸿胪卿；康萨陀，是唐朝初年的著名画家，尤其擅长绘画奇禽异兽；康金吾，原名阿义屈达干，姓康，柳城人，他的曾祖父是咭利可汗的都督，祖染可汗的驸马都知兵马使，父亲是默缀可汗的卫衙官，他后来成为安禄山的得力干将。在安禄山作乱时，有不少将领来自柳城康氏，与安禄山是同乡。

除康姓外，我国的米姓也与昭武九姓有一定的关系，他们主要来源于中亚的米国。米国位于今片治肯特一带，在历史上和隋唐的关系比较密切，不少米姓人就是在这个时期来到中国的。例如音乐家米嘉荣和他的儿子米和，火祆教的教士米萨宝，都是米国人。宋朝书法家米芾，远祖和中亚的米姓也有关系。

安姓来自安息国，已见前述。另据林宝《元和姓纂》考证，著名的姑臧凉州安氏，就来源于此。北魏的安难陀，世居凉州。安兴贵跟随李世民南征北战，曾经俘获过李轨，拜为右武卫大将军，归国公，举家迁移到长安。安抱玉、安抱真都是唐朝的著名将领，因功被唐朝皇帝赐姓李，名字变成了李抱玉、李抱真，两《唐书》都有他们的传记。

石姓来自石国，位于乌兹别克斯坦的塔什干一带。《高僧传·

神会传》记载："和尚神会，俗姓石，本西域人也。祖父徙据，因家于岐，遂为凤翔人也。"从唐代的碑刻上也可以发现大量西域石国的石姓人家。例如石崇俊，祖上是石国大首领散将军，移居到张掖郡，一直活了81岁。其他的人如石宝山，是唐朝的舞蹈家，特别擅长表演霓裳羽衣舞。

除上述几姓外，出自昭武九姓的还有史姓、曹姓、罗姓、毕姓、何姓等，因情况复杂，在此不赘。

三、中国境内的欧洲移民

欧洲在我国历史上被称为"大秦"，意思是说他们的人种像秦人，但体格高大，故称大秦。在我国处于汉唐盛世时，作为闻名世界的强盛王朝，在许多欧洲人看来是经济发达，国力强盛，政治文明，文化开放，宗教信仰自由之地。在他们的心目中，神秘的东方和强盛的汉唐帝国就是一个让人心驰神往的天国，那里遍地是黄金，人人会做瓷器，心灵手巧的妇女则会把细若蛛丝的蚕丝编成轻薄细软的丝绸。他们非常希望去中国，并希望留在这个花花世界里。哥伦布开辟新航路，马可波罗的浪漫之旅，其实都源于西方人对东方的美好传说，都是为了到东方寻找黄金和实现梦想。

例如，近年来，在国内外历史学界就流传着一种说法，说是古罗马执政官克拉苏为了到东方寻找黄金，曾率军队东征，并在中国境内留下了"古罗马战俘城"和一批士兵，他们的后代至今仍然生活在中国境内，姓中国姓氏，是今天汉民族大家庭中的一个组成部分。综合目前所见的各种记载，这件事情的具体经过是这样的：

公元前53年，镇压罗马斯巴达克斯起义的克拉苏，在擦完利剑上的血迹后就迫不及待地把罗马军团调往东方，率领4万多人的军队发动了一场对安息（波斯）的战争，在卡雷与安息军队相遇，发生卡雷战役。在交战中，克拉苏长子小克拉苏率领的5800人的先头部队首先被歼灭。人生地不熟的克拉苏被当地人诱骗到绝境，打得溃不成军，他本人也成了俘虏。当人们得知他劳师远征的目的是为了掠夺东方的黄金时，豪放的游牧民族首领就把熔化的黄金倒进他的头颅，并讥讽说"以随尔欲"。意思是说，这一次可以满足你对黄金的欲望。混乱中的罗马军队有的投降，有的趁夜色逃回。据事后统计，这次战役中罗马军队被歼2万人，被俘1万人。后来，这些罗马战俘被送往安息东界木鹿城为安息人戍边，不知所终。也有人说，小克拉苏在当时曾率领六千余人突围，几经周折，逃到西域，归服匈奴郅至单于占领的康居国，成为匈奴附庸。从此以后，这支军队便从西方史料中销声匿迹，他们的下落也成了千古之谜。

关于这支古罗马东征军的下落，以及他们最后到达我国的事情，其实在我国的有关古籍中是有记载的，上个世纪初以来的一些西方学者还根据这些记载逐渐揭开了谜团。如据《汉书·陈汤传》记载，公元前36年，汉西域都护甘延寿、副校尉陈汤，带领4万名将士伐郅支单于，战于郅支（今俄罗斯江布尔城）。陈汤等人在这里看到一些奇特的军队，"步兵百余人，夹门鱼鳞阵，讲习用兵"，"土城外有重木城"。对于这种记载，有人认为这种用圆形盾牌连成鱼鳞形状防御的阵式和修"重木城"的方法，只有古罗马军队采用，所谓"鱼鳞阵"可能是罗马的龟甲战阵，而这些人就是失踪17年的罗马残军。这次战争汉朝军队大胜，"生虏百四十五人，降虏千余人"。为了安置他们，西汉政府便在甘肃永昌境内设置骊轩城，安置了这些罗马战俘。另外，近年编写的《甘肃省志》第二卷也记载，建昭三年（前36），“汉以北地郁郅（今庆阳一带）人甘延寿为西域都护骑都尉。时匈奴郅支单于困辱汉使，并欲降服乌孙、大宛、康居等国。甘延寿与副校尉陈汤以为郅支不除，终为西域大患，遂矫诏发戊己校尉屯田吏士和西域15国合四万余人远征郅支，杀单于及阏氏、太子、名王以下1518人，俘获千余人，其中有部分罗马残军。西汉政府在现永昌境内设置骊轩城，安置了这批罗马战俘”。而在国外，一位叫达布斯的美国历史学家根据对班固的《汉书》和普林尼、普卢塔克等人的著作研究，认为这支古罗马军队中的一些人在战败后被安置在匈奴的首都（今乌兹别克斯坦的塔什干），并在那里修筑了古罗马式防御工事。14年后，当中国士兵攻下这座首都时，发现了他们，并把他们中的一些带到中国，让他们定居在距离古罗马7000公里的今中国甘肃永昌县一个被称为“骊轩城”的地方。“骊轩”这个词似乎是从拉丁语“legio”演化来的。另一位牛津大学学者德效骞也发表了“公元前36年中国人与罗马人的一次军事接触”和“古代中国境内的一座罗马城”两篇文章，从研究一万罗马战俘的下落开始，认为他们被转移到安息东境、中亚的马尔吉安纳（即今霍散散）后，有一些可能逃到了匈奴人在康居都赖水畔（药杀河与巴尔喀什湖之间）建立的郅支城，后来被汉朝军队俘虏145人，并随他们到达中国内地，被安置到永昌地区一个特设的边境城市中，这个城市便根据中国对罗马帝国的称呼命名为“骊轩”。

由上可见，对于我国境内有古罗马东征军的后代这件事情，应该说是事出有因的，他们来到我国的时间是公元前36年，居住地点是骊轩城，亦即今天的甘肃省永昌县城西南20公里的焦家庄乡者撒寨骊轩古城遗址一带。当地的一些村落还在近年相继发现了一些珍贵文物，并为此立了这样一通石碑："公元前36年，汉朝西域都护陈汤、甘延寿将军率军越葱岭征匈奴，克郅支单于。汉帝下诏将罗马降人安置于番禾县南照面山下，置县骊轩。"另外，据报道，当地现在仍然居住着许多保持罗马人体质特征的居民。"他们就住在祁连山北麓一带，语言、生活习惯与当地人无异，长像却很像欧洲人。"亲临其境的记者还采访了几位居民，他们的体貌无不具有欧洲人的特征：身体高大，眼珠发蓝，鼻子高直，满头金发；而且如此相貌的居民为数不少，很多村庄都有。据称，当地的研究人员也访问过三四十人。

当然，上述关于罗马战俘后代在我国的说法也曾从最初就一直受到学者们的质疑，这些观点要得到更多历史学家或现代科学技术的证实也尚待时日。但是，可以肯定的是，当年东征被俘的那一万名罗马战士是不可能再回到遥远的欧洲去了。

四、犹太民族东迁及其姓氏衍化

犹太人是一个富有智慧的民族，莎士比亚笔下的《威尼斯商人》就展示过犹太商人的经商天赋。他们与我国发生联系最早也是经商，大约是在我国东汉时，为逃离罗马帝国的种族迫害而由陆上丝绸之路东来中国。对此，《旧约·以赛亚书》49章12节记载："看哪，那些从远方来，这些从北方，从西方来，这些从秦国来。"这里的秦国，所指大约就是我国当时的东汉王朝。

唐朝时，又有一些犹太商人通过"海上丝绸之路"来到我国，在广州、泉州、扬州一带从事跨国贸易。由于积累了大量财富，以致在唐末大乱时曾受到重创，据说曾经血流成河，尤其是在作为对外贸易窗口的广州更是如此。为免遭杀戮，大量犹太商人逃到安南，广州的对外贸易也因此大为衰落。后来，到北宋时期，随着我国又一个盛世的到来，更多的犹太商人又大批前来。风花雪月的首都汴京，人口超过百万，城内街道纵横交错，夜市通宵达旦，极尽繁华之能事，从《东京梦华录》的记载中和《清明上河图》里不难发现当时商贾云集、熙来攘往的繁华景象。这里作为当时世界上最大的城市，也成为犹太商人大显身手的舞台。根据《重修清真寺碑记》所言，宋代汴京城中的犹太人主要经营香料、布匹、丝绸等生意，还相当活跃，在他们“进贡西洋布于宋”之后，皇帝敕令他们“归我中夏，遵守祖风，留遗汴梁”，从而有了合法的居住身份。

但在北宋灭亡时，首都汴京几乎成为一座空城，100万的人口只剩下5万，昔日的喧哗一去不返。但不少犹太人却不愿随北宋王室南逃，而是选择定居下来。到进入元代以后，由于蒙古族出身的统治者采取民族分治政策，犹太人作为色目人中的一部分一度高汉人一等，但到汉人重新夺取政权后的明朝时，随着胡服、胡语、胡饰等的被禁止，《大明律·蒙古色目人婚姻条例》更明确规定“蒙古、色目人不许自相嫁娶”，要与汉族女子通婚，他们开始面对一种必须汉化的生存环境。为了加以适应，他们从这时开始改取汉族姓氏，把原来的“列维”改为“李”，“示巴”改为“石”，“亚当”改为“艾”。另据弘治二年（1489）犹太人的墓碑记载，当时的犹太人有李、俺、艾、高、穆、赵、金、周、张、石、璜、黄、郭、黎、安、李、聂、左、白等姓，其中一名叫俺三（俺诚）的犹太医生因医术高明，有功于朝廷，被皇帝赐了宋朝的国姓“赵”，任命为锦衣卫指挥、浙江都指挥佥事，相当于现在军区司令员一样的高官。在他的后代中，赵汉章又担任了刑部尚书，赵光裕担任过云南总督，他的家族也开始变得人丁兴旺起来，最多时人数过千，而且多生活富庶，逐步进入了汉民族的“主流”社会。他们既为官又经商，精通生意之道，又重视教育。据史书上记载，仅考取进士的就有二十多位，当地大宗的商业更是少不了他们。此外，还有左唐官至广东参政、四川参议，李应元担任过太原总督等。还有一个叫艾俊的犹太人，曾经参加科举考试，获得举人头衔，担任过德州府的长史，也是一个地方官。另一个叫石子玉的犹太人，更是发挥了犹太人的经商特长，成为丝绸大王。他在开封北土街经营的绫罗绸缎质地轻柔，色泽鲜艳，图案精美，成为当地供奉朝廷的贡品。

清朝初年，在我国犹太人中形成了李、艾、赵、张、高、金、石七大姓，也就是人们所说的“七姓八家”。他们基本上已经变成地地道道的中国人，生活习俗、文化传统、外貌特征都完全汉化。只是在某种情况下，偶尔还有人另在姓氏前带上亚伯拉汗、约西亚等特殊标志。这种情况，已经与当代中西文化交流中出现的马约翰、李贝克、王珍妮、张玛丽等名字差不多，是一种中西合璧的姓氏文化。

据研究，历史上不同时期来到我国的犹太人还有相对集中的分布地区，他们除定居在开封外，在杭州、泉州、南京、镇江、上海、哈尔滨和西北的陕西、宁夏等地也有所见，近年在云南和台湾也有零星发现。在这些犹太人中，原来居住在上海和哈尔滨的犹太人多是在近代从中东或俄国迁来的，与其他地区的人几无近期渊源，并多在1949年前后迁居到以色列或美国等地。

随着岁月的流逝，我国犹太人的民族特色几乎荡然无存，他们已经融入到中华民族的血脉之中。如在开封的犹太人，在上世纪50年代初仍有数百人，居住在原开封犹太教堂附近的犹太聚居区，一位姓艾的犹太人还在1952年代表当地犹太人到北京参加“全国少数民族代表大会”，并受到毛泽东、周恩来等人接见。另据1980年人口普查，当地的犹太人仅剩下六姓、79家、166人，居住在教经胡同一带，职业有公职人士、教师、军人、农民等，婚姻对象多是汉族人，宗教活动早已在百年前消失，犹太血统在他们的意识里也已淡薄很多，仅仅保留了一些微小的生活习惯：不食猪肉，在某些宗教节日里吃一种不发酵的面饼。或者在过旧历年时，有人在门框门楣以红漆画记，纪念逾越节。对更多的犹太人的信仰、习俗，他们都显得很陌生。这种情况，与他们当年的祖先相比已大为不同。史称即使他们的祖先在移居我国的几百年后，也仍严格遵从自己的宗教和生活习俗，身穿长白袍，守安息日、守禁食、守割礼、禁食猪肉、每日三次到犹太礼拜会堂祷告。在杀生时，由祭师主持，根据《旧约·创世纪》记载的习俗，先除动物的脚筋，有人称他们信的是挑脚筋教。而这些在今天早已成为历史的沉积了。说明这些身体里有着微弱的犹太血统、仍住在我国的人们，他们的祖先的确是古老的来自中亚的犹太民族，而延续到他们仅仅只能称作是中国古代犹太人的后裔，已经消亡在浩瀚的历史岁月中了。那么，作为人们常说的世界上两个很难被同化的民族之一，这些来到我国的犹太人，为什么这样被同化了呢？

就其主要原因看，一个方面是因为中华民族有不少与犹太人相近之处的缘故。比如：中华民族曾经多灾多难，但自强不息，厚德载物，重视教育，犹太民族也是如此；我国人说“万般皆下品，惟有读书高”，犹太人说“乞丐也要有受教育的权利”；中国人民聪明而又勤劳勇敢，犹太人也是出类拔萃而又精明无比。另外，在公元前586年，犹太国被新巴比伦国王灭掉，大批犹太人被迫到巴比伦做奴隶，史称“巴比伦之囚”。第二次世界大战期间，又有成千上万的犹太人被德国法西斯送进毒气室，但他们依然顽强地活了下来。以上这些，与多灾多难的中华民族几乎毫无二致。由于在特征、志趣等方面没有太大差异，所以就容易被同化。

另外，还有应被提及的一点是，居住在我国的犹太人为了入乡随俗，在长期与其他民族的交往中逐渐丧失了自己的语言、文化和历史的传统。相传，一位原籍开封、被划入回族的女学生在上个世纪70年代末到一个民族学院上学时，在一个偶然的机会里遇到一位学者，才第一次得知自己是过去从来没有听说过的犹太人的后代。若非如此，她可能会因为自己没有相应的生活环境而永远都不会把自己与犹太人联系在一起。这一事例也说明，当一些移民身处于"主流"民族的团团包围之中时，如果丧失自己的传统，即便是像犹太这样顽强的民族也无法抗拒同化和融合的归宿。

五、徐福东渡与中国姓氏东传

与上述犹太人东迁不同，我国古代也曾有过一些人因故东迁的记载或传说，并在同时带去了我国的风俗习惯和姓氏，其中徐福东渡日本的传说便是较有影响的一种。

我国和日本是一衣带水的邻邦，一叶小舟便可越洋过海，到达对方国土。早在春秋战国时期，就曾发生过我国人移居日本的事。其中最初是吴王泰伯、仲雍的后裔移居日本，后来又有会稽东冶县的渔民在入海打鱼时因遇到大风而漂流到日本。对此，在《梁书》和《晋书》中都有记载。那时的日本还带有母系社会的残余，国王也是一位女性，他们派到中国的使节还经常自称是"吴太伯之后"。那么，吴王泰伯、仲雍的后裔是怎样到日本的呢？

原来，公元前484年，吴国被越国吞并，吴国王室的一支杀出一条血路，乘船渡过大海，来到一海之隔的日本，定居下来。经过几代人的繁衍生息，他们中的一些人还成为当地很有名望的首领，甚至有人与日本皇族发生了关系。隋唐时期，日本多次派遣使节朝拜中国皇帝，并郑重声明：日本皇室是吴太伯的后裔，日本姓氏中的吴、吴人、吴羽、吴服、吴汉、吴服部都是中国吴姓的发展和演变。民国初年，日本天皇曾在一个公开的场合说自己是吴太伯的120代孙。凑巧的是，军阀吴佩孚在当时正出巨资撰修全国吴姓家谱，也说自己是吴太伯的第120代孙。

除上述以外，中国姓氏对日本产生重大影响的事件就是徐福东渡了。秦朝统一后，秦始皇为了能够长生不死，逼着人去为他寻找仙药，若找不到就要处死。为此，不少大臣和方士儒生白白丧失了生命。有一天，徐福谎称自己能够找到长生不死之药，条件是需要数千童男童女，以及可以在大海中航行的大船和数量巨大的黄金。秦始皇求药心切，没有过多考虑，便完全答应了他的条件。

在一个风平浪静的良辰佳日，徐福带着数千童男童女扬帆远航，向着太阳升起的地方驶去，从此开始了寻找长生不死之药的航程。徐福一去不返，急得秦始皇焦躁不安。他带着大队人马一次又一次地来到大海边上，幻想见到寻找仙药的徐福。可是，海面上除了几艘在风雨中飘摇的小船，什么也看不见。这样过了很长时间，徐福仍是死不见尸，活不见人，没有一点音讯，秦始皇的身体则一年不如一年，最后死在一次出巡的路上。

那么，徐福以及由他带领的数千童男童女究竟到什么地方去了呢？对此，古今中外都有不少猜测。比如：

日本人说：徐福去了日本，他们就是数千童男童女的后代，他们要到徐福故里寻根问祖。

菲律宾人说：徐福去了菲律宾，菲律宾的华人就是他们后代。

印度尼西亚人说:徐福去了印度尼西亚。

我国史书上也说:“传言秦始皇遣方士徐福将男女数千人入海,求蓬莱神仙,不得。徐福畏诛,不敢还,遂至此州。世世相承,有数万家人。”如今,日本人寻根问祖,经常来到江苏连云港的余干县,祭祀徐福,并把这里当做自己的第二故乡。

徐福东渡以后,我国居民东迁或中日交往的事例也有很多。如在东汉建武中元二年(57),日本派遣使者到汉朝奉贡朝贺,汉光武帝盛情接待了他们,并赐以印绶。永初元年(107),日本国王帅升等给皇帝进献了160多个日本人,这是日本人移居中原的第一次记载。魏景初二年(238),日本女王派遣大夫难升米来朝,日本女王被赐以金印绶带,封为“亲魏倭王”;难升米被拜为中郎将,假银印青绶。后来,到唐宋时期,日本与我国的文化交流更加频繁,姓氏制度的影响也进一步深入。在我国唐代时,日本名人阿部仲麻吕起了个中国名字晁衡,他和李白、王维等大诗人的关系十分友好,在长安生活了五十余年,官职做到左散骑常侍、镇南都护,是日本人在唐朝官职最高的一位。据说,日本人名字后面的“子”,就是受到中国名人尊称的影响而产生的。

总的来看日本的情况,由于它是接受中国文化最多的国家,在姓氏方面也较多受到我国的影响。在早期,日本人也像我国一样只有名字而没有姓氏,后来随着生产的发展,特别是进入阶级社会以后,在统治者中首先出现了氏和姓,这也就是后来所说的姓氏。至公元九、十世纪时,在姓氏中又分化出一种新的称号,即苗字,意思是苗裔、分支的意思,同样具有姓氏的作用。当时贵族的名字中往往要包括氏、姓、苗字三个部分，写在一起相当长。如其中一个贵族的名字是藤原朝臣九条兼实，名中的藤原是氏，朝臣是姓，九条是苗字，兼实才是名。后来，氏、姓、苗字又为普通百姓所使用，并且又有许多新的姓氏出现。不过，在明治维新以前，姓氏只是少数贵族、武士的专利，绝大多数农民、渔民和商人都只有名而没有姓氏。直到明治维新以后，日本人才普遍有了姓名。目前，日本人使用的姓氏有10万多个，几乎超过了世界其他国家姓氏的总和。其姓氏的来源80%以上出自地名，此外如藤原、酒井、本多等姓源于古代武士的姓氏，近卫、卫、武部、文部等姓源于贵族官职，长野、宫崎、山口等姓源于县名，牛养、陶器所、道具屋等姓源于职业，普门寺、八幡、佛光寺等姓源于寺庙，牛尾、猪、鸭等姓源于动物家禽，草野、樱、栗原等姓源于植物，田中、龟井、松下、渡边等姓源于居室附近的自然现象，鬼熊、鬼生等姓源于宗教信仰。可见，日本的姓氏及其取名习惯尽管有自己的特点，但仍带有受我国影响的痕迹，尤其是早期贵族或武士的姓氏更是如此。

六、朝鲜半岛上的中国姓氏

历史上，由于我国与朝鲜半岛上的各政权都有十分紧密的联系，与他们的交流非常频繁，我国姓氏对他们所产生的影响也颇为明显。相传在商朝末年时，有一位名叫箕子的人为躲避商纣王的迫害，来到朝鲜半岛，成为今天这个半岛上两个国家的许多人公认的祖先。秦汉时期，中原居民为了躲避暴政和苛捐杂税，又有大批人来到这里，甚至还有燕人卫满东渡鸭绿江，自立为王。元封三年（前108），汉武帝派军队将卫满建立的国家灭掉，在这里设立了乐浪、临屯、真番、玄菟四郡。直到大约七十年后，高丽人朱蒙才宣布废除汉朝的四郡，建高丽国。但是，当地与我国的交往并没有因此中断，在此以后也是如此。

据《云溪友议》记载，登州商人马行余，准备从昆山前往桐庐，在海上遇到暴风雨，被风吹到新罗国。新罗国王听说他从中国来，就用接待贵宾的礼节盛情款待了他，并对他说："吾虽夷狄之邦，岁有习儒者，举于天阙。登第荣归，吾必禄之甚厚。乃知孔子之道，被于华夏乎。"随后又与他谈论儒家经典，他则不好意思地推辞说："庸碌贾竖，长养虽在中华，但闻土地所宜，不读诗说之意。熟诗书，明礼仪者，其唯士大夫乎！非小人之事也。"乃辞之。新罗国王惊讶地说："吾以中国之人尽闻典教，不谓尚有无知之俗欤！"马行余回到家乡，自惭形秽，深感自己愚昧不知学道，为夷狄所嗤，决心发愤苦读，提高学问。由此可知，新罗国很早就接受了汉族文化，十分崇尚孔子的儒学，连国王都十分熟悉儒学经典。

魏晋以后，随着高丽等国的日渐强大，在与我国的交往中又增加了战争等内容。如在东晋元兴三年(404)，高丽国王一度把边界延展到辽东。隋朝开皇十八年(598)，高丽国王元与靺鞨骑兵万余人入侵辽西，隋朝派汉王杨谅为元帅，率领30万水陆大军前去讨伐，在辽东遇到瘟疫，将士死亡十之八九。正好元也派人来谢罪，隋朝军队当即返回国内。大业三年(607)，隋炀帝巡游到突厥启民可汗营帐，见到高丽的使者，要他回国转告高丽王元到洛阳进见，但元没有奉诏，于是引发隋炀帝三征高丽。第一次出征的隋朝将士据说有113.08万人，号称200万，运送粮食和辎重的另有200多万人。但由于指挥无方，大败而归。第二次远征刚开始，杨素的儿子杨玄感在黎阳发动兵变，大军直逼东都洛阳，隋炀帝的远征再次无果而终。大业十年(614),隋炀帝第三次远征高丽,由于军队太多,延误日期,没有开战就遭遇饥馑,六军自相抢掠,又遇上农民起义蜂拥而起,远征又一次失败。

隋炀帝三征高丽是我国与朝鲜半岛的关系史上有重要影响的事件,当时远征军中的一部分据说还流落在当地,同时还带去了自己的姓氏和风俗习惯。甚至在唐朝初年两国交好时,唐朝派往高丽的使者还在当地发现了大批被俘的人,他们自称"'家在某郡,隋末从军,没于高丽,高丽妻以游女,与高丽错居,殆将半矣。'因问亲戚存没,曰:'皆无恙。'众人咸涕泣相告。隋人望之而哭者,遍于郊野"。不过,在后来发生的唐朝与高丽的战争中,唐朝俘虏了高丽男女数万人,并把他们迁到江淮地区安置,这些人后来就变成了唐朝人,姓氏也随之而变。

公元936年,高丽王建统一朝鲜半岛,开始全面引进汉族的文化制度。在此之前,朝鲜半岛上还没有建立完整的姓氏制度,只有少数贵族有名有姓。到这时则在用所引进的汉文化改革他们的政治制度、文化制度、生活习俗和姓氏制度。其中所推行的姓氏制度几乎就是我国姓氏制度的翻版。在他们的姓氏中,朴、金、郑、崔等姓人口都很多,而郑、崔等姓又是唐宋时期的大姓。另外据统计,我国和韩国、朝鲜在历史上最常用的姓氏都是五百多个,而用法相同的有一百多个,可见韩国、朝鲜的姓氏明显是受了我国姓氏的影响。

在朝鲜半岛上,崔姓是个大姓,一位崔姓名人也成了双方间文化交流的使者。他叫崔致远(857—928),唐朝时期的新罗庆州人,字海夫,号孤云。12岁就到唐留学,进士及第以后去宣州做官。公元880年,他进入扬州高骈的幕府,担任都统巡官。885年,他奉命出使新罗,相继担任新罗的翰林学士、兵部侍郎,在42岁时回到扬州，在寺院里度过晚年，死后也葬在扬州。

除崔致远外，还有一些与他齐名的人。如新罗围棋第一高手朴球曾在唐朝宫廷里下棋，是职业棋手。有一首诗在形容他的棋艺时说："海东谁敌手，归去道应孤。阙下传新势，海中覆旧图。"另外，留学生金可纪、金云卿、崔匡裕、崔彦㧑等也是当时有名的学者，在双方间都很有影响。

公元14世纪，由辽东迁往高丽的李成桂灭掉王氏高丽国，建立李氏王朝，经历20代，历时500年。在它立国期间，曾模仿我国向权贵大量赐姓，使李姓得到空前发展，成为当地的五大姓氏之一。

明朝万历年间，朝日发生战争，明朝八万军队赴朝参战，朝鲜将领李舜臣、李镒，中国将领李如松、邓子龙等人并肩作战，打败了日军。战后，有不少中国士兵就留在朝鲜，繁衍了后代。如今，在韩国来华的不少寻根问祖旅游团里，就有人自称先辈是在朝日战争时期留在当地的。

七、中国姓氏在东南亚

生活在欧亚大陆东南部的东南亚人，由于地理位置与我国接近，姓氏也多受我国的影响。如靠近我国广西、云南二省区的越南人，就与我国有十分悠久的交往历史。早在战国末年，生活在我国境内的百越族人中的一些就为躲避灾荒而逃到越南，当地也因此出现了汉姓人家。公元前207年，中国秦朝将领赵陀建立南越国，越南是他所辖的一部分。后来，汉武帝平定南越，将当地分为珠崖、南海、苍梧、合浦、交趾、日南、九真等九郡，越南从此划入中国版图，历时一千多年，汉族的姓氏文化开始对越南发生影响，出现了曲、杨、吴、丁、黎、李等姓氏，其中的李姓人还建立了一个割据王朝，而这一王朝的建立者还自称是唐太宗的旁系后裔。因此可以说，越南的许多姓氏就是在越南划归中国版图期间大量繁衍的，其十大姓氏中的李、阮、黄、陈等都起源于中国。

1225年，越南李朝的女国王被迫将政权交给自己的丈夫陈氏，越南进入陈朝（1225—1400）统治时期。1400年，外戚胡季犛篡夺政权，建立胡朝（1400—1407）。1418年，清化土豪黎利在蓝山举行起义，建立黎朝。1802年，嘉隆王阮福映建立阮朝。在各王朝立国期间，相关的姓氏都获得较大发展。如今，越南姓氏约有二百多个，其中以姓阮、黎、陈、范、武、吴、裴、黄、涸杜等姓的人口最多，尽管这主要是因为他们有人在历史上建立了相关王朝的缘故，但追根溯源，仍应与我国的相关影响联系起来。

在东南亚，老挝是一个多民族的国家，通常分为老龙、老听和老松族系。由于民族成分复杂，老挝人的姓名也不尽相同。其中占人口多数的老龙和老听族在历史上都没有姓，直到今天仍很少使用姓氏，其名字也一般只有一个奶名，或者在长大以后另取一个正名，并与之相伴终生。老松族人则使用罗、王、李等姓，姓名习惯近似于我国的苗族。所不同的是，他们的姓氏多放在名字后，并改为多音节词，取用一些诸如聂武·罗比瑶、杜比·李丰之类的名字。

至于泰国、新加坡、菲律宾、马来西亚、印度尼西亚等国，受我国的影响也很突出。尤其是在宋元以后，这些国家大都是我国移民的迁居之地，还形成不少华人社区，在姓氏上更与我国一般无异。如在泰国，18世纪时还有一位来自中国广东澄海华富村的郑信在与缅甸的战争中立下功勋，他被拥立为国王，建立了吞武里王朝(1767—1782),被称为郑皇。在此前后,又有不少来自我国沿海的人移居泰国。如今,泰国也与其他东南亚国家一样是我国海外华人华侨的主要生活之地，而这些华人华侨也仍然保留着自己的姓氏传统和生活习惯，并且组织有自己姓氏的宗亲会等,为联络族人和服务乡梓发挥着作用。对于相关的姓氏宗亲会组织,我们专门在本书的附录里收录了一些,从中足见其作用和影响。

话题十五：
百家姓与寻根热

寻根念祖是人的本性，对每个民族来说都是天经地义的事。特别是对那些漂泊海外、流落异域的游子来说，创业的艰辛、生活的磨难，让他们很自然地对故土产生深切的眷恋。近年来，在海外华人中持续流行着一股姓氏寻根热潮，他们以姓氏为纽带，组成各种寻根团队，不远万里回到祖国大陆寻根谒祖。这种难以割舍的骨肉亲情，也是对生命源头的追问：我从哪里来？我的生命之根在哪里？通过寻根，所带来的便是一些有益的启发。

一、姓氏寻根热的兴起及其社会原因

近年来，在我国不少地方出现的姓氏寻根活动，主要是由海外华裔回祖国大陆寻根谒祖引发的，并很快形成为一股热潮。这股寻根热自20世纪70年代末开始兴起，至今已经持续了二十多年。当时世界各地的华人出于对祖国的热爱和对故土的深切眷恋之情，通过各种途径与故乡亲属及有关部门联系，或索取祖居地资料，表达他们希望来祖国大陆寻根问祖的意愿。20世纪80年代以来，世界各地特别是东南亚一带和台湾、香港地区的一些华人姓氏宗亲组织纷纷组团，或以其他方式来祖国大陆进行寻根访祖。他们寻根的最初目的地是我国东南沿海地区，以后又逐渐深入到内地的一些省份，追寻本姓氏的祖居地和发源地。

海外华人回国寻根，通常是以世代承袭下来的姓氏为徽记，以祖传的家谱、图片等资料为依据而进行的。他们一旦确定了目标，就会不吝资财、不顾路程遥远和旅途艰辛来祖国大陆寻找祖源地，求证自己的根源所在。其中有很多人是漂泊异域几代乃至十几代的华裔后代，多数人年事已高，出行不方便，因此常常还带着儿孙和眷属一同回来。例如2001年8月，曾有六十多位香港韩姓人专程赴河南安阳寻访宋朝宰相韩琦墓。时逢该地连降阴雨，道路泥泞难行，他们就弃车步行，那种相互搀扶着艰难穿行在乡间小道上、执著地寻找祖先遗迹的情景非常感人。另外，香港有一位著名慈善家方润华先生，是香港地产商会顾问、协成行集团总裁。当"寻根热"兴起之初，这位方老先生寻根心切，曾于1982年、1983年和1985年连续三次致函河南省长，请求帮助查找方氏的祖源地"方山"所在，并寄来自己多年搜集的资料。1992年10月和1997年4月，方先生再次致函河南省委书记，除了继续询问方氏发源地"方山"之外，还建议把"根"在河南的姓氏公布于海外报刊，在郑州、香港设立姓氏联络站，表示他可以在香港聘请几位顾问，并列举了一二十名香港知名人士。这位书记接到方先生的信后十分重视，当即批转给省政府侨务办公室，要求迅速加以落实。河南省侨务办公室经过调查，很快给方先生回复了"方氏祖地在河南禹州市境方山"的资料。方先生接信后极为激动，当即给这位书记和侨办回函，表示要捐资25万元人民币在禹州市方山镇建立一所"希望小学"，以表他对祖地的爱心。此后，他对祖国大陆的事情依然关心，多次捐款在内地建学校、图书馆、幼儿园等。

从20世纪80年代开始到现在，海外华人来祖国大陆寻根的人络绎不绝。其中有些人寻找到祖地后便与之建立了永久的联系，不但经常回来看看，还要参加相关的祭祖活动。如马来西亚的张晓卿先生，是长青集团主席、星洲日报社和国民日报社社长，自1998年以来曾先后三次率团到河南省濮阳县祭拜张姓始祖张挥墓，并捐资10万元人民币用于张挥公园的建设。当2001年准备再来时的临行前，因为突然有要事脱不开身，就委托弟弟张泰卿和拿督张仕国先生率领一百多人组成的马来西亚张氏寻根团前来拜祖。

像以上这样的事例在我国其他地方也有很多，都反映了海外华人对祖地的向往和关切之情。在此，我们不妨简单回顾一下近二十年来在我国内地举行的重要寻根活动情况：

世界谢氏寻根：1987年10月，泰国谢氏宗亲会寻根团在谢其昌先生率领下第一次来中国寻根访祖，到河南省唐河县谢国故城遗址进行考察，确认了谢氏祖地。1990年10月，由美国、加拿大、泰国及香港、台湾等地谢氏宗亲会五十余人组成的“谢氏寻根谒祖访问团”分别到谢姓的发源地河南省南阳县、唐河县谒祖。1993年9月，世界谢氏宗亲总会再次组团到河南省太康县拜谒了东晋名臣谢安故里及谢氏祖墓。此后，旅居海外的谢氏后裔不断到河南寻根谒祖。

世界林氏寻根：1992年7月，泰国林氏宗亲总会林炎炮一行到河南省卫辉市比干庙村寻根谒祖。9月，该会宗亲谒祖团68人到卫辉市举行了隆重的祭祖仪式。1993年5月，来自美国、日本、韩国、加拿大、泰国、新加坡和中国香港、澳门及台湾等地的林姓人537人到卫辉市参加纪念林氏始祖比干诞辰3085周年大会。1995年，卫辉市再次举办纪念比干诞辰活动，来自世界各地及国内的千余名林姓后裔参加，盛况空前。

世界至德宗亲总会寻根：1992年10月，世界至德宗亲总会第九届恳亲大会在江苏无锡市举行，来自世界各地的198人在吴姓发祥地无锡市举行了隆重的“祭祖大典”，并到无锡梅村泰伯庙、鸿山泰伯墓拜谒了祖先。此后，该会又多次组团来大陆祭祖和投资观光。

世界王氏寻根：1993年6月，世界王氏恳亲联谊大会在山西太原晋祠隆重举行，来自东南亚5个国家和海外王氏宗亲社团的二百多位代表参加了盛会。此后，在1998年9月，第五届世界王氏恳亲联谊大会再次在太原举行，在海内外产生了较大影响。

客家人寻根：1994年12月，世界客属第十二届恳亲大会在广东梅州市举行，海内外1900多位客家人参加了盛会。1995年5月，马来西亚客家文化寻根访问团135人来华寻根。他们从福建厦门出发，经武夷山、泰宁、宁化、长汀、连城、龙岩、永定、大埔、梅县，到广州结束。

世界陈氏寻根：1995年10月，新加坡、美国、马来西亚、菲律宾等国家和台湾地区的陈姓宗亲334人到河南省淮阳县参加陈氏始祖、周代陈国开创者陈胡公诞辰3415周年纪念活动。

世界舜裔寻根：1998年，香港陈守仁先生率团到河南省许昌市参加世界舜裔寻根谒祖活动。1999年4月，世界舜裔联谊会第十三届国际大会在河南省许昌市和颍川陈氏的发祥地长葛市隆重举行，海外代表共五百余人参加了这一盛会。

此外，近二十年来，还有来自世界各地的李姓人到河南鹿邑、甘肃陇西寻根，张姓到河南濮阳、山西太原寻根，刘姓到河南偃师、鲁山、江苏徐州、沛县寻根，杨姓到河南开封、灵宝、山西代县、陕西华县寻根，以及郭姓、郑姓、蔡姓、许姓、苏姓、黄姓、宋姓、叶姓、赖姓、牛姓、梅姓、霍姓、明姓、白姓、殷姓、金姓、丁姓、崔姓、千姓到河南、陕西、山西、山东、四川、江苏等地寻根，等等，都形成了一定的规模，产生了相应的社会影响。根据不完全的统计，至今来华寻根谒祖的姓氏已有百余个，主要有李、王、张、刘、陈、杨、黄、周、高、赵、郑、林、谢、郭、蔡、韩、孙、何、宋、魏、裴、胡、沈、许、苏、崔、邓、董、范、江、孔、方、姚、田、齐、戴、庄、殷、叶、赖、廖、简、白、丁、霍、牛、金、包、詹、翁、夏、禹、姒、卓、明、韦、覃、千等，涉及的地区有福建、广东、广西、河南、陕西、山西、河北、山东、甘肃、新疆、内蒙古、辽宁、黑龙江、江西、安徽、浙江、江苏、四川、贵州、云南以及北京、上海、重庆等二十多个省市的数百个市县和乡镇，囊括了当今中国大部分地区和几乎所有的大姓。

当以上这些姓氏寻根活动出现时，还都不同程度地得到了各姓氏祖地有关部门和乡亲的配合。有些地方不仅积极协助前来寻根的外宾，还组织欢迎仪式，与来宾举行各种恳谈活动，或者举办联谊晚会，通过多种形式进行广泛交流。如今，国内许多姓氏的祖居地及姓氏发源地还成立了姓氏研究会或类似机构，河南、福建、广东、四川、贵州、山西、甘肃、陕西、山西等地都有这类组织。这些姓氏研究组织在各地大力开展姓氏文化研究活动，为海外华人寻根提供线索。如河南省、福建省都建立有省级姓氏研究会，下设数十个姓氏专业委员会，与海外华人社团常年保持联系，为他们回国寻根提供资料和咨询服务。有些地方还成立了代客寻根机构，或者设立寻根网站，编印刊物，随时发布寻根信息和姓氏文化研究成果。在本书的附录中便收录了一些常见的寻根网站名称，当我们根据这些名称进行登录时不难发现它们更多的特点。

面对近二十年来海外华人非常频繁、高潮迭起并呈继续发展态势地来祖国大陆的寻根活动，不难使人对这种现象出现的原因做出思考。我们认为，它的出现至少有以下这样的一些原因：一是由当前国际社会的大气候所导致。众所周知，现在的世界已进入信息时代，中国也加入世界贸易组织，随着现代交通信息业的飞速发展，电脑网络等传播手段的广泛运用，世界似乎变小了，人类社会面临的共同问题越来越多，如生态、环保、商贸、艾滋病、反恐怖活动等，各民族、国家要发展，都无法游离于世界之外。同时，每个民族与国家又都存在着自己的特殊问题，要想解决这些问题，必须从自己民族、国家的文化中寻求救世安邦的良方。中国自改革开放以来，经济快速发展，国力日益增强，国际影响不断扩大，海外华人都为此深感欣慰和自豪，他们希望祖国更加强大。中国的强盛让海外游子有了坚强的后盾和依托，使他们扬眉吐气，也涌动出“回家看看”的念头，看看祖国到底发生了什么变化，还有不少人希望回来寻找商机，能为祖国的建设出力献策。而“姓氏寻根”正是海外华人回来报效祖国、了解自己的文化背景和文化之根的重要桥梁和纽带。关于这点，实际上也是“寻根热”出现的外部环境条件。

第二，寻根是人的天性，我们中华民族历来就有慎终追远的传统，而姓氏寻根是追宗觅祖的终南捷径。中国人的姓氏已有5000年的历史，与其他社会现象相比具有发展缓慢和一定的延续性、稳定性。因此，姓氏符号已经成为当今华夏子孙寻根溯源的活化石。姓氏寻根就是人们以姓氏为纽带所进行的文化寻源活动。中国人出于受历史文化背景的熏陶，尤为重视寻根追祖，俗话中常说的“树高千丈，落叶归根”就是这个意思。岁月悠悠、沧海桑田、生命之源、家族之根、世系之链、生死之变，这种种诱惑与恐惧都促使人们去探寻、思索生与死的奥秘，寻找自己的初始和归宿。出自同一文化渊源的观念使大家不约而同地拥有了一位共同的远祖，至于自己家族是否真的衍生于这位远祖，那又自当别论。所以，人们一旦寻找自己的“根”，就会有了结一生心愿和找到归宿的满足感。这也是姓氏寻根热产生的内在原因。

另外，还有一种大的外部环境是，像姓氏寻根热这样的文化血缘寻根在世界许多国家里也是一种普遍现象。早在1979年，美国黑人作家艾利克斯·哈利所著的《根》出版之后，全球迅速刮起了一股寻根热潮，黑人寻根，白人也寻根，从欧洲到非洲、亚洲，从华人聚居的唐人街到印第安人的土著部落，人类到处都在寻根。据说在美国，寻根已经成为仅次于集邮和集钱币的第三种时髦活动。为此，纽约还在1992年开张了一个“家庭历史集市”，吸引了一批批犹太人、爱尔兰人和威尔士等血统的人，一时万头攒动、盛况空前。又如在澳大利亚这样一个以移民为主的国家，续家谱寻根也成为一种普遍的乐趣。尽管续家谱的结果可能将一个现代人与一个英格兰贵族或者是18世纪末第一支船队运来的罪犯联系起来，但是，对他们来说，这两种背景都能让他们视为历史上的荣耀。

在海外的华人中，寻根热情尤为高涨，为其他族裔所无法企及。在东南亚各国以及美国、欧洲、日本、韩国等地，凡是有华人聚居的地方几乎都有姓氏宗亲组织。正像我们在本书附录中所收录的这类组织名称那样，它们既有单独一姓的，也有多个姓氏联宗的，还有世界性的宗亲总会。其中，仅全球性的姓氏宗亲会就有世界舜裔宗亲联谊会、世界至德宗亲总会、世界谢氏宗总亲会、世界林氏宗亲总会、世界黄氏宗亲总会、世界张氏宗亲总会、世界苏氏宗亲总会等。另外，在马来西亚，还有一个全国性的华人社团组织，叫做华人大会堂，是华人各姓宗亲会的联合组织。自1984年开始，他们每年轮流在全马13州举办华人文化节，借以开展各种联谊活动，如组织舞龙队表演、文艺表演、民俗展、家谱展、百家姓知识讲座、中华武术表演等，还举行盛大的晚宴、歌舞晚会，男女老幼一齐参加，民族色彩浓厚，气氛隆重热烈。笔者曾参加1997年在槟城举办的华人文化节，亲身感受了他们对中华文化的追求和热爱。

二、姓氏寻根的途径与方式

随着寻根活动的广泛开展，怎样进行姓氏寻根，寻根的意义何在，也成为人们关注的话题。其实，在我国近年来出现的姓氏寻根活动是从多角度、多方位进行的，海外华人寻根的目的和方式也不尽相同。比如，其中一些寻根是以寻找祖先的居住地为目的的，另外一些则是以寻找姓氏发源地为目的，还有一些是以寻找本姓族的发祥地(郡望)为目的，或以寻找历史上的移民集散地为目的。至于寻根方式，也是多种多样。大致归纳起来，主要有以下几种：

(一)利用家谱寻根

提到寻根，人们首先会想到家谱。从家谱所记的祖籍和谱系中去寻找祖先的脉络和遗迹，无疑是姓氏寻根最直接、最可靠的方法。中国人历来就有编修家谱的传统，国有史、地方有志，家有谱，是中国传统文化的一大特色。特别是明、清两代，许多姓氏大家族都编写族谱，详细记录各自家族世系传递情况，可以作为他们寻根问祖的重要依据。

利用家谱寻找自己的祖根，已经成为华人各姓氏寻根的主要手段。但在事实上，或就一般情况而言，许多家谱所记始迁祖以上的世系并非真实可靠,其中附会和编造的成分居多,水分也大。因为在唐、宋之间长达七十余年的五代十国时期(907—979),由于连年的战乱和社会动荡导致黄河流域及长江以北地区人口流动频繁,迁移加速,使得宋代以前的家谱几乎丧失殆尽,因此许多姓氏家族的世系断了线、失了传。宋代学者苏洵的《嘉祐集·谱例序》中记载:“自秦汉以来,仕者不世,然其贤人君子尤能识其先人,或至百世而不绝,无庙无宗而祖宗不忘,宗族不散,其势宜忘而独存,则由谱之力也。盖自唐衰,谱牒废绝,士大夫不讲,而世人不载,于是乎由贱而贵者耻言其先,由贫而富者不录其祖,而谱遂大废。”欧阳修所撰《欧阳氏谱图序》也说:“自唐末之乱,世族亡其家谱;今显族名家,多失其世次,谱学由是废绝。”他们在这里所说的都是当时旧谱散失的情况。

宋代以后,随着社会环境的变化,民间修谱之风盛行。当时民间编修家谱的情况十分复杂,其中沿袭者有之,攀附冒认名门者有之,含糊其事、胡编乱造者有之,真假相间,不一而足。明清时期,社会上还出现了一些专门替人伪造家谱世系的“谱匠”,就如同现在替人捉刀的“枪手”。他们往往事先预制一套可以通用的家谱作为“道具”,多托始于南宋,如名人序跋、远祖遗像、朱子题辞等,不论张王李赵,但将姓氏一改,即觉天衣无缝。以致后来许多姓氏的族谱中都出现了欧阳修、苏轼、朱熹、文天祥、方孝孺等名人的题跋序言,既使这些人再生,大概也忙不过来。如近年一家出版社出版的《邓姓史话》一书,就首列有苏洵、朱熹、文天祥等人的序文,文中漏洞百出,显然是出自这类“谱匠”之手。

现在一些报纸动辄发布消息,说是某地发现了一部“中国最早”的族谱,记载了某姓某族数千年的世系传递,具有××价值,其实真实性是要大打折扣的。这如果不是编发消息的人无知,就是一种故意制造新闻哄动效应的手段。当然,我们说家谱中有不可信的内容,并不是要否定家谱在寻根活动中的作用和意义。特别是在海外华人社会中,家谱尤为珍贵,意义也尤为深刻。近现代千千万万离乡背井、流寓海外、客籍他国的华侨华裔无不把自己的姓氏与家谱视作命根,因为这是他们寻根觅祖、慎终追远,用以区别于异国子民最可靠、最永久的依凭,也是炎黄子孙敦睦友谊、团结互助,从而克服和排除外来侵害、在异域生存下去的强大支撑。寻根溯源,重视家谱与敬宗睦族,实为炎黄子孙数千年来源远流长的风雅之举。只要我们正确对待传统文化,去伪存真,取其精华,而不是站在一姓一族的宗派立场上去使用家谱,寻根访祖的目标是能够达到的。

总之,从总体上来看,家谱作为我国优秀历史文化遗产,在寻根方面有着特殊的作用和意义。亲情,友情,乡情,族情——中国文化中的血缘传统,是世界上任何国家都不能比拟的。今天,炎黄子孙遍布世界160多个国家和地区,海外华人已超过5500万。参天之树必有根,怀山之水必有源。他们中尽管有人已经改变了国籍,但对民族的认同和文化的认同却没有改变,每年都有大批的华人不辞艰辛、不远万里来祖国大陆祭拜祖先,这种寻根追祖情结不能不说与延续数千年的家谱有关。家谱实际上已经成为各方人士寻根谒祖的最重要的凭据,它维系的不仅是一个家族,更是一个民族。对于实现祖国统一大业,家谱也具有特殊的作用和价值。

(二)以郡望和堂号、堂联寻根

利用家谱寻根快捷方便,但是我国现存家谱多为明清时期编修,由于各种原因,保存下来的还不是很多,现在许多人都没有家谱。那么,在没有家谱的情况下要想知道自己的根怎么办?其中的一种办法就是本文要继续探讨的问题,以本姓族的发祥地——郡望为寻根目的地和纪念地进行寻根。

通过前几个话题的介绍我们已经知道,郡望又称"郡姓",是指魏晋至隋唐时期一些世居于某郡的姓氏大族,由于这些郡姓大族名人辈出,在各个姓氏历史发展的过程中有巨大影响和重要作用,因而备受该姓后人的尊崇、景仰,后来这些郡望又演变成为这些姓氏的郡号和堂号。堂号最初是指各姓分支宗祠的专用名称、名号。在我国民间,许多姓氏的堂号都与郡号通用,如李姓的"陇西堂"、王姓的"太原堂"、张姓的"清河堂"、刘姓的"彭城堂"、杨姓的"弘农堂"、陈姓的"颍川堂"、周姓的"汝南堂"等等,都是如此。堂号一般题写在宗祠匾额上,也可以写在家谱里,世代相传;还有刻在门楣、厅堂和日常用具上,用来区别不同姓氏或同一姓氏的分支家族。过去一些豪门大族常把堂号写在灯笼上,悬挂起来,用以炫耀自己的家世显赫。因此在我国南方,又有把堂号称作"灯号"的。现在,各姓氏历史上的郡望和堂号已逐渐演变成他们祖居地或祖籍的代名词了。

应当指出,姓氏的祖籍与郡望是有区别的,某郡姓望族的姓氏并不一定是源出于该郡,一个地方可以是多种姓氏的发祥地。同样,一种姓氏也可以有多个郡望。特别是一些大姓,来源复杂,族众人多,历史上形成的郡望也比较多,前述赵钱孙李、周吴郑王等姓都是如此。又如张姓,有清河、安定、范阳、南阳、太原、敦煌、修武、上谷、沛国、梁国、汲郡、荥阳、平原、京兆、吴郡、郑州、洛阳、河东、始兴、冯翊、大梁、河间、中山、魏郡、蜀郡、武威、犍为、河内、高平等40多个郡望;刘姓有彭城、沛县、弘农、河间、中山、梁郡、南阳、高平、广平、东莞、平原、东平、广陵、临淮、琅玡、东海、南郡、高密、竟陵、范阳、东莱、丹阳、兰陵、宣城、陈留、河南等近五十个郡望，他们也都自有渊源。

如前所述，郡望在中国历史上曾经发挥过重要作用，对人们的社会生活产生了深远影响。魏晋隋唐时期，朝廷选用官员重世族而轻才德，使得一些世家大族子弟可以凭借门第出身在朝廷里做高官，在政治、经济上享有种种特权，其家族也因此门庭显赫，在地方上拥有很高的社会地位和声望。于是，姓氏以地望明贵贱、分等级成为一时之风尚。同时，受利益驱使，一些出身寒门的士人为出人头地，常伪造谱牒，攀附名门以博取功名。后来门阀世族制度逐渐解体，“旧时王谢堂前燕，飞入寻常百姓家”，以致在宋代以后郡望仅是各姓氏豪族的辉煌历史追忆，但它在世俗观念中留下的印痕仍未消失。明清以来，许多姓氏的家族仍喜欢把自己与本姓历史上最有影响的郡望联系在一起，用来表明自己出身来历不凡，民间编修家谱也往往攀附名门。如果建立宗祠，则多要标示郡号，用以炫耀乡里。对此，清朝学者钱大昕在他所著的《十驾斋养心录》一书中曾言及此事，认为“此习俗之甚可笑也”。

近年，笔者曾看到一些报纸争相刊载消息，说是某专家“考证”出毛泽东的祖籍在河南原阳县，是历史上“荥阳毛氏”的后代。其实，他“考证”的只是毛姓的郡望，因为谁都知道毛主席是湖南韶山人。至于“荥阳毛氏”，世居荥阳郡原阳县，是毛姓历史上的一个著名家族。换而言之，这里只是毛姓著名的郡望和毛姓显族的发祥地之一。具体来说，魏晋时期，有一支毛姓家族在今天的河南省原阳县境内脱颖而出，因为当时原阳县属荥阳郡管辖，因此这支毛姓人被称为“荥阳毛氏”。据史书记载，荥阳毛氏的代表人物毛宝是东晋名将。早在西晋末年时，中原干戈四起，北方世族纷纷渡江避难，毛宝也在这时来到江南，初在温峤手下为将，任平南将军。因他骁勇善战，在平定苏峻叛乱中屡立战功，被朝廷封为州陵县（今湖北监利县东）开国侯，担任庐江太守。后来他随庾亮北伐，授征虏将军、豫州刺史，驻守邾城。后赵石虎率大军来攻，毛宝督部据守，援兵不继，突围时溺江而亡。毛宝有两个儿子：毛穆之、毛安之，毛穆之也是东晋著名战将。毛宝的子孙后代和族人又有多人在朝廷做官，其族遂成为江南名族。荥阳毛氏自魏晋直到唐代兴盛不衰，名人辈出，在毛姓家族发展史上有很大影响，因此得到毛姓后人的普遍崇敬，以至后来江南各地的毛姓人多尊毛宝为渡江始祖，并以"荥阳"为本族的郡望堂号。由此可知，今天的河南省原阳县是历史上毛氏家族重要的发祥地之一，与我们现在通常所说的"祖籍"并不是一回事。

关于毛泽东的祖先，据有关家谱资料记载，宋代有一位叫毛伯逊的人居住在浙江三衢（今衢县），仕至工部尚书。毛伯逊的儿子毛休官至兵部尚书，兼殿中侍御史。后来，毛休出守吉州，迎父就养，在父亲去世后卜葬于江西吉水龙城，他也在这里定居下来。另据清咸丰五年《湘潭韶山毛氏房谱序》记载，元朝至正年间（1341—1370），江西吉州龙城人毛太华在从军后被派到云南澜沧卫戍边，遂入云南军籍。明洪武十三年（1380），毛太华积军功得到提拔，调戍湖南湘潭。他有八个儿子，赴任时携带长子毛清一、四子毛清四同往湖南，居住在湘乡北门城外绯紫桥。十余年后，毛清一、毛清四移居湘潭韶山，他们的后代繁衍昌茂，分为震、瑺、鉴、深四房。毛泽东是毛太华第二十代孙。由此可见，毛泽东的祖籍是湖南韶山，如果往前追溯，他的祖先来自江西吉水。若再往前追，才可以追溯到浙江衢县、河南原阳。

若从起源上看，毛姓主要来源于周代的毛国，出自姬姓，是以国名为姓的。它的始祖毛叔郑是周文王庶子，在西周初年受封于毛邑，建毛国，为伯爵。叔郑的食邑最初在今陕西华县郑地，因称叔郑。周武王在灭商后的第二年即去世，其子姬诵继位，就是周成王。当时由于成王年幼，发生了“管蔡之乱”，被平定后为了加强对东土的统治，把许多周室亲贵移封到殷商旧地镇守，让他们监视殷商遗民。在这种情况下，叔郑也被移封到今河南省宜阳县东北的毛泉一带，从此又被称为毛叔郑。毛叔郑的子孙世代在周王室担任卿大夫之职，地位显赫。直到战国初年，东周王室衰微，毛国之地被韩国吞并，遗族流散四方，以国名为姓，形成毛姓。所以，河南省宜阳县毛泉一带，是毛姓的起源地。

我们在上述对毛姓祖源地、郡望和祖籍的区分，并不是要否定这些地方与它的血脉渊源关系，而是要实事求是地理清它的起源、发展、演变脉络，明确这些祖源地、郡望和祖籍在姓氏寻根中所发挥的不同作用。尤其是其中的郡望的作用，在一些姓氏寻根中还很突出。如从海内外郑姓人在近年到河南省荥阳市的寻根行动上看，便可以发现郡望在其中发挥着无可替代的作用。今天的荥阳市是古代荥阳郡郡治所在地，也只是它在当时所管辖的一部分，并不完全与历史上的荥阳郡等同。但尽管如此，由于该地拥有与郑姓“荥阳郡望”相同的名称，在近年的“寻根热”中依然被海内外郑姓人当做圣地，不断有来自不同地区和国家的郑姓人前来寻根谒祖。据初步统计，自1984年以来，当地举行的与寻根有关的活动就达19次之多，有些活动的规模还相当大，甚至扩大到经贸合作等方面。如1992年12月，“世界郑氏宗亲荥阳祭祖大会”在当地召开，参会的有来自美国、菲律宾、马来西亚以及中国香港、澳门、台湾等13个国家和地区的173人，以及内地的三百多位郑姓代表。他们还在“荥阳郑氏祖茔纪念碑”前举行了隆重的祭祖仪式，参观了荥阳郑氏宗祠和古郑国京襄城遗址,参加了荥阳郑氏名人苑奠基活动,还举行了"振兴祖地恳谈会",达成投资意向14项,总成交额4150万元。我们由此不难看出,传统的荥阳郡望对当代海内外郑姓人所具有的是一种怎样的吸引力。

除了郑姓外,其他像陇西李氏、太原王氏、清河张氏、彭城刘氏、颍川陈氏、弘农杨氏、汾阳郭氏等等,无不是打着郡望的大旗来祖国大陆寻根谒祖的。从这些活动可以看出,海内外华人之所以不辞劳顿、不吝资财来祖国大陆寻根谒祖或参加相关活动,无非是受世代相传的"郡望"二字所吸引,这是一种发自内心的浓重情结。所以,一旦拥有了郡望,便可以明确知道自己家族的一种发祥地。

另外,一些姓氏堂联也可以用来探寻祖脉渊源。姓氏堂联是各姓氏的专用楹联、对联,多由族中文人撰写,内容多是颂扬祖上勋业、道德文章等。一般来说,只要看堂联,就可以辨别出这个家族的姓氏。有些堂联揭示了相关家族开基创业、迁徙安居的曲折历程,可以作为寻根的线索和参考资料。例如:

四川成都市东大街太平巷李氏祠联是:"自唐及周,理官柱史遗恩远;由粤而蜀,祖德宗功沛泽长。"上联说的是李姓历史名人春秋时期的李耳(老子),相传是商代理官的后裔,当过周柱史官(管理图书的官);下联说清朝政府组织的"湖广填四川"移民活动中,该支李姓由广东迁到四川。

台湾台北市全台周氏宗祠联是:"武赠王公,裔固始分支淡水;功颂傅保,终卓源溯派芦山。"上联说周姓祖先出自周朝王族,后裔由河南固始南迁到福建,再分迁到台湾淡水,即今台北市;下联说周姓祖先官爵显赫,台北一支属芦山派系。芦山,一在山东,一在四川。

怀州南阳堂邓氏堂联是:"派分河北,由汀州至潮州惠州袁州，一脉流传愈盛；祭举冬至，自始祖适高祖曾祖显祖，千秋陟降攸临。”上联叙述了邓氏祖先晋代从中原南迁，辗转入福建汀州，后裔又分迁广东潮州、惠州和江西袁州的曲折历程；下联记载各时期率族人迁徙的祖先。

以上说明，通过一些姓氏祠联的记述，也可以探寻出自己家族的来龙去脉。

（三）以历史移民集散地和祖籍纪念地寻根

在我国历史上，几乎每次改朝换代都有战争发生。由于战火蹂躏以及自然灾害频发，造成社会剧烈动荡，引发了人口的不断迁徙。历史上为避战乱、灾荒，中原百姓曾多次被迫向四外大规模流徙，主要是从黄河流域向长江流域和更偏远的南方移居。其他因做官、经商、求学、避害等原因而零星迁徙者更是不计其数。这种不断迁移的一种直接后果，就是造成了华夏姓氏的广泛播迁。后来，由于年深日久，历次移民后裔难以确知其祖籍所在，往往把先祖迁徙最初的集散地当做先人的祖籍，手传口授，记入家谱，传给子孙后代。现在，我国一些历史移民的集散地和移民出发地已成为各姓氏寻根的圣地和开展寻根活动的重要场所。这些地点比较著名的一般认为有10个，即河南固始县、山西洪洞县大槐树、湖北麻城县孝感乡、河北小兴州、河南滑县白马城、福建宁化县石壁村、广东南雄县珠玑巷、山东兖州市枣林庄、江苏苏州市阊门、江西鄱阳县瓦屑坝，被称为十大历史移民集散地。对于它们成为移民集散地的过程以及对寻根的作用，我们可以分别来看。

1.河南固始县

固始是福建、台湾一带移民后代的朝宗祖地，在今闽台一带的家谱中多有“祖先为河南光州固始人”的记载，这与唐代由这里向福建的两次大移民有关。

唐代首次由固始向福建的移民发生在唐朝初年。据史书记载，唐高宗总章二年(669)，福建泉州、潮州一带发生了山民反抗官府的“骚乱”，唐高宗命光州固始(即今固始县)人陈政为岭南行军总管，率府兵前往镇压。陈政率部长驱直入闽南，初战告捷，后因遭到山民顽强抵抗，死伤者日众，便退守九龙山(今九龙江中上游)，奏请朝廷增兵。朝廷又令陈政之兄陈敷、陈敏率固始58姓军校增援，他们多带家眷同行。当行军至浙、闽交界一带时遭遇瘟疫，陈敷、陈敏先后病死，他们的母亲魏氏率众继续南下，终于与陈政会合。唐仪凤二年(677)，陈政战死，其子陈元光代父领兵，经大小百余战，终于平定了“骚乱”。此后，他率军屯垦于云霄山下，采取了一系列措施治理和开发闽南，并于武后垂拱二年(686)奏请朝廷设立漳州，获得准许。景云二年(711)，陈元光去世，其子陈珦代领州事。他继承父业，在漳州大力兴办教育，努力发展农桑，传播中原文化。陈珦死后，其子陈酆、酆子陈漠依次接任为漳州刺史，这时中原地区正遭“安史之乱”荼毒，民不聊生，而地处东南边陲的漳州相对安定，又有许多百姓陆续由中原迁到这里，投奔他们。

陈元光父子及其所率将士由中原入闽，与当地人民共同开发闽南，推动了当地经济、文化的发展，也因此受到当地人的高度尊崇和爱戴。自宋代以后千余年来，漳州及闽南各地建有数百座供奉陈元光的祠庙，内立陈元光塑像，群众称陈元光是“开漳圣王”，世代祭祀。而当时随他父子入闽的中原将士及眷属，据新编《固始县志》统计，有8000多人、84个姓氏，这些姓氏主要有陈、许、卢、戴、李、欧、马、张、沈、黄、林、郑、魏、朱、刘、徐、廖、汤、涂、吴、周、柳、陆、苏、欧阳、司马、杨、詹、曾、萧、胡、赵、蔡等。另外，福建《云霄县志》也说，陈政入闽时率府兵3600名，将校132员，陈敷兄弟入闽增援又率固始58姓军校，并携家属，估计人数不少于第一次，再加上陈氏祖孙五代治闽近百年间由中原陆续前往投奔的百姓，人数当有上万。

唐代第二次由固始向福建的移民发生在唐末五代时期。当时，由于黄巢农民起义爆发，寿州人王绪、刘行权等乘势揭竿而起，率众攻占寿、光二州，固始东乡人王潮、王审邽、王审知三兄弟率乡民5000人投入义军。后来，王绪因被唐蔡州刺史秦宗权打败，在唐僖宗光启元年（885）由固始挥军南下，转战江南，最后经江西进入福建。王绪为人心胸狭窄，且残暴嗜杀。农民军进入福建之后，将士们因不堪他的虐待，发动兵变杀了他，公推王潮为首领。王潮治军严整，打算带兵还光州，一路约束部下"秋毫无犯"，因而很得民心。当军队行至沙县时，地方士绅因泉州刺史廖彦若贪暴不仁，纷纷奉酒拦道，要求他为民除害。为此，他又率领军队攻泉州，杀廖彦若，并留守当地。不久，王潮被福建观察使陈岩任命为泉州刺史。陈岩死后，王潮于景福二年（893）攻占福州，再经数战，"尽有闽岭五州之地"，统一了全闽。当时已处境危机的唐朝廷承认既成事实，任命王潮为福建观察使。

唐乾宁四年（897），王潮病逝，其弟王审知继掌闽地军政大权，开始对福建进行大规模的治理开发。朝廷以福建为威武军，命王审知为节度使。不久唐朝灭亡，后梁皇帝朱温加封王审知为闽王。当时中原群雄并起，争战不休，王审知采取保境安民政策，使福建地区社会安定，人民乐业。他又招抚流民，兴修水利，发展经济，还在泉州等地设"招贤馆"，接纳各地来避难的士人，中原百姓及唐朝旧臣纷纷前来投奔，福建的经济、文化都得到很大发展。他治闽30年，于后唐同光三年（925）病逝于福州。后来，他的儿子王延钧于公元933年正式称帝，改国号为闽，成为五代十国之一,也是福建历史上第一个割据政权。

王潮、王审知兄弟入闽时,随同的中原将士也有数万人,分别属于不同的姓氏。据《中国移民史》记载:“唐光启元年正月,王绪、王潮率光州(治今河南潢川县)人约二三万,经江西进入福建。”《台湾省通志》也说,唐末五代随二王入闽的共27姓,有陈、张、李、王、吴、蔡、杨、郑、谢、郭、曾、周、廖、庄、苏、何、高、詹、沈、施、卢、孙、傅、马、董、薛、韩等,以固始人居多,对福建历史的发展同样做出了贡献。至今,许多福建人仍把固始当做自己的故乡,称固始人为老乡。

2.山西洪洞县大槐树

洪洞县是明朝初年的一个移民集散地,是由山西向周边的河南、河北、山东、安徽、陕西及苏北、东北地区迁移的。洪洞县位于晋南临汾盆地北端,历来为山西通往中原的重要交通孔道。从明朝初年开始,中央政府便在这里设置了移民机构,专门为山西移民办理外迁手续。相传,移民机构设在城北广济寺旁的一株老槐树下。老槐树枝繁叶茂,十分高大,树上还筑满老鸹窝。每到清晨、傍晚,一群群乌鸦在树上盘旋聒噪,景象颇为壮观。当移民们外迁时,都要在树下领取川资,结队而行。在走出很远后回首望时,只能看到老槐树,因此对它的印象极深。天长日久,移民的后代不能确记自己的原籍,就把洪洞县大槐树当做自己的故乡和祖籍地了。至今,我国北方民间尚有“问我祖先在何处?山西洪洞大槐树”、“问我老家在哪里?山西洪洞老鸹窝”等民谣。

据史料记载,元末明初的农民战争以及明朝建文年间燕王朱棣为争夺帝位而发动的“靖难之役”,使中原地区的社会经济遭到严重破坏,再加上自然灾害连年侵袭,河北、河南和山东西部一带赤地千里,人烟稀少,而地处黄土高原的山西境内却无兵荒马乱之苦,连年风调雨顺,人口蕃茂,一派生平景象。为了恢复中原地区的农业生产以及军事上的需要,从明朝初年开始,政府便不断组织由山西向四处移民。据粗略统计,从明朝洪武二年(1369)到永乐十五年(1417)近50年间,山西的太原、平阳、泽州、潞州及辽、沁、汾、代等府州各县先后有12次向全国各地移民。截止明末,由山西向外移民总数多达三百余万,其规模之大,影响之广,为历史罕见。另据《中国移民史》记载,在明朝洪武年间,山东省的东昌(治所在今山东聊城市)、兖州、青州、济南、莱州、登州诸府共接纳山西移民121万人,为全国之最;河北的北平、广平(治所在今河北永年县东南)、大名、河间、保定等地接纳山西移民约四十余万;河南的彰德府(治今安阳市)、卫辉府(治今卫辉市)、怀沁府(治今沁阳市)、河南府(治今洛阳市)、南阳府、汝宁府(治今汝南县)共接纳民籍移民93.4万,军籍移民25.5万,合计118.9万。这些移民主要来自山西,少量来自江西、山东和南京。

如今,洪洞大槐树作为闻名全国的明代迁民遗址,已成为海外数以亿计的古槐后裔寻根祭祖的圣地。

3.湖北麻城县孝感乡

麻城县是明清两代"湖广填四川"移民的重要集散地之一。"湖广"是明代湖广布政使司(即行省)的简称,辖境大致相当于今湖南、湖北两省区域。早在元朝末年,反元义军红巾军徐寿辉的部将明玉珍率兵一万多人入川,攻占重庆、成都等地。及徐寿辉被陈有谅杀害,明玉珍据蜀称王,国号"夏",徐寿辉旧部多入川投靠明氏政权。明玉珍及所部多是湖北人,因此又吸引了大批来自黄冈、安陆一带的湖北民众前来投靠,总数约有40万。明朝建立后,洪武四年(1371)大夏归降,明政府又在此后多次组织移民入川。至洪武后期，迁入四川的民众及其后裔约有120万人，多来自湖北黄州府（治今黄冈市）。

明清之际，四川天灾频繁，社会动乱，特别是明朝末年农民军张献忠部数十万大军多次进出四川，与明政府军队和地方武装“摇黄”反复争战，使四川地区的经济遭受严重破坏，人口锐减。清朝初年，为恢复和发展四川经济，政府开始组织大批移民入川。清康熙年间，吴三桂反叛朝廷，战争连续七年，又使喘息未定的四川再遭浩劫，人口大量死亡，千里良田鞠为茂草。事后，清政府继续招民垦荒，形成了清代长达百余年的“湖广填四川”移民活动。总的来看这些发生在明清时期的“湖广填四川”移民活动，基本上是与“江西填湖广”同时，有大量的江西百姓迁入湖南、湖北各地，其中许多人定居数代后又从湖北再次迁徙入川，使清代向四川的移民成为一场以湖广人为主，以江西、广东、福建、贵州等省为辅的规模浩大的人口迁徙活动。据《中国移民史》统计，截至清乾隆四十一年（1776），迁入四川的移民及其后裔总数约有623万，占当时四川省总人口的62%。

湖北麻城县孝感乡是明清时期由湖北向四川移民的主要集散地，也被“湖广填四川”的许多移民当做故乡。实际上，明清时麻城县本地确实有人外迁，但大量的移民则是来自附近各地，他们集结于此，作暂短的停留之后再迁往四川，也有定居数代之后再迁移的。由于当地在历次移民中影响巨大，以致后来不论从何处入川的湖北移民都称来自这里，麻城孝感乡遂成为湖广移民祖籍的代名词。

4.河北小兴州

河北小兴州是长城古北口外第一重镇，是辽东、内蒙南下北京的交通要冲，因而成为我国北方历次移民的重要集散地，特别是明朝洪武、永乐年间由关外各地向北平及河北一带移民的集散地。相传，元朝末年，明军北上击溃元军主力，元残余势力逃往漠北，但仍有一定的军事实力。明朝建立后，为防止蒙古人内侵，就在长城以外，东起辽东、西至山西北部和内蒙古西部的广大地区屯兵戍守，并多次从燕山以北地区向北平一带移民，发展生产，充实边防。永乐皇帝登基后，又抽调长城以北各卫所15万将士在北京附近屯守，同时组织大规模强制性移民，安置在北平周围和河北各州县。这些移民主要来自河北北部、内蒙古、辽东、山东等地，总人数达数十万之多。

5.河南滑县白马城

滑县白马城位于河南省北部的滑县境内，京广铁路东侧，是宋代由中原向广西进行军事移民的出发地。北宋皇祐年间，侬智高在今广西一带反叛朝廷，攻陷邕州（今广西南宁），朝廷派大将军狄青率禁军前去平叛。狄青平叛后，留下部分官兵屯守南疆。据史书记载，杨家将的后代杨文广曾随狄青南下到广西，领兵四千戍守邕州。当时，朝廷在广西共屯兵一万多人，多数人后来都留居下来，并和当地人通婚，安家立业。到北宋后期，朝廷特许驻扎当地禁军官兵的家属随军，称为“老营”。因为这些禁军是由河南白马县（即滑县）集结整编后出发的，因此，他们的后裔多称祖籍在山东（太行山以东）白马，就是现在的白马城。

6.福建宁化县石壁村

宁化县石壁村位于福建西部边隅的武夷山东麓，是历代北方士民避乱南下入闽的中转集散地。早在秦汉之际，就有中原人因避乱而迁徙到这里。以后，在西晋“永嘉之乱”、唐末五代、两宋交替之际及元、明、清各代，每当中原动荡、社会发生巨变时，都有大量的北方移民涌入石壁。他们在这里经过一段时间的休整后再继续南下，分迁于闽南、闽西，继而迁往粤东、台湾、广西、贵州、湖南、四川等地，并进一步向东南亚及海外各地播迁。现在，宁化县石壁村已成为世界各地客家人共认的朝宗胜地。

7.广东南雄县珠玑巷

南雄县珠玑巷位于县城北九公里处的梅关古驿道上，是古代中原和江南通往岭南驿道上的重镇，也是北方人南下入粤的必经之地。宋代北方百姓南下时，多先在这里停留休整，然后再继续南下，辗转迁到广东等地。这些南下的北方移民把中原文化传播到岭南，对珠江三角洲的开发做出过重要贡献。所以，千百年来，广东许多民众都把这里视为祖居地和各姓开基祖的发祥地。同时，这里也是客家人公认的另一个朝宗圣地。

8.山东兖州市枣林庄

兖州市枣林庄是明清时期由山东向皖西、苏北地区移民的集散地之一，在今山东兖州城北的安邱(王)府村。这里原名枣林庄，在明朝时因为把鲁王的裔孙安邱王分封地在这里，因此又称安邱王府庄。

9.江苏苏州市阊门

苏州市阊门是苏北民众心目中的移民圣地。元朝末年，苏北是战乱的中心地区之一，加上又发生饥荒，到朱元璋击败割据苏州的张士诚后，“驱逐苏民实淮阳二州”。为了安置这些移民，当时还把苏州及所属各县的百姓集中于阊门，强行外迁，阊门便因此成为苏州移民外迁和苏北移民迁入的集散地。今扬州、江都、泰州、高邮及苏北淮安、徐州等地都有苏州移民的后裔，苏北移民还有来自江西、浙北、苏南及徽州等地的人，他们也都说来自苏州。

10.江西鄱阳县瓦屑坝

鄱阳县瓦屑坝在今县城西瓦燮玲一带的太莲子湖之滨，是明初移民点之一，也是安徽安庆、庐州一带众多姓氏公认的祖籍。这些移民主要来自江西的饶州、九江等府。

以上十大历史移民集散地，如今都已成为各姓氏寻根朝宗的圣地。正如我们在此前所说的那样，这些地方并不一定真正是某姓某人的祖籍地，而是许多地方的移民集中出发地。但是，当饱受颠沛流离之苦、历尽生活艰辛的移民后代在新的地方安定下来之后，思念故土之情越来越强烈，而又由于年深日久对祖居地寻觅渺茫无望，大家就会很自然地想到祖先最初外迁的出发地，进而把它们视作故乡，或者当成祖居地加以朝拜和纪念，借以寄托对故土的向往和思念之情，这也是上述这些移民集散地成为寻根热点的主要原因。为了更好地为寻根服务，不少集散地还专门成立了相应的研究或服务机构。如在1995年，广东南雄就成立了“南雄珠玑巷人南迁后裔联谊会”和“南雄修复珠玑古巷领导小组”，筹资修葺了该地三座清代门楼，修整了古巷内宋代古道、古楼、贵妃塔、沙水寺、古桥、古榕树等文物遗迹，新建了珠玑巷历史博物馆，还开辟了祖居纪念区，由各姓分别重建纪念性的宗祠，并先后有苏、黄、麦、徐、黎、周、陈、罗、邓等十多个姓氏在此兴建了宗祠。近年来，这些姓氏不断有人到当地进行寻根祭祖和开展恳亲联谊活动。此外，在河南固始、山西洪洞、福建宁化等地，也都有相应的研究或服务机构。

(四)其他方式的寻根活动

近年来，我国一些研究者还提出了一种利用“姓氏基因”进行寻根的说法，听来颇为有趣，但也引起不少争论。那么，其具体情况又是如何呢？

所谓的利用“姓氏基因”进行寻根，最简单地说就是每个姓氏都有自己的遗传基因，如果某些姓氏要寻找自己的血缘祖先，利用这种基因就可以做到。持这种观点的人认为，中国人的姓氏与中国历史上的封建宗法制度和整个社会机制是密切相关的。中国的封建宗法制度是一种以血缘关系为基础的世袭统治制度，由父系家长制演变而来。因此，中国人的姓氏也是一种由父系遗传的血缘传承标记，它的传承方式与人类的Y染色体遗传类似，相当于Y染色体上的一个特殊遗传点，每一种姓氏相当于这个遗传点上的一个等位基因，所以被称为姓氏基因。中国人以姓氏这种特殊的血缘文化记录了5000年父系社会的进化史，同时也记录了代表男性遗传Y染色体的进化史。为了证明这种观点，他们还对宋、元、明和当代四个时期100个姓氏的分布区域进行了统计分析，发现具有一致性，从而认定姓氏基因存在。

然而，历史上由于战乱、避祸、入赘等原因而改名换姓的现象很多，这是否会影响“姓氏基因”研究的准确性呢？对此，有关专家指出：“我们也注意到历史上普遍存在的改姓现象，包括过继、随母改姓、避难易姓，少数民族用汉族姓氏等等。但是，在整个中国人中改姓的比例相对来说仍然是很低的，况且还有很大一部分人在第二代时又恢复了原来的姓氏。在多数情况下，改姓者往往选择已有的大姓和当地的著名姓氏，因此，改姓不会严重地影响群体内姓氏的分布。而且，不管在何种情况下改的姓，仍是以父系方式往下传递，改姓的现象相当于遗传学中的等位基因突变，遗传学者们称之为‘姓氏突变’，突变后的姓氏仍具有正常的父系遗传的功能。这种具有中国社会进化特色的改姓现象，不但增加了中国人姓氏的多样性，而且为追踪各个姓氏的始祖和年代增加了新的机会。”

由上可见,近年流行的所谓姓氏基因一说,是把作为文化现象的姓氏与自然科学领域的生物遗传学进行糅合后所提出的观点，我们今天可以暂且不论这种研究方法的科学性和二者之间究竟是否有可比性,仅就利用它进行寻根的可行性而言,在现实生活中做到的可能性几乎是零。因为如果要用这种方法寻根,首先要做的就是自己挖开自家的祖坟,然后再拿着“冢中枯骨”让专家做DNA测验,得出一种相关的数据;接着再让专家测定自己的DNA,看看与祖先的遗传序列是否有一致性:如果一致才能证明自己姓氏血统的可靠,否则就是有乱宗或乱伦的嫌疑,自己的姓氏或血统也就不可靠了。或者,为了找到自己与祖先基因一致的证据,要到所知道的许多地方去自己动手挖祖坟,让坟中的祖先出来再见见天日。可见,所谓的姓氏基因或利用它进行寻根的说法尽管可能在某种程度上作为一种理论被提出，但它实际上忽视了一些致命的前提，就是每一个具体姓氏的基因究竟是什么，当一个姓氏由于分支众多而出现多种基因时又该怎样去确定正宗,或者凭什么标准去认定某种基因是某个姓氏的正宗,以及在不同姓氏之间的基因究竟有什么区别。同时,这种观点还面临着这样一些问题:我国向称有一万多个姓氏,是不是也应该有一万多种基因?在姓氏使用的过程中大多数姓氏都被废弃了,它们的基因是否也随着消失了？张王李赵等大姓都有数十种以上的分支,有时还是你中有我、我中有你,当相关的基因出现相同或交叉时,又该怎样去认定它究竟姓张还是姓王?而在将来的某一天生物遗传学界解决了中国人的基因遗传问题，发现中国人所属的蒙古人种基因相同或几无差异，或者全世界所有人种的基因都基本相近，又该怎样去解释姓氏基因的不同性？如此等等,问题其实还可以提出很多。对于这些问题,如果不能得到很好地解决,这种观点的实际价值显然是要大打折扣的。

总之,今天我们所说的姓氏寻根,是一种建立在文化认同上的追根认祖活动,具有不同的途径和方式,其真正意义在于增强炎黄子孙对中华民族的认同。毕竟,我们都是炎黄子孙,血管里流的是中华民族的血,这是不争的事实。所以,寻根活动不管以何种方式进行,它的实质都是在寻找共同的文化源泉和归宿。

三、攀附名人与姓氏联宗

如前所述,我国民间普遍存在着一种拉历史名人做祖先的陋习,也不管是否真的如此。譬如孔姓多称是孔子的后裔,李姓多称是李唐皇族后裔,赵姓多称来自宋朝皇族,姓张的是汉留侯张良的子孙,姓郭的则以唐朝名将郭子仪为祖。甚至国外也有此类情况,韩国和朝鲜约有朱姓20万人,都说是朱熹的后代。由于这种攀附名人现象十分盛行,也引起了一些学者的质疑和诘难。对此,我们应当如何看待呢?

历史上一些人利用同姓的名人来相互夸耀的故事有很多,在姓氏文化中,我们把这种现象叫做"冒认祖先",与现在的"名人效应"用意相似。四川民间曾流传着一个以姓氏斗联的故事:相传清代四川才子刘乃香往访举人李元度,互相问姓氏,李答:"骑青牛过函谷,老子姓李。"刘乃香见他出言不逊,自然不甘示弱,对答道:"斩白蛇入武关,高祖是刘。"以"高祖"对"老子",自然要高出一筹。他们在这里都是拉出同姓前代名人来比高下,抬高自己。还有一个故事,说的是明朝时某地有朱、项两姓人家的祠堂相邻。朱家为炫耀自己门庭高贵,就在祠堂上贴对联写道:

"一朝天子，历代儒宗。"意思是当朝皇帝姓朱，宋代的朱熹也是一代儒学宗师，因此朱姓无人可比。项姓人看了对联后颇为不服，也在祠堂上写对联道："曾烹天子父，也作圣人师。"对联中套用了两个典故：上联说的是楚汉相争时，项羽与刘邦决战于鸿沟，项羽欲烹刘邦父亲的故事；下联则出自项橐与孔子的传说，相传项橐七岁穷难孔子而为之师，以此来压倒朱家。当然，这纯属闲扯斗气，两姓人都拖出本姓的历史名人与他姓矜夸，以逞一时之快，至于他们是不是帝王、圣人的后代，则已无从考究。

如今，一些姓氏进行寻根活动时，通常要去拜祭同姓的先贤名硕，也就是那个姓氏历史上有名望的人。这种把同姓名人当做祖先尊崇祭拜，也已经成为姓氏文化中特有的现象。其实，这只是一种感情上的认祖联宗行为，他们并不一定都有直接的血缘关系。当然，受陈旧封建宗法思想和门阀世族观念的影响，也有人故意冒认和攀附名门先贤，这种情况自古就有。如唐代大文豪韩愈本是河南孟州人，却自号韩昌黎，因为昌黎韩氏是唐代的名门望族；唐朝大诗人杜甫也经常夸耀自己的身世不凡，他写给唐十八的诗云："与君陶唐后，盛族多其人。圣贤冠史籍，枝派罗源津……"意思是杜姓和唐姓都是古帝尧（陶唐氏）的后裔。杜甫还自号杜陵叟、杜少陵、杜陵布衣等，意思是自己的祖先是周代杜国王族。明清以来民间编修《家谱世系表》时，往往上溯下连，横拉竖扯，上溯追至远古帝王，横扯则把同姓历代名人统统连成一系，其世系名单可以详细排出一百多代，洋洋大观，详瞻备至，令人难以置信。

历史上攀附名人的不只是老百姓，就连那些君临天下的帝王也经常这样做。如隋文帝杨坚的祖先早已定居在今内蒙古武川一带，并且与少数民族鲜卑人通婚，显然是一支高度鲜卑化了的汉人。但是杨坚做了皇帝之后,仍多方引证,坚称自己是弘农杨氏的后裔，表示出身血统高贵。李唐皇室自称源出于陇西李氏,认老子李耳为始祖,是古代圣哲之后。相传朱元璋当了皇帝后,曾经想与宋朝硕儒朱熹扯上关系,但又找不到根据。恰巧这时朱熹的老家有一个小官吏来京师汇报工作,也姓朱。朱元璋便把他叫来问道:“你是不是朱熹的后裔?”那个小官胆小,就老实回答说:“我与朱熹同姓,但不同宗。”朱元璋见一个县里的小官尚且不肯冒认名人,自己是堂堂皇帝,地位要比朱熹高贵的多,于是作罢。

由上可知,攀附名门、冒认祖先是历来就有的社会现象。然而,在不同的历史时期,攀附名人的性质和含义也不尽相同。在封建时代,由于受宗法制度及宗法思想的影响,一些出身寒门的士人为获取更大的政治和经济利益,经常采取冒认手段,想方设法与名门显族拉上关系,其功利色彩浓厚,行为也历来为正人君子们所不齿。如宋朝开封人蔡薿,崇宁五年(1106)考取进士第一,为了谋官而与蔡京叙族属,尊蔡京为族叔。后来到蔡京府上送礼,见了蔡京的儿子蔡攸、蔡翛等人,连忙改口说:“原先搞错了,蔡公乃是我的叔祖,诸位才是我的叔父辈。”于是一一列拜。在现代社会里,一些普通百姓也喜欢与历史名人扯上关系,其动机则多种多样。人们在社会交往中常常会遇到这种情况,彼此相互介绍时,如果介绍到某人为“名门之后”,他(她)往往就会被人高看几眼,格外引人注意,此人的优越感也会油然而生。所以,许多人都愿意当“名人”的后代。但是,人们决不愿意与名声不好的历史人物有牵连。例如秦姓人都不说是秦桧的后代,因为秦桧是奸臣,名声不好。

实际上,哪个姓氏都有好人、坏人。就拿秦桧来说,据《宋史》

记载，秦桧无子，以妻兄之子王熺为嗣子，改姓秦，所以从血统关系方面来说，秦桧已经绝了后。如果说过继给秦桧的王熺算做他的后代，那么我们从《宋史》中会发现，秦桧的曾孙秦钜和秦钜的两个儿子都战死疆场，是抗金英雄。后人为纪念他们父子三人的忠烈事迹，特在蕲州立庙，世代供奉香火。另外，秦桧的哥哥秦梓名声也很好。他是宋朝宣和年间进士，有学识，曾任枢密院编修官、翰林院学士等职。后来出知宣州、移知湖州，告老后赠光禄大夫。秦桧当国时，他恶其所为，举族自江宁徙居溧阳，时有"柳下司马"之誉。相传500年后，秦桧的后人秦健全与朋友一起到西子湖畔游玩，在岳王庙秦桧夫妇跪像前感慨万分，作联云："人从宋后耻名桧，我到坟前愧姓秦。"其实，秦桧的曾孙两代三人在抗金斗争中为国壮烈捐躯，事迹感人，作为他们的后代无须惭愧。

我国历史上的名人多数是为人类文明和社会进步做出过卓越贡献的精英人物，他们的业绩可以激励后人上进，作为他们的子孙后代自然要为之感到骄傲和自豪，与之同姓的人也希望以此激励自己拼搏进取，这是很自然的事。现在，攀附名人现象已经不单纯是某一姓某个人的个人行为，而是许多人及许多姓氏联合在一起进行，这在近年来的姓氏联宗活动中表现得尤为突出。一些历史上有渊源关系的姓氏联宗祭祖，把各姓的名人统统抬出来加以纪念，它实质上是在追寻中国人共同的文化源泉和民族之根，反映出炎黄子孙对中华民族历史文化的认同。

从姓氏文化角度看，我们虽然不赞同胡乱攀附名人的做法，但也无须过多地苛求。因为就中华姓氏的起源而言，同姓或者不同姓的人在历史上确实有一定的血脉渊源联系，即使他们没有直接的血统关系，也有着历史文化上千丝万缕的联系。对每一个中国人来说，拥有共同的姓氏就意味着他们拥有共同的历史文化背景和生命源泉。因此，以姓氏符号为标记来凝聚同姓人，联络他们之间的情感和友谊，使这些人团结在一起共同谋取更大利益，已成为姓氏联宗的最终目的。因此，笔者认为，这种“联宗攀附”只要有利于弘扬中华民族优秀文化，有利于中华民族的大团结和民族复兴，有利于社会共同进步，都不应该完全加以否定。

四、寻根与姓氏文化资源开发

近年来，在我国出现的寻根活动由于大多围绕着姓氏祖源地、郡望发祥地、祖籍地、移民集散地等展开，并且大都收到了较好的效果，因此，许多地方或研究界也把它们成为姓氏文化资源，进行有计划、有目的地开发利用。一些地方通过对姓氏文化资源的开发，不仅提高了地方的知名度，而且还吸引了大批资金，为当地的经济发展开辟了一条新途径。当然，也有不少人对这种做法既不了解也不理解，认为祭祖、修家谱是搞封建宗族活动，应该加以反对和制止。对此，我们应当如何看待呢？

不可否认，在当前民间进行的一些寻根活动中确实存在着不少问题。如有些地方借开展姓氏寻根之名，大兴土木，修建家庙祖坟；个别地方热衷于续家谱，辨血缘，拉宗派；还有的为本地利益而争“祖地”、争“名人”，甚至不顾大局，互相攻击，等等，都造成了不良的社会影响。前文已经提到，明清时期的一些家谱中所记的宗族世系传承情况实际上已经很难真正反映该家族历史上的血缘关系，特别是有关宋代以前的世系记载多半不可靠，这在许多历史学家的研究中早有定论。所以，现在的同姓人不一定是同血统，尤其对那些人口众多的大姓来说，由于他们的来源复杂多样，更是如此。在姓氏寻根中如果硬要找出某个现代人和一个历史名人的血缘关系，不仅很难，也没有多少实际意义。所以，姓氏寻根不应拘囿于一姓一族之中。今天的姓氏寻根活动在一些地方所以能够开展得有声有色，其实质都是在寻觅中国人共同的民族文化之根。毫无疑问，这对弘扬中华民族优秀文化，促进中华民族的团结，推动祖国统一大业具有积极意义。

另外，姓氏寻根热作为一种出现时间还不太长的社会现象，存在某些问题其实也不可避免。要解决这些问题，首先需要各有关部门切实负起责任，加强组织引导，既不能随波逐流，听之任之，也不宜简单地进行干涉和强行制止。应当根据自己的实际情况，依照国家有关政策和法规行事，明确应该提倡什么，反对什么。同时，还要加强对姓氏文化的研究工作，进一步提高对姓氏资源重要性的认识。姓氏作为人类社会发展进化的产物，它的形成、发展和演变贯穿了整个中国历史的进程，所以也是中华民族传统文化的一个组成部分。开展姓氏文化研究和对它进行开发利用，一方面可以具体帮助海外华人实现多年来的寻根祭祖夙愿，另一方面也可借此对广大群众进行爱国爱家乡教育，促进海内外炎黄子孙之间的友好往来。同时，对提高一些地方的知名度，吸引外资，发展旅游和公益事业，都具有积极意义。

其次，对姓氏文化资源开发须持科学、慎重态度，不能捉风捕影，一哄而上。姓氏资源的开发是一项先投入、后产出的事业，在开发利用过程中首先要把本地姓氏资源的家底摸清楚，在此基础上再利用各种渠道，扩大与海外各地华人之间的感情联络，激起他们归乡寻根认祖和投资建设的积极性。同时，还要做好自身的工作，加强对寻根景点的维护建设，优化寻根环境和设施，让人来了就有根可寻，有祖可祭，有环境可投资，这样才可以收到预期的效果。

第三，开展姓氏寻根活动，要注意及时汲取和总结经验教训。现在一些地方为争“祖源地”和所谓“正宗”而闹矛盾，甚至压制不同观点，人为地制造假“姓氏景观”，误导舆论宣传；还有些地方对前来寻根的海外华裔采取急功近利的态度，招致反感，也吓走了一些真心寻找商机的外商。至于那些借机大搞封建宗族活动，不恰当地宣扬宗亲关系，煽动宗族情绪，以及热衷于兴建祖庙祖坟等做法，都违背了我们弘扬中华民族优秀文化的初衷，不利于团结稳定的大局，也不利于改革开放的深入进行，还有损于自己的形象，都是应该加以反对的。

第四，在新闻宣传方面，不能为了地方利益而不顾历史事实作误导宣传。有些地方看到姓氏资源可以为地方招商引资，带来一定的经济效益，就抢先动手，造声势，造舆论，自称是某姓或某历史名人祖地，把姓氏寻根、名人纪念活动搞得轰轰烈烈，以假乱真，乃至弄假成真，引起一些纠纷争论，引发出种种不必要的矛盾。因此，在姓氏文化研究方面，我们一定要坚持尊重事实的科学态度，不能为本地的眼前利益而不择手段。那种采取先入为主，以编造历史、制造假景观愚弄世人的做法，只可以欺骗一时，但不能欺蒙一世。

总之，中华姓氏渊远流长，种类繁多。这些姓氏在漫长的历史发展演变过程中，伴生出各种独具特色的家族文化，也是祖先留下的珍贵历史文化遗产，对人们的社会生活有着深远影响。我们不仅要珍惜这份遗产，还要古为今用，继续加大宣传力度，为国家经济建设和民族的复兴做出新贡献。

话题十六：
台湾百家姓

台湾自古就是中国的领土，当地广泛流传着“唐山过台湾”的故事，在姓氏上也称“陈林半天下，黄郑排满街”，与福建、广东等地的姓氏几无差异。这种在血缘标志上的广泛一致性，无可辩驳地证明了它与祖国大陆之间有着无法割舍的关系。祖国大陆和台湾，骨肉紧相连。在本话题中，我们将从百家姓的角度来看这种骨肉情。

一、“唐山过台湾”与“寻根探亲热”

1978年10月16日，台湾的《青年战士报》上开始连载一系列考证文章，从姓氏、宗族、堂号、郡望、家谱等方面详细描述了台湾与祖国大陆的关系，涉及到许多台湾百家姓的事情。这些文章刊出以后，很快引起很大反响，进而引发了一场寻根热潮。这些文章有一个总的题目，叫做“唐山过台湾的故事”，其中的“唐山过台湾”是一句在台湾经常使用的话。

“唐山过台湾”，是指历史上由祖国大陆向台湾岛的移民活动。清代《台湾志略》一书记载：“台湾人称内地为唐山，内地人曰唐人。”由此可知，“唐山”就是台湾人对祖国大陆的称呼。福建民间流传着一个动人的传说：在很久以前，台湾岛是一个会飘动的海岛，海龙王用一条巨大的锁链将它拴在东海岸边的一个大石柱上,成为大陆的半岛。福建沿海居民多往返或栖息在半岛上,以捕鱼为生。早年时,太平洋上的鲨鱼群经常游到半岛边觅食。一次,一个大鲨鱼群想从半岛边南下,被半岛挡住,一条鲨鱼摇动起尾巴,一下子击断了大锁链。于是,半岛从此与大陆分开,向东方漂移。此事惊动了海中诸神,纷纷向海龙王报告,海龙王即令两位年轻力壮的海神拿着大海叉把鲨鱼精刺死，又从湄洲湾取来64只塔螺,抛入海中,塔螺转眼变成为巨大的钉子,系住被打断的锁链,把飘向太平洋的半岛牢牢固定下来。这个半岛便是人们后来看到的台湾岛,那64根钉子后来也慢慢成了64个小岛,就是今天的澎湖64屿。面对这样一个美丽的传说,实在令人遐想不已。它虽然不是历史实际,但所表露出的情感和意愿却是历史的真实。它是台湾与祖国大陆人民骨肉之情的自然外化,反映出海峡两岸人民渴望骨肉团聚的强烈愿望。

在台湾,“唐山过台湾”是长期在民间流传的一句话,现在台湾人仍把回祖国大陆叫“回唐山”,一些年纪稍长的人每当与晚辈闲话家常、提到祖辈到台湾开基创业的事时,总忘不了说一句“我们的祖先是从唐山来的”,以此来表达缅怀祖先、不忘本源的情感。在台湾移民的后代中，至今还保留着祖国大陆上传统的“念祖”和遥祭祖宗的习俗。这种祭祖活动通常有大型和小型之分:小型祭祖是各家在自己祖宗(三代以内)去世的日子烧香摆贡品进行祭拜,以寄托哀思;大型祭祖活动多选择在清明或中秋前后进行,又称祠祭,或春祭、秋祭。这是对祖先功德的追思和纪念活动,届时须汇聚同宗同族人一起在宗祠里举行。所祭的列祖列宗有“开台祖”和“唐山祖”之分,其中“开台祖”是指最早到台湾垦殖的第一代开基始祖,“唐山祖”指本姓本宗在祖国大陆的始祖，可以是最先迁居于某地的祖先，也可以指该姓的肇姓始祖。那么,为什么台湾人称祖国大陆为“唐山”、称内地人为“唐人”、称祖先为“唐山祖”呢?其实,这些都与历史上由中原地区向福建的人口大迁徙有关。

大家都知道,现在的台湾人大多数来自福建,而福建人又多数是古代中原移民的后裔。如果我们仔细查阅和研究闽、台地区各姓氏的家谱就会发现,大多数家谱中都赫然标注着“先世居河南光州固始”;再对照家谱中的“世系表”,也会发现他们的祖先多半都是唐代以来由河南固始县直接南下入闽的。固始县位于河南省南部大别山北麓的长江、淮河之间,唐代属光州管辖,是古代由中原向江南地区移民的重要通道和集散地。1953年,台湾当局进行过一次户籍调查统计，结果发现在人口500户以上的100个姓氏中,有63姓的族谱明确记载了他们的先祖来自光州固始。这63姓共计67.0512万户,占台湾总户数的80.9%。1988年,台湾出版了《台湾族谱目录》,共收录了200多个姓氏的一万多部家谱，其中大多数姓氏的家谱上说自己的开基始祖来自中原。另外,台湾文献委员会曾对台湾十大姓的堂号源流进行考察,也发现大多数堂号源于中原地区。由此可见,台湾人与祖国大陆的血缘关系是密切的，他们大多数人的远祖都来自于祖国大陆的中原地区,经历了从中原到福建再到台湾的迁徙过程,有着密不可分的地缘、亲缘和文化上的特殊联系。

福建省所在的东南沿海地区,古时候是闽越人居住的地方,那时因人烟稀少,曾被内地人视为“蛮荒之地”。东汉末年,整个闽中仅设置五个县,而同一时期的中原地区不仅是中国政治、经济、文化中心,而且是全国人口最稠密的地区。东汉以后,特别是在西晋永嘉年间,由于爆发“八王之乱”和“五胡乱华”,导致了严重地社会动荡，为避兵乱，中原百姓大量外迁，迁徙的主要方向之一就是东南沿海地区，其中的一些还迁到福建。对此，史书上也说“中原板荡，衣冠始入闽者八族，林、黄、陈、郑、詹、邱、何、胡是也”。其实，晋代迁入福建的中原移民远远不止这八个姓氏的人，据后人考证，还有张、刘、杨、梁、钟、温等姓。这些中原世族和平民百姓南下入闽，带去了中原地区先进的文化和生产技术，对闽越地区的开发起到了显著的促进作用。今天福州的晋安河、泉州的晋江、洛阳桥等地名，都是这些移民留下的历史印痕。

除了晋代大移民外，历史上由中原向福建移民影响最大的发生在唐代，主要有两次，分别与来自光州固始的陈元光和王审知有关，其详情已见于本书的上一个话题。所应补充的是陈元光不仅被闽南人当做守护神，称为“开漳圣王”或“陈圣王”，而且也一直受到台湾人的敬仰，仅陈圣王庙就多达一百余座。同样，王审知也是一位在台湾极受尊崇的人。另外，更为重要的一点是，由于这两次产生了极为深远影响的移民都发生在唐代，对当时地处边远的闽地而言，“唐人”自然也就成为中原人的称谓。台湾人之所以称内地人为“唐人”、称祖国大陆为“唐山”，就是这种历史称谓的延续。

其实，不仅在台湾，在其他地区也有近似的情况，“唐人”大抵是海外对中国人的泛称。这一名称所说的“唐”，亦即我国历史上的唐王朝，是一个非常繁荣强盛的王朝，与周边各国的文化、商贸交往十分频繁。当时很多国家都仰慕大唐文化，派人来学习和进行贸易活动，并把这种在当时处于世界领先地位的盛唐文化带回到自己的国家，使之因此而传播到世界各地，并对世界产生了深远的影响。同时，当时还有很多唐朝的人到国外经商，或因其他原因到达国外，不少人后来又留居在外国。这些移居海外的人大多自称唐人，而称中国为“唐”。对此，宋朝人朱彧在《萍洲可谈》中说：“北人过海外，是岁不还者，谓之往蕃。诸国人至广州，是岁不还者，谓之往唐。”这就是说，早在宋代时，“唐”就已成为海外对中国的称呼。如今，海外许多国家都把华人聚居的地方叫“唐人街”，如美国纽约有唐人街，英国伦敦有唐人街，日本、东南亚各国也都有唐人街等等，都是大唐文化影响的结果。

当然，谈到国外对我国的称谓，在“唐人”之前还有“秦人”和“汉人”等称呼，它们的来源也都与相关的王朝有关。早在秦始皇一统天下之后，因威震四海，周边地区一些少数民族部落或国家曾把秦朝人称为秦人。西汉时，汉武帝开拓西域，北逐匈奴，东并朝鲜，南收越南，汉朝周边各国也把汉朝人笼统地称作汉人。直到唐朝时，由于盛唐王朝的出现，才又有了“唐人”的称呼，它们都是我国不同时期的代名词。

由上可见，“唐山过台湾” 是反映台湾与祖国大陆关系的民间习语，其中包含着厚重的文化内涵。至于它在20世纪70年代末的重新被提起，除我们在本文开始时提到的因素以及在上一个话题里所谈到的世界大环境外，还有另外的一些原因。1978年10月，台湾图书馆举办了《根——台湾的过去和现在》特别展览，展出了中华民族开拓台湾200年的历史资料，证明台湾和祖国大陆的一脉相承、息息相关的历史渊源。同年，“台湾史迹源流研究会”召开年会，对台湾的根源展开热烈讨论。与会人员指出：“台湾是‘枝’，中国大陆是‘木’，台湾的‘根’扎在大陆，与大陆有着深厚的地缘、血缘关系，台湾世居同胞以及文化、生活，无一非来自大陆。”1979年6月，台湾《中国时报》发表题为《乡土、血统、根》的文章，指出：“台湾是我们直接的根，而这根又嵌在更大的根里，那便是中国。”不久，台湾黎明文化事业公司出版了《五百年前是一家》历史丛书，从不同角度考证了绝大多数台湾人的祖先是明清两代飘洋过海到台湾定居的闽南人和客家人。台湾《新生报》也发表署名文章说："慎终追远是我们中国人固有的美德。唯因西风东渐，社会变迁，致使一些美德逐渐为人心所排斥、淡忘；更有些人数典忘祖，怀疑自己不是中国人。因此，追溯渊源，探寻自己的根，是一件刻不容缓的大事。"此后，台湾新闻界、史学界、文化出版界，以及文人学者都纷纷以"根"为主题，发表了一系列文章，从台湾的地理、历史、文化、风俗、宗教、姓氏等方面，考证台湾与祖国大陆的血脉渊源。台湾台中市还成立了"台湾各姓氏渊源研究会"，致力于收集整理族谱文献，研究台湾姓氏与祖国大陆的源流关系。自此，一股股长久埋藏于台胞心底的思乡情结悄然迸发，回归祖国大陆寻根的欲望勃然兴起。当然，大陆的社会环境几乎与此同时变得逐渐宽松、台湾当局在稍后终于开放了对祖国大陆探亲的禁令，等等，也都在一定程度上推动了这种寻根热的出现，使人们能够把愿望变成现实。

在台湾当局还没有开放对祖国大陆探亲的禁令时，曾发生过这样一件感人至深的事：有一位在台湾的江西籍张先生，少小离家，晚年思乡心切，前些年台湾当局对来祖国大陆探亲的禁令未开，他不顾家人劝阻，利用出国办事的机会，好不容易辗转异国回祖国大陆探亲。且不说他初逢亲人、会见乡友的情景，单说他离去时，带了一只家乡的板鸭。这位张先生素来为人豪爽，交游甚广。一天，他邀请在台的60位乡亲到家中聚会，自然，酒菜丰盛，大家随意享用。正当人们酒意方酣之时，张先生突然宣布：他有一件珍贵的物件要敬献给大家。众人你看我、我看你，不知道张先生玩的什么把戏。只见他恭恭敬敬地从厨房捧出一盘东西，大家被这种神秘的气氛所感染，不由得一齐站起来。张先生把盘子放在桌中央，对众人说，这是他从江西老家带回来的板鸭，因为人多，切成了60块，每位乡亲只能吃一块。于是大家依次夹了一块，重新开吃。只见有人反复品味，不忍下咽；有的舍不得吃，索性掏出手绢将鸭肉包起来。有几位乡亲看着鸭肉，愁思顿起，当场失声痛哭。他们尝到这一特殊的美味，真可谓别有一番滋味在心头了。

游子思归，人同此心，寻根谒祖、归乡探亲毕竟是不可阻挡的潮流。因此，自从1987年10月台湾当局允许公民赴祖国大陆探亲以来，台湾回祖国大陆寻根探亲的人急剧增多。当时，台湾同胞进入祖国大陆主要是从香港经深圳入境。一时间，香港机场热闹非凡，繁忙之至，深圳海关通道每天都有人排长队。据有关资料统计，在台湾开禁的第一个月，从深圳入境的台胞达2.5万多人，1988年回祖国大陆的台胞激增到45万人次，1989年达52万人次，1990年达90万人次，1991年突破100万人次，1992年更有将近150万人次进入祖国大陆。1992年以后，这种热潮仍在持续，如今早已成为经常的交流活动。

二、台湾姓氏及与祖国大陆的关系

从广泛流传于台湾民间的“唐山过台湾”的故事我们不难看出，海峡两岸人民历来就有割不断的血脉渊源关系，是同种同根，都是炎黄子孙，龙的传人，台湾同胞的姓氏也都是从祖国大陆带过去的。那么，台湾现在主要有哪些姓氏？他们的分布情况以及与祖国大陆姓氏有什么关系呢？

据一位叫杨绪贤的台湾学者对台湾1968年户口统计资料的研究，台湾共有姓氏1694个，其中单字姓1611个，复姓75个，三字姓4个，四字姓4个。另外，根据一种对1989年台湾人口统计资料的研究，台湾人口较多的姓氏共有100个，其中人口最多的大姓有10个，即陈、林、张、王、黄、李、吴、蔡、刘、杨，其次又有许、郑、谢、郭、赖、曾、洪、邱(丘)、周、叶、廖、徐、庄、苏、江、何、萧、罗、吕、高、彭、朱、詹、胡、简、沈、施、柯、卢、余、翁、潘、游、魏、颜、梁、赵、范、方、孙、钟、戴、杜、连、宋、邓、曹、侯、温、傅、蓝、姜、冯、白、涂、蒋、姚、卓、唐、石、汤、马、巫、汪、纪、董、田、欧、康、邹、尤、古、薛、严、程、龚、丁、童、黎、金、韩、钱、夏、袁、倪、阮、柳、毛、骆、邵等。台湾现有人口2300多万，汉族约占98%，其中80%是闽南人，20%是客家人。少数民族只占台湾总人口的2%，绝大多数是原住民(即高山族)。

在台湾现在使用的姓氏中，前10个大姓人口众多，约占总人口的50%以上。根据上述的统计结果，我们可知陈姓，林姓分别排在第一和第二位，黄姓排在第四位，郑姓排在第十二位，基本上与传统谚语所说的“陈林半天下，黄郑排满街”吻合。此外，台湾还有“陈林半天下，黄张排成山”、“陈林李许蔡，天下占一半”等说法，其中所涉及到的姓氏除以上已经提到的四个外，张姓排在第三位，李姓排在第五位，许姓排在第十一位，蔡姓排在第八位，与上述统计结果也基本相同。这些大姓的分布范围都很广泛，在台湾各地大都能够见到，当然也有相对集中的居住地。如林姓以台北、台南为多，蔡姓以台南、嘉义为多，杨姓主要聚居在台中和基隆，张姓多集中在彰化一带。赖姓在台中地区是第三大姓，许姓在澎湖地区是第二大姓。至于除这些大姓以外人口不多的小姓，有的只有三五户，甚至仅此一家，它们多半是20世纪40年代末才进入台湾的。

此前已及，台湾的姓氏除一些原住民的以外，祖根都在祖国大陆，他们的祖先绝大多数最早居住在中原地区，后来因为中原动乱而辗转入居福建，最后由福建迁入台湾。例如陈姓，是当今台湾人口最多的姓氏，有185万人（1978年统计），将近占总人口的1/10，祖根就在今天的河南省淮阳县。淮阳是周代陈国的故地，春秋时期陈国灭亡以后，国人为纪念故国，纷纷以陈为姓。今淮阳城南还有陈国开国君主、陈姓始祖胡公满墓地，俗称“铁墓”，也是天下陈姓人寻根谒祖的圣地。另外，台湾陈姓人所尊奉一些祖先的故里也都在祖国大陆。如：河南省长葛市有东汉名士陈寔故里，是颍川陈氏的发祥地；河南平舆县城北有东汉太尉陈蕃墓，是汝南陈氏祖地。此外，广陵陈氏、下邳陈氏祖地在江苏，东海陈氏祖地在山东。

又如林姓，是台湾第二大姓，人口有138万，发源地在今河南省的淇县、卫辉市一带。淇县古名朝歌，是殷商故都。在周武王灭商时，商纣王登鹿台自焚的史事就发生在这里，林姓始祖殷少师比干当年也生活在这里，他与箕子和微子并称为商末“三仁”。今河南淇县城中仍有三仁祠，内立他们三人的塑像。而在与淇县毗邻的卫辉市北，还有一个用他的名字命名的村庄，叫做比干庙村，村旁有比干祠和比干墓，也是自20世纪80年代以来世界各地的林姓后裔前来寻根祭祖的地方。在这些来祭祖的人中当然也包括台湾人，他们几乎每年都有人前来。

至于台湾的其他大姓，祖根也都在祖国大陆，其中的很多还是在中原腹地的河南省。这些祖地主要有：张姓的发源地在河南濮阳和山西太原，郡望有清河、南阳、吴郡、安定、敦煌、武威、犍为、范阳、沛国、梁国、中山、汲郡、河南、高平等14处，分属今河南、河北、山东、甘肃、江苏等省；王姓发祥地在河南洛阳和山西太原一带，洛阳和附近的偃师市至今仍有王姓始祖太子晋和他的父亲周灵王墓；黄姓发源于河南省潢川县，该地是古黄国所在地，有黄国故城遗址；李姓发源于河南省鹿邑县，这里是李姓先祖李耳（老子）的故乡；吴姓发源于江苏苏州；蔡姓发源于河南省上蔡县；刘姓发源于河南的鲁山县（祁姓刘）和偃师市（姬姓刘）；杨姓发源于山西省洪洞县，郡望弘农就在今河南灵宝一带；郭姓发源于陕西、河南、山西三省，与周代分属于三省的东虢、西虢、南虢、北虢等有关，它们的后代都有郭姓。至于其他姓氏，也都能很确切地在祖国大陆找到自己的根源。

由于台湾姓氏的“根”都在祖国大陆，在近年风靡世界各地的姓氏寻根活动中，台湾同胞也表现出极高的热情。从上个世纪80年代开始，他们就冲破重重阻力和干扰，不断组团来祖国大陆寻根谒祖，典祭先贤，表达对祖地故土的思念和向往之情，以及饮水思源、叶落归根的强烈意念。现在的台湾当局有人不愿承认自己是中国人，实际上是一种数典忘祖的行径，遭到祖国大陆人民和台湾同胞的谴责也是必然的事情。其实，即使这些人中最有代表性的李登辉、陈水扁、吕秀莲等人，祖籍无一不是在大陆，甚至他们自己本来也都在一些公开场合表示过，后来不过是在自打嘴巴。比如，李登辉是福建客家李氏后裔，祖居福建上杭，其祖先李火德的牌位就立在福建宁化石壁村百家姓祠堂内。陈水扁的祖籍在福建诏安二都郑日堡，吕秀莲的祖籍也在福建。他们为了一己私欲，竟不惜背祖叛宗，难怪他们家乡有人气愤地说：“应把这些败类从族谱中永远除名，以警戒后人。”

与以上这些别有用心的人不同，绝大多数台湾同胞从来都没有忘记自己是中国人，对祖国、对生养过自己的故乡一直都怀有很深的眷恋之情，有时还通过某种特殊的方式来表达这种感情。对此，我们不妨来看一个发生在前些年的真实故事：

1990年秋天的一天，一辆出租汽车停在甘肃省渭源县庆坪乡李家岔村，一位姑娘从车上扶下一位老人，他是位台胞。当他历尽磨难、风尘仆仆地踏上家乡的土地时，双腿颤抖得再也无法控制，猛地扑倒在地，用嘴热烈地亲吻着家乡的土地，泪水打湿了土地……然而，他什么也看不见：他是一位盲人，战争造成了他眼睛的创伤，几十年思念家乡、思念亲人的愁苦和过多的流泪使他双目完全失明。如今，当日夜思念的家乡就在脚下，千呼万唤的亲人就在眼前时，他只能用耳朵听，用手去触摸，用心灵去感受故乡山山水水的存在。他激动地说："再远，这也是生我养我的家，我想它，也爱它。只要用耳朵听听乡音，用手摸摸亲人的脸，用嘴吻吻家乡的土，我也就死而无憾了。"

像上述这样的故事，自20世纪80年代以来发生得非常多。有些是儿子飘洋过海，万里归来探望父母，只见青丘不见人，仰望苍天，欲哭无泪；还有妻子在家苦苦煎熬，经过数十年的漫长等待，等来的却是一包丈夫的骨灰。常言说："亲莫过于骨肉，痛莫大于分离。"在两岸长时期互不往来、鸿雁难返的情况下，祖国大陆的一山一水、一草一木和亲朋故友的音容笑貌都会勾起台湾同胞无限的思念和乡愁。

"海上升明月，天涯共此时"。台胞与祖国大陆人民的亲情关系是任何人都无法割断的，他们认祖归宗的意愿也是任何人都不能阻止的历史潮流。

三、祖国大陆向台湾的移民及姓氏的播迁

如前文所述，中国历史上曾发生过多次大移民活动，人口的迁徙也意味着中华姓氏的播迁，这是不言而喻的。由祖国大陆向

台湾岛的移民活动同样由来已久。台湾与福建仅隔一泓海水，海峡两岸人民自古以来就有着频繁的交往和联系。

我国历史上有关台湾的最早文字记载，可以追溯到战国时期的地理文献《禹贡》一书。该书记述了“岛夷”向大陆进贡土特产品的事，这个“岛夷”就是今天的台湾。秦汉以来，历代文献关于台湾的记载不断。如汉代的“东鳀”、三国时期的“夷洲”、宋代的“流求”、“毗舍邪”以及明代的“北港”、“鸡笼”等，都是我国历史上对台湾的不同称呼。

祖国大陆与台湾较早的一次接触和交往发生在汉末三国时。黄龙二年（230），东吴主孙权派大将卫温、诸葛直率甲士万人航抵夷洲，“得夷洲数千人还。”隋唐时期，祖国大陆与台湾的交往逐渐增多。隋朝时，隋炀帝曾三次派人到台湾“慰抚”当地居民。据《隋书》记载，大业三年（607），隋炀帝曾令羽骑尉朱宽和海师何蛮到台湾访察。次年，又派遣朱宽前去慰抚当地居民。三年后，朝廷再遣陈楼、张镇洲率兵万余人从义安（今广东潮州）渡海到台湾岛。唐代，大陆人民开始移居台湾，其中唐朝进士施肩吾率族人渡海到澎湖定居，写有《题澎湖屿》一诗。从南宋乾道年间（1165—1173）开始，中央政府又对台湾进行有效管理，把它划归泉州晋江县管辖。为此，泉州知府汪大猷在澎湖“置民立戎”，屯住水军，驻兵营200间，用以保卫泉州港的海上贸易。在元朝，中央政府三次在泉州设置行省，台澎地区是这个行省的一部分。明朝以来，台湾与祖国大陆的关系更为密切，其间虽然曾被荷兰、日本侵略者窃据过，但最终又被收回祖国怀抱。

由上可知，祖国大陆人民渡海定居台湾的时间至少从唐朝就已经开始，这在近年台湾出土的文物中已得到证实。两宋时期，随着我国东南沿海海上贸易的发展，闽南人移居澎湖的人日渐增多。到元朝末年，已有相当数量的闽人定居在台湾澎湖列岛。明清时期,又有大批的福建人、广东人迁往台湾,并多次形成移民高潮。他们移居的主要原因是从军、垦殖、经商等。如在明朝初年,朱元璋出于军事上的考虑,把经略的重点放在北方,而在东南沿海地区采取海禁政策,把澎湖人民迁往内地,一度放弃了对这一片海域的行政管理。但由于澎湖列岛离大陆较远,明政府的禁令难以得到有效实施,仍有数千福建移民逃避禁令,想方设法留居下来。明朝万历三十二年(1604),荷兰殖民者乘虚而入,侵入台湾岛。他们先窃据澎湖,夺取汉人渔船600艘,还役使1500多人为他们筑城。以后，荷兰人曾招募闽南沿海百姓去台湾垦殖。明朝后期,东南沿海一带海盗活动频繁,并经常逃入台湾岛躲避官军追剿。为了肃清海盗,明政府于嘉靖四十二年(1563)在澎湖设立“巡检司”,并加强军事部署。当时,在福建总督俞大猷的追击下,海上武装集团首领林道乾率部遁入台湾岛,先后到达台湾南部、中部一带。明万历年间,海上武装集团首领林凤与官军作战失利,率部众万人进入台湾魍港,后遭明军追击离去。明天启元年(1621),海上武装集团首领颜思齐和郑芝龙(郑成功父)率部抵台,在台北北港设寨屯田,并不断招募漳州、泉州、兴化沿海人民到台北拓荒垦殖。崇祯皇帝即位后,郑芝龙接受明政府招抚,归顺朝廷。崇祯年间,福建大旱,郑芝龙在福建巡抚熊文灿的支持下招募沿海灾民入台垦殖,每人“给银三两、三人给牛一头”,当时有数万灾民来到台湾,开始了对台湾有组织的大规模开发。

永历十六年(1662),郑成功率领将士从荷兰殖民者手中收复了台湾,并在同时开始对台湾的经略。他去世后,他的后代继承了他的事业,前后达二十多年。郑氏在台期间,采取各种措施招徕大陆沿海百姓入台开荒，鼓励民间私垦。据统计，这一时期来自漳州、泉州、兴化一带的百姓达15万人之多，为台湾的开发做出了重要贡献。此后，在清朝统治时期，又在这里设一府三县，隶属福建省，由大陆渡海入台垦殖的百姓同样不绝于道。特别是在康熙中叶以后，清廷放宽海禁，福建、广东沿海百姓成群结队前往台湾垦荒，先后达几十万人，形成了又一次由祖国大陆向台湾移民的高潮。至乾隆五十一年（1760），台湾居民已达二百多万。

由祖国大陆向台湾最后一次大规模移民发生在20世纪40年代末，是因1949年国民党军退守台湾引起的。当时，约有二百多万人随往台湾岛。这些人除了来自福建、广东外，还有来自其他省区的。

在不同时期迁往台湾的移民，若从渊源上看，尽管主要直接来自福建、广东，更早仍可以与历史上的中原移民联系在一起，是中原移民的后裔。据台湾、广东一带的家谱记载，明清时期移民台湾的人中，大部分人的祖籍是福建，还有约20%是来自广东的客家人，而福建、广东两省的居民绝大多数是历史上由黄河流域迁徙而来的。特别是宋代以后，福建、广东成为中原移民人口最集中的地区。又据《闽台关系族谱资料分析》一文说，祖国大陆向台湾移民历来以闽人居多，闽人之中又以泉、漳二府各县为最。据1926年的调查，全台湾汉族居民共375.1万人，祖籍福建者达310余万，占83%强。其中泉州府各县占44.8%，漳州府各县占35.1%。另据1956年的统计，当时台湾830万居民中，祖籍福建的近700万人，占台湾居民总数的82.5%。大量的移民史料证明，台湾自古就是中国的领土，两岸人民本是一家人。其中如在明末随郑成功入台湾的将士中，有郑、冯、马、杨、刘、陈、董、臧、曾、施等姓，他们都是中原移民的后代，而郑成功的祖先就是唐末五代时跟随王审知兄弟自光州固始入闽的。另外,据江西《宁都城南富春孙氏族谱》载,孙中山先生的祖先孙俐也是在唐末黄巢起义时由中原南下入闽的。他曾随军转战于闽越江右之间,最后定居在今江西赣州宁都,后裔繁衍发达,又分迁于福建汀州和广东各地。

由祖国大陆迁往台湾的移民一向都很珍视自己与祖国大陆的亲缘关系,特别注重地缘和血缘关系的延续和推展,这也是当今台湾姓氏众多的原因。历史上迁往台湾的移民中,有些人因种种原因而再也没有回过故乡。这些人背井离乡,历尽艰险,飘洋过海来到台湾定居下来之后,随着时间的推移,对故土和亲人的思念日益加深。为了使后代牢牢记住自己的祖根所在,他们往往以自己的姓氏或籍贯所在的府、州、县名来为新居地冠名,现在台湾很多地方都保留着这类地名。如台北市松山区有永春里,台北县林口乡有漳州寮,台中市有永定厝,台中县乌日乡有龙溪村、龙井乡有福州厝,宜兰县冬山乡有南兴村,南投县竹山镇有泉州寮,云林县台西乡有海澄厝、东势乡有同安村、褒忠乡有潮厝村、元长乡有龙岩村等。其他如高雄县田寮乡的南安村、仁武乡的漳浦寮、大寮乡的潮州寮、台南县白河镇的诏安里、玉凤里的海丰厝、嘉义市新东区的云霄厝、嘉义县禺路乡的江西村、彰化市漳西区的大埔,以及屏东县的潮厝村、花莲县的客人城、基隆市的兴化坑、新竹市的金门厝、桃源县的平镇乡、广兴里,等等,都是从祖籍移来的名称。因此,我们即使是从台湾的地名上看,也会发现它与祖国大陆的关系。

在台湾各地,用移民籍贯冠名的街、路也随处可见。仅台北市就有泉州街、福州街、厦门街、漳州街、同安街、晋江街、惠安街、永春街、永安街、长泰街、汀洲路、明溪街、平和街、浦城街、金门街、头北街等。用县以下的祖地冠名的地方更是举不胜举。如高雄的凤山街、旗山庄等名，是移自泉州；台北市的圆山，来自龙溪的圆山。澎湖湖西乡的东石村、彰化县鹿港镇的东石坑，移自晋江县。

不仅地名如此，像山川等名称也是这样。在台湾，仅虎头山就有数十座，其中最高的在台湾东部的莲花县万荣乡马远村，山高1745米，颇为雄伟壮观，经过台湾东海岸的船只很远就可以看到它。其他虎头山虽不太高，却都壮丽秀美，虎虎有生气。许多虎头山边和附近的百姓都说，台湾的虎头山多半是以厦门虎头山的名字来命名的。厦门虎头山位于厦门港和鹭江道之间，山不很高，但名气不小，是这一带海上航船的指航目标，也使厦门显得更加秀丽。

除上述以外，在台湾各地用姓氏命名的村庄也很多，这种习惯几乎与大陆各地毫无二致。由于我国历来就有同姓聚族而居的习俗，用该姓冠名村庄十分自然，另外以某位重要人物的姓氏进行命名也时有所见。台湾用姓氏命名的村庄便大多是后一种情况。他们通常是以最初到达某地开基祖的姓氏来命名新居地，这尤其体现了两岸人民的亲缘关系。如台北市有林厝、陈厝、黄厝、洪厝、颜厝、施厝、李厝街、朱厝巷、杜厝街，台南县有刘厝、张厝、蔡厝巷、宋屋、苏澳、钱厝坑、谢厝寮、胡厝寮、许厝港、何厝庄、江厝店，台中县有杨厝、吴厝等，都是以姓氏冠名的。台南县六甲乡还有三姓寮，系陈、黄、吴三姓移民所建。其他如叶厝、廖厝、罗厝、曾厝、高厝、彭厝、卢厝、游厝、涂厝、巫厝、邱厝仔、孔厝寮、郑子寮、邹厝仓、程香厝、郭岑寮、温厝角、石厝坑、柯厝坑、詹厝园、赖厝廓、吕厝庄等等，也都是以移民姓氏冠名的村庄。这些都明确无误地反映出台湾与祖国大陆人民之间的亲缘关系，确系一脉相传、血浓于水、同祖同宗。

提到台湾的地名，还有很多故事发人深醒：近年在台湾的“寻根热”活动中，不知何人在台湾彰化县秀水“发现”了一个“陕西村”。特别有意思的是，当地的景物风貌宛如陕西故乡，就连村里人的长相、生活习惯都与陕西人极为相似。这个“发现”顿时轰动了台湾岛。据考证，该村原是陕西籍人早年移居台湾之后形成的。相传三百多年前郑成功收复台湾时，有一位陕西籍部将名叫马信，外号“乌面将军”，率领同乡进驻秀水乡一个村庄屯垦，后来都落籍当地。为不忘本源，他们就将该村取名叫“陕西村”。现在，村中有1500多人都是陕西移民的后代。这个“陕西村”被发现后，在台湾的陕西籍国民党大员大为兴奋，纷纷前往探访认亲，并掀起了一股强烈的寻根热流。有一次该村举办纪念马信将军300周年冥辰，前来祭典的陕西籍乡亲多达数千人，场面颇为壮观。其中许多人带着子女，以便让他们对自己的“根”有更深刻的认识。

但更有趣的是，在祖国大陆的河南邓州，不久前发现了一个“台湾村”。该村位于邓州湍河南岸下营村庙沟河畔，村中有陈姓人二百多，都是高山族后裔。相传，他们的始祖叫依那思罗，原是台湾嘉义县阿里山朱欧部族（又称曹族，系山胞九个部落之一）人。明末郑成功收复台湾时，依那思罗投入军队，成为郑成功副将黄廷将军的马夫，随军征战有功。后来，郑成功去世，郑氏家族发生内讧，黄廷将军以民族大义为重，毅然率部归顺朝廷。当部队行至北京卢沟桥一带时，康熙皇帝下诏封黄廷为“慕义伯”，令他率部自卢沟桥南下，于沿途各州县分散屯垦。就这样，黄廷所带领的五营亲兵分驻在邓州湍河南岸的五里四十八村。因所部将士多来自福建，信奉妈祖神，黄廷就在邓州城内和庙沟河畔分别修建妈祖庙一座，让他们拜祭。这样，依那思罗跟随黄廷落籍邓州。

后来，依那思罗与当地一位岑姓女子结婚，以妻姓谐音改名叫陈年。陈年生有四子，分别叫元珍、元勋、元杰、元珠。儿子们长大后，陈年命次子元勋和三子元杰返回台湾嘉义老家，让他们在那里续香火，据说陈年还在后来回台湾看过他们。陈年和妻子相继去世后，在邓州的陈元珍、陈元珠与台湾的兄弟失去了联系。2002年8月，邓州陈氏高山族人在纪念始祖诞辰365周年之际，重修了陈年夫妇墓，并在村口新建了一座门楼牌坊，上嵌“台湾村”三个大字。两侧楹联写道：“祖启台湾源华夏，屯居邓穰融九州”。

由上可见，台湾的“陕西村”成为台胞纪念故乡和寻根的热土，河南“台湾村”中的对联则表达了定居祖国大陆的台湾高山族裔们期盼祖国早日统一、亲人尽快团聚的强烈愿望。毕竟，在我们中国人心里，亲缘和姓氏既表示源远流长的血缘关系，更蕴藏着强烈的民族感情。如果与这种民族习惯相左，就难以得到响应和认可。有关与此，有一个典型事例是可以说明问题的。早在台湾被日本人占领时期，日本当局大搞所谓“皇民化运动”，想让台湾同胞忘记自己是中国人，强迫台湾同胞改用日本姓，便遭到台湾民众的强烈反对。后来在不得已的情况下，他们就采取应付做法，表面改，实际不改。如有人把自己祖先的郡号、堂号当成新姓，于是，出自“清河堂”张姓人改姓“清河”，出自“西河堂”的林姓人改姓“西河”；也有从历史典故中寻找根源的，如刘姓改“中山”、李姓改“井上”等；还有拆字为姓的，如吕姓改为“宫内”、白姓改为“上泉”。这些做法既保住了民族大义，又蒙混了日本人。台湾光复后，他们又都恢复了本姓。

四、台胞的认祖归宗及其历史作用

“给我一瓢长江水，酒一样的长江水，醉酒的滋味是乡愁的滋味。给我一张海棠红，血一样的海棠红，沸血的烧痛是乡愁的烧痛。给我一片雪花白，信一样的雪花白，家信的等待是乡愁的等待。给我一朵腊梅香，母亲的芬芳是乡土的芬芳。”这是台湾歌手罗大佑所唱歌曲《乡愁四韵》里的歌词，每个听了这首歌的人都会在那略带忧郁的歌声里体会到浓浓的乡愁和对故乡绵绵的思恋。乡愁是追念，是怀旧，是对生命之根的探寻。“露从今夜白，月是故乡明”，每位游子都会对生养过自己的故乡怀着深沉的赤子之情。

台湾同胞历来都很重视同宗、同乡关系，一直保持着我国农村社会的传统习俗。当祖国大陆移民最早来到台湾时，往往是同乡同族人结伴而行，聚族而居，这对他们加强开拓能力、防卫和排除外来人为或自然的侵害无疑具有重要意义。随着时间的推移，来台移民逐渐增加，各姓氏家族发展扩大，人口增多。来自祖国大陆的新老移民们为联络同姓同宗之间的情谊，纷纷仿照自己祖地的习俗，续修家谱、盖祠堂，形成各自的家庭组织，以后又陆续成立了各种姓氏宗亲会、宗亲总会等，进一步扩大和加强姓氏联谊。

姓氏宗亲会是一种民间宗族组织，一般都建有专门的场所，配备固定人员，经费由族人捐赠，在举行重大活动时往往会得到同姓人的财力支持。他们多以弘扬祖德、敦睦友谊、团结互助、发扬民族精神为宗旨，积极开展宗族成员之间的联谊活动。活动包括建祠堂、修家谱、定期祭祖、举办各种慈善和福利活动、组织族人旅游观光等。在台湾，姓氏宗亲会的数量也很多。据1979年台湾《新生报》统计，截止当年，在台湾登记的各种姓宗亲会达222个，其中单姓198个，联宗24个。这些宗亲会有全省性的，也有地方性的。如台北市、基隆市、南投县、宜兰县、台南市、高雄市、金门县等地都有李氏宗亲会，台北市、基隆市、宜兰县、新竹县、桃园县、南投县、苗栗县、台中市、彰化县、云林县、嘉义市、台南县、高雄市、屏东县、花莲县、澎湖县、金门县等地都有张姓（或张廖、张廖简）宗亲会，台北、高雄、苗栗、宜兰、台中、彰化、嘉义、台南、台东等地有六桂宗亲会，新竹、宜兰、基隆、桃园县有江氏宗亲会。此外，在台湾还有一些世界性的姓氏宗亲总会，如台北有世界昭伦宗亲联合总会（1974年成立，为谈、谭、许、谢四姓联宗组织）、世界谢氏宗亲总会（1977年8月在美国旧金山成立，次年总会移设台湾台北）、世界柯蔡宗亲总会（1978年成立）、世界黄氏宗亲总会（1978年8月在台北成立）、世界林氏宗亲总会（1981年成立）以及世界陈氏宗亲总会、全球董杨童宗亲总会等。至于与这些宗亲会有关的更多、更详细的情况，我们将在本书的附录中专门介绍，在此不赘。

在台湾省，异姓联宗也很流行。除以上提到的以外，还有柯蔡、何麦、苏周、沈尤等二姓联宗，水曾丘、刘唐杜、朱庄严、何兰韩、苏周连、赖罗傅等三姓联宗，刘关张赵等四姓联宗，以及烈山五姓（纪、许、吕、高、卢）、六桂（洪、江、翁、方、龚、汪）联宗等。

近十余年来，台湾各姓氏宗亲会的活动都很频繁。其中如张廖简宗亲会于1994年3月在桃园县成立后，除定期召开代表大会外，又不定期赴各地举办旅游及联谊活动。同时，该会还抽调专人调查文献，出版宗族史料书刊，弘扬宗族文化；制定条规，表扬百岁以上的人瑞宗老，奖励宗亲有贡献者。该会还另设有互助基金，于婚丧喜庆时作为礼金致意。另外，台北市和高雄市又在1995年7月成立了一个“中国张廖简宗亲会”，并在乌来那鲁湾高山族文化村举行了盛大的“宗亲之夜”联谊活动，其间举行了祭祖典礼，进行了桥艺、麻将、撞球、桌球、飞镖、射击迪斯科、卡拉

OK等活动，以及欣赏高山族民俗表演等。

台湾各姓氏宗亲会在这些年来所发挥的另外一个共同作用，就是在台湾民间与祖国大陆的交流中成了重要的中坚力量。在台湾当局解除了来祖国大陆寻根的禁令以后，各姓宗亲会都不失时机地组团来祖国大陆寻根访祖。他们最初是到福建、广东沿海一带访祖认亲，后来不再满足于沿海家乡，进而深入到祖国内地寻根。如今，全国很多地方都留下了他们寻根觅祖的足迹。如福建南部作为台胞最重要的祖地之一，也是台胞寻根最早和最重要的目的地。在台湾2300多万人中，约有700多万人的祖籍在漳州，占全台总人数的1/3。据福建有关部门的统计资料：1988年到漳州寻根的台胞仅有几百人，到1991年上半年，来漳州寻根的人已上升到5000人，1992年达到1.2万人。这些来寻根祭祖的台胞90%以上是组团来的，有些团队多达200余人。截止1995年底，到福建寻根的台胞已有12万人次，寻根的地点主要集中在漳州以及泉州、厦门等地，仅1995年就有十多批一百多位老台胞前来，他们人多都是由各自的宗亲会组织的。

台湾各姓氏宗亲会除组团到福建的一些地方外，对其他地方的寻根也是如此。如卓氏祭祖团曾到广东湖州寻根祭祖，杨氏宗亲会曾多次组织到山西代县的杨忠武祠寻根祭祖，在三年时间内就有400多人，其中仅1990年就有6个团队217人。

又如，在河南省，近十几年来曾有许多来自世界各地的华人和台、港、澳同胞寻根谒祖、旅游观光，其中台胞的人数和次数最多，他们的成行也大多与宗亲会有关。据不完全统计，自1987年11月以来，到河南的台胞近130万人次，其中有26.7万人次是来寻根祭祖的，20人以上的团体有230多个。从1989年到1995年，仅到河南洛阳王城公园拜谒“根在河洛”碑的团体有120多个，人数达2万人次。他们说："只有到了中原河南，才真正到了祖家，能喝一口祖地的水，闻一闻祖地的泥土气息，也是莫大的荣幸。"在这些前来寻根的团体中，有关的姓氏有詹姓、许姓、叶姓、钟姓、范姓、陈姓、谢姓、郑姓、赖姓、罗姓、林姓、蔡姓、杨姓、董姓、郭姓等。

由上可见，主要由台湾的姓氏宗亲会发起或组织的寻根活动仅到河南的就有很多，说明他们的确发挥了自己的作用。当然，这也不是说近年来有组织的寻根活动都与宗亲会有关，其他组织也同样功不可没。如在台湾有一个河南同乡会，曾在1992年7月召开的台湾各县市同乡联谊会上通过了台北市河南同乡会《发动台湾同胞追祖寻根，以增进乡谊情感，提高爱国意识》的提案，提案中要求"各县市河南同乡会发动同乡了解河南姓氏堂号，引导他们追祖寻根，溯本归原，鼓励台湾河南同乡会群策群力，谋求爱乡爱国之具体行动"，显然也在以自己的方式为增进两岸之间的联系发挥着作用。

总之，从台湾同胞不断到祖国大陆的寻根活动中不难看出，中华姓氏有着强大的凝聚力，它已经不再是一个个简单的文化符号，而是中华民族的一种标记，是民族团结的纽带和桥梁。海峡两岸人民拥有共同的姓氏，也是两岸之间血浓于水和割不断的亲情关系的体现，台湾同胞与祖国大陆人民同宗共祖，同文同种同根。台湾人就是中国人，台湾人的姓氏也是中国人的姓氏。

话题十七：
百家姓改革

目前，我国正处在高速发展时期，传统的百家姓也同样在发展变化之中，过去所不曾有过的许多新现象都在不断涌现出来，并越来越多地引起人们的关注。其中被人们谈论最多的，是随着人口的增加和社会的发展，人们不再把百家姓看得像过去那样神圣，也不再像过去那样重视姓氏的血缘意义，而只是把它当做人际间区别的符号，从而使其血缘意义下降而符号意义上升。同时，大姓人口爆炸、随意造姓、不使用姓、姓名合一、姓氏商品化等也都不同程度地成为人们在茶余饭后谈论的话题。那么，我国传统的百家姓究竟怎样了？它在今后会有怎样的发展演变趋势？对于这些问题，我们也做出了自己的思考。

一、令人吃惊的重名现象

在本话题开始以前，让我们先来看几个典型事例。

一个事例是，在不久前召开的全国政协十届一中全会上，有两个都叫刘秀荣的委员吸引了众多记者的目光。她们一个是河北省石家庄市评剧院青年评剧团团长，另一个是中国京剧院的一级演员，不仅同名同姓，连宾馆房间也紧挨着。当她们某一天以同一风格的着装、手挽手出现在人们面前时，不明就里的记者还以为她们是双胞胎。

另一个事例是，据南方的一家报纸报道，上海松江的一位姓秦的先生在2002年12月初突然收到法院的传票，是一位姓胡的人起诉他借款两万元未还。秦某觉得莫名其妙，因为他根本不认识胡某这个人。开庭当日，秦某发现法官并没有准时开庭，而是在给原告办理撤诉申请。原来，在起诉前，胡某曾到当地派出所调取债务人的身份资料，因为只说了一个姓名，民警便为他抽取了秦某的资料。而胡某一时疏忽，见村名和姓名没错，就调取了秦某的“常住人口登记表”并提交法院。后来他发现告错了对象，向他借钱的人和秦某同名同姓，又正巧住在同一个村里。秦某当场向法官提出，要求胡某予以赔偿。法官当即和胡某进行协调，最终胡某做出了适当补偿。

还有一个与上述相近的事例是，一个叫李伟的人在离家很远的某市犯了案，然后又逃回原籍。后来，当地公安机关根据群众举报和掌握的线索知道了他的名字和所在的城市，派人到他所在的地方进一步了解线索，并打算在证据确凿时将他捉拿归案。但当负责办案的民警到他所在城市的公安局人口管理处户籍科调查时，发现该市有上千个与他的名字一模一样的人，顿时傻了眼，只得把情况向领导汇报，最后费了九牛二虎之力才找到他，但错过了破案的最佳时间。

再一个事例是，在某学校的一个班上，仅叫赵毅的就有两个，为了方便把他们区别开来，老师和同学们只好称呼他们大赵毅，小赵毅。据说，后来又转学来了一个赵毅，老师和同学们更加犯难，还得为了区别他们再伤脑筋。

上述这些事例，有喜有悲。事实上，重名确实困扰着很多人，尤其是在相同的工作、生活和学习环境中更是如此。当我们在生活中遇到两个一模一样的名字时可能还不以为然，但如果你是上述第三个事例中的办案民警，面对上千个与逃犯相同的名字时，那感觉一定是触目惊心的。其实，生活中重名的人何止李伟一个？以北京市为例，在人口最多的王、李、张、刘四大姓中，叫王涛、张颖、张力、王军、王红、李明、李杰、张华、张亮、刘勇、刘刚的人都在1000人以上，有些名字还有上万人。另外，据有关方面统计，仅上海市就有13000多人叫王小妹；沈阳市有4800多个刘淑珍、4300多个王玉兰，另外还有王伟、李伟、李杰各3000多人；天津市有张颖、张力、张英、张健各2000多人；广州有梁妹、陈妹各2000多人。重名不仅是个社会问题，而且还常常给当事人带来意想不到的麻烦。在前些年，某医院因药房疏忽发错了药，急需找到一个叫"王勇"的男孩，可出去一查，发现当地竟有10多个与他同名同姓的男孩。又有一个叫萧军的人因杀人逃跑在外，公安局根据名字捉拿凶手，结果发现有4位萧军。为了不让罪犯逍遥法外，公安局只得把4人都"请"进局里，其中的一位正准备结婚。未婚妻一听未来的丈夫是杀人犯，觉得没脸见人，当场就要寻死觅活。事后虽然查明这位萧军与杀人案无关，但未婚妻所受的一场虚惊毕竟已经发生，无论如何也无法挽回了。可见，我国目前存在着较为普遍的同名同姓现象，尤其是在人口稠密的大城市更是如此。对此，国内外都有研究者发出了"中国人同名成灾"的警告。

面对"同名成灾"的警告，我们不管它是不是有些言过其实，但同名同姓的人较多毕竟是事实，我国也是一个重名率很高的国家。至于形成这种现象的原因，因为是同名同姓，也就是说原因至少来自名字和姓氏两个方面，其中与名字有关者无疑是由人们的起名不当所引起，而与姓氏有关的原因则要相对复杂一些，主要是因为大姓人口太多的缘故。特别是近年来，我国的人口已接近13亿，随着人口数量的不断膨胀，各姓人口的悬殊变得越来越明显，特别像张、王、李、赵等大姓人口又过于集中，甚至还有逐步加大的趋势，在姓氏问题上也出现了大姓越来越大、小姓越来越小的突出特点。正如我们在以前曾提到的那样，我国今天使用的姓氏只有3000多个，其中将近90%的人只使用100多个姓氏。在北京，全市1000多万人中超过1/3的人只使用王、李、张、刘4个姓氏。另外，根据有人对不久前召开的第十届全国人大和全国政协第一次会议代表名单的研究，发现王姓和李姓代表分别有230人和226人，张姓代表有170余人，刘姓代表有149人，它们都是代表中人数较多的姓，在一定程度上反映了我国实际存在的"张王李赵遍地刘"的姓氏使用规律。与此同时，代表中也有一些较为冷僻的姓，如战、种、锁、漆、揭、娘、焉、初等，它们都是一姓一人，情况与上述这些大姓明显不同。这种在姓氏上人口数量的悬殊，用姓氏学界的话说是大姓与小姓之别，之所以如此当然有许多具体的原因，但所形成的这种结果无疑要对姓氏的发展产生重要影响，并且还会把这种影响持续下去。

由大姓人口较多和大小姓距离逐步加大所造成的重名现象，除以上所述的原因外，也与姓氏本身的某些特征不无关系。由于姓氏一般由多人共同使用，人数从一个到将近一亿个不等，实际上也构成了一个个规模不等的同姓群体。在各个群体中，人们不仅使用共同的姓氏，而且也用相同的习惯在有限的汉字中选取名字，从而造成同姓名现象。

当然，我国现在之所以重名太多，也有取名不当所造成的原因。我们仅从以上所举的重名例子中便可以发现，我国各地目前重名率最高的名字几乎都是那些只有一个字的单名，为了加以改变，一些姓名学家和社会学家建议人们取名时至少要起一个双字名，或者起一个两字以上的名字，而不要像现在的许多人那样喜欢起单字名，这样就可以大大减少重名的机会，而一些主要城市的户籍管理部门事实上已经在有意识地引导人们这样做。如假定我国可用于取名的汉字有5000个，在同一个姓氏中一人用一个，也只能保证5000人使用。实际上，一些大姓的人口已在一亿上下，我国的总人口也是5000的二十多万倍。因此，如果人们仍旧保持起单名的习惯，只会使重名的人越来越多。而如果改起双字名或者字数更多的名字，则可以大大减少重名的机会。如仍以可用取名的汉字5000个计算，5000个字两两搭配，至少可以组成2500万个词组，这2500万个词组都用于人名，对减少同名人的作用是显而易见的，效果也是非常显著的。目前我国一些户籍管理部门之所以要限制人们取单字名，要求为新生儿报户口时至少要取一个双字名，与姓氏一起构成三个字或者以上的姓名，其目的也正在于此。

我国人使用四字及四字以上姓名的现象近代以来也有所见，其基本方法是在原来的姓名前加上别的姓氏，或者在通常的名字后缀以辅助词。如蒋介石的夫人宋美龄，婚后又名蒋宋美龄；原全国政协常委刘王立明和赵元任之妻赵杨步伟使用的也都是四字名，她们的名字都是由自己的姓名加夫姓而组成的。另外，据有关方面报道，原国家女排老将曹慧英在与丈夫殷勤生下女儿后，为女儿取名殷乐笑子，则是另外一种性质的四字名。上述两种情况，前者由于婚前、婚后实际使用两个名字，造成了姓名的复杂化，远不如后者来得简单而自然。所以，有些研究者认为，如果想取四字名，最好在孩子生下来就取，以便减少将来改名的麻烦。

我国目前正处在一个高速发展时期，新情况和新问题在不断出现，与之相应的是姓氏及其相关的取名问题也越来越复杂化。除以上所述的几点处，另有人在随意制造新姓氏和取新名字。其中我们已在其他话题里提到的那位苏州姓“点”的孩子，无疑是一个典型事例。除此之外，据某些资料介绍，前些年的我国台湾省由于受日本文化的影响，青少年中一度流行取像日本人一样的名字，其中女性多在原来的名字后面加上“子”字，男性则加上“郎”字，成为四字名。更有甚者，有些人还干脆把姓氏改成有日本味道的姓氏。此外，在我国内地的一些地方，也出现了如沈芳娟子、高吉太郎、纪因斯坦等像外国人名一样的名字。这种名字究竟是否符合民族习惯尚可研究，但它至少可以做到不与别人同名，对减少同名现象同样是有用的。

相信，随着社会的不断进步和人类文化的进一步发展，中国人的名字及其姓名观念也会出现更多的新变化。同时，由于社会和有关管理部门已经逐渐认识到“同名成灾”的危害，并都在有意识地减少这种危害，所谓的“同名成灾”必将会成为一种历史现象。

二、时代变革对传统百家姓观念的冲击

随着社会的发展和人们生活水平的提高，传统观念对人们思想的束缚正在不断减弱，对姓氏的改革也逐渐被人们所提起。至于改革的方向，还需要作进一步的探讨，但其中的一点应该从我国的传统习俗考虑，找出人们能够接受的改革方向。尤其是这些年所出现的某种新现象，更进一步促使人们对此做出更多的思考。

比如，这些年来，随着我国计划生育政策的推行，出现了一种独生子女问题。现在，第一批独生子女已经长大结婚了，孩子姓什么？越来越多的女方家长希望孩子能够成为外婆家的人。按照传统的做法，子女跟随父姓，女方就觉得好像断了香火，不少老一辈人觉得难以接受。关于这种独生子女究竟是姓谁的姓的问题，在姓名学界叫做“冠名权”问题。

关于“冠名权”问题，现在在一些地方已经出现了争执，其中的一个问题就是该姓谁的姓。不久前的一家报纸报道说，在我国南方的广州，孩子的姓越来越多样化。其中一个家住天河区的杨小姐按传统习俗从父姓，而她的亲生妹妹却从母亲姓李。据杨小姐介绍，妹妹的姓是母亲“争取”来的。起初父亲认为孩子跟父亲姓是天经地义的事情，始终不肯让步。后来，双方经过妥协，各退一步，一个孩子跟一方姓。这种观念虽然反映了现代社会家庭传宗接代观念淡化的事实，但我们仍可以从中看到传统观念依然在发挥着作用。

我国目前所存在的重名现象和“冠名权”问题，所反映的其实是传统观念对人们思想的一种影响。所谓传统观念，在某种程度上与姓氏本身有关。对于这个问题，曾有专家从大文化的角度，指出我国的百家姓是个非常稳定的文化现象。中国传统的从父姓是种约定俗成，这种观念根深蒂固，它表明了血缘承继关系，孩子该跟谁姓，从来都是毋庸置疑的，现在它出现了问题，血缘意义下降，符号意义上升，并表现为观念淡化等现象，甚至还有改姓或自造姓氏等事发生，尤其是在一些比较发达的地区或年轻人身上表现得相当突出。他们对姓的看法不再像老年人那样认真，大多认为“姓氏只是一个符号，无论孩子姓什么，都是自己的孩子”，说明传统的那种孩子只能随父姓的观点正在发生变化，子随父姓也不再是惟一选择，父亲的姓已经不再“独领风骚”。

当然，有时候情况还比较复杂，并不能完全归结于观念的淡化。比如，据一家报纸报道，南方某地有一位刁先生，因为自己姓氏的读音比较特殊，总是容易让人与意思不好的字眼联系在一起，小时候就没少受同伴笑话。为了不让孩子重蹈自己的覆辙，他情愿孩子不姓自己的姓。最后，夫妇俩和亲友们反复商量，决定让孩子跟外婆姓李。报道中还说有位王先生的太太生了一个男孩，男孩的外公外婆提出让外孙跟外公姓，但男孩的爷爷奶奶却不同意。夫妻俩没有办法，最后只好给孩子起两个名字，一个跟爸爸的姓，另一个跟妈妈的姓，登记户口时则用跟爸爸姓的名字。

像上述这样的给孩子改姓，显然是属于另一种情况。曾有一位研究姓名的专家说，他在前几年写过一本关于怎么给孩子起名字的书，后来有两位女读者先后打来电话，说要给孩子改姓，问他可以不可以。他当时觉得奇怪，中国人讲究行不更名，坐不改姓，这两位女士怎么想为孩子改姓？于是就问她们为什么要给孩子改姓。其中一位说是因为离婚，后来又嫁了人，不想让孩子姓前夫的姓，孩子也不愿意用后爸的姓。另一位说她和她爱人一个姓王，一个姓李，这两个姓怎么给孩子起名字都有重名的，所以想给孩子改一个姓。这位专家听了，觉得两位女士的想法十分开放，摒弃了我国的传统姓名观念，非常有趣，就对她们说：现在我国没有姓名法，《宪法》规定孩子可以随父姓，也可以随母姓；没规定可以改姓，也没规定不可以改姓，给孩子改姓没什么不可以。两位女士听了专家的话以后，就按各自的想法去做了。

其实，对于上述这位专家的说法，尽管在理论上说说可以，但要真正做到并不容易。据前些天的一家报纸报道，在北京市顺义区居住的一位姓刘的先生因为前妻擅自做主改了孩子的名字，感到很伤心，就一纸诉状将前妻告上法庭，一时成为街头巷议的争夺孩子姓名权的纠纷案。原来，刘先生7年前与前妻离婚，女儿小琪当时仅3个月，随前妻一起生活，原告每月给付抚养费100元。离婚后，刘先生虽然生活困难但一直坚持给付孩子抚养费。在提起诉讼以前，刘先生得知前妻私自将女儿姓氏改为继父的姓，觉得这样严重伤害了他与女儿之间的父女之情，对此十分伤心，为此提起诉讼，要求前妻立即恢复女儿小琪的姓氏。这篇报道没有说明诉讼的结果如何，也没有就此向具体办案人员或专家咨询，我们还不知道等待这位刘先生的究竟是什么，但仅就这件事的本身看，由于孩子毕竟是属于夫妻双方的，不管这种关系是否还存在都无法改变这种事实，刘先生的前妻在刘先生毫不知情的情况下擅自做主为孩子改姓显然是不合适的。

另外，还有一个与上述类似的例子是，一位家住北京市昌平区的陈先生与妻子何女士协议离婚后，在何女士不知情的情况下偷偷为儿子改了姓，也被前妻告上法庭。原来，在孩子刚出生的时候，陈先生出于对妻子的爱，主动提出儿子随母姓，妻子欣然同意。随着儿子一天天成长，二人的感情出现裂痕，在双方都努力挽救未果后，双方协议离婚，儿子随父亲生活，何女士每月支付儿子的抚养费和教育费360元。后来，陈先生未征得何女士同意，将儿子的姓改成了自己的姓，何女士直到带儿子出去旅游购买机票时才发现这件事。在多次向陈先生提出异议无果的情况下，她向昌平区人民法院起诉，要求判决被告陈先生赔礼道歉，恢复儿子的原姓名，并保证今后不再擅自更改儿子的姓名。而法院经审理后也支持了她的合法权益，依法认定陈先生为儿子改姓的行为侵犯了何女士本来享有的子女随其姓的权利。可见,像上述这两种情况,都是由于事先没有征得对方同意而自作主张为孩子改姓,从而也都引起了官司,说明改名换姓对有关的人来说并不是一件很随便的事情。

与上述两个例子不同，还有一个因为要求给自己改姓而引起诉讼的事,是在一位市民和户籍管理机关之间发生的,同样也很典型。这位市民原来姓王,现住北京市石景山区,是一位已经退休的老先生,退休前是一位教师,对历史名人充满崇敬之情。为了缅怀古人，决定将自己的名字改成“奥古辜耶”。这其中，“奥”意思是深奥,“古”是古代,“辜”则意味着辜负,“耶”是一个语气词。为此,在1989年,他首次向户口所在地——河北涿州的双塔派出所提出了变更姓名申请,但被拒绝。1994年,已经回京的他第二次向户口所在地——崇文区天坛派出所提出改名,又被答复“不能改”。1998年,王先生离婚,独自迁到北京市石景山区,户口也随之转移到该区某派出所,第三次要求改名,得到的答复还是不行。2000年、2001年,已经退休的王先生又屡次到派出所申请改名,后来又到石景山分局要求改名,仍被工作人员婉言拒绝。于是,2002年11月11日,王先生以北京市公安局石景山分局行政登记不依据法律为由,向石景山区法院提起行政诉讼,要求受诉法院依法裁定被告行政行为违法，并要求被告重新做出具体行政行为——为其办理姓名变更登记手续，石景山法院受理了此案。直到这时,石景山分局才做出一个让步,同意给他改名,并正式通知他在12月3日下午到某派出所办理姓名变更登记手续,他也在随后向石景山法院撤诉。可见,王先生为改一个名字,前后争取13年,所付出的代价是何等高昂。

在上述这些事例中，我们都不难看出关于冠名权或姓名权问题，在我国都不是一件很随意的事情。在《中华人民共和国民法通则》第99条中，明确涉及到公民的姓名权问题，规定“公民享有姓名权，有权决定、使用和依照规定改变自己的姓名，禁止他人干涉、盗用、假冒”。在这里，所谓的姓名权包含三个基本内容，即公民的自我命名权，对姓名的专有使用权以及姓名变更的权利。姓名权属于人身权的范畴，任何人无权干涉。但尽管如此，如果要真正去改名换姓，仍然没有想象的那样简单。比如，我国的户籍管理机关基于管理的原因另外制定了一个《户口登记条例》，其中规定16周岁以上的公民需要变更姓名时，由本人向户口登记机关申请变更登记，从程序上严格控制改名。而如果没有特殊情况，户口登记部门不能随便更改公民的名字，这主要是为了便于对人口进行管理的缘故。因为，如果不对更名权进行严格控制，轻则使户籍管理工作大大加重，影响民警的办案效率和质量，重则导致社会治安的混乱。有些公民要求改的是外国名，有些人改的名字生僻怪异，甚至在电脑上无法输入，还有些人要求改的名字粗俗低级，有违社会公德。对于这些改名要求就不能一概允许。另外，对成年公民来说，改名牵涉到的不仅是身份证项目的更改，更多是对原有社会关系的影响，比如婚姻家庭关系、人事档案、银行账户、信用证存储信息、房屋产权等，都要随之更改。更严重的是，如果有那么一些违法的人为了逃避法律制裁改变姓名，就不仅意味着从此可以逍遥法外，而且也是给公安机关的侦查工作设置障碍。比如，在已经被法院立案的诉讼案件中，还没有审理完时却遇到了被告改名字，法庭上法官叫被告原来的名字张三，被告便可以加以否认，说自己不是张三，而是李四，甚至可以以传票的名字与自己不符为由拒绝到庭。到这时，法院就必须重新调查取证，无形中增加了工作量。因此，为了保持姓名的相对稳定性,减少某些不必要的混乱,我国有关部门对要求改名换姓的人做出适当限制,显然也是有必要的。

三、百家姓改革及所应注意的问题

关于对百家姓的改革,大家都认为确有必要,但也确实要慎重。如果做得不好,极有可能引发一些新的问题。对此,记得在前些年一家报纸上的一场讨论中就出现了一些不同意见,甚至一些专家也表示了自己的忧虑。综合来看这些观点,主要意见是如果随意进行百家姓改革,不仅可能引起某些方面的混乱,而且还可能在某些范围内出现近亲结婚的危险,导致血缘关系的混乱,甚至影响人口质量。持这种观点的人认为,姓氏作为区别血缘的标志,长期以来就是人们选择伴侣时的一种参考,古人也在很早时提出了禁止同姓结婚的观点,认为这样不利于优生优育。现在如果盲目变革姓氏,就有可能出现古人一再告诫的问题,引起一些不必要的混乱。特别是在某些通婚圈仍然相对较小的情况下,更应该高度注意避免这种混乱。同样,现代社会中的人们也不再像古人那样"安土重迁",而是由于就业、学习等缘故而使迁移成为经常的事情,这也势必会在一定程度上加剧近亲婚配的危险,我国实施已久的《婚姻法》在此面前也会无所适从。正是持这种观点的人有以上这种忧虑,他们提出在对姓氏进行改革的时候,应该较多关注它对婚姻、生育等方面的积极作用,科学分析它与优生优育的关系,切忌从一个极端走向另一个极端。

与以上这种观点相近的还有另外一种意见,是说随意的姓氏改革可能侵犯一部分人的经济利益,在财产继承上发生混乱。他们认为,在传统的姓氏制度中,姓氏的作用除便于人们区别婚姻外，还是财产权的一种标志，二者实际上是一个问题的两个方面。在现实生活中，生活在城市的人究竟姓父姓还是姓母姓可能问题不大，特别是那些没有较多财产留给子女的人更是如此。但在农村的情况却不尽相同，往往是经过几代人辛辛苦苦积累下的财产，由于没有儿子，女儿出嫁后生养的孩子姓了女婿家的姓，劳动成果和财产也就自然变成了旁姓人的财产。因此，他们建议姓氏改革一定要有章法，所进行的改革也应该是一种政策性很强的改革。

以上两种观点，分别从姓氏的“别婚姻”、“明继嗣”两个基本功能着眼，较多考虑了传统的因素，尽管对现代的社会发展变化重视不足，但仍然反映了人们对姓氏改革的关注和忧虑，所提出的问题也为人们带来更多的思考。当然，这并不是说在进行充分的研究和论证之前我们不需要变革。而在事实上，为了减少我国由于大姓人口太多而在一定程度上所造成的重名现象，不少姓名学家和社会学家都进行了相关的思考，并且提出了相应的对策，而在实际生活中也有人在进行着大胆的实践。比如，针对目前改名难问题和户籍管理部门的某些忧虑，有人就认为如果把工作做得好，因为改名所可能带来的问题其实是可以避免的。户籍管理部门对于申请改名的公民可以先出具证明，确定改名生效日期，并要求公民在生效日之前自行通知所在单位、家人以及银行等，待到正式办理完变更手续后，公民的相关档案再进行相应更改，而户口本和身份证上也注明曾用名。这样一来，就有可能把因改名所造成的不便降到最低限度。至于为了解决重名问题而改姓，考虑到我国传统的思维观念，一些专家便提出可以用增加姓氏数量或恢复古姓、自造复姓等办法加以解决。

首先，关于增加姓氏数量，所要增加的姓氏中有些可以是恢复使用古代的姓氏。我们曾在以前相关的话题里提到，目前我国重名最严重的姓氏主要是人口较多大姓，而它们人口较多的原因中有一个就是来源众多造成的，或者说是吸收了其他姓氏的缘故。如今要改变其人口较多的状况，一种办法就是把它们由大化小，让其中的一些确实知道自己姓氏来源的人再恢复过去曾经使用过的姓氏。比如李姓、王姓这样的大姓，目前可知的来源都在几十种以上，它们也都分别吸收过刘、蒋、甘、徐、安、郭、张、董、罗、完颜、耶律、伊剌阿布、舍利、鲜于、朱邪等姓，另外还有众多的少数民族的人。对于这些姓氏或少数民族的人，便都可以根据自己的情况恢复过去的姓氏或称谓，而把现在使用的李姓或王姓废弃不用。这样一来，既然可以分流出相当的一部分人，原来因为姓李或姓王重名的人也可以由于使用了新姓氏而不再重名，大姓会不再那么大，大姓的重名压力当然也会因此而减轻许多。

在像上述这样由恢复古姓而来的改姓中，有一种情况值得特别提及，也就是要重视恢复那些与现在使用的姓氏有渊源关系的古代复姓。比如，李姓人的一支在古代曾使用复姓鲜于，后来因为一些特殊原因改姓李。现在为了解决重名问题，李姓人就可以根据自愿原则再使用复姓鲜于。这样不仅可以分流一部分重名人口，而且也照顾了传统的血缘问题，可以起到一举多得的作用。同样的情况，历史上的王姓人曾经姓复姓可频，周姓人曾经姓复姓贺鲁，林姓人曾经姓复姓丘林，慕姓人曾经姓复姓慕容，等等，他们如果想要改姓，也可以考虑使用相关的复姓。这种用复姓起出的四字名重名率低，从防止重名的角度来说有一定的优越性。另外，四个字的名字与三个字的名字内涵大体相当，有时还比三个字的名字更为丰富，因为到底比三字名多一个字。

再者,从发音上看,四个字的名字往往比较上口。比如:上官云珠,比起关云珠、尚云珠都好听。澹台春明,听起来就比谭春明、台春明有力量。这里面有个发音起伏的问题,四字名能有起伏,而三字名和单字名都难有起伏。因此,既然复姓起的四个字的名字在防止重名、内涵、发音上都有优越性,那就有可能成为姓氏改革的一条出路。

不过,在恢复古姓时,也不是什么姓都能恢复,其中某些姓氏就容易犯忌讳。比如古代有一个复姓东郭,姓东郭的人后来有人改姓郭。现在如果再让姓郭的人改姓东郭,他们也许会首先想到历史上的东郭先生。要是在生活中被称为东郭先生,可能就会觉得不舒服。另外,还有一个西门姓,是《水浒传》和《金瓶梅》中西门庆的姓,恐怕也找不到一个愿意与他同姓的人。所以,像这样的恢复古姓,尽管可以在一定程度上解决大姓人口太多问题,但在实践中仍应考虑到其他因素,不能简单地盲目行事。

其次,为了解决大姓人口太多问题,我们还可以在不违反中国传统姓名观念的情况下自造复姓。这种办法不是改姓,而是在原来的姓氏上再加一个字,最简单的办法就是把孩子父母的姓连在一起。比如父亲姓张,母亲姓李,自造复姓就是张李。如果一个人叫张玉兰或李玉兰,可能与很多人的名字相同,但是如果叫张李玉兰,重名率就会降低。这种自造复姓的方法既简便,又具有四字名的优越性。另外,把父母姓连在一起还有一个优点,就是在孩子的名字中因为有了母亲的姓,一家人更加紧密相连,亲情相连,改变了通常的只随父姓、与母姓无关的习惯,同时也显得更加合理。对于用这种办法而来的姓氏,用姓氏学术语说就是璧联姓,或者叫单姓改复姓,与历史上曾出现过的某些现象虽有近似之处,但无论是性质还是作用都不相同。如在过去女性出嫁以后，都要改姓丈夫的姓氏：姓王的嫁给了姓张的，就改叫张王氏；姓赵的嫁给了姓李的，就改名李赵氏。这里的“张王”、“李赵”都有些近似于自造复姓，但它们都不能传给后代，可见与以上所说的为子女自造复姓并不相同。

当然，上述所说的自造复姓说起来容易，若是真的做起来并不简单，它还要注意一些问题。比如说，在发音上要尽可能地有所起伏，不绕嘴，另外还要注意是否有歧义，或者是否近似于日本人的名字。由于起四个字的名字几乎是日本人的习惯，并且他们还喜欢用“郎”、“子”、“雄”等字作字尾，因此，考虑到我们的民族习惯，起四个字的名字时要尽量不与日本人的名字相似，否则就会让人误以为是日本人。据说日本人有个名字叫“缺心眼子”，中国人便万万叫不得，因为它有违于我们的民族习惯。我国现在常用的姓氏只有500多个，而习惯用四字名的日本则有姓氏10万多个，他们也没有我国这么多重名的人。在不久以前，有位研究姓氏的专家曾在计算机上做过一个试验，就是把我国常用的500多个姓氏用自造复姓的方法相互组合，结果得出的复姓是10万多个，大体与日本姓氏的数量相当。当然，在这种姓氏组合的过程中也发现了一些问题，比如“刘夏”组合，可以是一个新的复姓，起个名字叫刘夏文莹，即好听又好看。但如果反过来，把夏姓放在前，把刘姓放在后，组成复姓夏刘，就与另外一个名词“下流”同音，无论什么人都不会用它作姓氏。所以，在用单姓组合新的复姓时，注意发音也是一个不容忽视的问题。

由上可见，我国目前在百家姓的使用过程中所存在的问题，可以通过多种途径、多种方法加以解决。当然，在使用这些方法的时候，也要考虑它可能带来的后果。比如，以上所说用父姓加母姓制造复姓的方法尽管可以在一定程度上减少重名，但如果采用这种方法，所解决的可能只是第一代人的问题，到了第二代以后，就要让人面对四个或四个以上的姓氏进行选择，难免出现新的问题。同样，如果用让孩子姓母姓的办法减少重名，但如果母姓是大姓而父姓是小姓，反而可能带来大姓人口更多的后果。因此，我们在这里所说的改姓也好，让孩子姓母姓也好，恢复古姓也好，尽管可以在一定程度上解决重名问题，但在使用这些方法的时候也不能太随意，还要考虑其他方面的因素，做到三思而后行。

总之，重名现象是一个较为复杂的问题，要加以解决还有很多工作要做，以上所说的也仅是其中的一些办法。对于这个话题，相信还有很多问题可谈。

四、姓氏读音与百家姓改革

由于百家姓是人的一种代号，经常要被人写或被人叫，当被人叫时，不仅可能因读音与其他字相同而让人发生误会，而且还可能发生其他的事。我们在本话题的第二部分中已经提到，南方的那位刁先生因为自己的姓总是让人与意思不好的词联系在一起，于是下决心为孩子改姓。像这种情况，尽管因此而要求改姓的人还不多见，但像他那样由于姓氏的原因而所遇到的尴尬其实在日常生活中是时有所见的，无论是过去还是现在都是如此。于是，在关于百家姓改革的话题中，便有了这样一个关于读音与改革的话题。

关于百家姓读音及由此引起的话题，可以说有喜也有悲。无论你是姓什么，都难免会有意想不到的时候，有时候会让人喜，有时候则让人很尴尬。前些年，有这么一个相声说：解放初年，一个名叫王克章的洋车夫常被人当做新上任的干部“王科长”，甚至还有人向他借钱。这样一来，洋车夫变成了大权在握的科长，因读音相同让他无意中捡了便宜。另外，也有人因姓氏的读音较好而沾光的。比如姓郝的就可能被认为人也好，听着舒服。又比如姓郑的也会让人与正直、正派等好字眼联系在一起，这些都是显而易见的事。前些年，一家报纸上就登了这样一篇小品文，说在一个单位里，曾有姓傅和姓郑的两位领导，分别担任正、副书记。其中姓傅的是正书记，由于姓氏与“副”同音，常被一些不了解情况的人误以为是“副书记”；而担任副职的郑书记尽管常被当做“正书记”，但由于无损于他，所以也乐得误会下去。但时间长了，这种因姓氏读音与所任职务相反而出现的误会让傅书记很不高兴，最后便专门召开会议，声明自己从此改姓郑。为此，有人还专门作了一首打油诗，说：“有位书记本姓傅，被人当‘副’气呼呼，召集群众来宣布：从此姓郑不姓傅。”这虽然是一个笑话，但也反映了由于姓氏读音的缘故而可能为相关的人带来某些不便的事实。

上述这些事例，说起来其实都很典型，从中也可见一部分人的心态。但是否确有其事，恐怕还难以说清楚。而在我们的日常生活中，其实也会发生与百家姓读音相关的事情。笔者就曾遇到过这样一件事：笔者有一位同事姓赖，每次别人问她姓什么，她总说，姓“赖”，“信赖”的“赖”。虽然她给“赖”挑了个比较好的词，但别人叫她小赖或者赖小姐的时候，她还是觉得不太舒服。另外，据一家报纸报道，一个姓裴的女大学生在长春找工作，先后十几次都被人家拒之门外，到最后她问招聘的人为何会这样，招聘的人说：我们老板说了，你的各方面都很出色，他也很满意，只是他不满意你姓“裴”，与“赔钱”的“赔”同音。做生意不能发财反而要赔钱，整天这样赔来赔去，谁也不会高兴，所以你没有被录用。女孩听了，觉得很无辜，但也没办法，只好作罢。另外，据笔者身边的一位知情人说，他认识一位姓“不(音dǔn，盹)”的先生，有次到邮局取汇款，就遇到了一件尴尬事。当他按规定办完有关手续后，邮递员叫“不(音bù，布)某某，你的汇款”。这位不先生见被人读错了姓，便纠正说“我姓dǔn，不姓bù”。邮递员莫名其妙，以为他要冒领汇款，不同意把钱给他。最后经他好说歹说，才让他取走了汇款。

当然，像上述这些与百家姓读音有关的事，无论是传说还是发生在我们身边，其实都不是只有今天才有，早在古代时也同样出现过。如相传在古时候，有一位姓乐名乐乐的书生考上了状元，姓名的读音依次是yuè、lè、yào。有一天皇帝要接见新科状元，就叫太监喊他上朝。太监传旨道：“乐乐乐(lè)上殿。”过了片刻，下面没有动静。太监想到乐还可读yuè，于是又传旨“乐乐乐(yuè)上殿”，还是没人上来。旁边一位老太监自恃学识渊博，小声说：“乐要念yào。”太监恍然大悟，忙又改口叫“乐乐乐(yào)上殿”，但仍然不见人上来。皇帝龙颜不悦，道：“这是怎么回事？”主考官忍不住笑着说：“新科状元的姓名要读yuè、lè、yào。”太监赶紧照此传旨，语音刚落，他就乐颠颠地跑了上来。

另外，在清朝时，一位叫梁绍壬的人写了一本叫做《两般秋雨盦随笔》的书，其中也记载了一个关于姓氏读音的笑话，说有两个离得很近的村子，各敬各的神仙。其中一个敬关公，另一个敬观音菩萨。后来，两个村子结成了好邻居，也替两位神仙扯上了亲属，说观音是关公的妹妹。有一天，关公庙重新开光，观音庵也备了厚礼前往祝贺，还写了幅帖子，说：“云长二兄大人御宇重修之庆，妹观音娘娘裣衽拜。”这样一来，观音菩萨就变成了关姓女士，令人捧腹不已。

由以上这些真实故事或小说家言可见，由于我国汉字文化博大精深，一字多音或一字多义的情况十分普遍，而百家姓又有被写被读的双重功能，无形之中也要受这种文字特征的影响，甚至有时还要被姓氏读音所拖累。如果我们在识别时不注意它的多音多义，就容易闹笑话，特别是那些在读音上容易让人作不好的联想的姓氏更是如此。当然，有些可能在读音上引起误会的姓氏并不是它本身造成的，而是在与名字搭配后才引起的。如常见姓氏中的吴、莫、冒等姓，由于姓氏本身就有“无”、“没”、“冇（音mǎo，方言‘没有’）”等不雅的谐音，因此在与名字联系在一起的时候，往往会使它改变性质。如“福”、“禄”、“寿”等本来都是很吉利的字眼，但与上述三个姓氏搭配后，虽然写出来是“吴福”、“莫禄”、“冒寿”，但当读出来时却成了“无福”、“没禄”、“冇寿”，听起来就让人不舒服。又如有人叫伍世苟，一连读便有“我是狗”的意思，吴材与“无才”音近，都不雅观。至于其他姓氏，在取名时也同样要注意姓名之间的搭配，花心思去推敲姓名的读音，尽量减少因取名的读音不当而闹出误会，避免那些曾经有过的教训。在过去，蒋介石曾被谐音为“蒋该死”，廖逸夫与“尿一壶”谐音，郝玉仁与“好女人”谐音，朱石与“猪屎”谐音，丁会思与“定会死”谐音，宋忠、纪丹、沙珠、梅前、吴大用、李韬奋等分别与“送终”、“鸡蛋”、“杀猪”、“没钱”、“无大用”、“李掏粪”等谐音。上述这些名字本来都有很好的字义，由于与姓氏在一起使用时容易引起误会，甚至成为人们取笑的对象，因此也不算是好名字。再如某医学院有位名叫樊志林的学生，每当老师点他的名字时总要引起哄堂大笑，原因是他的姓氏与名字连在一起时正好与一种外用药“凡士林（Vaseline）”同音。还有一位运动员叫黄崇，尽管有超群的技艺，但别人喊他的名字时，总以为他是“蝗虫”。又如“杨伟”或“杨卫”、“杨蔚”等都是十分常见的名字，但如果想到它与男性生理疾病“阳痿”同音，也会发现它们都不能算是好的名字。更有甚者，有人曾说在某地的文化界有两位作者，一个叫宋一平，另一位叫毕云高，经常联名发表作品。两人的名字从字面上看都不错，但如果连在一起读出来，便会被不解实情的人误以为是“送一瓶避孕膏”了。至于笔者本人，也亲耳听说有一位名叫刘晓静的小姐，原来的名字是刘静，因为在上小学时总是被一位发音不准的同学读作“溜腚”，觉得不雅，才让家长改成现在的名字。

上述这些都说明，在百家姓的读音这种功能中，作为它价值的一种体现，当与名字联系在一起时，还可能发生一些意想不到的事情。因此，在我们使用它们时，也要考虑相关的情况，不仅要注意它本身的读音，也要留心与它搭配的名字的读音，避免可能引起的尴尬或误会。

五、关于百家姓改革的评价

百家姓是每个人都有的一种标志，它贮存了与个人相关的信息，需要我们去认识、去解读。同时，由于它与我们每个人都有关系，关注百家姓也就是关注我们自己。那么，面对百家姓改革的问题，我们应该怎样去评价呢?

由以上几部分所谈的内容可以看出，百家姓改革问题实际上是在现代社会飞速发展的情况下提出来的，它的被提出和被关注除了以上的原因外，还有其他一些因素。从总体上看，它在现代社会中除了具有区别个人的作用外，还被赋予了一定的社会意义，同时也在一定程度上成为处理血统、婚姻、财产等问题一个方面的依据。但有一点必须明确，它在辨别血统、处理婚姻、财产问题等方面的作用正在降低，千古不变的“同姓不婚”、“行不更名，坐不改姓”等说法正在发生变革，一些随意取姓现象、婚外生育现象等也加速了这种变革的进程。总之一句话,过去是家族血缘标志的百家姓由于毕竟不能代替血缘关系本身,已经很难成为区别血缘的依据。同时,随着人口流动的增大,通婚范围的扩大,取名字自由度的提高,百家姓已经不再能成为对外区分血统、对内整合群体的准确标记,而基本只剩下区分个体的功能。换句话说,今后的百家姓将主要与名字一起作为人际间相互区别的符号存在,传统的辨血统、明婚姻功能将越来越少,功能的简单化将是一种趋势。

此外,在我国目前的情况下,社会的发展促使了百家姓的改革,百家姓的改革也在一定程度上反作用于社会,二者之间具有一种相互作用的关系。特别是近些年来,在它传统功能下降的同时,另外还有一些过去不曾见到的新现象出现,使它在区分个体功能相对上升的情况下呈现了另外一种多样化趋势。比如,由于人们不再把百家姓看得像过去那样神圣,在取名时可以随意造姓,也有人只使用名字而不要姓氏,甚至有人把它像商品一样进行开发。特别是最后一种情况,在某种程度上更带有时代气息。我们且不说能够经常在广告中听到、在超市中看到的那些带有姓氏的酒,如董酒、赖酒等,用百家姓直接命名或与之相近的酒也都已经生产出来并投放市场。其中的一种在贵州生产的百家姓酒,已经开发出百家姓系列酒、百家醉系列酒等,精选优质高粮、小麦和茅台山泉酿造而成,具有高度而不上头、低度而不淡口、酒体醇厚、幽雅细腻、回味悠长、空杯留香等特点,在国内深受广大消费者的喜爱,先后荣获贵州省"消费者协会推荐商品"等称号。另一种被称为中国百家姓根酒的百家姓酒也拟由山西的一家酒厂开发,将要推出极品中国根酒、张氏中国根酒、王氏中国根酒、李氏中国根酒、赵氏中国根酒等,计划让各自的姓氏喝各自的根酒，填补我国目前酒类市场上缺乏该类根酒的空白，利用深深植根于人们心中的寻根情结，弘扬我国传统的根文化。至于除上述以外，把百家姓当做商品开发的还有百家姓药、百家姓公司、百家姓祠堂、百家姓宫、百家姓村、百家姓城、百家姓基地、百家姓大酒店，以及百家姓出版物、百家姓网站、百家姓旅游纪念品、百家姓算卦及相关宣传品等。其中如拟在浙江兴建的百家姓始祖城投资数千万元，拟在河南兴建的百家姓文化村计划投资1亿元，另一处拟在河南兴建的百家姓影视基地计划投资2亿元，等等，都有较大的规模，也是百家姓商品化一个方面的代表。至于其他被商品化的百家姓产品，一个最典型的事例是有人曾把百家姓的生意做到了天安门附近。据一位记者根据亲身经历所写的报道说，他曾在天安门旁某公园大门外发现一个"寻根问祖"招牌，硕大的广告牌上引人注目地写着："寻根问祖百家姓。您想知道您的姓氏来源吗？您想知道您的祖先是谁吗？您想知道您是哪位名人、伟人之后吗？这里将为你解开一个个谜团。"他看了以后也像其他人一样动了心，并按照招牌上提供的线索去寻找自己姓氏的根，结果在报出自己的姓氏以后，花五元钱便很快知道了自己的姓从何来、是否是名人之后，解决了自己感兴趣的问题。像这样能够在天安门附近做百家姓生意，也足见百家姓的影响力了。正是由于像上述这样的变化在不断出现，使人们在以后的生活中能够毫不费力地喝到自己姓氏的酒、吃自己姓氏的药，而这些在过去可能让人连想都不敢想。这就是变化，就是发展，或者说是百家姓在突出一种识别个体功能的同时所具有的多样化特点。

当然，在我们评价百家姓的改革时，除把目光关注于我们身边的事实外，如果再放眼望去，在海外华侨华人中所出现的某些新现象也值得重视。尤其是在那些华侨华人较多的国家,作为从祖国大陆迁移而出的炎黄子孙,不少人尽管有不忘故国的拳拳赤子之心,但由于受所在地区客观环境的限制,无论是老移民还是新移民中都有不少人改变了自己从老祖宗那里传下来的姓氏,甚至也不再使用中国式的名字,加上很少用或根本不会讲华语,以及不被允许认同自己的文化,从而出现了一种无论在姓名上还是在习惯上都完全被异化的现象。其中尤其是对姓氏使用权自觉或不自觉的放弃,所带来的影响无疑是值得忧虑的。因为如果长此以往,我们就不再能看到他们的血缘标志,所谓的根在中国当然也就无从谈起。面对这种局面,一些有责任心的老华侨华人仍在竭力维护由祖宗那里传下来的习惯,发起和组织了各自以姓氏命名的宗亲会,借以利用姓氏这一血缘纽带,维系固有的文化传统,同时为华裔族群谋取福利。这样的宗亲组织在东南亚各国或欧美等地都有所见,其中如泰国泰华各姓氏宗亲总会、新加坡宗乡会馆联合总会、印尼印华百家姓协会等还都是全国性的联合组织。在这些联合组织中,印华百家姓协会作为海外一个直接用百家姓命名的全国性的联合组织,是印尼各界华人的共同组织,也是印尼政治解冻后在华人社会中首次成立的一个较具规模的组织。由此我们也不难看出,即使是在远离故国的艰难环境中,我国传统的百家姓仍在发挥着它应有的作用。

总之,百家姓和百家姓改革其实是一个让人说不尽的话题,我们国家的百家姓也在经历了几千年的历史变革之后发展到今天,进一步的变革每时每刻都在发生。我们在以上只是涉及了其中的一些问题,更多的问题还要进一步去挖掘、去关注。毕竟,它是一个与我们每个人都相关的话题,我们有必要去关注它在目前以及今后所要走的路。

附录一：
百家姓主要著述

我国的百家姓从原始社会时期出现以来，由于与每个人都息息相关，一直受到社会的重视，专门对其进行研究和介绍的著作也不断涌现出来，并且随着日积月累，形成了较为庞大的数量。特别是20世纪80年代以来，由于海外华人归国寻根热的兴起和中国传统文化热的回归，数度形成了姓氏类图书的出版热潮，进而有更多的书籍推向社会，其数量之多、涉及领域之广都是过去难以企及的。为了使广大读者对其有一个基本了解，我们编了这样一个目前我国百家姓常见著述目录。由于这类的著述较多，以及考虑到我国大多数人的阅读习惯，我们把它们按照汉语拼音的顺序进行了分类，以便读者能够较为方便地去查找。另外，为了减少篇幅，我们对其中的一些书籍进行了取舍，故而在这里所列的著述并非是有关著述的全部，这也是要加以说明的。

B

八旗满洲氏族通谱，清·乾隆敕撰，辽海出版社

百家姓，周艺、王彬，岳麓书社，1989

百家姓，陈则明，台北世纪书局，1983

百家姓，京都聚珍堂刻本，清光绪十七年

百家姓，宋·佚名，段干木明校注

百家姓，宋·佚名，李捷译注

百家姓考略，清·王相笺注，见徐氏三种本

百家姓溯源，陈瑞松，中国华侨出版公司，1990

百家姓探源，张海彤，首都师范大学出版社，1995

百家姓姓氏溯源,张世国,中国社会科学出版社,2001
百家姓姓氏起源,范又琪,长江文艺出版社,1999
百家谱,南朝·王僧孺,见玉函山房辑佚书续编三种,上海古籍出版社,1989
百家姓新笺,清·黄周星,见夏为堂别集本
百家姓辞典,穆柳森,海天出版社,1988
百家姓氏新春联,梁石,中国文联出版公司,1994
百家姓书库,陕西人民出版社、远东出版(新加坡)公司,2002
百家姓寻根探秘,四川人民出版社,1995
白孔六帖·氏族门,唐·白居易,宋·孔氏补
北朝胡姓考,姚薇元,科学出版社,1958
本溪县满族家谱研究,李林等,辽宁民族出版社,1998
本朝列国姓氏抄,(日)源贵义,飞青阁藏书

C

朝鲜姓氏族谱全书,廉皓,内蒙古朝鲜族研究,1999
潮阳姓氏丛谈,潮阳市地方志编纂委员会,1999
潮汕姓氏趣谈,卢继定,广东高等教育出版社,1997
钞诗姓氏,清·葛万里,1644
春秋氏族图考,清·沈澄本
春秋氏族谱,清·陈厚耀
春秋氏族谱拾遗,清·陈蓉镜
春秋氏族志,清·吴伟业
程陈胡韩:中国大姓寻根与取名,王大良、程有为等,气象出版社,1999
赐姓始末,清·黄宗羲,明季野史汇编·黄黎洲遗书
词人姓氏录,清·杜文澜,1912
词人姓氏爵里表,清·蒋景祁,1686
祠堂·灵牌·家谱:中国传统血缘亲族习俗,刘黎明,四川人民出版社,1993
丛书集成续编·史地类·族、姓、名,王德毅,1989

D

大槐树寻根,郑守来等,华文出版社,1999

大六壬干支加临取所姓氏,清·佚名,1644

代北姓谱,周春,周松霭先生遗书,清嘉庆七年

当代百家姓,王大良,气象出版社,2001

帝系考,清·魏博色

帝王世纪,晋·皇甫谧

第一至七届亚洲族谱学术研讨会会议记录,台湾联合报文化基金会国学文献馆,1983~1996

E

二十四史姓氏韵编,清·汪辉祖辑,1884

F

反字百家姓印:实用篆刻印谱,天津人民美术出版社

风俗通,汉·应劭,商务印书馆,1937

风俗通姓氏篇校补,陈汉章,1936

福建族谱,陈支平,福建人民出版社,1996

复社姓氏,明·吴应箕

复社姓氏,吴孟坚,贵池刘氏刻本,清光绪年间

复社姓氏目录,明·吴应箕

复社姓氏传略,清·吴山嘉

G

古今姓氏书辨证,宋·邓名世,商务印书馆,1936

古今图书集成·明伦汇编·氏族典,中华书局,1934

广韵(有关部分),宋·陈彭年等,中国书店,1982

贵姓何来，徐俊元、张占军、石玉新，河北科学技术出版社，1985

H

何高郭张：中国大姓寻根与取名，王大良、孟繁冶等，气象出版社，2000
后金国汗姓氏考，朱希祖，1932
华夏姓氏丛书，广西人民出版社，1993
华夏姓氏考，石玉新，河北科学技术出版社，1997
华夏姓氏趣谈，陈明远、汪宗虎，北京出版社，1994
华侨林氏先贤列传，林治平、林泗水，海外文库出版社（台北），1958
华英中国姓氏表，张慎伯，1935
皇朝经世文编·姓氏爵里，明·陈子龙
回家看看时尚旅游，武旭峰、邱江生，广东旅游出版社，2001
会试第九房同门姓氏朱卷，鲁清，1875
会试第十三房同门姓氏墨卷，清·叶先圻等，1875

J

急就章·姓氏补注·河源纪略承修稿·续通志谥略，清·吴省兰
家范志，徐梓，上海人民出版社，1998
家风颂·中华百家姓氏文化，萧启宏，中国世界语出版社，1995
甲骨文中所见氏族及其制度，丁山，科学出版社，1956
俭德储蓄会会员姓氏录，俭德储蓄会，1923
江南乡试第十七房同门姓氏，同治辛卯并补，1644
江西乡试第四房同门姓氏录，光绪丁酉科，1897
金文氏族谱，民国·吴其昌，商务印书馆，1926
缙云姓氏志，金兆法，方志出版社，1999
旌表锡金两县孝贞节烈妇女姓氏录，1875
旌表事实姓氏录，清·彭福保等，1868

K

康熙十八年博学鸿词姓氏录

康熙御制百家姓,见藜照庐丛书,1935

客家姓氏堂联考释,侯复生、曾令存,广东旅游出版社,1994

L

类姓登科考,明·佚名

历朝人物氏族会编,清·佚名

历代词人姓氏,夏仁虎

历代宫闺姓氏小录,清·周寿昌

历代闺阁画谱,子华,1912

历代画家姓氏考,明·项圣谟

历代画家姓氏便览,清·冯津,1826

历史名人姓氏全编,清·佚名

历代名贤列女氏姓谱,清·萧知汉

辽金元姓谱,周春,周松霭先生遗书本,清嘉庆七年

林谢刘杨:中国大姓寻根与取名,王大良、刘翔南,气象出版社,1999

路史,宋·罗泌,商务印书馆,1936

M

满族姓氏录,刘庆华,新宾县民族事务委员会,1982

满族宗谱研究,李林,辽沈书社,1992

蒙古姓氏,鲍玺,内蒙古文化出版社,1999

蒙郭勒津姓氏及村名考,高勒巴干、套克同巴雅尔,1992

明画姓氏编韵,清·陈豫钟

名贤氏族言行类稿,宋·章定,台湾商务印书馆

明清巍科姓氏录,张惟骧,1930

明史稿名人姓氏表,1851
明诗综姓氏表

N

南村辍耕录,清·陶宗仪,中华书局,1959
南社姓氏录,南社书记部,1913
南社湘集姓氏录,1934
宁化客家姓氏源流,余兆廷,2000
宁县姓氏源流考,张有学、张驰,1999

P

排韵增广事类氏族大全,元·佚名,台湾商务印书馆,1972
谱牒学研究,第一辑,中国谱牒学会,书目文献出版社,1989
谱牒学研究,第二辑,同上,文化艺术出版社,1991
谱牒学研究,第三辑,同上,书目文献出版社,1992
谱牒学研究,第四辑,同上,书目文献出版社,1995

Q

潜夫论·志氏姓,汉·王符,中华书局,1985
潜夫论,汉·王符,上海古籍出版社,1978
千家姓,吴沈,周成德刻本,明万历二十一年
千家姓文,清·崔冕
迁民姓氏寻源·山西洪洞大槐树,郑守来,1999
奇姓通,明·夏树芳,夏氏宛委堂刻本,明天启三年
钦定全唐文姓氏韵编,清·董浩等,1644
清朝通志·氏族略,商务印书馆,1935
清稗类钞·姓名类,徐珂,中华书局,1984
泉州谱牒华侨史料研究,庄为玑、郑山玉,中国华侨出版公司,1998

取名百事通,王大良,气象出版社,2001

S

山西人口姓氏大全,秦耀普,山西经济出版社,1991

商周姓氏制度研究,陈絜,博士论文,1999

尚友录,明·廖用贤

神州姓氏新考,令狐笔如、令狐建华,农村读物出版社,1991

圣门志,明·吕元善

圣庙祀典爵里姓氏印谱,清,1875

氏族博考,明·凌迪知,台湾商务印书馆,1972

世本八种,先秦,商务印书馆,1957

史姓韵编,清·汪辉祖,1851

识姓便蒙,单恩兰,清抄本

十三经注疏姓氏,清·翁方纲

枢垣爵里姓氏考,清·吴伯新,1828

三字经·百家姓·千字文,宋·王应麟等,齐鲁书社,1998

四书集注引用姓氏考,清·赵敬襄,1826

松风堂读书图题辞姓氏小传,清,1882

宋元以来画人姓氏录,清·鲁骏清,1644

宋元以来画人姓氏续录,清·鲁照

苏姓名人传·古代部分,颜中其、姚德臣,吉林人民出版社,1997

随园女弟子姓氏补,清·蒋敦复

T

太平图话·姓氏综,清·任若海

台湾百家姓考:五百年前是一家续编,彭桂芳,黎明文化事业公司(台北),1973

台湾人口姓氏分布,陈绍馨、傅瑞德,美国亚洲学会中文研究资料中心

发行,1968

台湾人的祖籍与姓氏分布,潘英,台原出版社(台北),1991

台湾区姓氏堂号考,杨绪贤,中华文化复兴运动推行委员会台湾分会等发行,1979

台湾拓殖史及族姓分布研究,潘英,自立晚报社文化出版部(台北),1992

台湾稀姓的祖籍与姓氏分布,潘英,台原出版社(台北),1995

台湾姓氏源流,吴昆伦、林猷穆,台湾省政府新闻处,1971

台湾姓氏源由,陈瑞隆,世峰出版社(高雄),1985

台湾姓氏之研究,彭桂芳,联亚出版社(台北),1981

“唐山过台湾”的故事,彭桂芳,青年战士报社(台北),1979

通志·氏族略,宋·郑樵,商务印书馆,1925

W

万姓统谱,明·凌迪知,台湾商务印书馆,1972

万光泰杂著三种(元氏略,辍耕录·氏族,姓苑拾遗),清·万光泰

王姓宝典,金智学、廖小微,吉林摄影出版社,2002

王文成公弟子姓氏录并拟祀记,清·徐锦

汪氏原姓篇,清·汪辉祖

望社姓氏考,清·李元庚,1875

魏氏补证,万光泰,商务印书馆,1937

文竿汇氏,明·傅作兴

五百灵官爵位姓氏总录,1906

五百年前是一家,彭桂芳,黎明文化事业公司(台北),1972~1974

X

希姓录,明·杨慎,商务印书馆,1936

希姓补,清·单隆周

西夏姓氏录,张澍,雪堂丛刻,清宣统元年
西夏官印姓氏考,史金波,中国社会科学出版社,1993
玺印姓氏征,罗振玉,1925
玺印姓氏征补正,罗振玉,1912
昔篇姓氏疏证,王鼎,1929
先秦姓氏制度的起源及演变,赵艳霞,博士论文
新编古今姓氏遥华韵,洪景修,刘氏嘉荫簃抄本,清道光二十八年
新编千家姓,严杨帆,群众出版社,1981
新刻古今女史姓氏字里详节,明·赵世杰,1628
新纂氏族笺释,清·熊峻运
姓汇,明·陈士元,宝善堂藏本,清道光癸巳年
姓解,宋·邵思,商务印书馆,1925
姓名掌故,林一峰等,香港中山图书公司,1974
姓谱,南朝·王俭
姓氏百问,完颜绍元,上海古籍出版社,2002
姓氏辨误,清·张澍,中华书局刻本
姓氏词典,王万邦,河南人民出版社,1991
姓氏典故,傅永和,辽宁教育出版社,1995
姓氏风流,宁泉骋,广州出版社,1998
姓氏急就篇,汉·史游,台湾商务印书馆,1972
姓氏急就篇,宋·王应麟,台湾商务印书馆,1985
姓氏简介,朱则奎,三民书局(台北),1991
姓氏解纷,黄本骥,三长物斋丛书本,清道光二十五年
姓氏澮源,清·熊世鸿
姓氏考,清·颜光敏,1847
姓氏考略,臧励和等,商务印书馆,1921
姓氏考略,陈廷炜,商务印书馆,1937
姓氏类书,清·周之翰

姓氏类纂韵编,清·李毂
姓氏录,唐·许敬宗
姓氏录,唐·孔至
姓氏、名号、别称:中国人物命名习俗,汪泽树,1993
姓氏名号面面观,刘宗迪,齐鲁书社,2000
姓氏·名字·称谓,籍秀琴,大象出版社,1997
姓氏谱,清·李绳远
姓氏谱注,周鲁,清刻本
姓氏谱纂,明·李日华
姓氏谱纂,黄周星,积学斋徐乃昌藏书,明崇祯刻本
姓氏人物考,清·章履仁
姓氏人名用字分析统计,中国社科院语言文字应用研究所汉字室编,语文出版社,1991
姓氏书总目,清·张澍
姓氏探源与取名艺术,王大良,1996,气象出版社
姓氏文化与取名艺术,电子资源,浙江康德电子科技有限公司,1998
姓氏五书(姓韵,辽金元三史姓录附西夏姓,姓氏寻源,姓氏辨误,古今姓氏书目考证),清·张澍
姓氏详注,清·周鲁,1644
姓氏寻源,清·张澍编,赵振兴校点,岳麓书社,1992
姓氏异同小录,清·史梦兰,1644
姓氏源堂联,秦伯鸾,西苑出版社,1999
姓氏原始,清·永直,1644
姓氏阅览,李万禄,甘肃人民出版社,2000
姓氏缀吟,清·履仁
姓氏族谱会编,清·李魁第
姓氏族谱补遗笺释,蒋谦光,抄本
姓书,见玉函山房辑佚书续编三种,上海古籍出版社,1989

姓觿,明·陈士元,商务印书馆,1936
姓苑,南朝·何承天,见玉函山房辑佚书续编三种,上海古籍出版社,1989
姓韵,张澍,清抄本
姓源珠玑,明·杨信民
姓纂,明·钱逸
续文献通考·氏族门,明·王圻
续百家姓印谱,清·胡琦峻
续通志·氏族略,商务印书馆,1935
续文献通考,明·王圻,明万历刊本
续通志·氏族略,清·乾隆皇帝敕修

Y

艺林汇谱,清·翁方纲
楹书堂历代姓氏考,清·秦天治,湖北图书馆,1996
永康姓氏志,应宝容,方志出版社,1997
御制百家姓,清·康熙皇帝,张瑜笺注,道光十三年
元和姓纂,唐·林宝,台湾商务印书馆,1972
元史氏族表,清·钱大昕
源于地名的中国姓氏,牛汝辰、魏燕云,电子工业出版社,1988

Z

增补姓氏族谱笺释,清·熊峻运
增广姓氏志略,清·姜炳然,1644
增注千姓连珠,清·沼纫佩
中国传统文化知识读物:三字经、百家姓、千字文,林莽,黄山书社,1995
中国的家谱,徐建华,百花文艺出版社,2002

中国的年谱与家谱,来新夏、徐建华,商务印书馆,1997
中国的族谱,陈捷先,行政院文化建设委员会(台北),1989
中国古代少数民族姓氏研究,陈连庆,吉林文史出版社,1993
中国古代姓氏地理研究,杜非,博士论文,1994
中国古典文学名著袖珍文库:三字经·百家姓·千字文,轶名,四川文艺出版社,1993
中国古今姓氏辞典,慕容翊,黑龙江人民出版社,1985
中国汉族姓氏与回族姓氏比较研究,马效忠,硕士论文,1999
中国回族姓氏溯源,魏德新,新疆大学出版社,1999
中国家谱,欧阳宗书,新华出版社,1992
中国谱牒研究:全国谱牒开发与利用学术研讨会论文集,王鹤鸣等,上海古籍出版社,1999
中国全史·姓氏史婚姻史家庭史,1999
中国覃氏通书,覃承勤,广西民族出版社,1995
中国人的姓氏,徐俊元等,河北科技出版社,1988
中国人的姓氏名号,何晓明,湖北人民出版社,1999
中国人名大辞典·姓氏考略,臧励龢,商务印书馆,1921
中国韦氏通书,韦玖灵、韦明波,广西民族出版社,1995
中国姓氏:群体遗传和人口分布,袁义达、张诚,华东师范大学出版社,2002
中国姓氏辞典,陈明远、汪宗虎,北京出版社,1995
中国姓氏大全,陈明远、汪宗虎,北京出版社,1987
中国姓氏的文化解析,王泉根,团结出版社,2000
中国姓氏读音手册,魏品三等,上海译文出版社,1987
中国姓氏对联史话,谷向阳、何慧琴,北方妇女儿童出版社,1990
中国姓氏汇编,阎福卿等,人民邮电出版社,1984
中国姓氏集,邓献琼,台北至大文具教育用品股份有限公司,1971
中国姓氏谱,王大良等,现代、华艺出版社,2002

中国姓氏起源,史国强,山东大学出版社,1990

中国姓氏寻根,胡尧,上海文化出版社,1987

中国姓氏源流史,籍秀琴,文津出版社(台北),1998

中国姓氏与人名,王宝明,山西人民出版社,1994

中国早期姓氏制度研究,雁侠,天津古籍出版社,1996

中国宗谱之研究,多贺秋五郎,学术振兴会(日),1981

中国族谱研究,罗香林,香港中国学社,1971

中国族谱——源流、内容及简易编纂方法,姚素莲,台湾茂昌图书有限公司,1986

中华百家姓秘典·姓氏千年大寻踪,徐寒,延边大学出版社,1999

中华古今姓氏大辞典,窦学田,警官教育出版社,1997

中华谱牒研究:迈入新世纪中国族谱国际学术研讨会论文集,王鹤鸣等,上海科学技术文献出版社,2000

中华姓府,素存,台北中华丛书编审委员会,1969

中华姓氏丛书,上海文化出版社,2002

中华姓氏大辞典,袁义达、杜若甫,教育科学出版社,1996

中华姓氏大典,巫声惠,河北人民出版社,2000

中华姓氏对联鉴赏,李文郑,中州古籍出版社,1999

中华姓氏简明辞典,赵功义,长征出版社,1988

中外姓氏名号趣闻,唐金发、唐景莉,广西民族出版社,1989

中华姓氏史话丛书,江西人民出版社,2000~2003

中华姓氏通史,东方出版社版,2000~2003

中华姓氏通书,海南出版社,1993;二环出版社,1991~1994

中华姓氏源流堂号考,中国名人传记中心编印(台北),1985

中华五百姓氏源流,朱洪斌,武汉大学出版社,1999

中日姓氏汇编,陈澄之,香港南天图书公司,1971

中原姓氏寻根·杨,王大良、扬扬,香港天马图书有限公司,2002

赵钱孙李:中国大姓寻根与取名,王大良等,气象出版社,1999

周吴郑王:中国大姓寻根与取名,王大良、夏志刚,同上

朱黄罗蔡:中国大姓寻根与取名,王大良、刘翔南等,同上

芝麻开门:百家姓(软件,1CD),复旦大学出版社

周代姓氏制度研究,张淑一,博士论文,1994

族谱:华南汉族的宗族·风水·移居,濑川昌久、钱杭,上海书店出版社,1999

族谱学与香港地方史研究,萧国健、萧国钧,显朝书社(香港),1982

宗族志,常建华,上海人民出版社,1998

附录二：百家姓主要团体

慎终追远是中华民族的优秀传统，也是海内外炎黄子孙共同追求和实践的目标，对自己姓氏的重视便是其中的一种反映。近年来，随着海内外交流的越来越频繁，原在海外某些地区存在的百家姓组织也得到了较大发展，致使姓氏宗亲会馆、姓氏研究与联谊机构等在海外海内都有所见，在团结族人和弘扬中华民族传统美德等方面都发挥了自己的作用。本附录所收录的便是其中的一些。

一、中国内地主要姓氏研究与联谊机构

中国人口文化促进会姓氏文化专业委员会
北京国盟文化交流有限公司姓氏寻根部
北京百家姓文化咨询中心
国家图书馆地方志和家谱文献中心
河南省中原姓氏历史文化研究会
福建省姓氏源流研究会
中国(甘肃)陇西李氏文化研究总会
四川省历史学会姓氏文化分会
山西太原王氏研究会
重庆垫江郑氏研究会
贵州毕节历史文化姓氏研究会
河北省清河姓氏研究会

山东淄博淄川谱牒学会
上海图书馆谱牒中心
广东韶关徐氏历史文化研究会
广东连州罗氏联谊会
河南省中原天波杨氏历史文化研究会
河南商丘宋氏研究会
河南南阳谢氏研究会
河南太康谢氏研究会
河南新密姓氏文化研究会
河南潢川中华黄姓研究会
河南息县赖氏研究会
河南汝南金(南)氏宗亲研究会
河南省许由与许氏文化研究会
河南洛阳崔氏文化研究会
河南鹿邑李姓文化研究会
河南濮阳张姓文化研究会
河南郑州荥阳郑氏研究会
福建泉州版筑(傅氏)宗亲联谊会
福建漳州氏族源流研究会
福建永春陈氏联谊源流研究会
福建晋江谱牒研究会
四川筠连姓氏文化学会

二、香港地区主要姓氏宗亲会馆

香港宗亲会联谊总会
文氏宗亲会
方氏宗亲会

东莞王永思堂宗亲会
尹氏宗亲会
邝氏宗亲会
香港冯氏宗亲会
甘氏宗亲会
香港叶南阳堂宗亲会
邱、丘氏宗亲会
司徒氏宗亲会
香港江氏宗亲会
侨港江氏宗亲会
香港庄严宗亲总会
香港刘氏宗亲会
香港龙冈亲义总会
旅港关氏宗亲会
侨港许氏宗亲会
侨港毕氏宗亲会
香港吕氏宗亲会
朱氏宗亲会
香港氏宗亲会
侨港伍氏宗亲会
香港阮氏宗亲会
杨氏宗亲会
香港海外李氏宗亲总会
香港李氏宗亲会
香港陇西李氏宗亲总会
旅港苏氏宗亲会
侨港苏氏宗亲会
巫氏宗亲会

旅港吴氏宗亲会
香港至德总会
侨港岑氏宗亲会
香港余氏宗亲会
连滩余氏宗亲会
何氏宗亲总会
邹氏宗亲会
香港张氏宗亲会
香港潮州陈氏四大夫堂宗亲会
旅港冼族宗亲会
旅港郑氏宗亲总会
香港氏宗亲会
林氏宗亲会
林西河堂宗亲总会
林氏家族互助会
侨港连滩林氏宗亲会
区欧欧阳同宗会
卓氏宗亲总会
香港罗氏宗亲会
周氏宗亲会
香港六桂堂宗亲会
香港赵族宗亲总会有限公司
香港胡氏宗亲总会
侨港钟氏宗亲会
香港侯氏宗亲会
侨港姚氏宗亲会
高氏宗亲会
香港郭汾阳崇德总会

唐晋阳堂宗亲总会
香港昭伦公所
袁汝南堂宗亲总会
莫氏宗亲会
香港徐氏宗亲会
香港梁氏宗亲总会
香港梁氏忠孝棠宗亲总会
黄江夏宗亲总会
香港黄族宗亲会
梅氏宗亲会
温氏宗亲总会
旅港曾氏宗亲会
香港谢氏宗亲会有限公司
侨港韩氏宗亲会
香港溯源堂雷防邝宗亲会
蒙氏宗亲会
香港赖族宗亲会
甄汤联谊会
香港简氏宗亲会
廖氏宗亲会
香港谭氏宗亲会
香港熊氏宗亲会
潘氏宗亲会
香港颜氏宗亲总会
香港黎氏宗亲会

三、澳门地区主要姓氏宗亲会馆

至德宗亲会(吴、洪、江、汪、翁、方、龚、苏、周、连、辛、曹等姓联宗组织)

何族崇义堂联谊会
余风采堂
张氏宗亲会
陈族联谊会
林西河堂
梁族联谊会
谭族宗亲会

四、台湾地区主要姓氏宗亲会馆

台北市吴姓宗亲会
台北市赵氏宗亲会
台北市杨姓宗亲会
台北市丘邱(丘)氏宗亲会
台北市高姓宗亲会
台北市郑姓宗亲会
台北市刘姓宗亲会
台北市济阳柯蔡宗亲会
台北市施姓宗亲会
台北市白姓宗亲会
台北市林姓宗亲总会
台北市叶姓宗亲会
台北市六桂宗亲会
台北市曾氏宗亲会
台北市彭氏宗亲会
台北市关姓宗亲会
台北市劳氏宗亲会
台北市唐姓宗亲会

台北市沉氏宗亲会

台北市余姓宗亲会

台北市烈山五姓(吕、卢、高、纪、许)宗亲会

台北市梁氏宗亲会

台北市何氏宗亲会

台北市戴氏宗亲会

台北市郭氏宗亲会

台北市徐姓宗亲会

台北市尹氏宗亲会

台北市孟氏宗亲会

台北市骆氏宗亲会

台北市黄氏宗亲会

台北市崔氏宗亲会

台北市涂氏宗亲会

台北市邓氏宗亲会

台北市艾氏宗亲会

台北市钟姓宗亲会

台北市颜氏宗亲会

台北市符氏宗亲会

台北市中华邹氏宗亲会

台北市花姓宗亲会

台北市魏氏宗亲会

台北市谭氏宗亲会

台北市姚氏宗亲会

台北市巫氏宗亲会

台北市汤氏宗亲会

台北市游氏宗亲会

台北市卢氏宗亲会

台北市古氏宗亲会
台北市吕姓宗亲会
台北市侯氏宗亲会
台北市蓝姓宗亲会
台北市樊姓宗亲会
台北市章姓宗亲会
台北市童姓宗亲会
台北市阮姓宗亲会
台北市水姓宗亲会
台北市曹姓宗亲会
台北市王姓宗亲会
财团法人台北市阳明山谢氏宗亲会
台北市石氏宗亲会
台北市欧阳欧区阳氏宗亲会
台北市詹氏宗亲会
台北市尤姓宗亲会
台北市岳氏宗亲会
台北市夏氏宗亲会
台北市江姓宗亲会
台北市萧氏宗亲会
台北市翟氏宗亲会
台北市解氏宗亲会
台北市滕氏宗亲会
台北市阙氏宗亲会
台北市李氏宗亲会
台北市陈氏宗亲会
台北市范姓宗亲会
台北市陶姓宗亲会

台北市梅氏宗亲会
台北市张廖简宗亲会
台北市于氏宗亲会
台北市周氏宗亲会
台北市大同林姓宗亲会
台北市南港林姓宗亲会
台北市中山林姓宗亲会
台北市江夏堂黄姓宗亲会
台北市古亭林姓宗亲会
台北市信义林姓宗亲会
台北市政道颜氏宗亲会
台北市龙山林姓宗亲会
台北市万华林姓宗亲会
台北市大安林姓宗亲会
台北市文山林姓宗亲会
台北市谢氏宗亲会
台北市赖罗傅宗亲会
基隆市谢氏宗亲会
赖罗傅宗亲总会
基隆市赖姓宗亲会
基隆市罗姓宗亲会
新竹县赖罗傅宗亲会
桃园县赖罗傅宗亲会
台北县赖罗傅宗亲会
台中市赖罗傅宗亲会
嘉义市赖罗傅宗亲会
嘉义县赖罗傅宗亲会
台南县赖罗傅宗亲会

台南县赖姓宗亲会
高雄市赖罗傅宗亲会
高雄县赖罗傅宗亲会
屏东县赖罗傅宗亲会
台东县赖罗傅宗亲会
宜兰县赖姓宗亲会
花莲县赖罗傅宗亲会
林姓宗亲会
江姓宗亲会
郑姓宗亲会
何蓝韩姓宗亲会
赖姓宗亲会
许姓宗亲会
白姓宗亲会
高姓宗亲会
柯蔡姓宗亲会
董童姓宗亲会
余徐涂畲俞宗亲会
钟叶萧姓宗亲会
李姓宗亲会
郭姓宗亲会
王姓宗亲会
陈胡姚姓宗亲会
曾姓宗亲会
丘丘姓宗亲会
黄姓宗亲会
苏周连姓宗亲会
詹姓宗亲会

吴姓宗亲会

刘唐姓宗亲会

骆姓宗亲会

罗姓宗亲会

张廖简姓宗亲会

五、海外跨地区华人各姓宗亲会馆

世界昭伦宗亲总会(谈、谭、许、谢等联宗组织)

世界至德宗亲总会(吴、周、蔡、翁、曹等姓联宗组织)

世界梅氏宗亲恳亲大会

世界谢氏宗亲总会

世界柯蔡宗亲总会

世界黄氏宗亲总会

世界林氏恳亲大会

世界赖罗傅宗亲联谊会

世界至孝笃亲舜裔总会(陈、胡、袁、姚、虞、田、孙、陆、车、王等姓联宗组织)

世界许氏宗亲总会

世界关氏宗亲恳亲会

世界潘氏宗亲联谊大会

世界六桂恳亲大会(洪、江、翁、方、龚、汪六姓联宗组织)

世界庄严宗亲总会

世界颜氏宗亲联谊会

世界彭氏宗亲联谊会

世界萧氏宗亲恳亲大会

世界何氏宗亲恳亲大会

世界郭氏宗亲团体联谊大会

世界钟姓宗亲联宗大会

世界烈山宗亲恳亲大会(炎帝后代吕、卢、高、许、纪等姓联宗组织)

世界郑氏宗亲大会

世界王氏恳亲联谊会

世界李氏宗亲总会

世界苏氏宗亲总会

世界邱氏宗亲总会

六、泰国华人各姓宗亲会馆

泰国吴氏宗亲总会

泰国丘氏宗亲总会

泰国丁氏宗亲总会

泰国巫氏宗亲总会

泰国田氏宗亲总会

泰国六桂堂宗亲总会

泰国李氏宗亲总会

泰国朱氏宗亲总会

泰国方氏宗亲总会

泰国杜氏宗亲总会

泰国余氏宗亲总会

泰国王氏宗亲总会

泰国孙氏宗亲总会

泰国侯氏宗亲总会

泰国汪氏宗亲总会

泰国涂氏宗亲总会

泰国姚氏宗亲总会

泰国沈氏宗亲总会

泰国连氏宗亲总会
泰国洪氏宗亲总会
泰国周氏宗亲总会
泰国马氏宗亲总会
泰国纪氏宗亲总会
泰国林氏宗亲总会
泰国高氏宗亲总会
泰国胡氏宗亲总会
泰国金氏宗亲总会
泰国彭氏宗亲总会
泰国许氏宗亲总会
泰国韦氏宗亲总会
泰国杨氏宗亲总会
泰国郭氏宗亲总会
泰国袁氏宗亲总会
泰国邹氏宗亲总会
泰国陈氏宗亲总会
泰国张氏宗亲总会
泰国廖氏宗亲总会
泰国曾氏宗亲总会
泰国梁氏宗亲总会
泰国熊氏宗亲总会
泰国黄氏宗亲总会
泰国庄氏宗亲总会
泰国罗氏宗亲总会
泰国赖氏宗亲总会
泰国刘氏宗亲总会
泰国苏氏宗亲总会

泰国龙冈亲义总会
泰国蔡氏宗亲总会
泰国蓝氏宗亲总会
泰国谢氏宗亲总会
泰国邓氏宗亲总会
泰国钟氏宗亲总会
泰国郑氏宗亲总会
泰国萧氏宗亲总会
泰国卢氏宗亲总会

七、新加坡华人各姓宗亲会馆

新加坡宗乡会馆联合总会
方氏总会
潮安仙都林氏同乡会
广东黄氏宗亲会
六桂堂
太原王氏公会
丘邱氏公会
白氏公会
茶阳何氏公会
庐江何氏总会
庄严宗亲会
星洲长林公会
福建杨氏公会
吕氏公会
南洋赖氏公会
新马成氏宗亲会

星洲颍川公会
萧氏总会
杨氏公会
颜氏公会
张氏总会
曾邱公会
钟氏公会
武吉班让福建公会
海南吴氏公会
济阳蔡氏公会
南洋梁氏公会
林氏公会
新加坡谢氏总会
凤廓汾阳公会
华源会

八、马来西亚华人各姓宗亲会馆

马来西亚萧氏总会
马来西亚陈氏宗亲总会
马来西亚登嘉楼(丁加奴)宗亲会馆
大马南安刘氏公会
马来西亚雪龙方氏总会
雪龙叶氏宗祠
马来西亚槟城江氏总会
马来西亚高阳许氏公祠
马来西亚汪氏平阳宗亲会
马来西亚辛柯蔡济阳宗亲总会

马来西亚李氏总会
马来西亚李氏联宗会
马来西亚李氏宗祠
大马陈氏宗亲总会
马来西亚福建永春埔头霞陵(林氏)同乡会
马来西亚永春桃场林氏公会
马来西亚雪兰峨洪氏公会
马来西亚槟城洪氏敦煌堂
马来西亚北海洪氏宗祠
马来西亚马六甲六桂堂
马来西亚麻属六桂堂宗祠
马来西亚笨珍六桂堂
马来西亚砂捞越六桂堂
马来西亚钟氏宗亲总会
马来西亚霹雳州翁氏服务社
大马黄氏登进家族会
马来西亚梅氏奖励助学金保管委员会
北马谢氏宗祠
槟城谢氏福侯公公司
马来西亚谢氏联宗会
森美兰谢氏公会
浮罗吉胆谢氏公会
丹绒士拔谢氏宗祠
麻坡谢氏公所
马来西亚颜氏公会
马来西亚黄氏联合总会
马来西亚何氏总会
北马何氏公会

马来西亚马氏宗亲会

九、菲律宾华人各姓宗亲会馆

菲律宾各宗亲会联合会

菲律宾聚书丁氏宗亲会

菲律宾太原王氏宗亲总会

菲律宾南阳叶氏宗亲总会

菲律宾锦绣宗亲总会

菲花龙冈公所

菲律宾刘杜宗亲总会

菲律宾许氏宗亲总会

菲律宾烈山五姓联宗总会

菲律宾朱氏宗亲会

菲律宾伍胥山堂

菲律宾乐安孙氏宗亲会

菲律宾宋戴宗亲总会

菲律宾苏氏宗亲总会

菲律宾陇西李氏宗亲总会

菲律宾粤侨李陇西堂

菲律宾陇西李氏宗亲总会那牙分会

菲律宾弘农杨氏宗亲会

菲律宾让德吴氏宗亲总会

菲律宾庐江何氏宗亲会

旅菲雁门佘氏宗亲会

菲律宾深沪颍川陈氏宗亲总会

菲律宾河源张颜同宗总会

菲律宾荥阳郑氏宗亲会

菲律宾西河林氏宗亲总会
菲律宾林氏各同乡会宗亲总会
旅菲清真五姓联宗会
菲律宾六桂堂宗亲总会
菲律宾六桂堂宗亲总会宿务分会
菲律宾六桂堂宗亲总会班乃分会
菲律宾六桂堂宗亲总会西黑省分会
菲律宾六桂堂宗亲总会那卯分会
菲律宾六桂堂宗亲总会中北吕宋分会
菲律宾六桂堂宗亲总会北棉兰佬分会
旅菲临濮堂施氏宗亲会
菲律宾济阳柯蔡宗亲总会
菲华妫汭五姓联宗总会
菲律宾渤海高氏祖亲总会
旅菲汾阳郭氏宗亲总会
菲律宾江夏黄氏宗亲总会
菲律宾六兰堂党氏宗亲总会
菲律宾宝树谢氏宗亲会
菲律宾曾丘宗亲总会
菲律宾董杨宗亲总会
菲律宾版筑傅赖同宗总会
菲律宾溯源堂
旅菲甄汤中山会馆
菲律宾咸阳五姓宗亲会
菲华桃园堂总堂

十、美国华人各姓宗亲会馆

美洲龙冈亲义总会所(刘、关、张、赵联宗组织)

纽约李氏敦宗总公所
美国李氏敦宗总公所
李氏陇西堂宗亲会
陈氏颍川堂宗亲会
至孝笃亲亲总会所(陈、袁、胡联宗组织)
余氏风采总堂
美国南加州六桂堂宗亲会
美洲昭伦总公所
美国底特律昭伦公所
美国明尼苏达昭伦公所
美国新奥尔良昭伦公所
美国奥马哈昭伦公所
美国罗省昭伦公所
美国西雅图昭伦公所
美国钵仑昭伦公所
美国圣迭戈昭伦公所
美国祖笋昭伦公所
美国沃拉沃拉昭伦公所
美国三藩市昭伦公所
美国芝加哥昭伦公所
美国华盛顿昭伦公所
美国波士顿昭伦公所
美国巴尔的摩昭伦公所
美国夏洛特昭伦公所
美国昭伦公所
黄氏宗亲总会
黄氏江夏堂
梅氏总公所

美国三藩市谢氏宗亲会
溯源总堂(雷、方、邝联宗组织)
美国布碌仑九龙仁义堂
美国至德三德总公所

十一、加拿大华人各姓宗亲会馆

全加龙冈公所
加拿大李氏公所
加拿大昭伦亲义总公所
加拿大温哥华昭伦亲义总公所
加拿大满地可昭伦亲义公所
加拿大维多利亚昭伦亲义公所
加拿大萨斯卡通昭伦亲义公所
加拿大多伦多昭伦亲义公所
加拿大黄江夏总堂
加拿大谢宝树堂
溯源总堂(雷、方、邝联宗组织)
广福堂
福庆堂
仁和堂

十二、其他地区华人各姓宗亲会馆

日本东京龙冈亲义总会
日本六桂堂宗亲总会
日本东京李氏宗亲会
日本林氏宗亲总会

英国张氏宗亲会

英国彭氏宗亲会

旅荷邓氏宗亲会

巴西李陇西堂

巴西陈颍川堂

巴西黄江夏堂

秘鲁利马龙冈会馆（刘、关、张、赵联宗组织）

古巴李陇西公所

古巴至德总堂（吴、洪、翁、龚、方、汪、苏、周、连、辛、柯、蔡、曹、江等姓联宗组织）

古巴黄江夏堂

古巴结义堂

古巴恒义堂

古巴义胜堂

古巴哈瓦那昭伦公所

墨西哥京城昭伦公所

墨西哥未市卡利昭伦公所

墨西哥昭参必古伦公所

委内瑞拉至德总堂

澳大利亚龙冈会馆

新西兰奥克兰溯源堂

附录三：

百家姓主要网站

近年来，随着互联网越来越多地与我们的生活联系在一起，百家姓文化这一原本古老的话题也随之进入寻常百姓家。其表现不仅是与百家姓有关的文化现象常常是一些网站或网页一个方面的内容，而且专门的百家姓网站或网页也不断涌现，成为百家姓文化传播的一种最新形式。本附录所收录的就是目前常见的一些百家姓网站或网页，我们不难通过这种现代化的手段了解更多与百家姓有关的信息。

一、百家姓中文简体网站或网页

百家姓(315china)：介绍百家姓姓氏的起源。

百家姓(363)：介绍百家姓各姓氏的起源。

百家姓(61.141.194.122)：含百家姓的起源、姓氏总汇、百家姓图谱及百家姓的甲骨文版。

百家姓(bookhome)：含《百家姓》在线阅读及介绍。

百家姓(ccnt)：介绍百家姓各姓氏的起源。

百家姓(china-stemmata)：提供中国百家姓古籍图片、各姓氏起源及介绍。

百家姓(cnread)：含《百家姓》的全文阅读及介绍。

百家姓(guoren)：介绍百家姓的姓氏起源及百家姓索引。

百家姓(mypcera)：含《百家姓》的全文阅读及介绍。

百家姓(shuku)：含《百家姓》在线阅读及介绍。

百家姓(wxjy):含《百家姓》在线阅读及介绍。

百家姓(zaobao):提供百家姓姓氏分类索引、起源介绍及百家姓故事连载。

百家姓氏:提供中国百家姓氏目录。

百家姓氏家谱网络联盟——天下易家人:介绍姓氏文化、姓氏故事、百家姓辑、易姓起源及易氏家谱族谱。

崔氏族谱:崔姓源流、分布状况、历史名人、家族谱牒。

曹氏网:曹氏一族的网上家园,有曹氏起源,人物,典故等内容。

陈氏宗谱:寻根问祖,了解陈氏祖辈的发展过程。

陈氏论坛:光大陈氏之论坛,介绍陈氏族谱。

程氏宗亲联谊网:纵论程氏家谱、提供论坛、留言、聊天。

池氏宗亲:池氏渊源、入闽池氏历史、池氏名人录等。

丁氏回族:介绍丁氏回族的习俗及族谱。

樊家人:樊家人姓氏网站,联合全世界樊家人建立网上家园。樊荣强主持,知本策划主办。

樊家人:给我来信、寻根问祖、族谱收藏、文章精选、樊家名人、樊人轶事等栏目。

方氏网络:介绍方氏起源、分布,各宗派谱牒、堂号,家谱历史和资料收藏地。访宗问祖:帮助您了解自己的家系源脉,专为寻根问古者而设,它属于所有海外游子及离家闯业的人。

傅氏:含成员档案及论坛。

根网(RootsWeb)(英文):历史最久且最大的免费系谱网站,并成为一个业余研究人员的广大线上社群。

翰堂刘氏族谱:介绍刘氏的渊源、祠堂、祭祖、名人、序言、世系树图及统计图表。

华根·寻根:家族凝聚、亲情相连。是世界第一家综合的以华人家谱为中心的网站。

华人姓氏的来源:介绍华人姓氏的来源和各姓氏所占的比例。

家谱信息网：介绍中华五千年姓氏家谱文化及网上建家谱、婚介交友、家谱影院等。

家春秋：提供中国家谱、族谱、家族文化讨论区。

吉林谭氏文化研究会：谭姓简介、谭氏档案、修建族谱、寻根认祖、文章精选、谭氏像册。

金陵邓氏：金陵邓氏家谱网站，谱系延续三千多年，家族中有邓肃、邓廷桢、邓邦述、邓邦逖等名人，在中华民族的历史上，卓有建树。

柯蔡族谱：柯蔡起源、迁徙、散居情况，以及名人和有关历史、文化资料。

柯蔡宗亲网：介绍柯蔡宗亲及历史，人物，族谱等。

兰陵萧氏：收集萧姓起源、迁徙、散居情况，以及萧姓名人和有关历史、文化资料。

乐地文化：讨论文化交流与传播，姓氏寻根与旅游，社会与人生。

立本堂方氏宗谱：提供谱牒目录、谱序传略、先人遗训和流传字派等内容。

林氏族谱研究：介绍林氏的起源、迁徙、分布、族谱及人物。

岭南陆氏家园：介绍陆氏起源、陆氏名人和陆氏的发展、陆氏历代迁徙研究。

刘氏族谱：介绍刘氏的渊源、祠堂、祭祖、名人、序言、世系树图及统计图表。

陆氏家园：一个族姓的起源与发展的描写，尤其对历代迁徙的研究，可以看到中国某段史的面貌。

罗氏通谱网：罗姓的网上家园，含追本溯、世系源流、学术研讨。

宁波镇海小港李氏家谱：小港李氏源于小港，清末兴盛于上海，家族成员积极参与社会变革，如今后代分布中国和世界各地。

宁氏全球宗亲网：介绍宁氏家谱、宁氏源流、宁氏历史名人、古迹、文物景观等，并进行宗亲交流、探讨宁氏源流。

漆氏家族：研究家族历史，族谱，联系家族成员。

钱氏联谊:介绍钱氏始祖、钱氏家谱、家规、逸事、分布、人物、吴越文化等。

世界傅氏宗亲网·世界傅氏宗谱网:全球傅氏宗亲将在此相聚祭祖,共同搜集整理家谱,进行种类交流合作。

世界洪门网:研究洪门历史、洪门海外发展、华侨精神、华侨保护。洪门与致公党、堂、会关系。

世界郑氏网:郑氏历史文化研究、联络郑氏朋友、弘扬郑氏文化及爱国主义教育。

上图数字图书馆:提供李鸿章、刘少奇、荣毅仁和钱钟书等人物的家谱。

邵氏家园:姓氏网站,介绍邵姓的来源,名人。还有百家姓的链接,邵文晋的个人主页。

世界郑氏网:郑氏历史文化研究、联络郑氏朋友、弘扬郑氏文化及爱国主义教育。

谭氏:谭氏起源,名人名事,谭姓研究。

汤氏族谱:汤氏族谱,汤氏,汤家,介绍汤氏起源,百家姓,族谱。

天下第一王:含王氏起源、寻根论坛等内容。

天下席氏宗亲网:席氏起源、分布,以及各宗派谱牒、家谱历史详细信息介绍、收藏地,古今席氏人物等。

天下"易"家人:介绍姓氏文化、姓氏故事、百家姓辑、易姓起源及易氏家谱族谱。

五心联谊社:山东省茌平县旅台李氏宗亲家族网站。

王氏家谱网:王姓家谱、三槐堂、王氏起源、家谱服务、宗亲联谊等内容。

网上族谱(英文):提供关于系谱主题与网站的大量资讯,从非裔美国人的研究至军方的纪录,以及遗嘱和遗嘱查验等。

孝友堂程氏纪念馆:孝友堂程氏。

孝友堂程氏家谱:清朝中期从安徽迁到连云港。分布在陶庵、海棠、墟沟、平山等地。

萧姓之家:探索萧姓历史,发扬萧姓优良传统,并有网上新闻提供。

新式家谱网:介绍新式家谱系列产品,为准备修新谱、改制旧谱的家族提供服务。

寻根问祖:包括族谱、百家姓氏、家谱在线输入,旨在借Internet之便利,以谱联家,汇天下为一大家。

姓氏之网:各姓氏族谱网浏览与相关信息。

姓氏中国:为广大想了解自己姓氏来源和寻根问祖的华人朋友所建的网页。

炎黄脉络:用中华民族各姓氏的家谱,汇合炎黄子孙脉络的庞大工程;施氏家谱;施氏专辑。

殷谱文集:从家族的角度了解中国古代的文学、历史、伦理道德等文化现象。

叶氏家族:含家族作品——咖啡导饮,C语言滑鼠驱动,MFC滑鼠函数及简史。

颍川堂凌村陈氏族谱:介绍鹤山凌村陈氏九百年繁衍历史。

岳飞:特别要闻、媒体报道、岳飞研究、后裔分布、通讯名录、后裔名人、后裔企业、交流中心等。

章氏家族:介绍渡渎章氏的形成、章姓的起源,睦八六五各派支系族谱及族人纪念馆。

张氏族谱:张氏寻根、始祖、祖籍、张氏族谱、张氏资料、张氏研究。

张氏春秋:研究与收藏、历史追记、中华寻人、张氏资料、张氏族谱、祖籍始祖考等。

张姓研究:是一个关于中华张姓研究的网站。

中国百家姓:提供中国百家姓列表。

中国家谱:提供各种家谱信息及收藏家谱。

中华罗氏通谱:关于罗氏的起源,分布以及一些罗氏家族的人的情况。

中华姓氏网:介绍中国姓氏的由来。

中华一家人:提供姓氏联谊、征婚征友、环球寻亲等。

中华杨氏网:杨氏起源及家谱,字画收藏,宗族消息,书法,佛学研究;音乐、汽车,证券,私募基金等。

中华袁氏家谱网:袁氏起源,袁氏族谱,袁氏礼仪,迁徙分布,宗支世系,辈分排行,家谱序传,袁氏名人,袁氏作品等。

中华张姓网:张姓起源及寻根动态等。

二、百家姓中文繁体网站或网页

中华百家姓一览:含姓氏一览表、历史源流和当中名人简介。

板桥郭氏宗亲会:郭氏宗亲会之介绍及渊源。

范阳堂简姓宗亲会:含简姓由来、衍嗣表及台湾各地宗亲会介绍。

黄氏族谱:含广东揭阳登岗乡黄氏官房族谱、历史、子孙介绍及相关轶事。

黄氏祖训:探讨黄氏祖训诗文、来源以及黄氏族群。

萧氏(书山)族谱:提供萧氏族谱及个人之祖先姓名等查询,提供萧姓之由来、源流、分布等资讯。

新竹北门郑家:介绍郑氏家庙进士第。

台北各姓宗亲会

基隆各姓宗亲会

花莲刘姓宗亲会

嘉义江姓宗亲会

陈氏宗亲网

陈氏凌村谱

陈氏下曾谱

陈氏台南谱

陈氏池阳谱

陈氏竹角谱

陈氏永和网
陈氏路口谱
陈氏路口厝
陈氏永和谱
林家花园
林氏族谱
林氏谱研究
林姓大族谱
林姓宗亲会
林家-屏东
黄氏全球网
黄六成家谱
黄氏长州谱
黄氏族谱-1
黄氏族谱-2
黄姓宗亲会
黄氏家族
黄氏庭政谱
黄姓-潮人
安仔黄氏祖训
郑氏家族
郑氏-世界
郑氏世系
郑氏家庙
郑氏影片
丁氏回族
王氏家谱
方氏族谱

方氏谱牒
丘氏根源
江氏族谱
邢氏家谱
池氏宗亲网
李氏宗谱
李氏小港网
辛氏公会
吴氏族谱
吴氏在线
吴姓宗亲会
何姓宗亲会
朱氏春秋网
巫氏平阳堂
沈氏家族
易氏-天下
侯氏在线
施氏族谱
柯蔡宗亲网
柯氏迁徙图
柯氏公会
蔡氏公会
袁氏族谱
曹氏网
崔姓家园
莫氏庄园
张氏春秋
张姓-中华

张廖族谱
彭氏宗亲会
彭氏迁港序
彭氏族谱
廖氏宗祠
廖氏族谱
程氏联谊会
许氏文化
温姓人家
邱氏古函
邱氏家园
邓氏族谱
邓氏金陵网
邓氏宗祠
邓氏试题
郭氏族谱
郭氏宗亲会
鄢氏考源
冯氏族谱-1
冯氏族谱-2
冯氏族谱
汤家村
汤氏族谱-1
汤氏族谱-2
杨氏-中华
杨氏同盟会
叶氏族谱
叶氏家族

漆氏家族
宁氏全球网
陆氏家园
梁氏族谱
黎氏繁体谱
黎氏简体谱
黎氏族谱
刘氏族谱
刘氏西港谱
刘家老伙房
钱氏联谊
赖罗傅三姓
赖姓宗亲会
傅氏源流
傅氏宗亲网
谢氏族谱
谢氏世谱序
谢氏宗亲网
苏氏族谱
罗氏通谱网
罗家祠堂
萧氏书山谱
萧氏大族谱
萧姓人家
韩氏族谱
让氏族谱
詹氏公谱
戴姓宗亲会

魏姓世宗会
魏姓源流
卢姓寻根
樊家人
谭姓人
薛氏族谱
简姓宗亲会

后记

2002年9月，我受中央电视台社教节目中心的委托，为即将到来的2003年春节准备大型特别节目《百家姓》工作台本，并任专家组组长和总顾问、总撰稿，然后组建了一个工作班子，集中在一起撰写工作台本。经过近两个月的紧张工作，工作台本二易其稿，终于在约定的时间内赶了出来。后来，以此为基础录制的节目以每天四个半小时的超长时间在央视第10套如期播出，为春节期间的全国观众献上了一份别样的礼物。在节目播出的过程中，我们不断收到全国各地观众打来的电话，反映百家姓及与之相关的文化看似简简单单，其实博大精深，仅仅通过一个二十多小时的节目很难涵盖其庞大的内容，应该出版相应的书籍作为它的配套读物。为此，经与电视台和我的几位同事商量，决定以当时的工作台本为基础，由我们几位再度合作，同时再邀请徐建华、魏志强两位先生加入，共同来完成这本书。于是，再经过近三个月的共同努力，就有了这样一本书。

本书的撰写是多人合作完成的，具体分工是先由我制定计划及各部分内容大纲，再由大家分头写出初稿，最后由我修改、增补和定稿。其中，话题四、五、十三由任崇岳先生撰写，话题六、十四由李肖先生撰写，话题七、八由窦学田先生撰写，话题十五、十六由刘翔南先生撰写，其余都由我完成。另外，马晓峰、袁义达、汤学良等先生也参加了前期的部分工作，徐建华、魏志强先生则从总体上对全书进行了把关。上述这些先生都是在相关领域里各有建树的专家，他们高质量的书稿或中肯的建议创造了本书的主要价值。当然，如果说本书还有不尽如人意之处，我是要负主要责任的。

本书能够出版，是在方方面面的支持下共同促成的，尤其是百花文艺出版社领导及相关部门的先生、女士为本书的出版付出了许多艰辛劳动，在此表示由衷感谢。

王大良

2003年5月于北京